北京大学地理科学丛书

国家自然科学基金重点项目（项目批准号40535027）

超越集群

中国产业集群的理论探索

王缉慈 等／著

科学出版社
北京

内 容 简 介

本书根据发达国家的理论渊源，论述了产业集群的概念特征，从多方面描述了中国产业集聚区的地理分布格局，以集聚在某些区域的中小企业与跨国公司之间的不平等关系为出发点，探讨了高技术产业集聚区域、艺术村和数字内容产业集群，以及以大批量制造为特征的专业化产业区，从理论的高度分析了我国产业集群的劳动力问题和环境问题，并分析了调研中的鲜活实例。全书逻辑清晰，文字精练，论据确凿，深入浅出，发人深省。

本书适合研究和实践产业集群的各界人士阅读，以促进中国产业集群升级和相关学科的发展。

图书在版编目（CIP）数据

超越集群：中国产业集群的理论探索/王缉慈等著．—北京：科学出版社，2010.4

（北京大学地理科学丛书）

ISBN 978-7-03-026626-2

I. ①超… II. ①王… III. ①产业经济学-研究-中国 IV. ①F121.3

中国版本图书馆 CIP 数据核字（2010）第 019528 号

责任编辑：宋 旭 沈晓晶/ 责任校对：李奕萱

责任印制：吴兆东 / 封面设计：黄华斌

科学出版社出版

北京东黄城根北街 16 号

邮政编码：100717

http://www.sciencep.com

北京富资园科技发展有限公司印刷

科学出版社发行 各地新华书店经销

*

2010 年 4 月第 一 版 开本：720×1000 1/16

2026 年 4 月第十次印刷 印张：21 1/4 插页：1

字数：430 000

定价：98.00 元

（如有印装质量问题，我社负责调换）

北京大学地理科学丛书 序

正如所有现象都在时间中存在而有其历史一样，所有现象也在空间中存在而有其地理，地理和历史是我们了解世界不可或缺的两个重要视角。以人类环境、人地关系和空间相互作用为主要研究对象的地理学，是一门包容自然科学、人文社会科学和工程技术科学的综合性学科，已建立了相当完整而独特的学科体系。钱学森院士倡导建立地理科学体系，认为地理科学是与自然科学、社会科学、数学科学、系统科学、思维科学、人体科学、文艺理论、军事科学、行为科学相并列的科学部门，将地理学推向了一个新的境界。

地理学的研究与教学涉及到从环境变化到社会矛盾的广阔领域，其价值源自地理学对地球表层特征、结构与演化的研究，对自然与人文现象在不同地方和区域空间相互作用的过程及其影响的研究。处理这些问题虽远远超出任何一门学科的能力与见识，但这些问题都包含着地理学的基本方面。

对认识和解决当今世界许多关键的问题，例如经济增长、环境退化、全球变化、城市和区域发展、民族矛盾、全球化与本地化、人类健康、全民教育等，地理学都作出了特殊的贡献。地理学对于科学发展观的树立，对于统筹人与自然、统筹城乡发展、统筹区域发展、统筹经济与社会发展、统筹全球化与中国特色之思想的普及，起到了独特的作用。地理学在满足国家社会经济发展对科学技术的若干重大需求上，已经发挥并将继续发挥越来越重要的作用。

然而，当前人类面临的许多重大问题还没有得到根本解决，这与我们认识上的缺陷有很大关系，其中包括地理认识的缺陷。无论在国际尺度、国家尺度、区域尺度，还是地方尺度和个体尺度，许多问题的决策过程尚不能充分驾驭地理复杂性，存在一些"地理空白"，这使得在达到经济繁荣和环境可持续的双重目标方面，乃至在个人健康发展方面，都可能要付出高昂的代价。

因此，加强地理研究和教育，提高地理学者自身、决策者以至广大民众的地理学认识和能力，是摆在地理学界面前的一项崇高职责，任重道远，北京大学的地理学工作群体也义不容辞。

北京大学的地理学可以追溯到19世纪末京师大学堂设立的地理教学计划，可惜由于诸多原因，这个计划未能实施。1929年清华大学成立地理学系，后因增加地质学研究与教学而改名为地学系。抗日战争期间，北大、清华、南开三校合称西南联合大学，北大地质学系与清华地学系合并，并增设气象学研究与教学，称地质地理气象学系。抗日战争胜利后，恢复了北京大学、清华大学、南开大学，并在清华设地学系、气象学系。地学系下设地质组和地理组。1952年全国院系调整，由清华大学地学系地理组和燕京大学部分教员联合成立北京大学地质地理系。先设自然地理学专业，1955年、1956年、1994年、1997年相继设立地貌学、经济地理学、环境学、地图学与地理信息系统专业，成为国内地理专业和方向硕士点、博士点和重点学科最多的地理系。1978年国家改革开放之始，北京大学撤消地质地理学系，分别成立地质学系和地理学系。1984年北京大学以地理系遥感教研室为基础成立了与地理学系密切联系的遥感技术与应用研究所（1994年易名遥感与地理信息系统研究所），1988年地理系为了充分体现为国家社会经济发展服务的工作实质和适应招生的需要，采用双名法，在国内称"城市与环境学系"，在国际上称Department of Geography，并逐步形成了人文地理（人文地理、历史地理、城市规划、区域经济）—自然地理（综合自然地理、环境地学、地貌与第四纪、地生态学）—地理信息科学三足鼎立的格局，发展欣欣向荣。

"北大是常为新的"，北大的地理学也是常为新的。顺应科学发展和社会需要，北大地理学在不同历史时期相继率先开拓出综合自然地理、城市规划、环境保护、遥感、生态等重要方向。进入21世纪，北京大学进行院系调整，原城市与环境学系的主体于2002年进入了环境学院。遥感和地理信息系统进入了地球与空间科学学院。2007年又进行了新的调整，在原城市与环境学系的所属学科基础上成立了城市与环境学院，并设立了资源环境与地理学系、城市与区域规划系、城市与经济地理系、生态学系、历史地理研究所等五个研究和教学实体。在新的组织框架下，北京大学城市与环境学院，联合北京大学遥感与信息系统研究所及校内其他相关学科和学者，继续高举地理学大旗，促进北京大学地理科学整体水平的提高，推动北大地理学与国内外同仁的学术交流与合作，为建成一流的地理学教学与科研基地而努力。

作为实现上述目标的一种途径，我们与科学出版社合作推出《北京大学地理科学丛书》，包括教材和专著两个系列。至今已陆续出版了多部著作，并且一再重印，表明它确实符合学界和社会的需求，并逐步形成了自己的品牌。我们将继续把这件很有意义的事情做得更大，做得更好。兼收并蓄是北大的传统，我们欢迎国内外同仁也能加盟。

北京大学地理科学研究中心

2010年2月24日

立足中国集群实践的理论超越 代序

本书是王缉慈主持的历时四年的国家自然科学基金重点项目（项目编号：40535027）的主要成果之一，又是此前本研究团队一批相关研究成果的继续[①]。这次同时出版的书有三本，包括《超越集群——中国产业集群的理论探索》（王缉慈等著）、《全球化、集群转型和创新型企业》（梅丽霞著），以及《产业集群合作行动》（林涛著）。这三本书的目的，是既要超越国内对产业集群的种种思维定式，又要超越国外不完善的产业集群理论的神话。

在全球经济竞争中，地方创新环境凸显为区域成功的关键。美国硅谷企业家的创业精神、意大利中部和东北部中小企业信守的竞争合作规范，以及美国好莱坞的企业间在合作项目中体现的网络关系，成为当地独特的创新环境的根基，使企业成功地占领全球价值链的高端环节。

根据研究，这种创新环境是在产业集群（简称集群）中形

① 2001年以来，本研究团队撰写的相关论著还有《创新的空间——企业集群与区域发展》（王缉慈等：北京大学出版社，2001年）、《创新网络——区域发展的新思维》（盖文启：北京大学出版社，2002年）、《浙江产业群》（朱华晟：浙江大学出版社，2003年）、《全球价值链下地方产业集群转型和升级》（张辉：经济科学出版社，2006年）、《中国制造业地理集中与集聚》（贺灿飞：科学出版社，2008年）、《中国制造业区位：产业差异与区域差异》（贺灿飞：科学出版社，即将出版）、《花卉业的全球化和地方集群创新》（杨锐和李萍：中国城市出版社，即将出版），以及《外向型发展模式、地方产业集群和区域经济增长》（张晔：2008年博士后出站报告）等。本研究团队还翻译了［美］Karen R. Polenske（普可仁）主编《创新经济地理》（童昕，王缉慈等译，高等教育出版社，2009年）等。

成的。集群是基于地方的具有专业化特征的生产系统或创新系统。一些同处或相关于特定的产业领域的企业和机构，由于具有共性和互补性，在地理上靠近并相互联系和合作，会形成独特的地方创新环境。由此，20 世纪 80 年代中期以来，集群（cluster）和群聚（clustering）或集聚（agglomeration）等词频繁地出现在国内外区域研究的文献和区域政策的文件中。无论是在国外还是国内，"集群"迅速成为有极大诱惑力的时尚概念。

对集群研究的参与是多学科的、跨学科的。以波特（M. Porter）[①]、克鲁格曼（P. Krugman）[②] 和别卡提尼（G. Becattini）[③] 为代表的大批学者发现，企业倾向于在特定区位集聚，不同的相关活动集聚在不同的地方，产业群聚和地方专业化同时存在。集群研究突出了地理区位对产业国际竞争力、区域可持续发展和企业创新能力的重要性。集群理论的脉络包含经济学、经济地理学、管理学、社会学等学科的不同学派，有强调技术与制度互动的区域创新系统研究，与分工、外部性和报酬递增一脉相承的空间经济学研究，运用社会网络方法所进行的产业组织和创新网络研究，以及集群在全球价值链上升级的研究等。它们不约而同地重新审视了产业集聚对技术创新、产业升级和提高综合国力的作用。

对集群实践与政策的关注是世界性的。从 1999 年开始，欧美国家实行了集群战略（cluster initiative，CI，或译为集群动议），促进区域内的企业、政府和研究机构形成伙伴关系，以推动集群的发展。2003 年美国竞争力研究所和瑞典创新系统机构联合，对 200 多个 CI 和一些集群实例进行调研之后，发表了绿皮书[④]，论证了"集群动议绩效模式"（cluster initiative performance model）。2004 年美国竞争力研究所又与知识经济和企业发展国际组织（International Organization for Knowledge Economy and Enterprise Development）发表了集群政策白皮书[⑤]。此外，联合国贸易与发展会议（UNCTAD）、联合

---

① 参见 Porter M. 1998. Cluster and the new competition. Harvard Business Review：77～90。

② 参见 Krugman P. 2000. Where in the world is the 'New Economic Geography'? In：Clark et al. The Oxford Handbook of Economic Geography. Oxford：Oxford University Press：49～60。

③ 参见 Becattinni G. 1990. The Marshallian industrial district as a socio-economic notion. In：Pyke F，Becattinni G，Sengenberger W. Industrial district and inter-firm co-operation in Italy. Geneva：International Institute for Labour Studies：31～57。

④ 参见 Orjan S，Goran L，Christian K. 2003. The Cluster Initiative Greenbook. The 6th Global TCI Conference。

⑤ 参见 Andersson T，Serger S，Sorvic J et al. 2004. The Cluster Policies Whitebook. International Organization for Knowledge Economy and Enterprise Development。

国工业发展组织（UNIDO）、经济合作与发展组织（OECD）、世界银行等国际机构也纷纷发表研究报告，力图推动集群战略和政策在世界范围内的实践，集群的概念也因此向广义拓展。

根据发展中国家广义的集群概念，在我国很多省、市都可以发现发育程度不同的集群。集群创造了“世界商品中国制造”的奇迹，培养了大批有竞争力的企业。然而，在现阶段，我国集群的大多数（包括高新技术的）仍然处在全球价值链的低端环节，其中一些集群或面临衰退，或受国际资本控制，其走向创新的道路值得政府尤其是科技部门的充分重视。

我国的集群实践、研究和政策起步于20世纪90年代末[①]，遍布十几个城市的研究者在各类课题的支持下对集群进行了很多调研，撰写了大量论著。此外，不少省、市政府都制订了各自的产业集群发展规划。但是，在我国的“集群热”中，理论研究支撑仍然不足，政策也存在偏差的风险，一些相关的研究论文、地方政府文件和新闻报道陷入某种盲目状态。

21世纪初开始，国外一些学者逐渐对集群进行反思。2003年，英国学者马汀和森雷（R. Martin and P. Sunley）以《解构集群：混乱的概念还是政策万能药?》为题，发表了抨击波特的文章[②]。接着，关于超越集群的呼声越来越高。瑞典学者梅尔伯格（A. Malmberg）以《超越集群：地方环境和全球联系》为题撰文，分析了加强全球联系对区域发展和技术创新的意义[③]。2005年澳大利亚举行了以“超越集群：目前的实务和未来的战略”为主题的学术会议[④]。在主旨报告中，来自美国的罗森费尔德（S. Rosenfeld）引用门肯（H. Mencken，美国新闻编辑和语言学家）的话——“对于每个复杂的问题有个解决办法，那就是简单的、灵巧的、错误的办法”[⑤]，并强调，集群是经济的生态系统而不是会员组织；集群是培育起来的，而不是发布出来的。与

① 我国的集群研究和集群政策可追溯到1999年仇保兴的著作《小企业集群》的出版，2001年王缉慈等的《创新的空间——企业集群与区域发展》一书问世，2000年王缉慈在浙江省民营经济论坛上“从意大利产业区模式看浙江专业化产业区发展前景”的讲话，2002年底中国软科学协会“产业集群（簇群）与区域创新发展”宁波会议，以及1999年广东省科技厅对专业镇的政策扶持。

② 参见 Martin R，Sunley P. 2003. Deconstructing clusters：Chaotic concept or policy panacea? Journal of Economic Geography，3 (1)：37～56。

③ 参见 Malmberg A. 2003. Beyond the Cluster—Local Milieus and Global Connections. In：Peck J，Yeung H. Remaking the Global Economy. London：Sage Publications，145～159。

④ 参见 Stuart A. 2005-6-30. Rosenfeld：Beyond clusters：current practices & future strategies. Ballarat，Victoria. http：//www. cric. com. au/cric _ cluster/index. php。

⑤ “For every complex problem there is a solution that is simple，neat，and wrong.”

此同时，超越硅谷[①]、超越好莱坞[②,③]的论著也已面世，深刻地揭示了为什么硅谷和好莱坞等创新的和创意的集群会在地球上出现，希望读者特别关注集群的发展过程，而不是去盲目地“打造”。这些论述都告诫我们，需要冷静地反思集群，破除关于集群的神话（myth）、神秘（mystery）和“忽悠”（hype）。

我国的集群研究也已经到了必须“超越集群”的时候。目前国内关注产业集群，基本上只是“打造产业链”和“打造产业集聚区”，追求的还是降低成本、招商引资和规模扩张，追求的还是GDP、出口创汇等短期收益，甚至是在各种利益主体的博弈下发展“工业地产”、“文化地产”或“科技地产”，而不是技术学习、创新和创造。这与国家的自主创新发展战略是相矛盾的。真正的产业集群理论的价值，恰恰是增强自主创新能力，创造国家竞争优势。

《超越集群——中国产业集群的理论探索》从多方面论述了集群的概念特征，以全球化的视角分析了我国的产业集聚地理格局和集群所存在的问题，提出“产业集聚是一个中性词组”的观点，并主张，要超越只依靠低成本和规模扩张“打造产业链”和“打造产业集聚区”的做法，超越集群内“共同的社会文化和价值观必然促进企业合作”的命题，超越“集群必然导致区域经济发展”的逻辑，超越“集群必定是创新的空间”的思维，超越从“集群经济”层次理解集群的高度，超越把集群作为静态的产业组织形态的认识，超越把集群看作封闭系统的思维，超越仅用发达国家理论指导中国实践的思维。因此，需要培育真正的创新集群，使集群成为我国自主创新的练兵场和国际竞争力的源泉。

《全球化、集群转型和创新型企业》则是在美国次贷危机引发的全球性经济动荡的背景下，分析了全球化波动的特征与根源，提出了我国传统产业的集群嵌入全球价值链的基本模式，并通过天津、深圳、苏州等地自行车集群的实例，说明集群转型（包括经济升级和社会升级）取决于其本土创新型企业的技术创新和转型，以及集群内企业的协力合作。

《产业集群合作行动》则摆脱了对集群概念标准讨论的依赖，进而密切关

---

① 参见 Bresnahan T，Gambardella A. 2004. Building High-Tech Clusters：Silicon Valley and Beyond. Cambridge UK：Cambridge University Press。

② 参见 Frick C. 2008. Beyond hollywood：Enhancing heritage with the ‘orphan’ film. International Journal of Heritage Studies，14（4）：319～331。

③ 参见 Langford B. 2005. Film Genre：Hollywood and Beyond. Edinburgh：Edinburgh University Press。

注现实中集群的作用。集群的作用并不能自发形成，也无法简单归结为经济外部性，而是通过主动的合作行动实现的。合作行动是实现集群效应、提升集体效率的关键。该书系统地考察了集群的合作行动，包含目标体系、主体的能动作用、合作行动模式与规划等。

这三本书在研究视角、概念和写作风格等方面并不统一，而是各具特点，相互补充。与笔者2001年的专著《创新的空间——企业集群与区域发展》相比，《超越集群——中国产业集群的理论探索》在理论综述方面省去了很多笔墨，尽量深入浅出，减少枯燥的教条，增加生动的实例，可以作为入门读物。《全球化、集群转型和创新型企业》在全球化波动和全球价值链的理论方面着墨较深，并力图把一个产业（自行车产业）的创新道路说透，对于其他产业的寓意是需要仔细回味的。《产业集群合作行动》则可望对集群的发展实践提供帮助。尽管该书的理论性比较强，但这正是我国制定集群政策时所需要参考的。只有在理论上把行为主体的合作行动论述深透，才能正确地去实践。后两本书正好补充了《超越集群——中国产业集群的理论探索》一书在文献综述，以及在集群政策和规划方面论述的不足。总体来说，这三本书的意义并不在于寻找产业集群发展和升级的具体的“药方”，而且是希望更多的研究者和决策者继续探索，从国际经验和中国实践中寻找中国特色的集群发展道路。

北京大学城市与环境学院的产业集群研究团队，由王缉慈、贺灿飞和童昕三位教授（副教授）领导。先后参加研究和写作的共有19人，其中，王敬甯、李鹏飞、潘峰华、陈平、马铭波为北京大学的在读博士生，其他作者都已经走上各自的工作岗位，他们是梅丽霞、林涛、张晔、谭文柱、陈倩倩、刘譞、宋加平、任宝、李萍、姜冀轩、朱兰等。

本书在研究、调查、写作过程中，得到了各方面很多人员的大力支持和帮助，在此表示衷心的感谢。此外，由于时间、精力和水平所限，书中肯定会存在不少缺陷甚至错误，敬请读者不吝指正。

正当本书进入编辑的阶段，欣逢盛世、共襄盛举，我国成功举办了国庆60周年的系列活动。谨以此书献给伟大的祖国，祝愿她更加繁荣昌盛。

王缉慈

2009年10月

前 言

中国发展迅速的产业集群（简称集群）与经济腾飞高度相关，与科技创新高度相关，与文化变迁高度相关，在吸引投资、出口创汇、创造就业等方面贡献突出，受到国内外越来越多的关注，成为当代研究中国的一个不容忽视的主题。在独特的经济转型背景下，产业集群走出了多样化的道路，深刻地改变着全国的经济空间格局。考察中国产业集群的发展，探究它发生和演化的内在机制，预想它变幻不羁的未来，既引人入胜，又充满着挑战。

从 2003 年下半年开始，江苏、福建、北京等地相继召开了关于促进本省（市）产业集群发展的会议；自 2004 年以来，“产业集群”词组在政府报告和媒体中越来越普遍。科技部、国家发展和改革委员会等部门以及纺织工业协会等行业协会都对产业集群表示了极大的关注。然而，产业集群的发展在某种程度上却误入了口号式、简单化的“集群构造”运动，如果陷入“货物崇拜”（cargo cult）的尴尬[①]，将严重贻误我国产业集群的发展。

我们在 2000 年底完成的国家自然科学基金项目成果《创新的空间——企业集群与区域发展》中，曾系统地介绍了发达国家产业集群的相关理论，并用国内外的一些实例说明了地方产业集群发展的重要性。限于当时的认识水平，没有具体地将集群的发展

① “货物崇拜”比喻肤浅地理解一种系统或现象的表面，而不了解其实质。第二次世界大战（以下简称二战）时期，美军在太平洋很多小岛上设立补给站和机场，岛上土著看到“钢铁大鸟”送来现代物品和食物，便视为神。二战结束，美军撤走，土著以为神不来了，就模仿当初的搭台，发展出一套礼仪，坐在搭台中期待大鸟再度出现。http：//en. wikipedia. org/wiki/Cargo _ cult。

置于全球竞争的背景下，也没有仔细分析我国现实中的大量集群的非创新性及其问题，从而在读者中形成了“产业集群必然是创新的空间”这样一个误解。

本书是国家自然科学基金重点项目“中国产业集群的理论与实证研究”(2006～2009) 的主要成果[①]。四年前，本项目设计是基于这样一种理想——产业集群中有一种创新的环境，通过发展产业集群可以提高国家和区域竞争力。因此，研究内容包括产业集群的界定和分类、形成和演化机制、绩效、政策和启示，并从中探索中国的产业集群理论和研究方法。当初认为，项目的难点和可能的创新点是产业集群的界定和分类。因此，用定量化的方法充分地表达出产业集群的空间尺度和集群中产业联系的多重性，就成为项目设计中的核心研究问题。

从项目开始至今的四年间，理想主义的认识基础发生了改变。在国外，产业集群促进经济发展和科技创新的功效，使其受到各国决策者的青睐和国际机构的提倡，在区域经济政策和科技创新政策中得到应用。在国内，发达地区的集群对经济增长的示范效应，使得发展集群成为某些地方政府（尤其是相对落后的地区）的政策目标。我们发现，从概念上说，我国以及部分发展中国家的集群与发达国家近乎规范的集群是完全不同的。正当我国“产业集群”成为时髦的经济发展词组时，很多集群却遭受了全球金融危机的打击，遇到了前所未有的严峻挑战。因此，我们不能完全按照发达国家的经典模式来塑造我国的集群，只能将其放在全球生产网络之中来认识，通过吸收发达国家发展创新集群的经验来提升自己。

自 2001 年以来，尤其是在国家自然科学基金重点项目（2006～2009）的研究中，我们持续钻研产业集群的概念特征，重新审视我国产业集聚的机理，探寻在全球化这个“双刃剑”下我国集群形成的国际背景以及面临的机遇和挑战；我们调研和观察了很多鲜活的实例，研究如何通过集群内企业和相关机构的合作行动，进行技术创新和产业升级，并促进社会和谐这个主题，力图形成适应国情的、有多角度的解释能力和较强的政策意义的科学理论体系。

本书由十章组成。首先，用四章的篇幅对全书的相关理论背景进行了铺

---

① 本项目已经出版和列入出版计划的专著有 6 本。除本书以外，还有《中国制造业地理集中与集聚》（贺灿飞：科学出版社，2008 年）、《全球化、集群转型和创新型企业——以自行车产业为例》（梅丽霞：科学出版社，2010 年）、《产业集群合作行动》（林涛：科学出版社，2010 年）、《花卉业的全球化和地方集群创新》（杨锐，李萍：中国城市出版社，即将出版），以及童昕，王缉慈等译的［美］Karen R. Polenske（普可仁）编著的《创新经济地理》（高等教育出版社，2009 年）。

垫。第一章简述产业集群概念的本义、行为主体的内涵和集群的三个基本特征。第二章分别从发达国家集群理论中具有创新意义的高技术产业的创新集群（innovation cluster）、创意产业集群（creative cluster）和传统产业集群（专业化产业区，industrial district）进行了论述，为我国学习发达国家先进的产业集群的经验奠定了基础。第三章则从企业共栖的普遍现象出发，说明"产业集聚"只是一个中性词组，我们不应跌进产业集聚的认识陷阱里去，由此重申产业集群理论是依靠内力发展区域经济的理论。第四章从发展中国家产业集群形成与演化的本地力量和全球力量两方面，说明地方化的自主创新过程正在受到全球竞争的挑战。在第五章以后的各章中，对中国的产业集聚现象，尤其是劳动密集型产业、高新技术产业[①]和创意文化产业的集聚区域进行了详细的分析，并提供了调研的鲜活案例。由于我国产业集群发展过程中劳动力问题和环境问题十分突出，本书用两章分别探讨产业集群的社会升级和环境升级问题。最后，本书提出四个结论和超越我国现行的产业集群思维定式的八项主张（图 0-1）。

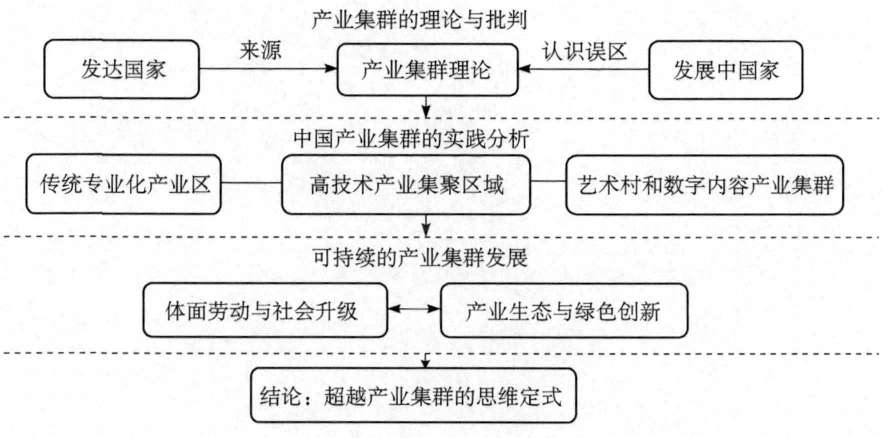

图 0-1　全书的内容结构

在四年研究过程中，我们团队还曾先后在浙江省温州市和长兴县，广东省佛山市、东莞市和深圳市，黑龙江省哈尔滨市，山东省高密市等地完成了相应的横向课题，并结合本科生和研究生论文，对宁波市等另外一些具有集群特征的县（市）和乡（镇）进行了调研和观察。与此同时，积极参加国际学术交流，阅读最新的学术文献，在此基础上完成本书。本书各章节有相对

① 在本书关于高技术产业区域的论述中，根据国内的习惯用法，有时也用"高新技术"而不用"高技术"，特此说明。

独立的内容，参与写作的人员名字[①]分别列在章节之后。在各地调研过程中我们受到了地方政府和企业的大力支持和帮助，难以一一列出，在此表示衷心的感谢。

系统地进行产业集群研究是一项庞大的工程。尽管我们的研究取得了一些成果并呈现在读者面前，但还只能是作为“砖”抛出来，希望引来更好更大的“玉”，使中国产业集群更加健康地发展，使研究产业集群的相关学科能够从中受益。

王缉慈

2009年9月于北京大学

① 王缉慈、童昕、梅丽霞、张晔、林涛、王敬甯、李鹏飞、谭文柱、潘峰华、陈平、马铭波、陈倩倩、刘譞、宋加平、任宝、李萍、姜冀轩、朱兰等。

目 录

表目录

图目录

第一章　产业集群的概念基础

产业创新往往存在于产业集聚的区域；但是产业集聚的区域不一定能抚育产业创新。有利于产业创新的环境是地方行为主体（大学、科研院所、企业、地方政府等机构及其个人）之间在长期正式或非正式的合作与交流的基础上所形成的相对稳定的环境。传统的产业集聚理论一般只是把企业集聚区域作为企业的经营地点（site of operation）；而新的集群概念是把企业集聚区域作为企业的互动地点（site of interaction），通过互动，特别是知识的互动来实现创新。

人类社会发展的重要动力是产业创新（包括技术创新和知识创新）。国家的经济振兴取决于产业创新。一国不可能在各个产业领域都获得国际竞争优势，而只能在一些特色产业领域中获得成功。关于产业创新问题，必须从产业部门特征来认识①。这些特色产业的研究与开发活动、工业设计和营销活动在本国的某些地方具有地理集聚的特征，形成创新集群；而生产活动则扩散到本国的低成本区域或发展中国家，在那里呈现地理集聚的特征，形成生产集群②。

世界经济地理格局是由各国产业集聚区域及其贸易流组成的动态系统。在工业化的各个阶段都有产业集聚的现象存在，产业集聚可以促进工业化，产业集聚区也可能衰退。而在后工业化时期，区域发展还是离不开集聚促进技术创新和文化创造力的机制。很多产业价值链的不同环节在地理上分离，在这种情况下，无论是高端还是低端环节，都出现了相关企业空间集聚的现象。例如，德国杜塞尔多夫和巴基斯坦卡拉奇都出现医疗设备产业集群，但处在价值链的不同环节（Nadvi，1999；Gerhard，2002）。这些产业集聚区域并不是都有竞争力的。区域之间是不平等的贸易关系。产业创新往往存在于产业集聚的区域，然而逆定理却不一定正确——产业集聚的区域不一定能抚育产业创新。在高技术产业部门中的低端活动的成功也可能不会带来高端活动的成功。

建设创新型国家，需要营造有利于产业创新的地方环境（milieu）。它是地方行为主体（大学、科研院所、企业、地方政府等机构及其个人）之间在长期正式或非正式的合作与交流的基础上所形成的相对稳定的系统③。建立这样的系统，就需要改变过去那种只重视发展单一因素的做法，如重奖个别人才、重点投资于少数大学等，转而关注营造有利于知识流通和产业技术创新的制度环境（Nelson，1993）。创新是建立在知识的弥漫、学科的交叉和产业的融合的基础之上的。重要的是促进协同作用的环境：学校教育中各科知识的协同作用，学生

① 过去从投入研发经费的多少来确定产业部门的技术特征——高技术和低技术，然后根据发达国家的产业分类来确定地方的产业发展策略，这种做法值得反思。

② 例如，电子信息产业在美国硅谷的研发集群和在我国东莞的生产集群。

③ “系统”（system）也可理解为体系，区域创新体系（regional innovation system）和地方创新体系（local innovation system）中的“体系”即本书中“系统”的含义（王缉慈等，2001）。

生动活泼的求知环境，科研部门促进学术交流和协作的环境，学习型组织之间交流与合作的环境，社区内政府和企业间各种相关知识交流的环境，等等。良好的区域创新环境就像一种空气、一种土壤，促进产业创新，带动地区经济增长和社会进步。因此，需要认真研究多年来在通过知识共享、学科交叉以促进产业技术创新方面所存在的问题，进而制定促进知识流动的政策措施并形成制度。

由于产品生命周期迅速缩短而研究开发周期加长，以及市场不确定等原因，创新是很多行为主体相互协同作用过程。发达国家的经验表明，产业系统是高度地方化的，而且往往决定着地方的专业化。产业创新取决于知识学习过程和企业之间、产学研之间关系的质量、强度及其网络的结构。研究证明：智力、风险资本、基础设施、信息服务等因素并不与创新过程发生必然联系。因此，要高度重视创新的社会文化环境的建构。经验研究表明，发达的区域都存在着新的产业文化，存在着创新主体相互依存的集体学习环境。

竞争力的基础是产品创新和过程创新，以及灵敏地应对迅速变化的消费需求。国际经验还表明，本地市场上挑剔的、有经验的购买者是促进企业创新和升级的重要因素。地方政府宜组织专家研究和预测适合本国和当地需求特点的产品，组织有事业心的科研人员进行联合开发。德国鲁尔区就是从本地特点触发，选择环保产业作为突破点，建立了世界一流的专门研究环保机构。它们所开发的产品不但在本地销售，而且打入世界市场，建立了国家竞争优势。

产业集群具有促进创新的能力，尽管信息通信技术使远距离通信传输加快，但仍然需要人们在集群中近距离的互动，促使商业知识、金融知识和技术知识更快地流通，以刺激创新。发达国家产业集群理论的重要性就在于此。

一、发达国家重视产业集群的背景

回到过去 20 多年来西方国家文献为什么要重新估价集聚的重要性这样一个基本的问题上来。20 世纪 80 年代以来，产业区（industrial district）、创新环境（innovative milieu）、产业集群（industrial cluster）以及区域创新体系（regional innovation system）等概念从不同侧面，重新强调了在新的经济环境下集聚对促进产业创新和区域竞争力的意义。文献普遍认同影响产业集群理论和政策的理论脉络主要有两支：一是马歇尔（A. Marshall）的产业区（industrial district）理论，二是波特（M. Porter）的集群（cluster）理论。

研究者对“第三意大利”[1] 的成功故事发生兴趣，重新提出马歇尔在1898年发明的产业区概念，来挖掘中小企业由集聚所获得的竞争力（Becattini，1990；王缉慈等，2001）。产业集群这个词组，因被波特（M. Porter，1990，1998，2000）用于国家竞争优势产业的论述而广为流传，并发展成为具有多种内涵的新型产业政策框架的理论基础。波特高度重视在某一特定产业领域中相互联系的公司和研究机构在地理上的集聚（Porter，1998），他认为“竞争优势是经过一个高度本土化的过程创造并维持的”（Porter，1990：19）。

经济学家克鲁格曼（P. Krugman）获得了2008年诺贝尔经济学奖，他整合了此前经济学界在国际贸易和经济地理学[2]方面的研究，在自由贸易、全球化以及推动世界范围内城市化进程的动因方面形成了一套独特的理论。克鲁格曼以规范的经济学建模方法来分析经济活动的空间集聚，以报酬递增和不完全竞争的经济学术语重新建构了经济地理学，并在此基础上提出了新贸易和新增长理论，使得经济活动的空间分析得以被重新纳入到主流经济学的视野之内（克鲁格曼，2000），并得到世界银行这样的全球化组织的关注[3]。

根据波特的定义，产业集群是一组在地理上靠近的相互联系的公司和关联的机构，它们同处或相关于一个特定的产业领域，由于具有共性和互补性而联系在一起（Porter，1998）。波特极力强调地理群聚现象对生产力和创新能力的意义。他提出一个菱形分析框架，将影响国家和区域产业竞争优势的因素归纳为：①挑剔的有经验的本地客户需求；②高质量的专业性的投入要素；③本地基础上的支持性的相关产业（集群）；④企业的战略、结构和竞争。他还兼顾了政府和偶然事件的作用（Porter，1990）。在波特的论述中，产业集群是作为提高生产力的商业环境（business environment）以及区域竞争力和创新的决定因素（determinants of regional competitiveness and innovation）而提出的，其实质是创新集群的概念，促进企业创新和升级，提高国家和区域竞争力。

其实，产业集群并不是新概念。对产业集聚的再认识，即对产业集群的兴趣最初来自所谓“第三意大利”的成功经验。意大利学者别卡提尼（G. Becattini）在20世纪80年代末就用产业区概念抓住了这些区域小企业集

---

① 指意大利的中部和东北部地区，参见王缉慈等：《创新的空间——企业集群与区域发展》，北京大学出版社，2001。

② 很多经济地理学者也称他的贡献属于地理经济学（Geographic Economics）。

③ 世界银行推出的《世界发展报告2009》主题为“Reshaping Economic Geography”，开始把全球发展的焦点投向地方产业集聚及其对于全球经济地理重塑可能产生的影响。

聚的特征（Becattini，1990）。之所以用产业区概念，是因为这种在后福特时代的集群与19世纪末马歇尔在其经典著作《经济学原理》中所论述的具有创新氛围的手工业小企业集聚的产业区有很多相似之处（王缉慈等，2001）。根据意大利创新性的传统产业集群的经验，热贝罗蒂（Rabellotti）于1995年描述了集群的以下特征：

1）企业的空间集聚和部门集中；

2）地方经济主体之间有社会文化联系，产生共同的行为准则；

3）物品、服务、信息和人员基于市场和非市场交换的垂直和水平联系；

4）有支持众多企业的公共或私营机构网络。

集群反映了企业及其相关机构在商务联系基础上所存在的地理群居现象，还代表特定的社区。那里的人们之间的联系有利于创新，这种联系基于各方对法律规范的遵守，或是基于对某种文化习俗和人际关系的传统认同。集群的重要特征是它有积极的渠道来促进商业交易、对话和交流。

从文献中不难看出，关于产业集聚的正效应有两个主要观点：其一，获得外部规模经济和范围经济（Lloyd，Dicken，1990；王缉慈等，2001）；其二，促进学习型经济。后者强调集群创新的社会维度，即技术创新的过程是行为主体互动的社会过程，企业是根植在更广的制度环境中的学习型组织（Nelson，1993；Braczyk et al.，1998；Asheim，Cooke，1999；Mytelka，Farinelli，2000；王缉慈等，2001）。

从发达国家来看，和产业集群形成与发展有关的背景条件有：政府对国土治理的自治权的分散和下放；国家支持主导产业的政策的结束（Humphrey，1995）；大规模工业化与泰勒主义的结束，完全不同的生产组织的产生；全球竞争和提高国家竞争力对地方化合作的需求；发展知识经济和创新、提高生产力的需求；城乡社区提高就业率的需求；区域竞争对新的区域治理结构的需求；提高生活水平和可持续发展的社会追求（OECD-DATAR，2001）。

20世纪70年代中期以后，新技术的应用和更加动荡的环境使过去垂直一体化的企业组织变得低效和僵化。内部规模经济在竞争中的影响力减弱。高度专业化的小企业可以从网络中得到信息与技术，应用小型数控设备，获得更多的发展机会，有效地攻占迅速变化的市场空隙，满足日益增多且易变的消费需求，成功地与那些仅靠规模而支配市场的大公司竞争。

在发达的区域，以使用计算机程序控制的设备和可灵活调度的劳动力为特征的柔性生产方式逐渐取代刚性的福特制，大企业垂直分离，中小企业繁衍，企业之间发展了转包、战略联盟等关系，并相应出现了能够处理劳动关系、开展劳动力培训、制定竞争法规和规范金融市场的大量新机构，相关的企业和机构在地理上集聚，合作进行产品开发、生产和营销分工，形成了具有紧密联系的极具活力的产业集群。在发达国家由传统的福特制生产方式（用标准化生产方法、廉价熟练劳动力和价格竞争来生产和服务于标准化商品）向柔性专业化（flexible spacialization）（或“弹性专精”）生产方式（生产和服务于客户的广泛需求，运用灵活通用的生产设备和适应性强的熟练劳动力）的转变之中，产业集群发挥了重要的作用。

从以上的分析不难看出，发达国家产业集群之所以受到重视，是与20世纪70年代末以来以信息通信技术为核心的新技术应用，以及随之出现的产业组织变化密切相关的。这是在发达国家重新强调产业集聚、提出产业集群的重要背景。

二、产业集群概念的本义

产业集群可以看作是一种客观存在的经济地理现象，也可以看作是对这种现象的经验总结，还可看作一类产业空间组织。集群或群集可作为区域经济发展战略，更应作为认识区域经济的思维方法，即把某些区域的发展视为地理集聚而相互依赖和合作的企业和机构共生共荣的过程。当前世界流行的集群概念和理论是在发达工业化国家某些区域的历史经验基础上提出的，而发展中国家工业化初期的所谓集群与此有天壤之别，甚至大相径庭。根据对发达国家关于产业集群的研究和政策实践的众多文献的理解，本书重申产业集群概念的本义如下：

> 产业集群是一群在地理上邻近而且相互联系的企业和机构，它们具有产业联系而且相互影响。通过联系和互动，在区域中产生外部经济，从而降低成本，并在相互信任和合作的学习氛围中促进技术创新。然而，集群中相互学习和促进创新的效应可能产生，也可能不产生[①]（Wang，2006）。

规范的产业集群概念包括行为主体及其三方面的特征：①行为主体在地理上邻近；②产业间联系；③行为主体间互动。邻近、联系和互动这三方面缺一不可、相互交织（图1-1）。首先，这些行为主体在地理上是靠近的。其次，企业之间有产业联系而相互依赖，包括上下游的投入产出联系（贸易依赖）以及非贸易的相互交流（非贸易依赖）。也就是说，这些企业相互捆绑在

① 见第三章。

一起。第三，这些行为主体是相互作用、相互影响的。理想的产业集群是动态的概念，地理邻近的企业和机构相互密切联系和相互作用（既合作又竞争）之后，应有一股促进技术创新的冲击力（图 1-1）。

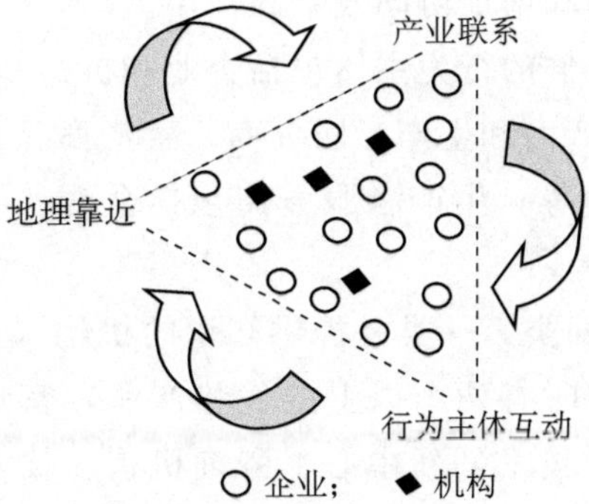

图 1-1 理想的产业集群概念

三、产业集群的行为主体

产业集群应该是在当地企业和机构协同作用的基础上发展起来的，是行为主体合作的网络，是促进创新的产业社区。产业集群中的行为主体是理解产业集群的关键之一。相关企业和机构需要达到相当数量（critical mass）①，其数量依行业部门、价值活动、发展阶段的不同而有很大差异。唯有一定数量的参与者才能对集群的绩效产生影响。

产业集群行为主体的核心是促进行为主体合作的机构（institution for collaboration，IFC）（IKED，2003）。这些合作机构的作用是促使产（制造商）、供（供应商）、销（客商）等企业联系，降低物流成本和交易费用；促使产（生产企业）、学（教育机构）、研（研究机构）、官（政府机构）互动②。

① critical mass 有时译为“关键多数”或“临界质量”，在集群研究相关文献中，可理解为大量企业和机构及其个人。早在 1943 年，在发展经济学的大推进（Big Push）理论中就强调了大量企业和机构集聚（critical mass）对于发展的重要性（Rosenstein-Rodan，1943）。然而到 20 世纪 70 年代，一些国际机构提倡反极化现象（polarization-reversal policy），critical mass 的概念一度受到忽视。最近 20 年以来，大量文献都常用 critical mass 这个词组，强调区域中相关企业及其工人（尤其是知识工人）数量的重要性。

② 在发展阶段、社会经济系统和文化价值不同的区域内会出现不同的大学—政府—企业的三边关系。埃兹科维茨的三螺旋（the triple helix）模型分析了知识资本化过程中大学、政府和企业的多边互惠关系。三螺旋模型的第四个维度是学术界、产业界和政府之间的递归影响，既作用于各自的螺旋体系，也作用于更广泛的社会（Etzkowitz，2002）。

在特定区域内，大学、政府和企业通过松散的协作关系和联合项目来调配资源（Etzkowitz，2004）。同时，这些合作机构也承担着与外部（包括国外）合作和交流的任务，包括合作对付贸易摩擦的麻烦等。总之，合作机构起着加强行为主体的集体效率和增加协同效果的作用。

总体来说，产业集群的行为主体包括企业和机构[①]两大部分。

1）企业。包括生产商和生产者服务商。生产商又包括上下游配套关系的供应商、制造商和客商等；生产者服务商包括金融、法律、咨询、广告等方面的服务提供商。

2）机构。机构有两类：一类是提供知识的机构（这里称之为知识机构），即与本地优势产业（有时有两个以上的优势产业）密切相关的专业性科研机构和大学、职业学校、技术创新中心、咨询机构、技术标准机构、质量检测中心等；另一类是为行为主体提供服务的机构，即服务机构，包括促进企业之间互动，企业和科教机构之间（产学研之间）互动以及合作的政府机构和中介服务机构（又称合作机构）等。这些服务机构包括商会、行会、知识产权服务机构、技术转移中心等（图 1-2、图 1-3）。在作者《创新的空间——企业集群与区域发展》一书中，也将这种“机构稠密性”（institution thickness）作为产业区（一类产业集群）的重要特征。

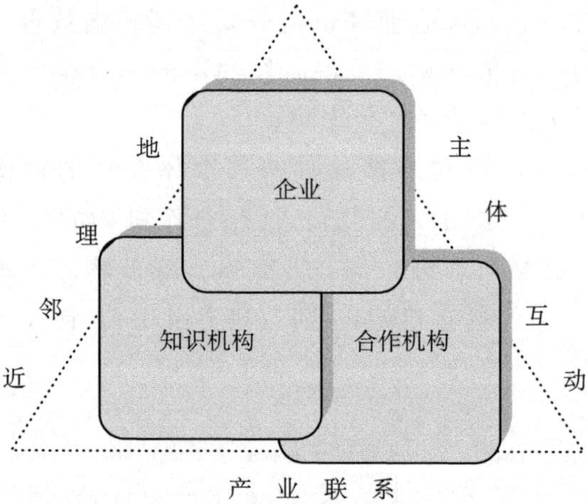

图 1-2　产业集群的行为主体和三方面特征

① 如果把产业集群称为“企业集群”，那么可能忽略作为行为主体的一些机构。

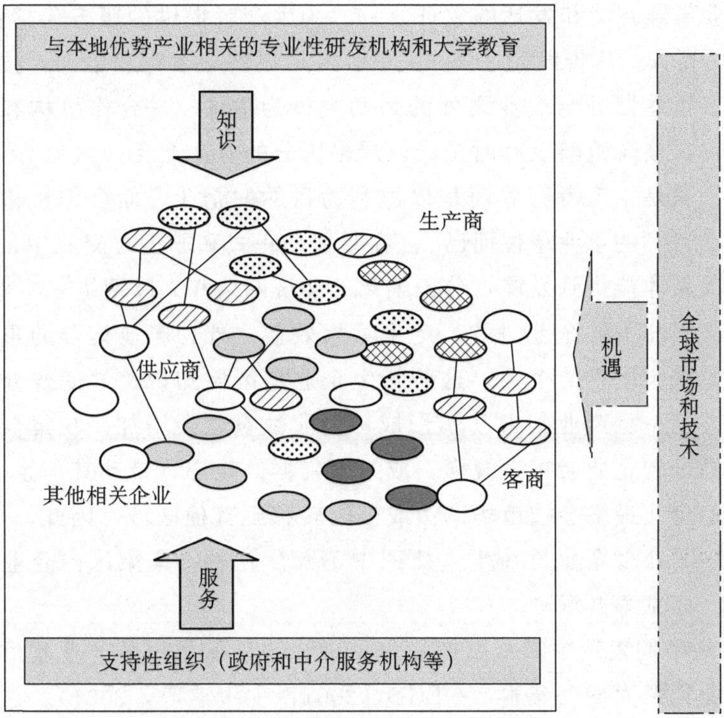

图 1-3 产业集群及其行为主体之间的关系

（一）企业

企业是产业集群中的经济运营和技术创新的行为主体。在企业家、技术、资金、土地、劳动力等要素的基础上，本地企业繁衍，外国和外地企业进驻，会形成企业的群体。在产业社会中，企业不能孤立地存在：如未与本地企业配套合作，肯定已经直接联系外地甚至国外企业；如没有与其他企业发生物质的关系，就会与其他企业发生虚拟的联系。各市镇的企业一般都是以群体的形式存在。有些企业尽管在本地看起来是孤立的，但与外地企业还是有联系的，而且这种联系的存在可能具有一定的合理性。从规模来看，集群内可能有大型企业，也可能只有中小型的，甚至是微型的企业，依产业部门和区域制度文化而异。在有的地方，企业分工明确，在本地形成了供应商网络，甚至形成产业融合的知识网络；而另外一些地方，同类或相关企业之间非但没有分工，还相互“拆台”。

在发达的产业集群内所包涵的企业，除直接制造产品的生产商（包括中间品的供应商）之外，还有生产者服务的提供商。生产者服务业在产业集群中的发展是产业集群升级和发达的象征之一。为生产者提供的服务包括包括金融，销售，市场研究，广告设计，公共关系，人员招聘、教育和培训，技术转让等服务活动。这些服务与企业之外的另两类行为主体——合作机构和知识机构相得益彰，在概念范畴上有时是难以严格区分的，甚至互为角色①，因此往往相提并论。只是生产者服务商是以盈利为目的的企业，而合作机构和知识机构一般为非营利的事业单位而已②。在频繁的正式和非正式交流中，越来越精确的交易关系才能得到发展，分工细化的经济网络和人脉网络才能得以形成。

除了吸引相关的企业进驻，产生集聚效益之外，产业集群的重要效应在于本地不断繁衍出新的企业。这些新生企业是区域知识扩散的媒介和最活跃的创新主体。一旦产业集群初步形成，企业数量就会增加。在集群成长过程中，成长性好的企业会扩大规模，成为该集群的核心，带动其他企业的发展。成长性差的企业最终会被市场淘汰或被迫转移到其他区域。因此，从整体看，产业集群中的众多企业是在生生死死中不断变化的，集聚区内企业数量也会有起有落（详见第九章）。

20 世纪中期发达国家重温产业集聚理念之后所提出的产业集群，一般是指中小企业集聚而成的集群（OECD，2001；王缉慈等，2001）。这有其深刻的时代背景。电子信息技术的迅速发展，使大企业的组织机构发生了重要改变——价值活动水平分离和垂直分离，小企业得以繁衍，社会劳动分工深化。此外，中小企业在促进就业和发展经济、稳定社会等诸方面的重要作用，也使得各国各级政府和国际机构对以中小企业为主的产业集群越来越关注。相比之下，大型企业能力强，一般可以自行解决其地方供应商网络问题③。政府所需要做的，主要是为它们提供相关的企业信息、基础设施和良好的服务环境。对于中小企业来说，则特别需要政府进行协调，使它们发挥集体效率。

（二）合作机构

如前所述，合作机构是产业集群行为主体的核心。不同国家和地区的集群有不同的合作服务机构。在美国，网络经纪人已经非常流行。这些通常是

① 产业集群内可能存在行为主体互为角色的重叠系统。例如大学借由孵化器衍生出企业，企业则通过企业性大学成为教育者，而政府通过小商业创新项目成为风险投资商。

② 在我国经济发达区域，一般都活跃着专利代理、商标代理、律师事务所、经济师事务所、会计师事务所、评估机构、企业咨询、广告策划以及商会、行会等组织机构。

③ 根据本研究团队的调研，我国有些大型国有企业选择供应商是有严格程序和时间要求的，不受地方政府官员一时的主观意愿所左右。

非盈利组织，定位在协调网络并进行网络服务。例如，举行培训、出口项目和研究协作等活动，举行关于产业标准等问题的讲座和座谈会以及制定策略。很多技术转移公司利用特许权或购买技术。在英国，有区域发展中介机构（regional development agency）、培训与企业理事会（training and enterprise councils）、小企业服务机构（small business service）等。其中，中央政府可以发挥重要作用。例如中央政府宣布创立一种集群和孵化器挑战基金，通过地区发展机构来管理集群①。

集群促进企业的技术创新是一个合作的过程，需要企业、政府、中介机构等多主体发挥协同效应。主体之间的互动来自于彼此间的信任和尊敬，但常常也需要第三方机构的“牵线搭桥”。处于同一行业中的企业面对同样的市场和资源，往往处于直接或间接的竞争之中。企业间的竞争在集群的微观尺度中又会更加激化。所以，在没有历史积累和第三方机构协调的条件下，企业之间自觉的合作和互动一般是不现实的。从这个意义上讲，协会、企业家俱乐部、律师事务所等第三方机构或生产者服务业企业在集群升级过程中实质上起到了其他主体无法替代的作用。

协会（商会或行会）是集群中企业间组织联系程度的一个指标。不论成功与否，集群都和地方的协会组织左右伴随。因此，当审视企业间的组织联系程度来为集群“把脉”时，协会存在与否是很好的指标。对集群而言，协会的价值不在于它叫什么名称，有多少会员，而在于它组织的活动给本地的企业所带来的影响以及促进企业间联系的作用强度。更直接地说，集群中的协会不是一个空壳或名分，而是一个组织各种活动的实体。在协会组织的活动中，只有知识共享，才能真正发生信息的交流和创新想法的碰撞。

（三）知识机构

如何衡量一个产业集群的优劣，是取决于企业数、产值规模、企业之间的联系，还是它所处的技术水平？应该说，技术水平和创造力的高低才是决定产业集群优劣的最重要的指标。因此，包括企业的、大学的和政府的公共研究机构在内的知识机构的存在及其对产业集群的知识和技术投入则是集群的重要特征。

集群的知识基础和技术创新、文化创意的源泉，是与集群内的企业近距

① 2000年，英国政府直接投资了5000万英镑来支持集群和孵化器的发展（regional service for clustering，RSC宣传资料）。

离联系的、与集群的优势产业相关的研究性大学及其院系，以及它们与集群内的企业频繁地互动和合作。在一定区域内，大学、科研院所和企业通过协作关系和联合项目来调配资源，可以促进区域经济发展。仔细观察每个在国际上有领先技术和技艺的产业集群，都不难发现其中存在着具有明显专业特点的大学和科研院所。反过来说，仔细观察世界上知识领先的研究性大学，也不难发现它附近存在着与它的特色研究领域相关的创新性产业集群。例如，以化学和力学分析为特色的波罗格纳大学（University of Bologna）附近有意大利萨斯索罗瓷砖产业集群（Porter，1990），中国科学院计算研究所附近有北京中关村电子信息产业集群（Wang J C，Wang J X，1997），中国戏剧学院和中国国家话剧院附近有北京南锣鼓巷艺术区（张纯，王敬甯，陈平等，2008）等，不胜枚举[①]。

与本地优势产业密切相关的知识机构，是其他地方无法模仿的本地专有要素，是产业创新和升级的重要支撑，是区域和国家竞争力所在。发达国家的高技术产业在大公司的研究与开发机构、大学和公共研究机构密集的地区发展，不仅是由于高素质人才资源聚集，而且是由于产学研之间频繁的信息和知识交流与互动所产生的知识溢出效应。产业创新和升级能力取决于与该产业相关的专业的水平以及产学研结合的程度。因此，在产业集群中促进专业化人力资源的形成以及满足企业研发的外部化，需要发展世界一流的有特色的专业（王缉慈，2007）。中国未来的集群政策应该关注大学和研究机构如何生产新的知识，如何培养满足本地集群发展的专业人员，如何实现本地集群与本地大学的良性互动。

在服装、制鞋、家具、玩具、家电等消费品产业集群中，需要建立相关的专业性知识机构。如果当地没有，则特别需要与国内外相关的科教机构建立密切的知识联系。其中，在本地经常举办专业性的培训与教育活动，是一种以弥补在本地知识机构不足的有效办法。对于高技术产业的创新集群来说，重要的是促进技术交叉和产业融合。早在1963年，罗森伯格（N. Rosenberg）研究机械设备产业的建立时发现，通用技术在无关或相关产业中长期应用和发展（Rosenberg，1963），会导致完全不同的产业产生，他称之为"Technological Convergence"（技术融合）。以技术交叉和产业融合为特征的

① 我国的有些集群里也存在着研究性大学，现在大学与企业的互动也多了，为什么我国的集群还是低创新的，技术水平不够呢？这里涉及一个科技管理问题：大学和研究机构首先应该是产生新知识的地方，再是传播知识的地方，然后才是转化知识的地方，中国的大学目前却往往以转化知识（产业化）为主，生产新知识的潜力不足，势必影响中国未来的竞争力。

创新集群在发达国家举不胜举，日趋繁盛。

加拿大萨斯卡通市的科学创新园区就是一个很好的例子。21 世纪初，加拿大萨斯卡通市在萨斯喀彻温大学的尖端科技力量和自然资源（植物和矿产）的基础上投巨资建设了大功率的同步加速器，发展了同步加速器光源①的创新集群，并大力孵化中小企业，支持当地工业的发展，帮助萨斯喀彻温省乃至加拿大增加商业机会②。这个同步加速器光源集群是由以下技术交叉而成的：

生命科学和制药：下一代药物（人类、动物、植物）的分子设计；生物医药图像、细胞化学、治癌、可植入药械；基因和蛋白质结晶学、治疗。

先进材料：涂料、纤维、聚合体、轮胎、燃料电池、纸浆、焊接；信息技术、存储、半导体、感应器；微光机电系统（纳米光学）。

环境地球化学：生物可用性、食物、稳定分析、工业加工；油摩擦学、腐蚀、土壤、足迹、能源；生物修复评价、采矿、废物处理。

四、产业集群的三个特征

规范理论中的产业集群具有三方面的特征：①行为主体地理上邻近；②产业间联系；③行为主体间互动，已如前述（图 1-1）。下面分别加以说明，并结合我国国情对这些特征进行评述。

（一）行为主体的地理邻近

地理邻近和集聚对于有上下游产业关系的企业或工厂来说，可以减少物流成本（包括车载运输和管道运输、仓储等）、能源成本、时间成本等。这种外部经济效应和报酬递增的效果比较容易得到充分的认识，在制造业发展迅速的工业化阶段更是如此。经济地理学和相关学科对产业集聚机理的新发现，是认识到企业的地理邻近会出现“邻近效应”（proximity effect），促进知识的流动和溢出（Malecki，Oinas，1999），可能为企业的技术创新和知识学习创造有利的条件。从理论上说，创新主体之间地理邻近对技术创新的影响作用

① 关于同步加速器光源：光源由加速的电子产生。在磁体的作用下，电子进入特定的循环轨道。相当广泛的产业和科学研究领域可以从运用同步加速器光源受益。这是一项革命性创新，被称为 21 世纪的“科学神灯”。

② Dale Botting，President and CEO，Botting Leadership and Development Corporation，http：//www. thecis. ca/index. php？ catID=76&itemID=463。

与知识类型相关。知识的编码化越明显，对地理邻近的要求就越低。而隐性知识的传播需要面对面的经常交流。如果主要涉及隐性知识，创新活动和知识学习对地理邻近的要求就高（Kujiro，Hirotaka，1991）。

问题在于，企业的地理邻近是否一定有利于企业竞争力和区域竞争力的提高？地理邻近对于城市或区域经济发展是否必要？产业链是否一定要在本区域中打造？答案似乎显而易见。但是在发展产业集群的热潮中，人们甚至会用行政手段把由于某种历史原因已经形成的远距离配套企业搬回来，或者盲目提倡在本地打造产业链。这实质是一种不尊重市场经济的做法。从理论角度看，这是将具有丰富社会属性的集群等同于企业在地理上简单的“扎堆”，把地理邻近理解为所谓纯的集聚（pure agglomeration）（Gordon，McCann，2000）。

行为主体地理邻近可以促进技术创新，然而并不是必然的，因此还需要组织上的邻近和关系上的邻近。“地理邻近之所以有效，是因为正好那里存在组织意义上的关系。”（Rallet，1999）“只把城市经济看做是投入产出的机器是不够的。”（Storper，1997）长久形成的商业习俗和关系是地方特有的财富，是难以转移和被模仿的。在城市基础设施之外，有三个基本因素可以补充和强化集聚效应，即：①在产业系统中企业的前向联系和后向联系；②密集的地方劳动市场；③地方化的关系财产（localized relational assets），而这种关系财产能够促进学习和创新效应的发生（Scott，Storper，2003）。

早在1988年，佩纶（Perrin）在关于法兰西南岛科学城的论述中就生动地揭示了地理邻近而关系不邻近对技术创新的不利影响：“每一个单位都还像是一座生怕失去自己势力而又自以为至高无上的城堡一样”；“研究和产业相互注视，像一座壁炉上两只怒目对峙的瓷狗，由于各自鼠目寸光而互相责骂”（卡斯特尔，霍尔，1998：113）。

（二）行为主体的产业联系

根据《牛津简明词典》的英文词义，集群（cluster）是一组在一起发育的事物（Brussels et al.，1979）。将这种解释望词生义地应用于经济和社会生活中，就会把有些聚集在特定区域而毫无关联的一群公司也称为集群。

在对产业集群的认识中，产业联系也是一个难解的问题[①]。有人不但把产业园区等同于产业集群而不顾其中的产业联系，还往往把产业联系等同于产

① 请参阅王缉慈等《创新的空间——企业集群与区域发展》一书的第二章第一节“产业联系、生产链和生产系统”（第24～43页），以及本书第三章第二节。

业链。产业联系是一个很老的相对成熟的概念。早在 1958 年，赫希曼（Albert Hirschman）就在他的经济发展战略理论中提出了产业联系（即我们现在俗称的“产业链”，包括前向联系和后向联系）的概念（Hirschman，1958）。1973 年里昂惕夫（Wassily Leontief）因提出著名的投入产出模型而获得了诺贝尔经济学奖。1985 年霍尔（A. G. Hoare）对产业联系进行了非常细致的研究。

图 1-4 仅从物质联系方面显示了典型机械产品在本地的垂直（前向、后向）联系、水平联系及其支撑体系。在这里企业可能有很多地理接近的产业联系，政府部门通过制定法律、税收、金融等政策形成一种制度环境，金融机械对企业进行信贷和风险投资，行业协会等服务机构促进企业间网络联系，科教机构和职业培训机构提供新知识和技术并输送人才，从而形成产业集群[①]。但是，企业的垂直的和水平的产业联系完全有可能是在区外并且是远距离的，因此不呈现产业集群。

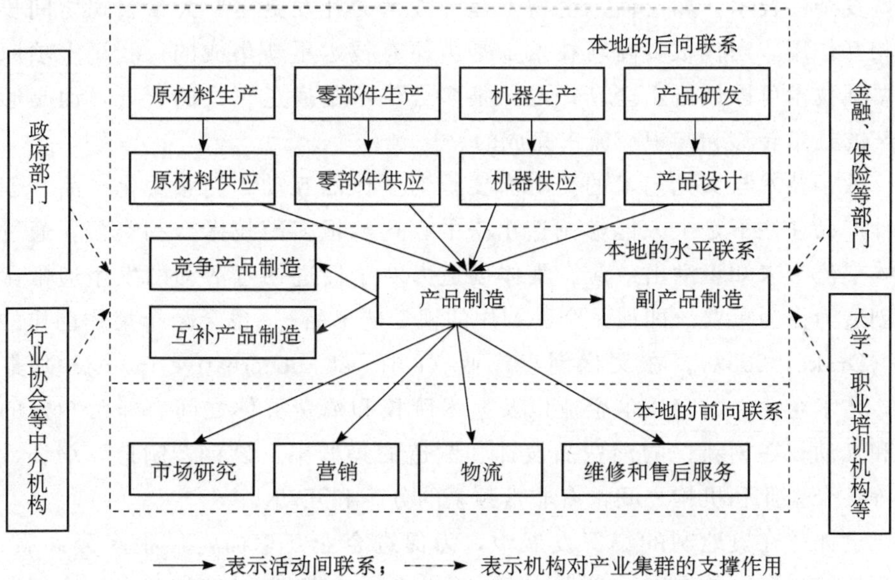

图 1-4 机械产业集群中相关产业活动的本地联系

（三）行为主体的互动和合作

在产业集群里，行为主体的互动包括企业之间的互动以及产学研之间的

① 必须注意，图 1-4 所反映的在“产业链”基础上的产业集群并不是一个封闭的本地系统，各企业与区外甚至国外会有很多产业联系；而且，图中表示的物质联系背后隐含了大量社会网络关系。

互动，很多互动都需要借助于中介组织或政府的推动（Andersson et al.，2003）。也就是说，既有“瞎子背瘸子”和“抱团取暖”式的互动以走出困境，又有犹如交响乐团的协调和配合。前者可能不需要什么特别的领头和向导，后者则需要高水平的作曲家、配器者、指挥者及其整个乐团各种乐器演奏者在复杂组织和管理之下的合作。

在不同产业的集群中，有不同的行为主体互动。制造业集群中的上下游企业之间的分工合作已经得到了比较充分的研究，这里不再赘述（仇保兴，1999；王缉慈等，2001；盛世豪，郑燕伟，2004）。发达的产业集群中的行为主体的互动并不只是短期的交易，而是具有长期的正式和非正式的相互交易和交流的过程。在这个过程中能够形成有利于促进技术创新的环境，即创新环境。

高技术产业的创新集群中，企业之间及其与科教机构之间有非常频繁的分工和互动。重大原创性科研成果的产生，大多是多学科交叉融合的结果。一些复杂的技术，如通信、生物工程等技术的开发更需要大量公司之间长期的相互作用。当代很多高新技术都是由原有技术重新集成的，利用多项原有的单项技术可以创造出全新产品。很多合作不是通过正式的合同，而是通过默契的技术转移和知识交流来完成的。

数字技术与文化艺术的交融需要行为主体的互动。创意文化产品和创意设计产品往往不是个人能够制造出来的，这与很多高技术产品类似，通过非正式交流带来知识溢出效应。集体创造力对于促进创意活动的发生通常比个人创造力更为重要。即使是个人制作的视觉艺术品①，也会凝结集体创作的精华（Drake，2003）。在文化创意产业（cultural and creative industry）集群中，艺术企业、数字技术企业以及艺术院校和消费群体之间有非常频繁的分工和互动；在创新性的消费品设计和制造的集群中，设计、制造、培训、教育等各个企业和机构之间也有非常频繁的分工和互动。

例如，在奥地利的集群发展中，为促进企业互动而提供很多公共服务：信息通信平台（数据库、企业访谈、企业名录、期刊）；培训（专业会议、技术趋势分析）；资助合作项目（新产品和新技术、新生产制程、专业培训）；发展营销和公共关系（为新客户建立区域认同、品牌形象）；在有潜力的项目参与者之间建立联系；为有兴趣参与合作者召开圆桌会议；为项目申请过程提供支持等。此外，还促进集群的国际交流和合作（与欧洲的区域合作、欧盟项目、全球市场开发）（图 1-5）。

---

① 这里主要指数码产品。

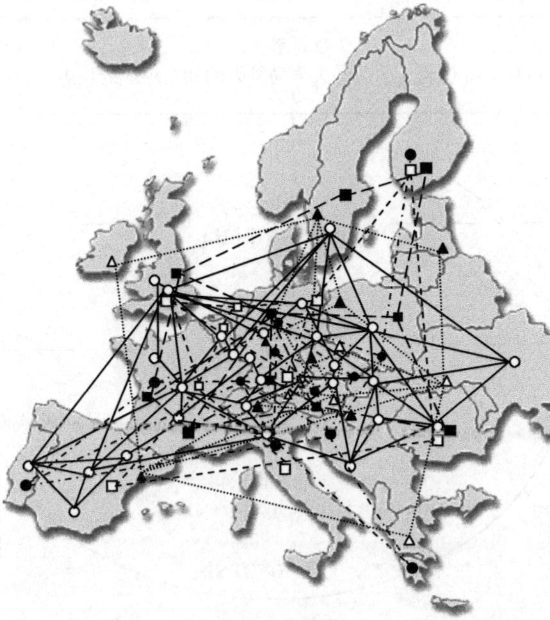

图 1-5 欧洲集群合作网络

资料来源：Merkl（2003）

奥地利在用组织和引导的方法促进相关企业互动的方面提供了成功的经验。其首都地区集聚了大量研究机构和技术密集型企业，但由于从属不同政治党派的区域[①]，促进企业合作需要机构的推动。维也纳市政厅和环境保护局于 1998 年开始推行维也纳生态商业计划（EcoBusiness Plan）（Fromhold-Eisebith，2001），该计划受到维也纳经济议院的支持，将维也纳的环境保护技术成功地应用到当地的企业，如减少废水、减少对气候变化影响等。市政府每年组织一次喜庆活动，表彰和奖励成功通过环境检查的企业。为了深入企业之间的交流和互动，当地政府还成立了生态商业俱乐部（EcoBusiness Club）。其行为主体互动的系统如图 1-6 所示。

集群内促进行为主体互动的机构经常定期地或不定期地举行多种多样的交流和交易活动，使企业之间技术信息和知识能够通畅地流动。相比之下，在那些经济欠发达区域，企业往往处于孤立和分离的状态，“各拉各的调，各吹各的号”，促进经济行为主体互动的机构和活动都非常少，信息和知识也很闭塞。

① 维也纳州由社会党控制，而离它 60 千米的下奥地利州则由保守党统治。

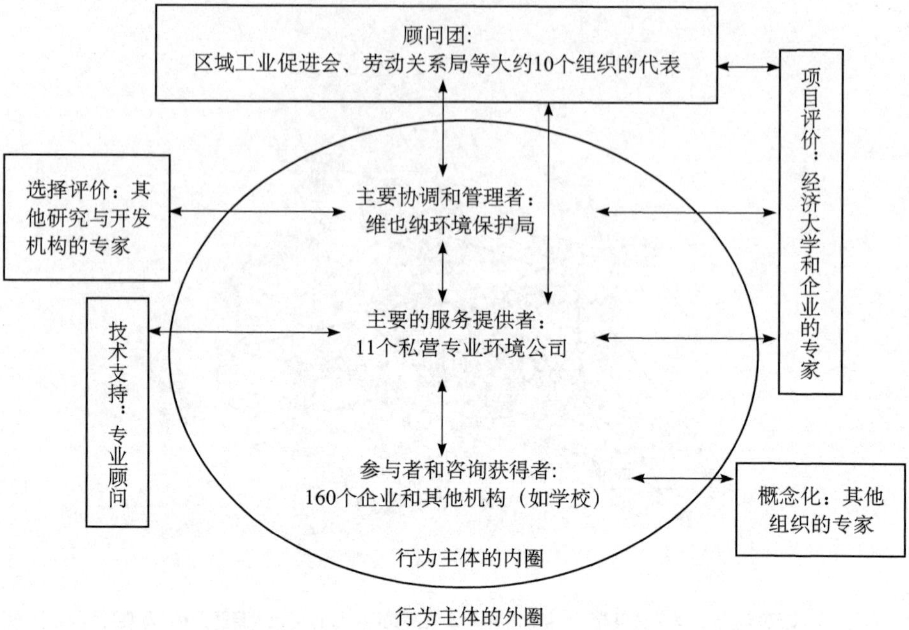

图 1-6　维也纳生态商业计划

资料来源：Fromhold-Eisebith（2001）

五、广义的产业集群

对于发展中国家，“集聚……也十分重要……然而，需要公共政策的干预，以促进产业联系的发展，使胚胎状态的集群更好地生长”（Humphrey，Schmitz，1995）。联合国工业发展组织和世界银行等机构在发展中国家积极推行产业集群战略。由此，与规范的产业集群概念内涵相差甚远的“集群”一词频繁地出现在国际研究报告中。这样，从全世界来看，集群就被划分为基本的两大类。

一是在北美和西欧等地的经济增长中起重要作用的成功的产业集群，称为高端道路（high-road）和基于创新的集群（innovation-based cluster），又可归为“创新集群”大类，如前所述。其表现为创新、高质量、功能的灵活性和良好的工作环境；在良好的法规制度下企业间自觉地发展合作关系。二是低端道路（low-road）和基于低成本的集群（low-cost-based cluster），又可归为“生产集群”大类，如前所述。其参与竞争的基础是低成本。在这些所谓集群中，在很多情况下，企业之间的合作只是偶然的，甚至不存在。虽然通常企业家在很近的地理范围内一起生活和工作，却很少共享信息、讨论共同的问题，企业之间出现恶性竞争。

根据产业部门特征，基于创新的高端道路的“创新集群”大类又大致可以划分为三个亚类，即传统消费品产业的创新性集群、高技术部门的创新集群和创意文化产业的创意集群（creative cluster）。在这个分类中没有包括原本就有专业化协作组织特征的机械产业集群（图 1-4）。在本研究项目中没有把机械产业集群作为重点，本书也未对此类集群做详细探讨。机械产业的企业之间在合同基础上的近距离的转包关系（subcontracting relationship）由来已久，日本的“下请制”可以追溯到江户时代（王缉慈，1994）。在 20 世纪 80 年代发达国家普遍实行计算机辅助设计和制造（CAD/CAM）和柔性生产系统（FMS），以及模块化供应成为趋势之后，转包关系得到迅速发展，为即时生产（just-in-time）和快速反应，在本地近距离的转包活动得到发展，形成产业集群。不仅如此，还出现跨区域和跨国转包，即后来的离岸外包（off-shore outsourcing），以获得全球资源而增强企业竞争力。

在知识经济时代，设计和生产物质产品的产业，尽管从产品技术划分可能属于低技术产业的范畴，但由于产品的设计样式、颜色、质料的选择具有文化或知识特性，在发达社会中同样拥有领导地位（Caves，2000）。其竞争优势主要在于工业设计和创新营销的渠道，在意大利、法国、德国、丹麦、瑞典和挪威的纺织、服装、鞋、家具等产业区里，中小企业专业化分工以及合作，特别关注产品的设计、特色工艺的培养和渠道的建立。这些集群有时又成为“创新性低技术产业集群”（innovative low-tech cluster）。

高技术部门的创新集群，是通过不同技术的交叉和不同产业的融合，从而产生激进式创新，甚至产生新兴产业。集群中特别需要产学研近距离紧密的技术合作和隐含经验类知识的交流网络。

创意文化产业相关的创意集群，其特点是强调集体创造力，即很多文化产品，尤其是数字技术的文化产品，都不是由个人灵感突发奇想而形成的，而是需要集体合作才能创造出来。

第二类是“生产集群”大类，具有集群某些特征的产业集聚现象，又称为“准集群”（quasi-cluster）。它们尚处于产业集群发展的初级阶段（魏后凯等，2008）。欧洲学者 Mario Divide Parriliar 称之为生存性集群（survival cluster）（Mario，2007），或处于生存边缘的集群。这是工业化过程中，在传统手工业基础上为了实现经济增长而结成的一种集群。这种集群大多会遇到很多危机，在本质上是一种非创新的集群。

从同一个产业来看，其价值链上高低不同的环节在世界上发达程度不同的地方都会发生相关企业集聚现象。例如，个人汽车设计集群在瑞典，汽车制造集群在亚洲，总部和研发集群在美国，或许装配和销售集群在南美洲，与伦敦金融集群相联系。这些相互关联的在价值链不同环节专业化的节点形成一个全球汽车网络（Andersson et al.，2003）。

本章小结和讨论

本章辨析了产业集群概念的本义，分析了规范理论中的产业集群三类行为主体及其地理上邻近、产业间联系和行为主体间互动的三方面特征。这三方面特征相互交织和缠绕，难以严格分离开来。

产业集群又可以看作地方生产系统或地方创新系统，在一个地方由一群企业分工合作，完成某类产品的生产制造或技术创新。在产业方面，相比内部规模经济明显的一体化大企业集团来说，适合集群空间组织形式的产业部门是外部范围经济明显、近距离的企业之间有专业化分工的部门。例如，本书中所分析的高技术产业和创意文化产业，以及消费品产业，还可细化到产品层次的产业类型（尤指制造业），如家具、皮鞋、服装、低压电器、手机等。

地理邻近（集聚）与产业联系的特征在制造业之外也存在。例如，在花卉产业、旅游、金融服务等行业，集群概念得到了应用。但在运用集群概念进行分析时，应考察原有论断或命题成立的条件在该产业中是否成立。在空间方面，不能无限制地将集群概念运用到过大的空间尺度（如国家尺度）上。在中国现行的行政体制下，集群一般为乡镇级到县级行政单元（不超过市级）的空间尺度（林涛，2010）①。此外，在全球价值链的影响下，地方产业集群有可能从属于更大空间尺度的集群空间等级体系（张辉，2006）。

地理邻近只是为企业之间信息交流提供了一个可能条件，集群内部的信息交流可能因为缺乏某些必要条件而受到阻碍。本地企业集体学习和吸收技术以达到自主创新的必要条件，包括完善的知识产权保护制度和企业的诚信等，而社会资本的积累需要一个长期的历史过程。在发展中国家，很多集群的历史都比较短，集群内部企业之间还很少形成一种相互信任的产业文化，企业之间大多只是竞争关系，合作还比较少。此外，那些集群

① 对于空间尺度问题的考虑，与企业的交通工具、文化氛围和地方认同等有关。企业近距离密切联系区域一般在1～2小时汽车车程，即60～150千米。这一空间尺度类比于乡镇级到县级最多不超过市级的空间范围。产业联系有可能突破行政边界的限制。地方的社会文化联系一般体现为尺度较小的乡镇及县。乡镇及县也是企业家、政府官员及地方民众日常所能接触到最多的信息的空间范围。

中技术研究机构、信息咨询机构等内部知识源一般都非常缺乏，企业的知识、信息主要来源于集群之外。在这种情况下，外部信息交流和知识联系就往往成为企业主要的学习渠道。

传统的产业集聚理论一般只是把企业集聚区域作为企业的经营地点(site of operation)；而新的集群概念是把企业集聚区域作为企业的互动地点（site of interaction)。通过互动，特别是知识的互动来实现创新。所有产业都可以创新，既包括高技术的创新，也包括“低技术的创新”甚至“无技术的创新”。

本章对近乎规范的产业集群概念进行研究，有助于理清我国产业集群发展的思路和明确其目标。然而，产业集群因地而异，因部门而异，因技术水平而异，实在是纷繁多样。本章的概念研究成果很难与真实社会中的产业集群现象一一对应起来。除了认识概念之外，还需要在我国国情的基础上理解集群发展的实际背景及其发展道路。

（王缉慈，童昕）

参考文献

卡斯特尔，霍尔．1998．世界高技术园区：21世纪的产业综合体．李鹏飞等译．王缉慈译审．北京：北京理工大学出版社

克鲁格曼．2000．地理与贸易．张兆杰译．北京：中国人民大学出版社

林涛．2010．产业集群合作行动．北京：科学出版社

仇保兴．1999．小企业集群研究．上海：复旦大学出版社

盛世豪，郑燕伟．2004．“浙江现象”：产业集群与区域经济发展．北京：清华大学出版社

王缉慈等．2001．创新的空间——企业集群与区域发展．北京：北京大学出版社

王缉慈．1994．中国新工业区的形成（本人英文论文的译文）．地理译报，13：4

王缉慈．2007-02-15．创建一流大学不如创建一流专业．科学时报

魏后凯等．2006．中国产业集聚与集群战略．北京：经济管理出版社

张纯，王敬甯，陈平等．2008．地方创意环境和实体空间对城市文化创意活动的影响——以北京市南锣鼓巷为例．地理研究，27（2）：439～449

张辉．2008．全球价值链下地方产业集群转型和升级．北京：经济科学出版社

Andersson T，Serger S，Sörvik J et al. 2003. The cluster policy whitebook. Proceedings from the 6th Global Conference of The Competitiveness Institute (TCI) on the Theme “Innovative Clusters—A New Challenge”. Held in Gothenburg，Sweden

Asheim B T，Cooke P. 1999. Local learning and interactive innovation networks in a global economy. *In*：Malecki E，Oinas P. Making Connections. Aldershot：Ashgate. 145～178

Becattini G. 1990. The Marshallian industrial district as a socio-economic notion. *In*：Pyke F，Becattini G，Sengenberger W. Industrial districts and inter-firm co-operation in Italy. Geneva：International Institute for Labour Studies（IILS）. 31～57

Braczyk H-J，Cooke P，Heidenreich M. 1998. Regional Innovation Systems：the Role of Governance in a Globalized World. London：UCL Press

Brussels E，Fowler H，Fowler E. 1979. The Concise Oxford Dictionary. London：Book Club Associates

Caves R E. 2000. Economic properties of creative activities. *In*：Caves R E. Creative Industries：Contracts between Arts and Commerce. Massachusetts：Harvard University Press. 1～17

Drake G. 2003. This place gives me space：place and creativity in the creative industry. Geoforum，November，34（4）：511～524

Etzkowitz H. 2002. MIT and the Rise of Entrepreneurial Science. London and New York：Routledge

Etzkowitz H. 2004. The second academic revolution：MIT and the rise of entrepreneurial science. Research Policy，33（1）：177～178

Fromhold-Eisebith M. 2001. Collaboration and competition in regional innovation support systems? The example of a "sustainable economy" project in Vienna，Austria. Paper presented in the 2001 residential conference，IGU Commission of Economic Spaces. Torin，Italy

Gerhard H. 2009-11-09. How does globalization affect local production and knowledge systems? The surgical instrument cluster of Tuttlingen. http：//inef. uni-due. de/page/documents/Report57. pdf

Gordon I，McCann P. 2000. Industrial clusters：complexes，agglomeration and/or social networks? Urban Studies，37（3）：513～532

Hirschman A. 1958. The strategy of economic development. New Haven：Yale University Press

Humphrey J. 1995. Introduction. World Development，23（1）：1～7

Humphrey J，Schimitz H. 1995. Regional regimes of accumulation and the Nation State in regulation theory. Paper presented at the conference of the IGU Commission on the organization of Industrial Space

Lloyd P，Dicken P. 1990. Location in Space. London：HarperCollins

Malecki E J，Oinas P. 1999. Making connections：technological learning and regional economic change. Aldershot：Ashgate

Mario D P. 2007. SME Cluster Development：a Dynamic View of Survival Cluster in Developing Countries. New York：Palgrave Macmillan

Merkl A. 2003. Clusters-Networks for innovation and growth（PPT）：13. 6 October，

Trento. Clusterland Upper Austria. www. clusterland. at

Mytelka L, Farinelli F. 2000. Local clusters, innovation systems and sustained competitiveness. Discussion Paper Series. The United Nations University, Institute for New Technologies

Nadvi K. 1999. Collective efficiency and collective failure: the response of the Sialkot surgical instrument cluster to global quality pressure. World Development, 27 (9): 1605～1626

Nelson R R. 1993. National innovation system: a comparative study. New York and Oxford: Oxford University Press

Nonaka K, Takeuchi H. 1995. Knowledgecreating company: how Japanese companies create the dynamics of innovation. Oxford: Oxford University Press

OECD-DATAR. 2001. World Congress on Local Clusters -Local Networks of Enterprises in the World Economy. Paris: OECD-DATAR

Porter, M. 1990. The competitive advantage of nations. New York: Free Press

Porter M. 1998. Clusters and the new economy of competition. Harvard Business Review, 76 (6): 77～91

Porter M. 2000. Location, competition, and economic development: local clusters in a global economy. Economic Development Quarterly, 14 (1): 15～34

Rabellotti R. 1995. Is there an "industrial district model"? Footwear districts in Italy and Mexico compared. World Development, Elsevier, 23 (1): 29～41

Rosenberg N. 1963. Technological changes in the machine tool industry: 1840～1910. Journal of Economic History, 23 (3): 414～443

Rosenstein-Rodan P. 1943. Problems of industrialization of Eastern and South-Eastern Europe. Economic Journal, 53: 202～211

Sölvell Ö, Lindqvist G, Ketel C. 2003. The Cluster Initiative Greenbook. Stocklom: Ivory Tower

Scott A, Storper M. 2003. Regions, globalization, development. Regional Studies, 36: 579～593

Storper M. 1995. Regional technology coalitions an essential dimension of national technology policy. Research Policy, Elsevier, 24 (6): 895～911

Storper M. 1997. The Regional World. New York: Guilford

Wang J C, Wang J X. 1998. An analysis of New-tech agglomeration in Beijing: a new industrial district in the making? Environmental and Planning A, 30: 681～701

Wang J. 2006. Industrial clusters in China: the low road vs. the high road in cluster development. *In*: Scott A. Development on the Ground: Clusters, Networks and Regions in Emerging Economics. 145～164

Wang J, Zhu H, Tong X. 2005. Industrial districts in a transitional economy: the case of datang sock and stocking industry in Zhejiang, China. *In*: Lagendijk A, Oinas P. Proximity, Distance and Diversity: Issues on Economic Interaction and Local Development. Aldershot: Ashgate. 47～67

第二章　殊途同归的高端集群

产业集群的精髓是行为主体在本地建立在规范的知识产权制度和约定俗成的惯例基础上的合作创新、合作设计、合作创造、合作营销等。科学、技术、文化、教育等都由此获得稳定的发展环境，创新性的企业家和科技人才在集群中得到成长。重视企业的互动合作和知识交流，尤其是隐含经验类知识的交流，不仅包括“经济（产业）网络”，更重要的还有“社会（人脉）网络”，这种在本地行为主体高度互动的基础上形成的创新环境，成为高端集群的重要特点。

根据第一章，可将基于技术创新和文化创造力的产业集群归为高端集群。在创新性的传统产业集群中，保持有地方特色的高度创造力和培养专门知识要素尤其重要；在高技术创新集群中特别需要跨学科、跨产业的产学研合作和隐含经验类知识的交流，在创意产业集群中需要重视营造创意氛围和发挥集体创造力。

高端道路产业集群与非创新性的低端道路产业集群的根本区别，是前者对企业互动和知识共享的强调。图 2-1 表示集群的发展机制及其效果。传统的认识（图中的 A 部分）是企业通过本地的投入产出联系，以及通过越来越精确的专业化分工而获得降低成本的效果（外部范围经济），也就是说，是获得经济外部性，重视“经济（产业）网络”。20 世纪 80 年代中后期以来，发达国家具有促进创新效果的产业集群的概念（图中的 B 部分）重视企业的互动合作和知识交流，尤其是隐含经验类知识的交流，这对于高新技术的发展尤为重要。这里不仅包括经济网络，更重要的还有“社会（人脉）网络”。由于创新是一种社会过程，不同学科、不同产业需要密集地互动，才能源源不断地产出创新的成果。这种在本地行为主体高度互动的基础上形成的创新环境，成为高端集群的重要特点。

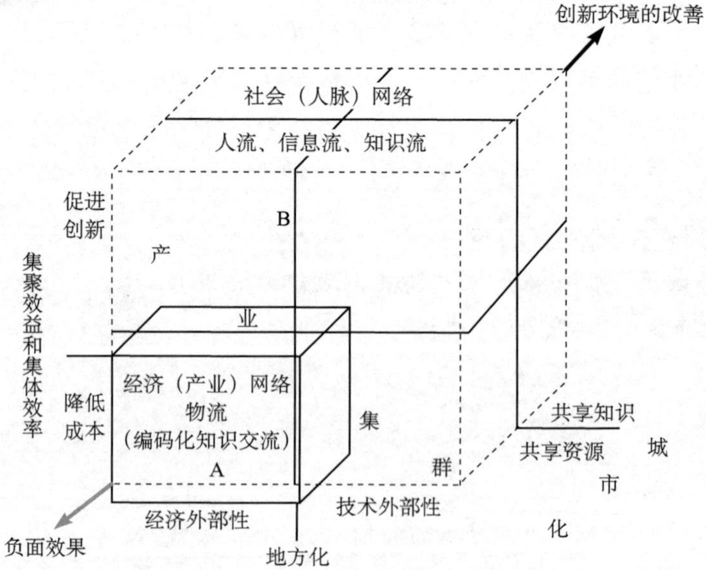

图 2-1　产业集群的发展机制及其效果

我们曾经根据集群的资源基础、产业生命周期、本地行为主体、本地产业联系、全球发展背景、依赖关系类型和外部性等，将产业集群和创新集群的概念及其变量特征初步整理成表格进行了尝试性分析，以将我国和其他发展中国家那些处在价值链低端环节的非创新性或尚未升级的产业集群区别开来（王缉慈，王敬甯，2007）。

本章将以三节内容，分别论述高技术产业中的创新集群、创意产业集群和创新性的传统产业集群。由于作者在 2001 年《创新的空间——企业集群与区域发展》一书中已经对高技术产业集群和传统产业集群的相关内容作了较详尽的论述，本章在创意产业集群一节着墨较多，而对另外两类产业集群则做一些实例的补充和研究进展方面的论述。

一、高技术产业中的创新集群

在全球经济的变革中，一些区域蓬勃发展的景象稍纵即逝，另一些区域却一直引领着产业的技术未来，在市场需求多变的环境中始终保持着稳定的经济表现，成为其他区域模仿的对象。在技术发展一日千里的今天，一个高技术创新区域并不能在各个产业中都傲视群雄，而是在某特定的产业引领世界高新技术发展。

表 2-1 列出了在实证研究中识别出来的一些称为技术区或技术极[①]的高技术区域。从时间上看，这些高技术创新区域大部分经过了漫长的技术和知识累积。但也有少数区域，政府的技术政策起到了重要作用，如台北和新竹（彼得·迪肯，2007）。

表 2-1　全球中一些领先的技术极

美国	欧洲	亚洲
南加利福尼亚（包括硅谷）	伦敦，M4 走廊（英国）	东京（日本）
马萨诸塞州，波士顿	慕尼黑（德国）	首尔-仁川（韩国）
得克萨斯州，奥斯汀	斯图加特（德国）	台北-新竹（中国台湾）
华盛顿州，西雅图	巴黎南区（法国）	新加坡（新加坡）
科罗拉多州，波尔多市	格勒诺布尔（法国）	
北卡罗来纳州，杜兰市，罗利市	蒙彼利埃（法国）	
	尼斯-索菲亚·安蒂波利斯（法国）	
	米兰（意大利）	

资料来源：彼得·迪肯（2007），P100。

① 技术极（technopole）很难界定，一般是指包括科研院所的高新技术产业研发活动集聚区。在 20 世纪 80 年代末，一些法国学者提出了技术极的概念。关于技术极的重要文献有 Castells 和 Hall（1994），Scott（1990，1993）。技术极概念对于区域极化发展理论在 20 世纪 80 年代复兴发挥了重要作用。

由于产业特征的差异，高技术产业的创新区域既可能处于大都市内部，也可能位于都市的边缘（Cooke，2001），如英国的东南部、荷兰的阿姆斯特丹-乌得勒支走廊、瑞典的斯德哥尔摩-乌普萨拉地区。涉及的产业包括生物医药、电子信息等。

下面分别以生物技术和化学制药产业集群（bio-tech and pharmaceutical cluster）以及新能源产业的集群为例，说明发达国家高技术产业的创新集群的特征。

（一）生物技术和化学制药产业的创新集群

生物技术和化学制药产业非常复杂，单个企业是无法运作的，也并非局限于某一个学科中，往往是在不同学科的交叉合作或者在边缘学科中获得发展，因此由多个行为主体进行近距离合作，形成创新集群。在发达国家的一些主要城市，如比利时布鲁塞尔，加拿大的蒙特利尔和多伦多，法国巴黎，德国慕尼黑，爱尔兰都柏林，瑞典斯德哥尔摩，英国的牛津、剑桥和爱丁堡等地，都有生物技术和化学制药产业的创新集群。根据瑞士外国投资促进机构（Swiss Foreign Investment Agency）提供的信息，亚洲最大的生命科学（life science）集群基地在日本和新加坡。在瑞士，生命科学集群又分为各具特色的四个亚集群，分别位于阿尔卑斯地区、提契诺地区、巴塞尔地区和苏黎世州。多家风险投资公司在瑞士落脚，瑞士证券交易所 SWX 的市场融资份额中至少有三分之一来自生命科学行业的企业[①]。

下面以美国为例进一步分析。波士顿都市区、旧金山湾、加利福尼亚州的圣迭哥、北卡罗来纳三角研究园、西雅图-塔科马、纽约-北新泽西、宾夕法尼亚州的费城-威尔明顿-大西洋城、洛杉矶及马里兰州的巴尔的摩-华盛顿等 9 个区域占了美国国家卫生研究所 60%以上的拨款，拥有近 66%的生物技术相关专利。这些地方的研究与开发活动活跃，占领全球价值链的高端。在一些地方，科技园区为生物技术和化学制药集群提供了良好的环境。例如，在杜克大学、北卡罗来纳大学教堂山分校和北卡罗来纳州立大学所在的三座城市之间占地 7000 英亩（约 28 平方千米）的北卡罗来纳三角研究园（research triangle），有 130 多家研究与开发设施，近四万名雇员为 157 家组织工

① 全世界范围内的生命科学集群．2008．见：瑞士——全球战略焦点．Swiss Foreign Investment Agency，瑞士经济促进署中国联络部，北京联瑞国际咨询有限公司．http：//www.locationswitzerland.cn/fileadmin/pdf/CL _ 1 _ 08. pdf。

作（2007年）[①]。在那里集聚的有拜尔（Bayer）、杜邦（Dupont）、葛兰素史克（GlaxoSmithKline）等企业以及诸如创业发展理事会（CED）、微电子中心（MCNC）、北卡罗来纳生物技术中心（NCBC）、三角园区研究所（RTI）等促进合作的机构等。

其中，生物技术、化学制药和医疗器械这三个产业部门的创新集群特征又各不相同。

1）化学制药创新集群倾向于拥有雄厚资金的地区。传统的制药公司规模非常大，多为多元化的垂直一体化的跨国公司。这些制药巨头拥有知识产权，拥有先进的制造技术和巨大的生产能力，并建立了自己的分销渠道。一旦专利过期，商标药受到来自通用名药的竞争，销售额急剧降低，因此制药公司每年投入大量资金用于新药的开发，而且与大学和科研机构紧密联系。例如，在新泽西一带，大型医药企业有研发和生产基地，周围有给大企业做药物组分的小公司存在。波士顿的布里格姆女子医院（Brigham and Women's Hospital）为Biogen治疗冠状动脉疾病的血液稀释剂hirulogin提供测试服务。

2）生物技术创新集群是容易获得风险投资、社会交流氛围轻松、包容性大，以及商业氛围浓厚、富有企业家精神的地方。生物技术产业风险很高，规模较小的专业公司居多，员工由十几人到几十人不等。大部分都处在新药研发过程中的某一阶段，没有专利的产品，因此这些公司拥有的资产为公司雇佣的员工（智力资源）、正在进行的研究及未来的潜力。圣迭哥生物技术领域有近500家生物技术企业从事高风险研发活动，在计算机辅助的基因和生物信息分析方面与加利福尼亚州信息技术产业联系紧密。在圣迭哥92121号区，圣迭哥大学科学家创办的美国生命科学最早的企业混种科技公司（Hybritech）在本地衍生出至少50家企业，2008年9月13日圣迭哥生物技术集群30周年的团聚上发现，有175个混种科技公司的“校友”（alumni）创办了生物技术企业（图2-2）。

3）制药公司新的战略是与生物技术公司合作，制药公司新的选址可能会靠近生物技术创新集群或者选择与生物技术公司相同的区位。在宾夕法尼亚州的费城—威尔明顿—大西洋城地区的生物技术和化学制药创新集群中，生物技术产业和制药产业之间不分主次，互相促进。

4）医疗器械产业倾向于有制造业尤其是机械制造基础的地区。例如，俄亥俄东北部（Northeast Ohio）的医疗器械创新集群包括医学分析、治疗、处

① 分属通信产业、生物技术和制药产业，甚至原有的纺织产业．http：//www.rtp.org。

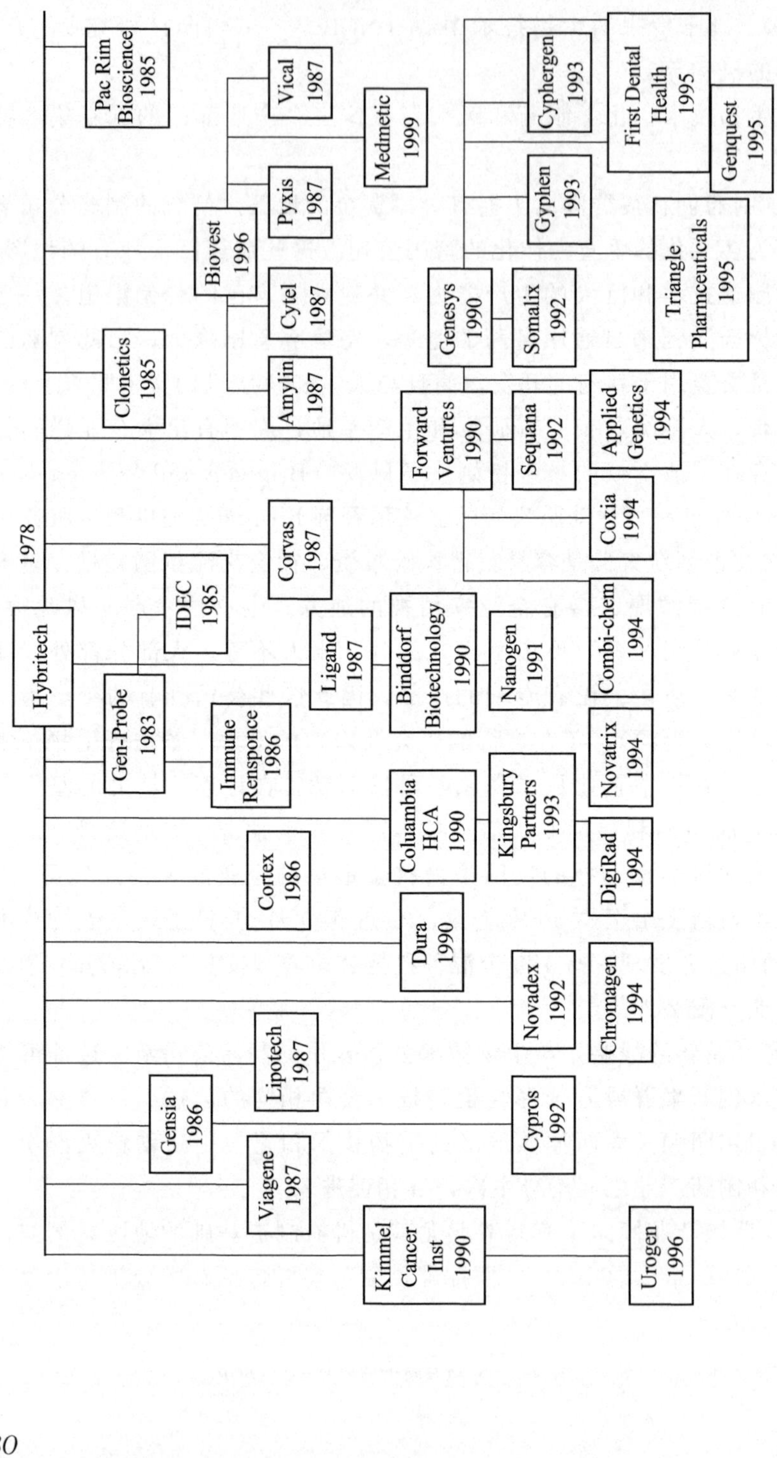

图 2-2 混种科技公司衍生企业

资料来源：Porter(2001)

理或疾病预防的设备、机械和医疗器械，外科手术器械，人造器官，脉管以及其他高深的复杂的器械研发和生产。其技术融合也很明显。例如，助听器需要蓝牙技术、消费电子和互联网技术的融合。这个集群中有一些塑料、五金的供应商以及软件服务，而且高度依赖合同制造商，并与研究开发企业建立伙伴关系。

国际上研究生物技术和化学制药集群的文献繁多。其中有以全球生物技术和化学制药集群为研究对象的，也有专门研究某一国家或地区的生物制药产业集群的。Vepsäläinen（2008）将1996～2007年生物技术集群成功因素的研究进行了综述。该研究的结论说明，美国的生物制药集群无一不是与当地著名的大学和研究机构紧密相关的（表2-2）。

表2-2　美国生物制药集群与周围大学和专业研究机构

生物制药集群	周围大学
波士顿-渥斯特-劳伦斯	哈佛大学、麻省理工学院
旧金山-奥克兰-圣何塞	加利福尼亚大学旧金山分校、加利福尼亚大学伯克利分校、斯坦福大学
圣迭哥	加利福尼亚大学圣迭哥分校
洛丽-杜朗	杜克大学、北卡罗来纳州立大学罗利分校、北卡罗来纳大学查珀希尔分校
西雅图-塔柯玛-布雷默顿	华盛顿州立大学
纽约-北新泽西-长岛	纽约州立大学、哥伦比亚大学
费城-威明顿-大西洋城	宾夕法尼亚州立大学
洛杉矶-河滨-桔县	加利福尼亚大学洛杉矶分校
华盛顿-巴尔的摩	美国国家卫生研究院、霍华德休斯医学院研究实验室、马里兰大学研究中心、约翰霍普金斯大学

资料来源：Vepsäläinen（2008）。

（二）新能源产业的创新集群

最近，美国硅谷向新能源转型的消息再次引起世界各国对于硅谷的注意。处于加利福尼亚州的硅谷充沛的日照和风力供给成为新能源技术中太阳能、风能试验的上乘选择，在生物质能源、智能电网、电动车等新能源领域，新创公司层出不穷①。由于芯片和太阳能电池板都以单晶硅为基本材料，以及硅谷在美国领先推行清洁能源、丰富的风险投资等，硅谷转型为“太阳谷”或“绿谷”成为可能。美国在新能源开发和应用方面紧追德国和日本，硅谷约有80%的风险投资基金从信息技术转向了可再生能源和节能减排技术。

在芬兰，在诺基亚的公司总部和研发机构所在地——萨洛（Salo）地区，

① “新能源浪潮：第四次能源革命已经到来”，第一财经日报，转引自http://www.csoet.cn/n16/n1100/n37710/n118649/523239.html中央企业技术创新信息平台。

围绕诺基亚发展了燃料电池制造业集群。燃料电池产业包括燃料生产、材料生产、材料组装、系统整合、市场整合和维护保修服务等六个功能环节，上下游活动联系紧密。燃料电池产业又涉及燃料、材料、生产动力、制造业、交通业和公共部门等六个关联部门。在这些关联产业中，芬兰已经发展了很多企业，如在材料领域的奥托昆普（Outokumpu）、FY Composite 公司，在燃料领域的耐斯特石油（Neste Oil）、芬兰天然气公司等（表 2-3）。

表 2-3　芬兰燃料电池相关企业

产业部门		企业或机构
燃料	天然气，生物燃料，柴油，氢燃料，甲醇燃料，其他	耐斯特石油，芬兰天然气公司，卡蓬那碳化公司，康登斯冷凝设备公司，Vapo
材料	特殊钢，高分子聚合物/过滤膜，生物材料等	奥托昆普，FY Composites，凯米拉 Metalcate
生产动力	能源服务/设备，建筑，工业，农业，快递	富腾，PVO，Jyvaskylan 能源，赫尔辛基能源，Haminan 能源
制造业	动力系统，高科技公司，电子设备，其他	瓦锡兰，康登斯冷凝设备公司，卡蓬那碳化公司，PVO，富腾，贝尔罗斯，Hydrocell，诺基亚
交通业	工/军用交通，轻型交通，交通辅助动力等	山特维克汤姆洛克，帕特里亚车辆，卡尔玛，瓦锡兰
公共部门	研发机构，公共融资，政府机构，社区	政府，赫尔辛基科技大学，BIT 研究中心

资料来源：Tekes（2008）。

诺基亚在手机、便携式电子设备、可移动电池等电子产品上技术成熟，积累了研发燃料电池和使用燃料电池的设备所必备的知识和技术。燃料电池的终端使用设备为燃料电池在通信领域的普及提供了巨大的市场空间。诺基亚能够准确、迅速地收集和传递市场对新型清洁能源的需求方向、需求程度等信息，有的放矢地指导燃料电池应用技术的研发。

萨洛地区有一批长期与诺基亚公司生产配套的关联企业，如 Satel、Salcomp、Powerfinn，这些企业已经发展成为大型的电子器材生产商。在诺基亚燃料电池研发活动的影响下，这些公司也投资燃料电池使用技术的研发，对其生产的配套产品如手机充电器等电子设备的燃料电池使用技术进行配套研发活动。此外，赫尔辛基科技大学（HUT）、BIT 研究中心[①]、萨洛地区发展中心以及萨洛地区的燃料电池技术联盟等机构通力合作，开发燃料电池相关的顶尖技术，使萨洛地区能够真正形成燃料电池产业的创新集群。

① business，innovation，technology，商业、创新和技术研究中心。

芬兰国家技术创新局（Tekes）以大力发展萨洛地区燃料电池集群作为一项重要的产业政策，为芬兰燃料电池产业和萨洛地区燃料电池集群制定了长期的规划，并为产业发展做了详细的产业发展时间表和路线图。短期来看，通过产业协调、网络协作、市场定位和项目发展，萨洛地区可建立起完善的燃料电池产业体系。中期计划提出了应用性研究、国际合作和新业务，着眼于燃料电池产业成熟化后的市场应用以及燃料电池产业跨国分工合作，形成跨国生产的产业体系。长期来讲，通过展示性的产业活动，燃料电池可以吸引到广泛的投资，从而实现发展萨洛地区燃料电池产业的长期目标。此外，芬兰政府还在金融服务、基础设施、物流服务等方面为萨洛地区的燃料电池企业的活动提供了充足的支持。

二、创意产业集群

（一）创意产业的含义

创意产业（creative industry）的概念解释依学者研究角度和国家发展需求的不同而异。凯夫斯（Caves）认为，创意产业提供与文化、艺术的或仅仅是娱乐的价值相联系的产品和服务，包括书刊出版、视觉艺术（绘画与雕刻）、表演艺术（戏剧、歌剧、音乐、舞蹈）、录音制品、电影电视，甚至时尚、玩具和游戏（Caves，2000）。霍金斯则从知识产权的角度，将创意产业界定为其产品都在知识产权法保护范围内的经济部门，在专利、版权、商标和设计方面保护各自不同的创意产品（Howkins，2002）。英国定义创意产业是“那些依靠个人创意、技能和天才，通过挖掘和开发智力财产以创造财富和就业机会的活动”[①]。中国香港贸易发展局参照英国界定了十三项创意产业[②]。根据中国台湾“文建会”，创意产业是源自创意或文化的积累，透过智慧财产的形成与运用，具有创造财富与就业机会潜力，并促进整体生活环境提升的产业[③]。澳大利亚、芬兰、韩国、日本等国也定义了本国创意产业的门类。联合国贸易与发展会议（UNCTAD）将创意产业定义为：将创新与知识资本作为初期投入，包括产品和服务的创作、生产和销售的循环过程

① 根据英国文化媒体暨体育部（Department for Culture，Media and Sport，即 DCMS）于 1998 年发表的“创意产业任务小组计划书”。

② http：//www.mindmeters.com/arshow.asp? id=1395。

③ http：//www.read.com.tw/new/hypage.cgi? HYPAGE=subject/sub_culture.asp。

(UNCTAD，2008)。国内关于创意产业的讨论很多，甚至北京和上海对创意产业的理解也不一致。

创意产业门类众多，可以粗分为简单创意产品和复杂创意产品的生产和交易。简单的艺术创造行为即个人艺术家的艺术创作与艺术作品的推广和销售。复杂创意产品需要多种创造性投入的集合。例如一部电影需要演员、编剧、导演、摄像、道具、制片、化妆、音响、作曲和编辑，各个艺术团队的组织方式不同。无论是简单艺术品还是复杂艺术品，都需要生产商、发行商、展示商等多个厂商之间的交易。在数字时代，简单创意作品和复杂艺术作品都不同程度地和数字技术关联，例如数字音乐、数字美术、数字电影等产品层出不穷，相关企业之间的联系越来越紧密。

中国台湾 PC home 集团董事长、《数位时代双周》总编辑詹宏志认为台湾应该发展所有产业里的创意价值，而不仅是特定创意产业。“创意产业不是垂直的产业类型，而是各种企业附加价值的一环。”[①] 他所关心的是与制造业相关的创意密集型服务业，例如基于文化艺术的广告服务、工业设计等，我们认为，之所以独立成为创意产业，表明那些创意服务型企业已经从制造业企业中繁衍出来，而不是各种企业附加价值的一环。

欧特克公司（Autodesk）大中华区总裁高群耀曾敏锐地说：“中国经济转型，在呼唤设计和创意产业的崛起。”[②] 过去知识经济的狭隘解释认为，由于竞争优势和财富生产越来越依赖于建立在学习、创新、知识创造基础上的经济活动，因此对物质材料加工的依赖会越来越少。发达国家从对文化产业的研究中重新认识了知识经济，即物质产品同样有无形性或象征性。提升这些性质逐渐成为经济成功的基础，因此，向知识经济的转变有利于文化和经济的汇合。从这个意义上说，发展创意产业，涉及如何将“中国制造”提升为“中国创造”的问题。

创意产业与传统制造业的发展空间不同，不能简单地用建开发区和提供优惠政策的老办法来提供，而应深入思考具有创造力的人群对互动环境及其区位的需求。很多企业在初创阶段并不投资于房地产，而是租用适合它们经营而又比较廉价的房屋。这些企业或个人聚集在那里，形成互动的良好环境。

创意产业及其相关产业倾向于在大城市集聚，例如洛杉矶、纽约、伦敦、

---

① 詹宏志 . 2003-05-15. 趋势产业：台湾的下一个繁荣——发展创意产业的 3 个理由与 2 个策略. 数位时代双周 (58)，http：//www. bnext. com. tw/mag/2003 - 05 - 15/2003 - 05 - 15 - 990. html。

② 2005 年环球企业家高峰论坛：创意上海——从“中国制造”到“中国创造”，9 月 27～29 日，专题论坛九主题：创意上海——从“中国制造”到“中国设计”。

巴黎、柏林、罗马、东京，以及北京、上海、香港、首尔、孟买、墨西哥等城市。经济的审美化与文化的商品化交融在一起，使这些城市成为世界文化经济中心。这些城市的文化创意产业集聚区域，一般不是预先规划出来的，而是在历史的文化积淀中所形成的人际互动关系基础上，在生产组织的变化和制度安排背景下所形成的（Scott，2005）。

在大城市发展创意产业，要有人类福祉（well-being）的新视野，其投资和建设目的不在追求经济利益的最大化，而是鼓励人们进行创造、激发智慧。要重视创意人群的区位需求，他们喜欢到什么地方去工作和创业，喜欢到什么地方去生活，需要什么样的环境，这是以创意人群为本的理念。不能把主要努力放在制造形象等实现短期目标的行动上。

（二）创意产业集聚的机理

组织规模不一的文化机构、企业和个体工作者在什么条件下选择集群的营商和生活环境？不同门类文化创意产业的集聚现象与企业的组织规模存在怎样的关系？不同门类的产业是否出现不同的情况？理论界尚未达成共识，实证研究也有待充实。一种情况是：市场化程度较高的如电影、音乐、广告业、建筑设计业或数字娱乐产业，不同规模的生产组织（特别是从事创作部分的组织和个体工作者）在特定区域共生的可能性较高。主要原因是这些部门的创作活动很大程度是通过协作的方式进行。外包工序、项目合作的密度较高，区内既提供充沛的专业人才、大量可供选择的创作品，同时也减低信息交流和合同交易的成本。这些产业依托商业区和邻近大学及科研机构，便于客户寻找商业合作伙伴或通过市场获取其他支持和服务。另一种情况是：生产工序相对标准化、批量生产的如印刷业、原创水平较低的工艺品生产等也倾向集聚，吸引境内外买家的注意，借此满足劳动力密集、降低生产成本的要求，并拓展商机。

展览活动频繁的场馆或游人众多的文化市集所衍生的大量文化消费活动，往往吸纳大批个体创作者或从事文化消费行业的中小企业进驻。至于从事文化艺术创作的个体工作者，他们选择进驻个别地区的理由不一而足，设立个人创作室的空间需求、创作环境的合适程度、社会网络以至对区内某种生活氛围的追求等，都是个体艺术工作者集聚的理由和条件。

由此可见，文化创意产业的集聚往往依据产业的类型、产品或服务的空间属性、生产组织的规模、生产环境以至生产系统内不同部门的合作关系和网络，而展示多种形态和结构。不同发展形态导致的经济效应和发展模式都不尽相同。因此，简单地仿效产业集群并不能满足文化创意产业多层次的发展需求，而纯粹借用集群理论中的偏重企业竞争力、扩大产业规模和提升产业结构等经济效能论也与文化创意产业的发展目标不尽符合。

对于数字内容产业（复杂创意产业）来说，往往基于临时或短期的合同项目，具有职业自由的特点，工作空间和生活空间相融合（Pratt，2006）。创意产业集群的活动趋向于围绕项目（而不是公司）展开，地理集聚有利于文化经济的合同项目组或项目网络的工作模式，核心团队、公司、认知社区、个人网络等不同层级构成项目生态（Grabher，2002，2004；Blair et al.，2001；Sydow，Staber，2002；李蕾蕾，2008）。

严格来说，创意产业的行为主体（个人或者企业）集聚和互动的机理是因不同部门而异、因所处不同的价值环节而异、因发展阶段的不同而异的，然而也有一定的共性。下面，分别从创造力互动、技术变化背景下的组织变革、跨国公司离岸外包活动的发展、集体创造力所需创意环境以及文化消费行为的集聚这五方面，对创意产业的集聚机理进行初步分析。

1. 创造力需要互动

关于创造力的研究由来已久。近20年以来创造力理论认为，创意活动是由人、情境和环境（milieu）因素的交互作用而产生的。Csikszentmihalyi（1996）提出，个人、领域、学科在社会文化环境中交互作用。科学界、商业界和艺术界的创造者都需要社会化互动。创意环境能够培养人格特质、有利于创意动机产生，为发展创意思维能力提供练习机会，有利于创造性行为的持续进行以及使创造的产品价值得以显现（林幸台等，1998）。创造力在互动的网络关系中油然而生，创造性的人格特质、思考状态和环境不断扩展和相互影响之后，创意才能应用于实践，最终形成创意产品。如果环境能够允许个人独自工作，激发创意但又不分心，且能够便利地取得所需的资源（包括其他的工作伙伴），那么这个环境氛围将对培养出创意而作出贡献（Runco，2004）。

2. 技术变化背景下组织变革对集聚的需求

商业运作高度发达的行业如多媒体产业、出版业和影视广播产业，从事制作、发行、传播业务的部分一般由大企业如跨国媒体集团操控，大批中小企业则争取挤进多媒体制作、影视制作及文字内容创作等环节，并通过项目合同等多样化的交易方式与主导发行和传播的大企业建立联系，大批合约雇员、自由合约者、个体创作人从事各式各样的创作活动，完成整个创作及制作过程。音乐产业的组织形态则趋于两极化，一端是少数音乐出版和发行商占领市场，中小型音乐唱片公司只能以独立出版的方式在市场占边缘位置，而另一端整个音乐产业的创作部分是由自由合约人以项目合约方式参与的。这几个行业依靠公共资源或政府支持的程度也相对低，产业融资大多来自企业的商业资本。所以，这些产业趋向集聚，与业内的作业方式以及大中小企业共生关系和合同结构等因素有关。

从20世纪末开始，数字技术和纯手工作业分别以其知识含量和独创成分同时登上了时代的舞台，一改20世纪工业经济中大规模流水线生产和产品标准化的特征。在企业内部管理上，以任务为导向的团队工作室制度取代原有的科层式结构；在企业外部，作为市场和等级治理之间的网络，将企业彼此联系起来（Williamson，1994）。这种公司之间的长期网络联系已经在很多合作项目中体现出来。公司之间是彼此依赖的（Christopherson，Storper，1986）。

例如，好莱坞（Hollywood）的区域结构远非是由少数大公司控制和周围有许多子公司的等级结构，而是错综复杂的网络结构。其发展的背景是福特制的垂直一体化电影制片公司的放映连锁体系的瓦解，以及柔性专业化的机制的出现。随着制片公司对专业化部门的精简，大量小型专业化公司诞生，社会分工不断深化，各个公司之间的合作不断增强。由于电影产业需要多种技能为基础的行业，而且风险太大，这就需要公司间的相互合作、共同承担风险，甚至形成了多重联盟。行业的重组，促使各公司之间在签订电影项目合同时都需要近距离的协商，这使好莱坞形成世界上最大而且最重要的电影产业集群，使电影这种大型复杂艺术产品能够向世界各国出口，获得巨额利润（Scott，2005；Caves，2000；Propris，Hypponen，2008）。

斯科特通过对好莱坞等研究提出，现代资本制度下的文化生产趋向商业化，同时商品的价值本身也逐渐趋于象征性（Scott，2005）。他认为文化产业的产销联系具有特殊性：高素质的劳动力支持先进的灵活的计算机技术；高密度的独立的中小型企业组成密集的生产网络；多样化的劳动力技巧形成高水准的地方劳动力市场；外部经济充分体现在这种产业综合体中；成功的制度基础结构，促进生产者之间的信任与合作。文化产业经常出现在城市中心，形成本地产业集群（Scott，1997，2000）。这些集群一般都是世界城市或是国家的主要文化城市，如巴黎、洛杉矶等，一些亚等级的城市有可能维持较小规模的、但更独立的集群活动。罗格尔对荷兰西部兰德斯戴地区（Randstad

Region）电视相关产业的空间研究同样表明，文化创意产业大多集聚在大城市地区，一些生产过程趋向于在低成本地区分布，而另外生产环节则分布在大城市中心区的外围，最富创意和创新能力的企业家通过社会网络集聚在一起，创意活动独立运行于金融寡头和垄断发行商之外（Rogier，2004）。

3. 创意产业外包活动的发展

文化产业（包括非创意的）的生产系统涉及原创或创造活动、生产（含制造和复制）、流通和传播，以及文化消费和文化参与。若引入空间维度，其产品和服务分为“不可移动”和“可移动”两类（OECD，2005）（图 2-3）。

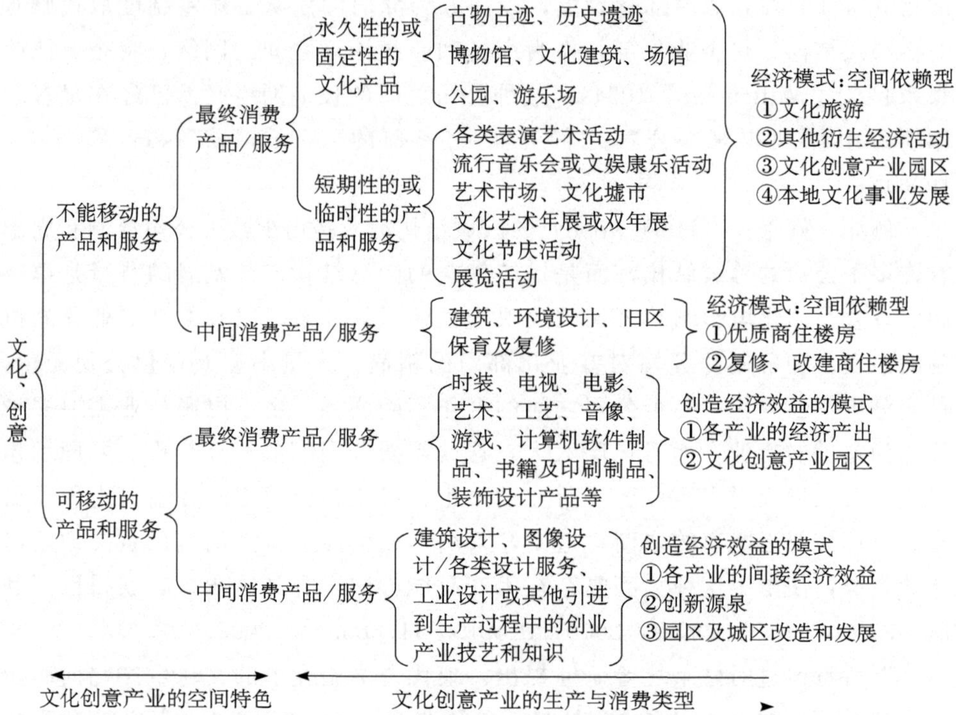

图 2-3 文化产业的空间特点

资料来源：引自经济合作与发展组织报告，加以修改；OECD，Culture and Local Development，France：OECD，2005

由于生产、通信技术和数字复制技术的进步，当代大部分文化产品和服务的创作、生产、传播和消费活动都是可移动的。尽管每个工序和活动都占用空间（工作室、厂房、画廊、影院等），但这类文化产品和服务的创作、生产及传播过程有极高流动性，对特定空间的依赖程度亦较低。以电影产业为例，电影工作室虽然可设于城区的中心，但实景拍摄、后期制作等各项工序可分散在境内、境外多个地点完成；从消费方式来说，观众可以跑进电影院、通过网络在线收看或通过不同媒体终端器如DVD在家中或其他流动媒体观赏电影。音乐创作、时装设计、书籍设计和出版等产业也有这种创作、生产、传播和消费过程高度流动性的特点，不同工序可以呈现更广阔的空间布局，进行跨国、跨境的协作生产。

创意产业的很多部门，尤其是数字传媒、数字广告和数字动漫等也呈现出跨国公司离岸外包的趋势。一方面，产品和服务跨越了国界而成为国际贸易中越来越重要的组成部分。如时代华纳公司等，通过其产品的全球市场推广，使得在距离生产地很遥远的地方，也有机会接触到来自异域的文化风格和时尚。另一方面，由于交通运输和通信成本的下降，使得标准化的制造活动空间分离，充分利用世界各地的优势。

例如，电影拍摄的核心部门在好莱坞，但后期制作剪辑等辅助流程在加拿大的多伦多、温哥华和澳大利亚的悉尼等地（Christopherson，2003；王缉慈等，2009），甚至转移到印度。根据全球最具规模的专业服务机构普华永道（PricewaterhouseCoopers，PwC）的估计，2005年70%的全球媒体和娱乐业，价值7700亿英镑已经数字化，其中70%可能外包到印度。一个例子是，美国好莱坞和印度宝莱坞（Bollywood，取孟买旧称Bombay的前缀，取代Hollywood的前缀）的合作日益密切。据华尔街日报，2007年华特-迪斯尼公司（Walt Disney Co.）、索尼公司（Sony Co.）旗下的索尼经典影片公司（Sony Pictures）、维亚康姆（Viacom Inc.）、时代华纳公司（Time Warner Inc.）旗下的华纳兄弟娱乐公司（Warner Brothers Entertainment Inc.）都不约而同地提高了对印度境内媒体公司或电影制作活动的投资规模[①]。在印度投资不仅可以降低成本，还能通过其在印度的银幕、电视、有线电视、互联网以及手机网络推广好莱坞电影，扩大好莱坞的全球市场。

我国很多动漫企业尚靠外包加工业务生存，进行手工原画、动画以及电脑上色、合成等制作，因此受到世界金融危机的影响。通过承接日本、美国等的动漫外包业务而获得收入，从中学习国外动漫创意、故事情节、人物造型等，从而反哺原创动漫作品。这既是发展初期的一条捷径，也是学习的重要途径。在我国的一些部门机构和地方政府所设立的创意园区中，

① Eric Bellman. 2008-06-19. 宝莱坞、好莱坞携手造梦. http://chinese.wsj.com/gb/20080619/ecm170947.asp?source=article.

主要是处在价值链的低端的创意产业外包活动的集聚。由于创造力是发展创意产业的核心，本章重点在生产原创产品的产业集聚区位及其创意环境的分析。

4. 地方特质和创意环境

文化创意产品往往不是个人能够制造出来的，通过"咖啡馆效应"非正式交流带来知识溢出，这与很多高技术产品的创造有类似的特征。集体创造力对于促进创意活动的发生通常比个人创造力更为重要。即使被认为是个人制作的视觉艺术品[①]，其实也会隐含集体创作的精华。随着世界范围内文化创意产业崛起，经济地理学者进行了一系列实证研究，如好莱坞娱乐业（Scott，2005）、布里斯多尔历史自然纪录片产业（Bassett，Smith，2002）、多伦多电影产业（Vang，Chaminade，2007）、斯德哥尔摩的音乐产业（Dominic，Daniel，2002）、曼彻斯特和设菲尔德两个音乐文化小区的研究等（Adam，Justin，Sara，2000；陈倩倩，王缉慈，2005）。研究认为，城市空间提供了创意活动所需要的地方特质和环境，它有益于集体创造力的发挥[②]。

地方的特征与本地生产的文化产品形象紧密交织在一起（Molotch，1996）。在全球化趋势中，艺术创作和当地文化特色是其他地方无法模仿的。将艺术文化融入生活，既能创造丰富的能够激发创意的文化环境，又能创造更多的就业机会。关于特殊的地方性质对经济创造力的促进作用，斯科特还提出了城市和区域尺度的"创意场所"（creative field）的概念，它是企业家行动和诞生新企业、改变技术和组织、精益求精地制作文化产品符号的地点（Scott，1999）。

产业集聚的优势是不断积累并增强的。由于艺术引力（artistic gravitation），来自各地的专业从业人员向已经具有这种优势的地区不断迁移，进一步固化已有的空间集聚（Menger，1999）。除了这种跨地区的人员流动以外，产业集聚孕育而生的当地职业教育和培训机构，则保证了具有专业技能和素质的劳动力的当地供给。

斯科特强调了创意环境需要和地方生产系统相结合，也就是说，有训练有素的劳动力，协调的城市运作环境，以及配套的地方生产者服务业，才能具备更好的创意环境（Scott，1999）。巴赛特等对英国西部港口城市布利斯托尔的自然生态影视集群的实证研究，很好地证明了斯科特的观点（Bassett，

① 这里主要指数码产品。

② 当然对此也有不同看法，有学者认为集体的创造力会抑制个人的创造力。

Smith，2002）。

外部的创新环境或者创意氛围（creative milieu）十分重要（Porter，Stern，2001）。扎克将地方特质划分为四个方面：地方宜人的环境、密集的社会文化活动、地方的品牌和传统，以及各种创意人才组成的社区（Drake，2003）。具有“特质”的地方，才能成为创意场所，才有可能具有创意氛围；地方特质也是吸引人才的基础。安德森提出了创意环境的形成需要六个关键条件：健全的不受太多规制的金融基础、一定的知识基础和竞争力、经验需求和实际机会之间的不平衡、多样化的环境、个人出行和交流的充分可能性、结构性的不稳定或对未来的不确定性（Andersson，1985）。另一个对创意环境研究集大成者是霍尔，他说明了创意城市是怎样形成的（Hall，2000）。

佛罗里达2002年对创意阶层的研究引起了广大学者的关注。他提出，在美国，一个新的创意阶层（creative class）正在兴起，将带来社会和空间的变化。他调查分析了人口和劳动力数据，在引用经济学家格里则关于便利性的研究基础上，将城市的本源（authenticity）和多样性（diversity）视为吸引创意阶层的主要要素①。他指出，有创造力的人喜欢住在对技术（technology）、人的才能（talent）和宽松愉悦的环境（tolerance）三要素（即所谓“3T”）排名很高的城市。

关于创意环境的研究是不断深入发展的。早期强调信息的有效传递，后来强调多样化和便利性，近些年来则是系统地强调了创意环境需要人与自然环境的和谐共处，以及具有包容性的社区环境和配套的地方生产系统，近些年来文献中所提供的许多案例也说明了这一点。

5. 文化创意消费的空间需求

一般来说，创意产业是在全球化的消费社会的背景中发展起来的。在发达国家，随着工业化的发展和后工业化社会的进步，包括教育和研发、文化、金融等众多领域的创意人群在人口中所占的比重正在增加。这些人喜欢到什么地方去工作就成为城市和区域发展所要考虑的首要问题。过去，人们在一个地方工作，花大量时间在上下班路上，频繁更换工作只为了上班地点离家近一些，只有在度假时到另一个地方旅游和休闲。现在工作节奏快，工作之

① 他用6项指标来测量城市的多样性：高技术指标（high-tech index）、创新指标（innovation index）、同性恋指标（gay index）、波西米亚指标（Bohemian index）、才能指标（talent index）以及人种熔炉指标（melting pot index），并合成多样性指标和创造性指标进行回归分析，验证了城市的多样性会吸引创意阶层的假说。

余需要就近休闲。发达国家的上班族中很多人认为，在什么地方工作（工作地点）比为哪个公司工作（公司老板）更能显示人的高贵。从这个意义上说，城市和区域的行为主体就不仅是企业，而且是企业中的人。经济活动的区位就是人所喜爱的区位，企业的战略和城市、区域的战略也就是人的战略。佛罗里达2002年用美国有创造力的人在区位选择方面的证据，说明过去是公司区位吸引了人，现在是有创造力的人吸引公司。公司将会集聚到有创造力的人乐意居住的地方。

（三）简单创意产业和复杂创意产业

创意产业的行为主体由大、中、小型企业以及个体艺术家和生产者组成，其产业链可能跨国和跨地区延伸，但某些相关企业、机构和个人在某些地方形成创意产业集群而共生共荣。以下分别从艺术村和电影产业集群两方面，分析简单创意产业和复杂创意产业的集群问题。

1. 艺术村（艺术社区）

在国际上，艺术村（artist village）及其艺术社区（artist community）对于创意产业的发展起着重要作用。从美国和法国的艺术村发展经验来看，艺术村是艺术家短期栖息的场所，有一定甄选程序，允许艺术家在那里进行创作，创作期间，艺术家之间有很多互动和教育学习活动，促进创意产品的产生。

艺术家位于创意产业价值链的起点，在多数情况下，他们提供的原创材料是某个生产过程下一阶段的投入而不是直接出售。尽管他们有高水平技艺，但往往经济报酬不高。尽管艺术实践可能有文化价值，但艺术家创造的非市场性收益需要在文化部门的战略政策中得到认可和传播（UNCTAD，2008）。

艺术村可追溯到19～20世纪之交波西米亚（Bohemia）的巴黎艺术社区（Mommaas，2006）。美国的国家服务组织艺术村联盟（Alliance of Artists' Community，AAC）2005年第三版《艺术村手册》收录了95个艺术村的信息以及350多个艺术家进驻（在艺术村居住）计划（artist-in residence）。在该手册中对艺术村的功能进行了明确的规定，即：①艺术村是专业运作的组织，为艺术家提供时间和空间；②艺术家在某一段特定时间内进驻，无论是两周或两年，这段时间通常是事先决定的，而且进驻不代表永无止境的；③艺术家可以免费进驻，或是借其他收入来源提供补助的。美国的艺术村是艺术研究和开发的实验室。

法国有55个艺术村，在其《艺术社区指南》的序中提及，法国的艺术社区让法国艺术家和其他国家的艺术家进行交流。在20世纪70年代，一些年轻而想留在巴黎的艺术家开始居住在经改变用途的旧仓库、工厂、医院等场所，例如在巴黎13区内8000平方米的铁路局旧冷藏库，被两家不动产公司出租给150位艺术家。

21世纪初，在北京的798、上海的M50、杭州的Loft49等场所，那些艺术创造者喜欢聚集在高大宽敞的旧厂房里，浓厚的历史文化氛围和较低的房租使那里变成了他们的“创意工厂”。当年原苏联援建的酒仙桥电子工业区的798厂大院内，德国包豪斯艺术风格的旧工业厂房吸引了很多艺术家[①]。这种现象并不是偶然的。

在西方发达国家的大城市里，很多废旧厂房改造而成的“Loft”获得了新的价值，新旧建筑在现代城市中浑然一体，创意人群的经济创造力、技术创造力和艺术创造力在那里得到充分发挥。“Loft”在英文中是阁楼的意思。从老工业经济向新经济转型的过程中，“Loft”已经成为一种创意经济空间的代表。这种经济区位的因素称为“Collage”[②] 因素（美术拼贴因素）。在美术中Collage是一种独特的拼贴技法，即在画布上粘贴各种现成物品，以传达更丰富的素材表现效果。

当代城市中，一些似是而非的甚至矛盾的场所是非常能够吸引人的。例如，维也纳附近的煤气罐所处的位置，原是一个古老的工业社区，在圣·马克思街区（St. Marx）的19世纪制铁厂的牛棚作为文化遗址被保留了下来，吸引了很多创意公司，成为奥地利重要的多媒体技术和文化中心。德国鲁尔工业区的12号矿区改造也是一个极好的例证。城市规划师越来越多地寻找这种有“自相矛盾潜力”（paradoxical potential）的地方，如果旧的工业建筑物被破坏则被视为浪费了绝好的发展机会。创造这种地方的能力甚至成为未来城市的基准因素之一（Puchinger，2006）。

2. 电影产业集群

电影属于十分复杂的创意文化产品。克里斯托伏森（Christopherson）和

---

① 在这类集聚区的形成过程中，政府只是起到了宏观政策引导的作用，而具体的事宜一般是由物业公司来管理，为商业化运作模式。由开发商或物业公司将旧厂房进行改造修葺之后，再吸引画家或设计公司等来入驻，并且由专门公司进行运作管理。主要工作包括房屋修葺，基础设施改造，签订租赁合同，建设公共展览空间，接待国内外访问团等。

② 美国麻省理工学院的Rowe和Koetter教授在1978年用整本书预言了“美术拼贴城市”（collage city）。http：//www. aviewoncities. com/zzbooks/showproduct. htm？ asin＝0262680424。

斯多波（Storper）对洛杉矶电影产业（1986）的研究，以及斯科特（Scott，2005）对好莱坞电影产业集群的研究等说明，电影产业和很多产业一样，具有相关企业地理集聚的特征。在创作、生产和营销过程中需要相关产业的地理集聚。好莱坞（Hollywood）为一些国家的电影产业集群树立了典范。然而，另一些具有电影相关企业集聚特征的地方，却不一定能创造出世界一流的电影作品，以电影为主题的公园还可能出现偏向文化地产的问题。

我们可以定义电影产业集群为从事电影作品的创作、生产和营销的企业、个人及相关机构近距离联系、集聚和互动的空间组织，通过对文本的创作、流通、复制和传播来创造经济价值与社会价值。电影产业集群是培育优秀电影作品的环境；在电影制作全球外包的背景下，世界各地电影产业集群处在全球电影价值链的不同的价值环节，我国电影产业集群需要从低端向高端升级。

典型的电影产业集群包括美国洛杉矶的好莱坞、印度孟买的宝莱坞、尼日利亚的奈莱坞电影村、加拿大多伦多和温哥华的影视制作产业区、英国伦敦苏荷区（SOHO）和布里斯托尔（Bristol）“绿色好莱坞”等。

（1）美国好莱坞电影产业集群

一群专业化的、互补的电影厂商高度集聚在好莱坞，影视制作和演艺的专业人才从世界各地向好莱坞涌来，种种专业设备、演艺人才和电影公司的汇集，以及技术能力和组织能力的长期积累，使好莱坞成为世界级的电影产业集群（Scott，2005）。

制片厂制度的改变与有声电影技术的发展共同促成了好莱坞电影产业集群。由导演一手包办剧本、拍摄、后期制作等工序的组织传统，转为由制片人负责统筹，将各项工作分配给不同的专业人员和独立电影厂商来合作完成。而有声电影这项电影史上突破性的技术革新，则使得导演无法一手全部掌控现场录音和后期配音了。

好莱坞的导演、制片人、演员（包括配音演员）、艺术家、专业制作和技术人员，从事录音棚、场景、手工原画、材质、电影器材、专业道具、服装首饰供应等工作的企业和个人在地理上邻近，专业化分工和相互配合，形成好莱坞电影产业的集聚经济。每一个电影制片商和工作室都能够很容易地找到他所需要的配音演员与相关服务的供应商，从而专注于核心领域，降低商业风险，提高竞争力。多种社会劳动分工、多样化的当地劳动力市场、灵活的雇佣方式、上层建筑和物质基础的支持，使区域内产生规模报酬递增，技术迅速创新与扩散，有助于好莱坞电影产业在竞争中获得并保持领先地位。

好莱坞出产的许多商业大片，都是擅长动画与特效制作的高科技公司与创意内容提供商之间精诚合作的结晶。几乎每家大型电影公司下，都有专门制作精良的小众文艺片的独立公司。以母公司商业片的市场业绩来促进子公司艺术片的投入和制作；而子公司的艺术片若能在各种国际影展上获奖，就能带动母公司的电影票房飙升，由此形成了“母公司赚钱＋子公司拿奖”的组织内部分工格局。例如迪斯尼公司下属米拉麦克斯公司，索尼公司属下有索尼经典影片公司（Sony Pictures Classics，《卧虎藏龙》的发行商），华纳公司下面有“新线”公司，20 世纪福克斯公司下有福克斯探照灯公司（Fox Searchlight），环球公司下有焦点公司（Focus Features）等。

从关于好莱坞电影产业的研究中不难发现，基于信任的专业化企业分工合作，进行着商品、服务、信息、劳动力等贸易性或非贸易性的交换，不仅增强企业独立生存的能力，而且使企业对于新的设计和新的市场信号能够迅速作出反应，也可以较容易地获得多样化的弹性的劳动力。专业化的中小企业与当地教育、培训和研究机构、金融机构、中介服务组织以及政府等公共机构组织形成网络，共同支撑电影产业的发展。

好莱坞的成功之处还在于其多层次的产业结构。洛杉矶同时也是电视产业、媒体制作中心、数码媒体及计算机特效产业集聚的地区，近九成的电视节目由当地制作公司出品。这些产业与电影业共生，例如，不少有线电视台是多家电影集团拥有的；媒体制作特别是后期制作公司最初也是依附电影集团而产生；制作中心和影棚不但为拍摄电影提供人造场景、音效配置以及后期剪片等多种服务，而且为电视业、广告业、唱片公司以至音像制作公司提供配套、器材及支持服务。同样，起初为电影业服务，提供影像处理和电影特效等服务的数字媒体公司，后来在电脑动画、电脑游戏、互联网多媒体产业方面获得了更广阔的空间。正是这种多层次产业的共生、互补而各自发展的局面，使好莱坞媒体集群获得了“良性螺旋式”的发展（Scott，2005）。

（2）印度宝莱坞的影视产业集群

印度孟买西郊 1977 年成立电影制片基地——宝莱坞占地 1600 多公顷，是印度国际电影学院所在地。印度的电影产量傲视全球，每年发行近 1000 部，约为美国好莱坞的两倍，相关从业人员约 700 万人，年产值近 1000 亿印度卢比（约 21 亿美元）。

宝莱坞的发展与好莱坞企业的全球外包密切相关。好莱坞和宝莱坞的合作日益密切。据华尔街日报，2007 年华特-迪斯尼公司、索尼公司旗下的索尼经典影片公司、维亚康姆公司、时代华纳公司旗下的华纳兄弟娱乐公司都不约而同地提高了对印度境内媒体公司或电影制作活动的投资规模[①]。

宝莱坞的产业结构解释了集群的发展，导演、制片和许多电影制作者的社会网络与地理集聚，形成与好莱坞不同的“宝莱坞模式”。宝莱坞在行销和资金方面是一体化的大企业主导，但是在专业的制作方面是分离的，也就是说，与从事专业制作的小企业合作采用联盟的方式可发挥其创意和管理优势。宝莱坞成功的关键在于作品有创意，其商业大片能在全球市场行销（Lorenzen，Täube，2008）。

宝莱坞内部的社会网络非常重要。例如，制作人选择角色时，多经由非正式社会关系而不是透过经纪人或律师，也不需像好莱坞一样签订合同，这些明星愿意与自己信任的人工作。也就是说，导演、制作人、明星演员构成社群，彼此联系非常密切，且多借助手机沟通，相当有效率，这来自彼此的信任（Lorenzen，Täube，2008）。

宝莱坞电影产业，几乎在价值链上的每个环节，包括数字化的制作和手机的新媒体，都与印度信息技术产业有关。宝莱坞电影的成功更脱离不了许多相关的支持产业，例如音乐产业庞大的作词和作曲人才库。近来，宝莱坞也将电影触角延伸至音乐、玩具、电脑游戏、手机铃声等，搭建数字平台，增加手机内容的下载量等。虽然印度国内市场足以让宝莱坞继续发展，但宝莱坞电影还在寻求突破。扩大市场份额，除了保持印度民族元素以外，更重要的是在剧情的创意构思上努力。我国近年来崛起的中影集团（怀柔）影视基地、浙江横店影视城、长春世纪影城、宁夏西部影视城等，也具有一定的产业集聚特征。问题在于，如何培育和发展有中国特色的电影产业集群，以促进我国本土电影产业的进一步发展和壮大？在本书第八章将进一步分析这个问题。

三、创新性传统产业集群

以意大利为代表的很多发达国家在传统的劳动密集型制造业，如个人用品、旅游产品、家居用品、食品和饮料以及相关的机械等产品的制造中，自20世纪60年代以后获得较高速度的增长。其成功被总结为柔性专业化生产方式的采用，大量中小企业的存在以及它们之间的网络关系。这种多个企业在

---

① Eric Bellman. 2008-06-19. 宝莱坞、好莱坞携手造梦 . http：//chinese. wsj. com/gb/20080619/ecm170947. asp? source=article。

地理上靠近所形成的地方生产系统被称之为产业区（industrial district）。企业合作组织和高效的行业协会共同促进了海外市场的开拓、研究与开发的知识及信息的传播，并对高度不确定的供求状况做出了快速、高质量、低成本的反应。产业区活力在很大程度上来源于根植于本地社会文化的企业间的高度协作和信任（王缉慈等，2001）。

萨贝描绘了推动七八十年代经济复苏、使意大利成为第四工业国的“第三意大利”的力量：

> 从北部的威尼斯省经过博罗尼亚和佛罗伦萨到南部的安科纳有一连串的产业区，生产各种各样的东西，包括编织物、专用机器、瓷砖、纺织品、农具、液压设备、鞋、漂白织物、塑料餐具、电器乐器等。当产业区式的组织模式扩展到都灵（工业自动化）、派德蒙特的加纳维斯（软件和计算机设备）、伦巴第的米兰（家具、机器）以及南部的巴里，“第三意大利”正在征服前两个意大利（Sabel，1989）。

（一）柔性专业化——意大利式产业区的生产技术范式

探究产业区生产组织模式的深意，必须将其置于特定的技术变化背景之下（王缉慈等，2001）。产业区理论的复兴隐含着经济衰退期人们对大规模生产模式的反思。就企业而言，柔性专业化不仅是应对需求不确定的战略，而且是企业（在日本尤为明显）通过不断推出新的特殊产品而占领市场的有意行为。在计算机辅助设计和制造以及柔性加工技术发展的基础上，使用灵活的、通用的机器和熟练的、适应性强的工人来生产各种各样的定制产品成为可能。为了克服成本上升压力并在竞争中取胜，制造商在重新设计产品与生产方法时，积极寻求新途径来降低定制产品的成本，从而降低产品价格并扩大市场（Piore，Sabel，1984）。

由此，作为柔性生产综合体的意大利式产业区最根本的特征，是柔性专业化的本地网络及其对本地社会制度文化的嵌入性（王缉慈等，2001）。有活力的社会文化环境保证了经济活动和技术创新的持续发展（Becattini，1990）。

（二）以设计为中心——意大利式产业区的核心价值

意大利式产业区的核心价值在于持续创新的工业设计，生产独一无二的定制产品。这些产品往往在款式和个性上是唯一的，不会有第二件重复。那些昂贵的时装品牌、珠宝品牌、乐器品牌等出产在这些产业的时尚之都，如时装之都——米兰、纽约、巴黎和东京，提琴之都——意大利的克雷莫纳（Cremona）[①]，法国眼镜之都——墨雷丝（Morez），巴黎珠宝工作室集聚的旺姆广场（Place Vendme）与和平街（Rue de la Paix），意大利珠宝之都——维琴察（Vicenza）、阿雷佐（Arezzo）和瓦兰扎波（Valenza Po）等。设计师的灵感和独创性，以及手工艺者和生产商的创造力和技能造就了各式各样精美绝伦的产品。有些产品回溯经典，强调专属性，甚至创造难度艰深的翻版古董产品。

一位银饰定做专家在亲探巴黎珠宝工作坊后在博客中写道：

> 珠宝师出身且有36年工作经验的主管Xavier Gargat说："制作珠宝是一项复杂的工作，需要团队协作，我们还有4种辅助性工作，包括切割钻石、切割其他宝石以及制表师等……一般1.5～2周时间，会从设计师处诞生一件最简单的珠宝产品构想，但这个美妙想法在工匠这里得到实施却需要250～3000个小时的手工时间。"[②]

在这些发达的产业区中，根植于本地社会文化的高素质的设计师凭借独创，把时尚艺术推向市场，从而获得消费者的认可，使其设计和产品具有昂贵的价格。在当代，这些设计师无不受到一流专业院校的教育，将艺术和高技术融合在一起。例如，纽约曼哈顿和下东区的妇女服装产业区以设计和形象改进为竞争基础，有服装设计学校、预测服务机构及采购办公室等服务机构，创造出一种本地协作的产业文化，支持了单个服装企业的设计创新，而熟练的技术工人受到社会的尊重且收入很高（Rantisi，2002）。

近几年来，这种传统产业的集群的发展含义在产业区理论基础上有了进一步拓展。在产业区的部门之间的企业关系发生了变化，生产系统不再限于本地，企业家的机会增加，领导型的大企业开始在生产和金融方面发挥作用，国外的兼并也已增加（表2-4）。

表2-4　从产业区到供应链的观点变化

	产业区	供应链
生产过程	主要限于国内的地方	国际离岸外包
创造价值	限于本产业区创造价值	从产业区外创造价值
企业规模	很多中小企业	大型企业介入
所有制	主要是家庭企业，少数股份制	跨国公司出现

① 2007-04-06. 走进提琴之乡克雷莫纳（组图）. http：//gb. cri. cn/14558/2007/04/06/1062@1535223. html。

② 2008-09-18. 亲探巴黎高级珠宝工作坊，3000小时完成一件珠宝. http：//www. yinziji. com/blog/article. asp? id=1230。

受全球化经济的影响，产业区开始演变。很多学者从实际出发研究产业区领导型企业的作用、产业区治理机制的变化以及外部网络对产业区的影响；并质疑“共同的社会文化和价值观必然促进企业合作”这一产业区理论的基本命题。在此基础上，强调需要引导和支持产业区内龙头企业的产生和发展，建立有一定等级存在的有利于产业区企业互动合作的企业网络，引导龙头企业升级和创新，制定适合它们发展的经济政策，以此作为过去那种只通过中介服务机构支持产业区发展的政策的补充。

（三）鞋业产业区的演化实例

随着发达国家的技术进步和生产率提升，全球传统消费品产业价值链上的主导厂商纷纷进入发展中国家，搜寻低成本的生产区位，导致发达国家老工业区的衰退和发展中国家新产业区的崛起，为地方产业的转型或升级提供历史的契机（Dicken，1998；Schamp，2005；Schmitz，1999；Brenton et al.，2000；王缉慈等，2004a，2004b，2006；张辉，2006）。发达国家的企业保留了设计、营销等创新性的高附加值活动。制造业的离岸外包越来越成为发达国家与发展中国家之间重要的贸易联系方式（Dicken，1998）。下面以制鞋产业为例，分析传统产业区的演化过程[①]。

制鞋产业是典型的成本敏感型制造业。但它不是衰退产业，而是一个世界范围内成长的产业。尽管如此，鞋类产品的生产地却日益在空间上四处游移。

1. 世界鞋业的迁移

第二次世界大战以后，世界制鞋中心分别出现在欧洲的德国、法国、意大利、西班牙和葡萄牙，20 世纪 80 年代逐步转移到劳动力成本相对低廉的日本、韩国和中国台湾等地，20 世纪 90 年代初期开始大规模转移到生产成本更低的中国内地（梅丽霞，王缉慈，2006）。随后，日本和韩国的制鞋产业日益萎缩，而中国台湾地区则与大陆保持着较为紧密的产业联系，以两岸分工和外资代工的方式维系着一部分全球市场份额（吴淑贞，2002）。进入 21 世纪以后，新的低成本国家如越南、朝鲜、印度等也加入到了全球鞋业的市场争夺战中；而我国国内则出现了“南鞋北上”、“东鞋西移”的产业梯度转移

① 在全球竞争压力下，传统产业价值链的高端环节成功地留在发达国家，使高端集群得以继续发展。然而，这个过程是十分严酷的。非创新的企业不得不面临倒闭或转移的命运。由于我国很多产业区在升迁过程中正在或将要经历这个过程，因此在这里占较大篇幅。

现象。

2. 欧洲鞋业的迁移

根据欧盟公布的数据，欧盟鞋业产量从1998年起持续下降[①]，1999年跌落到9.75亿双的局面，下降比例为6.1%，其中英国下降24%，意大利下降7%，西班牙和德国分别下降4%；出口方面，1999年欧盟鞋类出口量减少了3660万双，下降13%，其中意大利和西班牙下降明显，分别下降了9%和4.5%[②]。出口下降的趋势持续到2004年，欧盟鞋业总产量已经下滑到年产量不足7亿双，在全球鞋业总产量中占比不到5%。

根据（Isbasoiu，2007）的研究，欧盟主要产鞋国的制鞋业都出现了空间转移。欧洲在过去三十年里一直保持着对鞋业的高关税保护（在欧盟平均进口关税为3%的情况下，鞋类产品的平均进口关税为8%），其中进口数量控制（如配额）、自愿出口限制和反倾销是最常用的贸易手段；但是这种关税以及非关税壁垒的代价是昂贵的，它以少数人的利益牺牲了多数人的福利。模型计算的结果表明，英国在20世纪80年代初期为保护一个鞋业岗位所付出的代价是正常条件下一个工人工资的12倍。

3. 意大利鞋业的迁移

随着1989年柏林墙的推倒，东欧国家以低成本承接了劳动密集型生产活动的国际转包，增强了欧洲的竞争力。从全欧来看，2001～2006年鞋业利润率仅仅为1%，欧洲超过1000家鞋业公司倒闭，失去了大概40 000份鞋业的工作。1979～2000年，著名的世界滑雪靴之都，意大利威尼托区的蒙特布鲁纳（Montebelluna）[③]的鞋类生产厂的数目从511家减到了304家。

从20世纪80年代以后，在很短的时间内，在蒙特布鲁纳的鞋业跨国公司把生产阶段迁移到罗马尼亚的城市蒂米什瓦拉（Timisoara），因为蒂米什瓦

① 2006-10-09. 对中国皮鞋反倾销将没有赢家. 人民网. http://mnc.people.com.cn/GB/70721/70724/4895047.html。

② 中华人民共和国驻匈牙利共和国大使馆经济商务参赞处网站. 2005-01-20. 欧洲鞋业的经济状况. http://hu.mofcom.gov.cn/aarticle/ztdy/200501/20050100336023.html。

③ 蒙特布鲁纳生产的有滑雪靴品牌诺迪卡（Nordica）、泰克尼克（Tecnica）、梭罗门（Salomon）；长途旅行鞋品牌乐途（Lotto Sport Italia）；摩托车鞋品牌阿尔卑之星（Alpinestar）；城市旅游鞋品牌健乐士（Geox）和司通福来（Stonefly）等。1960～1970年，蒙特布鲁纳塑料滑雪靴的生产引发了第一次改革，其他体育类的皮革鞋，如舞蹈、自行车、摩托车、网球等用鞋，也开始更加多样化。

拉制鞋有悠久的历史，和邻国相比工资低，并且由于语言、文化上也没有障碍，公路、铁路和国际航空交通非常便捷。罗马尼亚社会、经济、政治的重大变革，为外国公司发展国际供应链提供了机会，尤其是发展劳动密集型制造加工业。大公司将生产活动迁移到外国取得了成功，威尼托区的许多小公司也跟着迁移到蒂米什瓦拉。为了维持与大公司的联系，它们需要与大公司的区位保持一致性，以免游离于产业网络之外①。

迫于日益增长的全球竞争压力，在信息和通信技术革命的推动以及更加严格的环境管制下，蒙特布鲁纳的体育和休闲鞋业集群经历了演变、扩张和产业重组。目前，蒙特布鲁纳的鞋业集群不再有标准的完整的生产过程，但是那里依旧活跃着整个生产链当中最有价值、最有创造力的环节：鞋产品设计和研发（满足舒适、奢侈、健康等消费者需求）、专业部件的生产、市场营销以及配发活动。蒙特布鲁纳的鞋业集群是成功转型的典范，将那些知识与资金密集的环节留在意大利，适应了全球环境的变化。不过，由于当地中小公司与跨国公司之间在生产、创新和销售方面的商业文化不同，还需要更多的沟通。

欧盟制鞋工业的衰退的表面原因，是欧盟劳动密集型产业转型滞后，与发展中国家产业升级的内在要求之间的深刻矛盾；而其深层原因，则是其建立在高工资基础上的社会保障制度和高关税基础上的产业保护政策所造成的结构性成本居高不下。

4. 德国鞋业的迁移

沙姆普通过研究发现，品牌和市场的区隔是形成全球鞋业空间迁移和地域分工的驱动因素（Schamp，1999）。他考察了德国的工资政策变化对鞋业演替的影响后发现，德国鞋业在高工资地区的衰退，导致本土企业到其他地区寻求合理的资源配置，结果削弱了企业之间的本地联系；反过来，这种本地联系的弱化又导致了高工资地区的制造业加速衰退（Schamp，2005）。

德国制鞋企业将生产区位迁移至接近德国消费市场的低工资地区，来应对日益加剧的市场竞争。因为德国鞋业中的企业规模比较小，而且不愿意在技术和款式上进行投资。从 20 世纪 60 年代开始，生产迁移到了法国的阿尔

---

① 这个过程对于意大利蒙特布鲁纳来说，是“去地方化”（delocalization），而对于罗马尼亚蒂米什瓦拉来说，是“再地方化”（relocalization）。

萨斯和洛林（Lorraine）；在70年代和80年代，又迁移到了西班牙和葡萄牙，特别是葡萄牙波尔图地区。转移的形式不仅有在新地点投资建分厂，也包括原有地区企业进行国际分包。企业将总部和核心功能，如鞋样设计留在了德国。例如皮尔马森斯（Pirmasens）的一个企业在20世纪80年代将生产转包给了一个南斯拉夫的生产商，但之后迅速转包给了爱沙尼亚和立陶宛，但现在将订单给了匈牙利、保加利亚、奥地利和捷克。大企业早已将订单给了中国、越南和印度尼西亚等低成本国家。降低生产成本和开拓国外市场是德国制鞋业大举外迁的主要动机。原料和人工费用是制鞋厂成本核算的关键因素，原料费用占生产成本的1/3～1/2；工资成本约占生产成本的20%。由于德国工资成本和税收在世界名列前茅，2002年德国平均每双鞋的生产成本高达31.63欧元，而进口鞋平均只有11.47欧元。

5. 皮尔马森斯制鞋产业集群的变迁

德国皮尔马森斯在20世纪60年代是德国主要的制鞋产业区（Scott，2006；DG Research，European Commission，2005），位于德国莱茵兰巴拉丁州（Rhineland-Palatinate）和法国洛林之间，集聚了德国1/3的制鞋企业以及四成的鞋业就业人口。早在19世纪，制鞋企业和供应商、服务商及机械工程商等已开始在此集聚。随着德国“去工业化”进程的加速，皮尔马森斯市的制鞋业逐步转移到邻近的波兰、匈牙利和法国的阿尔萨斯与洛林等地区。在不到20年的时间里，皮尔马森斯市制鞋业的产量和就业下降了70%，这一地区的企业数量越来越少，本地存活下来的制鞋生产企业寥寥无几，仅余生产者服务业如鞋样设计和物流环节，而把生产活动移到了国外。这些存活的企业通过强大的品牌、设计能力和销售渠道强化了对国内外市场的控制。例如，皮尔马森斯乡村地区的一个小家族企业最初是生产童鞋的，在第三代企业家后转向了生产女士休闲鞋，在20世纪90年代后，关闭了在德国的生产工厂，转到了波兰和匈牙利，尤其是在佩奇周围。在皮尔马森斯的总部就只负责鞋展和物流管理，成为在匈牙利和波兰分厂组成的复杂生产配送体系的组织者。转包是高度流动的，随时可能离开原来的地方在世界中游移。因此，掌握全球各地生产可能性的信息，控制国外生产和物流就成了本地存活的制鞋企业的核心能力。企业要想存活所采取的策略，还包括买断倒闭的名牌，或指定专为自己设计的设计师，或增加自己的销售渠道，或引进设备来保持品牌竞争力，有的企业因此得到了欧盟的金融支持。欧洲的鞋业市场正由必需品向时尚用品转变。

(1) 锁定效应 (lock-in effect)[①]

研究认为，处于德法边界的贫困地区的皮尔马森斯制鞋产业区具有功能锁定、认识锁定和政治锁定的许多特征。第一，在地方生产系统内出现了功能锁定。零部件供应商和生产者服务商（包括贸易、运输、包装、鞋模设计等）、提供专业设备和维修服务的企业与制鞋企业联系十分紧密。制鞋企业常常没有直接联系市场的渠道，只能依赖大的专营零售店的采购集团。这些集团创造了品牌，掌控了销售，并且逼迫制鞋企业成为国内的下承包商。

第二，在企业家、经理和政治机构中形成了认知锁定。皮尔马森斯主导的企业都是经营了几代的家族企业。往往当企业倒闭后，企业家还会重新开厂。制鞋业的一些企业家在自己一生中，几次开关企业。制鞋业在那里是保证就业和收入的最重要的部门。皮尔马森斯有德国唯一的鞋业技术学校。所以，没有经验的妇女只能靠在制鞋企业中做低工资的工作而赚钱。皮尔马森斯在德国人心中成了德国制鞋业的中心。然而，在 20 世纪 70 年代危机的早期，这种认知锁定很快就在年轻一代中消除了。年轻一代不再愿意在职业学校接受培训。结果，制鞋业所需要的熟练劳动力日益短缺，而这一时期本来应该是皮尔马森斯制鞋产业区由低成本大批量生产向高质量生产过渡的时期。

第三，这一产业区有政治锁定的迹象。早期有加强生产多样化的公共计划，制鞋企业的供应商从中受益。当时，西门子公司在这里开了一个电子分厂，在劳动力市场中与制鞋企业形成了竞争，制鞋企业就加以阻挠，上调工资水平，并对西门子分厂所在地的土地所有者施加压力，迫使西门子的这家分厂一年内就关闭，此后，在 20 世纪 60 年代，西门子公司关掉了所有在类似地区的分厂。

20 世纪 70 年代中期开始，鞋厂不断倒闭。与早期不同的是，这些倒闭的鞋厂不会被再开启。传统的地方供应联系受到了极大的破坏。失业率超出全国平均水平（12.3%）。人口由于外迁而减少。80 年代末欧洲政治的重组以及美军从这一地区撤离都加剧了这一危机。目前皮尔马森斯制鞋业的衰退仍在继续，去工业化仍在进行，鞋业在这个地区的消失看起来只是一个时间问题。

---

① 格拉伯赫用 20 世纪六七十年代的鲁尔区为例，提出了老工业的区域锁定（regional lock-ins）概念，包括三方面锁定效应：其一是功能锁定（functional lock-in），即在区域价值链中的企业之间经济相互信赖的锁定；其二是认知锁定（cognitive lock-in），即对应用中的技术共同感知的锁定；其三是政治锁定（political lock-in），即对于该区域发展的共有观念局限在一些社会、政治兴趣中（Grabher, 1993）。锁定概念也在产业集群研究中广泛应用。

(2) 锁定的解除

锁定的概念对于企业和产业区有不同的意义。对产业区而言，皮尔马森斯产业区在20世纪六七十年代形成了格拉伯赫所说的锁定。过去30年的危机解除了该地区的锁定：企业迁移出此产业区或离开制鞋生产链；年轻一代不再愿意留在制鞋业；地区、州、国家甚至欧盟政府提供大量金融援助，以实现地区产业的多样化。

皮尔马森斯的机械工程、塑料产品和化学品的供应商最先减少与制鞋业在功能上的联系，积极寻求新的市场。在相关产业中，有的中小规模的家族企业非常警觉，能迅速调整策略，甚至受益于制鞋企业的倒闭。例如，有一个机械贸易企业，原来进口新的设备卖给当地的制鞋企业，但之后转为维修那些倒闭企业的设备而出口到国外。集群中的相关部门非常复杂，所以就出现了多样的退出选择，退出选择往往不需要企业的能力发生根本变化。制鞋企业的直接的单一的供应商在调整中面临的问题最大，如生产鞋楦、鞋跟、内衬物、趾套、鞋底以及黏合剂、刀具等的供应商死亡率很高。

一些企业根据不同资源条件，采取了三种策略而存活了下来：第一，将生产转移到国外。这需要相当雄厚的资源，但如果主攻小的市场利基，有可能成为这个行业的世界领导者。生产者服务企业，比如鞋面布贸易商和公路货运企业，也能随着所服务的企业转移至国外而获利，企业采取‘逐客户而居’的策略，保持了与制鞋企业的功能联系，但却离开了皮尔马森斯。第二，开拓产品的新市场。大量的存活下来的企业采取了这种策略，从传统的市场中转出，但留在了这个地区，比如包装和运输企业，成功地在汽车供应商和家具制造部门找到了新的客户。生产鞋跟、内衬物、趾套、黏合剂的企业很早就采用新的材料，为转向应用这些材料的产业提供了机会，如建筑业、白色陶瓷业和汽车配套业。机械企业由于汽车配套业的自动化程度日益增加而受益颇丰。一些机械企业将卖给制鞋企业的产品比重降到了20%～30%。还有的企业从机械贸易转为生产保健器械。当然，对大部分企业而言，要改变产品、客户和市场要花费十几年时间，甚至更长。

第三，通过技术创新留在原有市场。但是这种策略成功概率是有限的。那些不愿意或没能力追随客户到国外，从而固守与制鞋企业的功能联系的企业，可能在一段时间内存活下来，但通常会面对失败的危险。有些供应商因为技术创新而维持了与制鞋业的供应关系，但未来转移到东欧也是有可能的。

总之，20世纪70年代以后，面对制鞋业的危机，这些不同的策略形成了企业淘汰过程，将企业推向两个方向：第一，固守在制鞋业，但不留在这个地区；第二，固守在这个地区，但不留在制鞋业。在这个过程中，大量的企业不幸倒闭了。存活下来的许多企业也没有发展，只是希望能维持生计，还要持续不断地提高生产率和不断地裁员。

（3）地区发展道路的可能性

皮尔马森斯有三种可能的地区发展道路（Schamp，2005）：

第一，在几年内，这个地区的制鞋业将消失。如果关联企业继续向新市场转移，这个地区很可能变成一个“普通地区”，拥有多种的部门，各个部门之间互不联系，没有形成一个地方生产系统。长期来看，这个地区在面对国外竞争时的脆弱性和市场的停滞将仍然存在。这种情况下，政府和地区决策者仍然要为这个地区的产业多样化做努力。

第二，一些企业从为本地生产转为全球价值链的治理者，转为物流的组织者和产品的设计者，这里可能成为全球鞋业生产的一个管理中心。1998 年，皮尔马森斯的职业学校进行了改革，决心要培养未来的中层管理者。制鞋企业需要中层管理者来对其国外的工厂进行控制，对全球转包商生产的产品进行技术质量评价。为控制德国鞋业市场技术进入壁垒，制定了鞋子质量和环境保护的一系列规定。此外，也有旨在加强地区技术能力的其他计划，因为鞋业的大供应商（如鞋底生产商）越来越依赖于研究与开发活动。高的技术能力会促进大品牌企业的发展，有创意的设计师对于时尚驱动的鞋业越来越重要。

第三，皮尔马森斯的乡村发展。在东部的森林和山区，成功地以乡村旅游弥补了鞋业不断减少的就业。来自城市的游客为鞋子零售商和制造商提供了新的机会。零售商和制造商可以向这些游客直销。例如，豪恩斯坦（Hauenstein）村成功地将旅游业与鞋业购买结合在了一起。

上面任何一种发展道路都不可能单独解决地区的就业问题。在去工业化的过程中，许多建筑空置，出现了大量空地。因此，必须要进行大量的公共投资来应对这种挑战。我们不可能希望现状能迅速改变。所以，可能同时采取上面提出的三种发展道路。

迄今为止，几乎所有的德国名牌鞋厂均在国外设有生产基地。德国两大运动鞋厂——阿迪达斯和彪马（Puma）的总部虽仍在德国，但已不在德国生产。位于罗森海姆的嘉宝鞋业股份公司（Gabor）95%的鞋是在国外（主要在斯洛伐克）生产的，其国内产量只占 5%。蝾螈（Salamander）在国外也已拥有几十家鞋厂。许多德国鞋厂目前在德国境内只设行政管理、设计和培训等部门，国外实习已成为培训内容中必不可少的组成部分。

本章小结和讨论

从20世纪80年代中期开始的发达国家“集群热”至今还在继续，其发展脉络已经逐渐清晰。产业集群概念是因发达国家提高国际竞争力而生，依发达国家社会文化和技术发展背景而立的，其精髓是行为主体在本地建立在规范的知识产权制度和约定俗成的惯例基础上的合作创新、合作设计、合作创造、合作营销等。发达国家的强大跨国公司之所以诞生并日益强大，与它们所在的集群环境关系十分密切。从它们的中央到地方政府都对这样的产业社区给予足够的重视和支持。科学、技术、文化、教育等都由此获得稳定的发展环境，创新性的企业家和科技人才在集群中得到成长。

不难看到，集群绝不是封闭的“容器”，而是对外部世界开放的系统，这方面已经有了大量文献的繁衍。本地联系过强，会使本地网络出现过于僵化的危险，这样会对产业集群的长期竞争力产生不利影响。对纽约纺织产业集群的研究案例证实“过度嵌入”不利于集群的长期竞争力（Uzzi，1996）。巴谢尔特（Bathelt）提出了建立集群的本地知识扩散与全球知识管道（buzz-and-pipeline ）的集群竞争力模型（Bathelt et al.，2004）。产业集群通过外部联系所获得的知识，可以通过集群的本地联系在集群内部迅速扩散，最终提高本地联系中所携带知识的量和质。

发展中国家的产业集群大多以低成本为竞争优势，企业技术水平普遍与发达国家存在很大差距，如果片面强调集群的内部联系，可能限制本地技术能力的提升。对于发展中国家的大多产业集群而言，主动与发达国家的企业建立外部联系，对于提高本地产业集群的整体竞争力具有重要意义。这一点将在后面章节详细讨论。

（王缉慈，李鹏飞，陈平，梅丽霞，马铭波，刘譞）

参考文献

彼得·迪肯．2007．全球性转变：重塑21世纪的全球经济地图．刘卫东等译．北京：商务印书馆

陈倩倩，王缉慈．2005．论创意产业及其集群的发展环境．地域研究与开发，(5)：5～9

李蕾蕾．文化与创意产业集群的研究谱系和前沿：文化生态隐喻．人文地理，23 (2)：33～38

林幸台，张文敁，张正夫等．1998．高中数理资优学生与一般学生兴趣类型之比较研究．

特殊教育研究学刊，16：367～378

梅丽霞，王缉慈．2006. 从反倾销中突围：温州制鞋业集群的升级．温州论坛，（5）：5～16

王缉慈．2004a. 中国的地方产业集群及其对发展中国家的意义．地域研究与开发，23（4）：1～4

王缉慈．2004b. 关于中国产业集群研究的若干概念辨析．地理学报，（9）：47～52

王缉慈．2006. 关于我国发展产业集群中的若干问题．理论参考，（9）：27～30

王缉慈，王敬甯．2007. 中国产业集群研究中的概念性问题．世界地理研究，16（4）：89～97

王缉慈等．2001. 创新的空间——企业集群与区域发展．北京：北京大学出版社

吴淑贞．2002. 产业网络、群聚现象与企业竞争力关系之研究——以两岸制鞋业为例．私立中原大学企业管理学系硕士论文

张辉．2006. 全球价值链下地方产业集群转型和升级．北京：经济科学出版社

Adam B，Justin O，Sara C. 2000. Local music policies within a global music industry：cultural quarters in Manchester and Sheffield. Geoforum. 31：437～451

Anderson A E. 1985. Creativity and regional development. Papers of the Regional Science Association，56：5～20

Bassett K G，Smith L R. 2002. Testing governance：partnerships，planning and conflict in waterfront regeneration. Urban Studies，39（10）：1757～1775

Bathelt H，Malmberg A，Maskell P. 2004. Clusters and knowledge：local buzz，global pipelines and the process of knowledge creation. Progress in Human Geography，28（1）：31～56

Becattini G. 1990. The Marshallian industrial district as a socio-economic notion. *In*：Pyke F，Becattini G，Sengenberger W. Industrial Districts and Inter-firm Co-operation in Italy. Geneva：International Institute for Labour Studies（IILS）. 31～57

Blair H，Grey S，Randle K. 2001. Working in film-employment in a project based industry. Personnel Review，30（2）：170～185

Castells M，Hall P. 1994. Technopoles of the world. The Making of 21st Century Industrial Complexes. London：Routledge

Caves R E. 2000. Economic properties of creative activities. *In*：Caves R E. Creative Industries：Contracts between Arts and Commerce. Harvard：Harvard University Press. 1～17

Christopherson S，Storper M. 1986. The city as studio：the world as back lot：the impact of vertical disintegration on the location of the moving picture industry. Environment and Planning D，4（3）：305～320

Christopherson S. 2003. The limits to "new regionalism"：(Re) learning from the media industries. Geoforum，34（4）：413～415

Cooke P. 2001. Regional innovation systems, clusters and the knowledge economy. Industrial and Corporate Change, 10 (4): 945～975

Csikszentmihalyi M. 1996. Creativity: Flow and the Psychology of Discovery and Invention. New York: Harper Perennial

DG Research, European Commission. 2005. West-East-IDs-Industrial Districts' Re-Location Processes: Identifying Policies in the Perspective of the European Union Enlargement, WEID Final Report

Dicken P. 1998. Global Shift: Transforming the World Economy. New York: Guilford Press

Dominic P, Daniel H. 2002. Profiting from creativity? The music industry in Stockholm, Sweden and Kingston, Jamaica, Environment and Planning A. 34: 1833～1854

Drake A. 2003. This place gives me space: place and creativity in the creative industries. Geofrom, 34: 511～524

Florida R. 2002. The Rise of Creative Class. New York: Basic

Grabher G. 1993. The weakness of strong ties: the lock-in of regional development in the Ruhr area. *In*: Grabher G. The embedded firm: on the socioeconomics of industrial networks. London: Routledge: 255～277

Grabher G. 2002. Cool projects, boring institutes: temporary collaboration in social context. Regional Studies, 36 (3): 205～214

Grabher G. 2004. Temporary architectures of learning: knowledge governance in project ecologies. Organizational Studies, 25 (9): 1491～1514

Hall P. 2000. Creative cities and economic development. Urban Studies, 37 (4): 639～649

Howkins J. 2002. The Creative Economy. London: Penguin Global Press

Isbasoiu G. 2007. Industrial Clusters and Regional Development: the Case of Timisoara and Montebelluna. Paper prepared for the ERIK Network Conference, Brussels

Lorenzen M, Täube F A. 2008. Breakout from Bollywood? The roles of social networks and regulation in the evolution of Indian film industry. Journal of International Management, 14 (3): 286～299

Malinen P. 2008-10-05. Finnish fuel cell research activities case: salo-cluster. Finland-Germany workshop. Innopoli 2, Espoo. September 17th, 2008. http. akseli. tekes. fi/opencms/opencms/... ja... 2008... /Malinen. pdf -

Menger P M. 1999. Artisitic labor markets and careers. Annual Review of Sociology, 25: 541～574

Molotch H. 1996. LA as design product: how art works in a regional economy. *In*: Scott A, Soja E. The City: Los Angeles and Urban Theory at the End of the Twentieth Century. Berkeley: University of California Press

Mommaas H. 2004. Cultural clusters and the post-industrial city: towards the remapping of urban cultural policy. Urban Studies. 41 (3): 507～532

Piore M, Sabel C. 1984. The Second Industrial Divide: Possibilities for Prosperity. New York: Basic Books

Porter M. 2001. Clusters of Innovation Initiative: Regional Foundations of US Competitiveness. Council On Competitiveness, Monitor Group. Washington D C

Porter M, Stern S. 2001. National innovative capacity. *In*: The Global Competitiveness Report: 2001—2002. New York: Oxford University Press

Power D, Itallencreutz D. 2002. Profiting from creativity? The music industry in Stockholm, Sweden and Kingston, Jamaica. Environment and Planning A, 34 (10): 1833～1854

Pratt A C, 2006. Inside and outside clusters: production and peer respect networks. Paper Presented to Cultural Creative Spaces Conference, Beijing

Propris L D, Hypponen L. 2008. Creative clusters and governance: the dominance of the Hollywood film cluster. *In*: Cooke P, Lazzeretti L. Creative Cities, Cultural Clusters and Local Economic Development. Cheltenham: Edward Elgar Publishing. 258～286

Puchinger K. 2006. Developmental trends of locational factors in urban agglomerations: a position paper on behalf of Tecnoman Regional Vienna. www. tecnoman. net/06infopack/ downloads/ locational _ factors _ position _ paper. pdf

Rantis N. 2002. The local innovation systems as a source of variety: openness and adaptability in New York city's garment district. Regional Studies, 36 (6): 587～602

Rogier G. 2004. De Culturele Industrie. Geografie, 13: 5

Runco M A. 2004. Creativity. Annual Review of Psychology, 55: 657～687

Sabel C F. 1989. Flexible specialization and the re-emergence of regional economics. *In*: Hirst P, Zetlin J. Reversing Industrial Decline? Industrial Structure and Policy in Britain and Her Competitors. Oxford: Berg Publications. 22

Schamp E W, Bertram H. 1999. Deindustrialization, restructuring and exit strategies of firms in aging industrial districts: the case of footwear and leather goods industries in Germany, compared. *In*: von Dijk J, Pellenbarg P. Demography of Firms: Spatial Dynamics of Firm Behaviour. Utrecht: Nederlands Geographische Studies. 262

Schamp E W. 2005. Decline of the district, renewal of firms. Environment and Planning A, 37: 617～634

Schmitz H. 1999. From ascribed to earned trust in exporting clusters. Journal of International Economics, 48 (1): 39～150

Scott A. 1990. The technopoles of southern California. Environment and Planning A, 22 (12): 1575～1605

Scott A. 1993. Technopolis: high technology industry and regional development in South California. Berkeley: University of California Press

Scott A. 1997. The cultural economy of cities. International Journal of Urban and Regional Research，Blackwell Publishing，21（2）：323～339

Scott A. 1999. The cultural economy：geography and the creative field. Media，Culture & Society，21（6）：807～817

Scott A. 2000. The Cultural economy of Paris. International Journal of Urban and Regional Research，Blackwell Publishing，24（3）：554～566

Scott A. 2005. On Hollywood：the Place，the Industry. Princeton：Princeton University Press

Scott A. 2006，The changing global geography of low-technology，labor-intensive industry：clothing，footwear，and furniture. World Development，34（9）：1517～1536

Scott A，Soja E. 1996. The City：Los Angeles and Urban Theory at the End of the Twentieth Century. Berkeley and Los Angeles：University of California Press

Storper M. 1992. The limits to globalization：technology districts and international trade. Economic Geography，68（1）：60～93

Sydow J，Staber U. 2002. The institutional embeddedness of project networks：the case of content production in German television. Regional Studies，36（3）：215～227

Tekes. 2008. An impressive beginning for the seven year finnish. Tekes fuel cell programme：how a small country can be strong in developing emerging technologies. http：//www. fuelcelkeminar. com/assests/pdf/2008/thursday/10 - ojapalo - A - com 41 - 6. ppt. pdf

UNCTAD. 2008. Creative economy report 2008. The challenge of assessing the creative economy：toward informed policy-making（UNCTAD/DITC/2008/2）. Genova. UNCTAD

Uzzi B. 1996. The sources and consequences of embeddedness for the economic performance of organizations：the network effect. American Sociological Review，61：674～698

Vang J，Chaminade C. 2007 - 03 - 03. Global-local linkages，spillovers and cultural clusters：theoretical and empirical insights from an exploratory study of Toronto's Film Cluster. CIRCLE Electronic Working Paper Series. http：//www. circle. lu. se

Vepsäläinen T. 2008. Cluster Competition：What Explains the Success of Biotech Clusters

Williamson O. 1994. Transaction cost economics and organizational theory. *In*：Smelser N，Swedberg R. Handbook of Economic Sociology. Princeton：Princeton University Press. 77～107

第三章 产业集聚的认识陷阱

在国内，自 20 世纪 90 年代以来，集群的概念在学术论著、媒体和政府报告中被广泛使用，然而深入的分析却发现，对于集群实质的理解存在着种种误区：片面依靠公式和数字来界定；与特色产业混为一谈；等同于产业的投入产出链，等等。这些理解可能在现实中误导本地的发展。因此，阐释和辨析集群概念是从理论上讨论和在实践中思考产业集群的起点，这正是本章的要旨。

“地区促进在密度（density）、距离（distance）和分隔（division）这经济地理的三个方面实现转换，就能走向繁荣：随着城市发展而增加密度；随着工人和企业向密集地区流动而缩短距离；随着国家降低经济边界和进入世界市场以利用规模优势和开展专业化产品贸易而减少分隔……在这三个方面实现转换是发展的必要，应当加以鼓励。”

——《2009年世界发展报告：重塑世界经济地理》

在世界银行《2009年世界发展报告：重塑世界经济地理》中举例说，撒哈拉以南的非洲地区在密度、距离和分隔这三方面处于三重劣势——低密度（平均每平方千米只有77个人）、长距离和深分隔。很多国家陷入了“邻近性陷阱”（proximity trap）[①]，行为主体之间以及非洲和外部世界之间缺乏联系。这个报告给我们的启示是：贫困地区的人们要摆脱贫困，需要适当集聚人口和产业。当农民工到城镇的工厂去打工之后，有可能获得生活的改善，这从另一个侧面反映了产业集聚的好处。

然而，克服了低密度、长距离和深分隔之后，是否就能获得发展的优势了呢？区域发展问题至今还是一个尚未完全解开的谜。关于产业集聚的理论探讨和纷争已经持续了一个世纪。集群起初作为一种经济术语，指相同或相关的企业和机构在某一地域内集聚。20世纪80年代中后期，随着发展知识经济对创新和提高生产力的需求增加，企业及其相关机构集聚对技术创新和非技术的创新的作用越来越大，因而突出了创新集群研究的重要性，这是国际学术界对产业集聚现象重新关注的主要背景。自马歇尔产业区研究（1898年）开始，学者们关于地理邻近的企业之间互动所产生的经济效益和知识溢出效益的研究就一直在持续，其中包括客观的外部性存在和主观的集体行动所产生的集体效率。

对发展中国家的经验研究发现，在某些产业集群中，集群的作用主要是为了降低生产成本，而较少与技术创新相联系。因此，产业集群中的近距离的产业联系并不能保证促进技术创新。如肯尼亚学者Mccormick（1999）通过对肯尼亚、加纳和南非的六个产业集群发展过程的研究发现，只有到了工

① 世界银行，《2009年世界发展报告：重塑世界经济地理》，2009，第283页。

业化的中后期，集群内企业间才存在着联合行动和技术溢出，而在工业化的早期，产业集群主要有利于接近市场，很少发生企业之间的联系与技术溢出效应。即使企业家在很近的地理范围内一起生活和工作，也很少共享信息和知识溢出。因此，集群与技术创新并无必然联系。这种集群现象有时又被称为纯集聚体（pure agglomeration）（Gordon，Mccann，2000）。Caron 和 Pouder（2006）则认为产业集群的发展机制是传统的马歇尔外部经济，即集群的地理邻近和互动能够降低企业的时间成本和物质成本，通过集群内上下游企业间的协作实现其核心业务的专业化，并形成外部劳动分工。产业集群的集聚机制主要在于经济外部性而非技术外部性（技术溢出），因而并不能保证持续的技术创新。

现在，在国内外产业集群成为时尚的情况下，我们主张产业集聚是一个中性词组，我们不能认为，只要一群企业集聚到了某个地方，这个地方就一定能发展起来。我们也不能认为，只要这群企业在某个时期发展起来了，它们就一定会永续获得竞争优势。我们更不能认为，只要一个地方打造了产业链，这个地方就能获得经济发展。诚然，产业集聚可以获得节约成本的外部经济效果，还可能获得促进技术创新的竞争优势，但是，也会发生负面效应。既然世界上、历史中产业集聚的现象十分普遍，从非洲的棚户区[①]到瑞士的金融区；既然产业集聚的程度有疏有密，产业集聚的绩效有优有劣，产业集聚的未来有盛有衰，那么，产业集聚就是一个中性词组。如果是毫无章法的非创新性企业扎堆，那里自然是缺乏创新的。

近几年，“产业集群”、“产业集聚区”在国内有些省市已经成为耳熟能详的词组，或已进入政府文件。我国各种眉目的开发区“筑巢引凤”式的发展模式已经持续了 30 年，至今势头未减，一轮跟着一轮，一波连着一波。从沿海推到内地，从南方滚到北方。一方面，在发达地区，20 多年前建设的很多开发区中，不少曾经是机器轰鸣、流水线作业繁忙，现在已经成了环境脏乱差的废弃旧工业区，亟待改造或已经成功地得到改造[②]；另一方面，在欠发达

---

① 世界银行《2009 年世界发展报告：重塑世界经济地理》所附的光盘生动地表现了在黑人棚户区初级服务业集聚（广告、服装等）的趋势。

② 深圳福田区上沙标本：2009-04-09. 从旧工业区到手机之都．南方日报．http：//city. finance. sina. com. cn/city/2009-04-09/111552. html；艺术区：2009-05-11. 旧工业区废址上诞生艺术奇葩深圳特区报．http：//www. gd. xinhuanet. com/dishi/2009-05/11/content _ 16485021. html；关于开展省级以上开发区（工业园区）环境整治工作有关问题的通知，浙环治办发〔2008〕3 号．http：//www. hetd. gov. cn/index. php？modules＝show&id＝3422。

地区，工业园区[①]、产业集聚区[②]和产业转移园[③]等新园区的建设方兴未艾。由于政府过度依赖土地经营和优惠措施而对产业发展缺乏有效的调控，以及“条块分割”等原因，致使园区建设过分分散，开发面积大，产业缺乏特色。很多园区内缺乏企业之间的联系和分工，专业化的服务性企业和机构不足，未形成有效的创新环境，仍停留在低增值的制造业环节。然而，近几年来，名目繁多的很多新园区的开发规划都有一幅美好的图景——促进产业集聚和发展产业集群。

从认识产业集群概念的本义，到理解产业集聚这个中性词组，从而在错综复杂的产业集聚的问题现象中，寻找出对区域的经济发展和社会和谐有意义的一部分答案，这应该是有可能做到的。本书将尝试做到这一点。

一、产业集聚现象的普遍性

越来越多的研究，报告了欧洲和北美发达国家产业集群的发展实例。例如在美国，有硅谷和128公路的电子业集群、纽约玛第森大街的广告业集群、明尼阿波利斯的医学设备业集群、克利夫兰的油漆和涂料业集群、加利福尼亚的娱乐业集群、西密歇根的办公家具业集群、达尔顿的地毯业集群、加利福尼亚的葡萄酒业集群、马萨诸塞的制鞋业集群等；在德国，有索林根的刀具业集群、图特林根的外科器械业集群、普福尔茨海姆的珠宝业集群、斯图加特的机床业集群、纽伦堡的制笔业集群、韦热拉的光学仪器业集群、雷姆沙伊德的工具制造业集群、巴登-符腾堡的机械业集群；在法国，有巴黎森迪尔区的网络业集群、布雷勒河谷的香水玻璃瓶业集群等。

在发展中国家也普遍存在产业集聚现象。

从产业来看，以制鞋业为例。巴西的希诺斯谷（Sinos Valley）鞋业集群有500多家制鞋商和700家左右的下承包商（Schmitz，1999）。在墨西哥的瓜达拉加拉（Guadalajara）鞋业集群有大约1200家制鞋企业。在墨西哥的里昂（Leon）集群有1700家企业（Rabellotti，1995）。在印度的阿格拉（Agra）有

---

① 参见云南省工业园区招商引资网. http：//www.ynyq.org.cn/。

② 2009-07-22. 新建企业项目都要进入产业集聚区. 洛阳日报. http：//lyrb.lyd.com.cn/html/2009-07/22/content_553711.html。

③ 2009-06-02. 广东拟建1至2个大型产业转移园区或将通过竞争方式选址. 南方都市报网络版。2009-06-23. 濠江区融资30亿开发建设产业转移园区. 汕头日报. http：//www.dahuawang.com/localnews/showlocal.asp？no=119616。

大约2000家鞋业企业，该地鞋业企业曾经达到5000家（Knorringa，1999）。最近研究的埃塞俄比亚鞋业集群阿迪斯阿巴巴（Addis Ababa），有大约1000家企业在生产皮鞋（Sonobe et al.，2006）。在罗马尼亚，30万人口的蒂米什瓦拉（Timisoara）有1638个鞋业企业，1万人从事制鞋业，这些企业主要是意大利人所有，而且还在承接意大利鞋业的生产转移（Isbasoiu，2007）。我国鞋业集群广泛分布在晋江市陈埭镇、东莞市厚街和寮步镇、惠州市吉隆镇、温州市鹿城区、成都市武侯区等很多镇区。户籍人口仅3万的吉隆镇，两年前巅峰时期，在工商局登记的鞋企有4000多家，加上没有登记的共有约6000家。以下是该镇一位政府官员对制鞋产业集聚形成的生动描述：

> "2年是新手，3年是熟手，5年就可做老板"[①]。因鞋企行业技术含量并不太高，做到一定程度后，很多熟手不愿继续打工，便开始找厂房自己做老板。因而，近几年惠东的鞋企如雨后春笋一样冒出，扩张势头很猛，平山、大岭等地都出现不少鞋厂。更多的作坊式鞋厂根本就没有在工商税务部门登记，所以，"吉隆到底有多少鞋厂，我们也无法掌握"[②]。

再从地区来看，以非洲为例。最近世界银行研究了非洲的11个产业集聚区域（表3-1），这些集聚区域主要是国内市场驱动和国际市场驱动自发形成的，建立在自然资源的基础上，或者靠近主要的城市。只有毛里求斯纺织产业集聚区是建立在出口加工区的基础上的，有政府的推动作用。

表3-1　非洲11个企业集群的概况

集群	企业数目	企业规模（平均员工数）	市场	主要挑战
加纳苏阿米（Suame）制造业集群	＞9000	5～10	国内和有限的出口（西非）	研发成果无法有效地向企业传播；物质基础设施欠佳
肯尼亚卡姆昆吉（Kamukunji）金属加工集群	＞2000	1～3	国内	进入障碍低，微型企业泛滥；与知识机构的联系弱；基础设施支持力度弱
肯尼亚奈瓦夏（Naivasha）湖鲜切花集群	24（大企业）	250～6000	国内和出口（主要是欧洲）	资源耗竭与环境污染

① 职业进入壁垒低似乎是中国劳动密集型企业数量迅速增加的制度性原因，据了解，在德国想拿到制鞋匠的执照是很难的，需要经历多年的培训和实习，想转行又必须从头开始。所以他们的干中学、学中干比我们更加专精。

② 2008-11-19. 惠东吉隆镇200鞋企歇业. http：//epaper.nddaily.com/B/html/2008-11/19/content_631917.html。

续表

集群	企业数目	企业规模（平均员工数）	市场	主要挑战
尼日利亚尼韦（Nnewi）汽车零部件集群	85	<12	国内和有限的出口	亚洲的竞争；缺乏公共物品
尼日利亚俄蒂格巴（Otigba）计算机村集群	>5000	8	国内和出口（主要是西非）	资本不足，尤其是长期融资不足；基础设施支持力度弱；易受外汇和进口税的影响
坦桑尼亚姆旺给（Mwenge）手工艺品集群	2200	15～20	国内和有限的出口	缺乏资金；企业能力差；公共机构与基础设施薄弱
坦桑尼亚科扣（Keko）家具集群	—	2～130	国内和有限的出口	公共机构与基础设施薄弱；缺乏技术支持与融资渠道
乌干达维多利亚（Victoria）湖渔业集群	17（鱼类加工厂）	35～200＋	国内和出口（主要是欧洲）	鱼类资源减少；欧盟的质量标准
毛里求斯纺织服装集群	260	170	国内和国际	劳动成本上涨；国际竞争加剧；生产率低
南非葡萄酒集群	>340（酒庄）	—	国内和国际	缺乏有效的营销或品牌战略和专门知识；对小型生产者的融资限制
南非西海角纺织服装集群	327	103	国内和国际	劳动成本上涨；国际竞争加剧；缺乏产品和过程创新

注：— 表示数据缺失。
资料来源：Zeng（2008）。

其他例子还很多。在印度有旁遮普邦的路德海阿那的金属加工和纺织工业集群、泰米尔纳德邦的提若普尔的棉织衣物制造业集群、古吉拉特邦的苏拉特的钻石加工业集群、卡纳达卡邦的班加罗尔的电子软件业集群、北方邦的阿格拉的鞋业集群等。此外，在秘鲁、巴西、墨西哥、韩国、巴基斯坦、南非、肯尼亚、津巴布韦和坦桑尼亚等国也有发达程度不同的专业化的产业集群。经济增长集中在少数区域，因为生产商需要群集到某些区域以获得集聚经济。

印刷是泰国一个庞大的行业，共拥有5000多家公司，包括印前制作、印刷、印后公司等，共有12万人在为印刷产业工作，其中5万人集聚在沙没沙空市（Samut Sakhon）[①]。该市已经形成印刷产业集群，印刷供应、生产、物流等活动相联系，达到了降低成本的外部经济效果[②]。智利南部沿海的梦港

① 沙没沙空（Samut Sakhon）旧译“龙仔厝”。泰国南部城市，沙没沙空府首府。

② Thiennukul K. 2007-06-14. 泰国印刷工业的现状及未来. http：//www.chinasigns.cn/news/gw/200706/24006.html。

(Puerto Montt)[1] 是智利政府致力发展的鲑鱼渔业集群（Salmon Cluster）。那里不仅有打鱼和加工，而且有各种渔业设备、配套软件技术、冷藏技术，以及渔业销售与物流、广告信息等。有四所渔业相关的大学和一个政府投资的生物技术中心，从事生物技术和环境管理研究等，在此基础上还举办了全球影响很大的世界渔业博览会。

二、古老的话题：企业共栖

和生物群居[2]类似，相关企业共栖并互相配合、相关产业共生共荣并非新现象，而是自一个多世纪前的手工业时期就开始存在，并且早已得到研究者的共识的。

今天约有 40 个企业，4200 余工人，年产 1000 万副眼镜的法国眼镜产业集群位于有 200 多年历史的只有 8000 个居民的小镇墨雷丝[3][4]。1843 年，塞莱斯坦（Cèlestin Vuillet）于墨雷丝创办了第一家眼镜制造公司。法国第一个光学学校于 1933 年也创立于那里。

在美国 1900 年的一项调查中发现 15 个高度地方性的行业，如服装、皮革手套、鞋、丝织品、珠宝、农用机械分别集聚在纽约、新泽西、罗德岛的一些小镇上（克鲁格曼，2000）。

我们可以随时观察到相关的经济活动共栖的现象：在居民区内的理发店、服装店、副食店等共栖；卖面粉的与卖面食的共栖；洗衣摊位和裁缝摊位共栖，由此形成服务区、工业区、市场区等，有些是人们自发选择的，有些则是管理者因势利导而成的，更有规划者预先规划的。企业共栖在我国也有着悠久

① 把智利的 Puerto Montt 翻译成梦港，是一位南美导游 Walter 的杰作，梦港在他的笔下“静得很美”。

② 最近一部关于生物群智慧的纪录片（英国广播公司 BBC）生动描绘了沟通本能会形成巨大的生物体，称世界最大的生物群——由数十亿只组成、总重达 20 万公吨的蝗虫群能编队飞行，同节拍扇动翅膀以减小紊流，头上有绒毛以免碰撞；而在非洲维多利亚湖雨季时会滋生最大的飞虫群体（秋凌. 2009－01－12. 英国纪录片揭秘动物为何喜欢群居 . 新浪科技 . http：//www. bianews. com/viewnews－60661. html）。

③ Euronpien Commission. 2009-11-10. Final reports of the export group on enterprise clusters and networks. ec. europa. eu/enterprise/. . . /cluster/final _ report _ clusters _ en. pdf。

④ 在我国市场上销售的世界顶级老品牌眼镜来美（L'amy）、仙迪罗拉（Cindy laura）、尤尔纳·维加（Vuillet Vega）和风格炯异的新品牌眼镜欧贝斯（Oxibis）、艾兰特（Exalto）、迪列姆（Dilem）等都是从墨雷丝来的，这些眼镜继承了法国传统手工文化灵感和现代的时尚设计。而尤尔纳·维加的创始人 Cèlestin Vuillet 是替法国皇宫贵族做珠宝首饰的名匠后裔。

的历史。据蒋祈所著的《陶记》记载，200 多年前景德镇就有 300 多座窑[①]。在当代，人为地规划而使企业共栖的载体就是工业园区、科技园区和创意园区等。

从产业部门来观察，在我国，从高技术产业部门到低技术产业部门，从弱创造力产业环节到强创造力产业环节，从制造环节到设计环节到研发环节，从加工制造到服务业，都存在产业集聚现象。如图 3-1 所示。

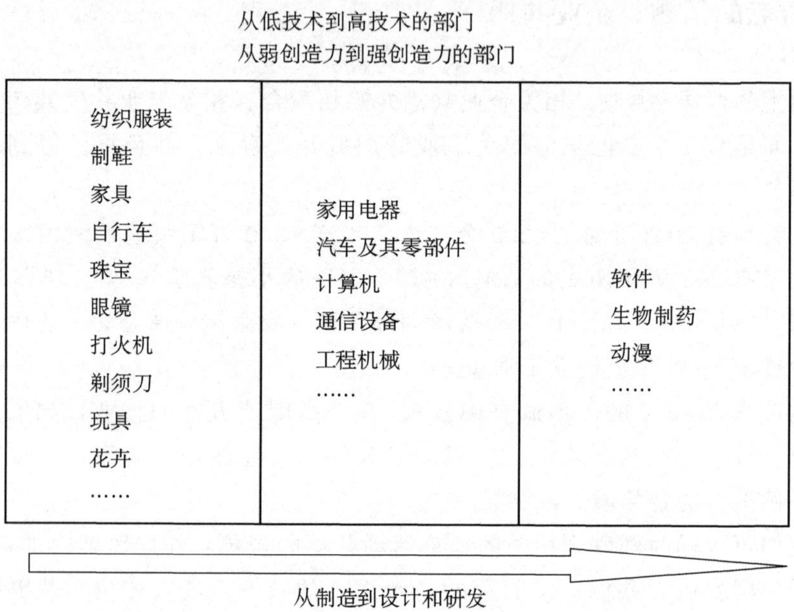

图 3-1　中国产业集群所处产业部门和环节的多样性

跨国公司也是“一串一串”地进入中国市场的。跨国公司深知，如果每个环节都有他们熟悉和适应的伙伴，将“如鱼得水”。中国加入 WTO 之前，跨国公司原本在海外形成的业务关系和链条关系被打碎，导致他们在中国的效率下降，也给中国企业让出不少业务机会。而中国加入 WTO 之后，中国企业面对的不是单个的国际顶尖企业，而是被跨国公司控制的庞大而高效的国际化商业链条[②]。例如，早在 2002 年前，ZenStar 和 Pentasoft 就在上海设立了办事处，紧接着，印度软件业的巨头 Infosys（信息技术系统公司）、TCS

① 乾隆八年（公元 1743）五月，唐英编《陶冶图说》，制图 20 幅，对景德镇瓷业在采石、制泥、淘炼泥土、炼灰、配釉、制造匣钵、制坯、采取和炼取青料、绘画、沾釉、吹釉、成坯、入窑、烧窑、洋彩、束草装桶等方面进行了总结和记载。

② 曹建伟，张鹏．2009-11-09. 复制“群居链”——跨国公司加速将全球商业模式转移到中国. http：//www. ceocio. com. cn/ 12/93/405/412/33198. html。

（塔塔咨询公司）、Satyam（萨蒂扬电脑服务公司）、WIPRO（威普瑞）成群地进入上海浦东软件园红褐色的楼群中。

跨国公司在中国分支机构的区位选择很重视地理邻近的因素。比如微软中国邻近中关村的高教区，方便实习生从高校骑车上班；爱立信迁入望京电信科技产业园区[①]，离 LG、摩托罗拉等公司不远；在北京亦庄开发区的星网工业园，30 家左右的全球性供应商在园区内近距离合作是诺基亚成功的重要因素。原材料和零配件可以按需求即时生产，诺基亚与合作伙伴可以随时面对面沟通，减少了因会议差旅、原材料和零配件长途运输成本，降低了交通工具的二氧化碳排放以及包装材料的使用。跨国公司邻近本地大学利于便捷地利用本地高素质人才，而邻近其全球供应商和服务商则有利于巩固其海外合作网络，同时限制了东道国本土的供应商和服务商进入和获得技术外溢的机会（详见第五章）。

（一）地理邻近而不能保证有效互动的集聚

从我国工业历史来看，地理邻近并不是什么新鲜的概念。建国之初，依据原苏联的规划理念，一些生产上有联系的工厂[②]邻近布局和建设。例如“一五”时期建设的洛阳拖拉机厂、轴承厂、耐火材料厂就近布局于涧西区，上海的汽轮机厂、电机厂和锅炉厂在闵行区就近建设等，获得地方化经济。那时，还有一些没有产业联系的工厂，也就近建设，例如在合肥的大通工业区等，以共同建设基础设施获得城市化经济。即使在 20 世纪 60 年代的“三线建设”时期，出于“战备”的考虑而分散建设，也还是尽量考虑有产业联系的企业地理邻近，例如第二汽车制造厂的各分厂建设在湖北十堰的 27 条山沟里[③]。但是这种地理邻近主要考虑的是生产过程中物质的投入-产出联系，依靠政府行政手段实现“拉郎配”。因此，一旦进入市场经济，这些集聚区都呈现出不同程度的不适应。

在我国过去的工业区中和现在的开发区中，地理邻近却没有实际产业联系的现象都是屡见不鲜的，其重要原因是“条条块块”分隔[④]。在计划经济时期，一些地理邻近而应该发生产业联系的工厂分属不同的部门，或分属不同

---

① 佚名．2009-01-05。大公司“搬家”的启示：如何让搬家成为明智选择．第一财经周刊。

② 在计划经济时期还没有“企业”的概念。

③ 这种“羊拉屎”式布局由于过分分散而受到广泛批评，但在整体上说没有离开十堰市，仍属于地理邻近。

④ 指体制造成的部门之间分隔和行政区域之间分隔。

的行政区，由于行业管理部门之间不合作，行政区政府之间不合作，从而未能发生实际的产业联系。官僚的、等级制的组织阻碍了本地的行为主体（工厂或企业）之间本来应该发生的互动关系。在日常生活中也很容易理解，在地理上离得很近的同事之间并不一定能够合作，同一个大学校区的相关学科院系的教授之间也未必能真诚合作。

（二）集群和园区的区分

对地理邻近的理解，有助于区分产业集群和产业园区的概念。有产业集群的地方不一定需要产业园区，建设了产业园区的地方也不一定会发展产业集群（图 3-2）。尽管园区内的企业有地理邻近的特征，但可能仅仅因为园区有基础设施和优惠政策，企业之间可能由于产业、所有制、所属国、语言等存在障碍而联系甚少，甚至相关行业的企业也可能由于技术标准、行业细分等差异而不相往来。尽管有事实表明，产业集群可能在产业园区的基础上发展起来，但这需要数年甚至数十年之久。因此，一些相对落后而没有足够企业的地方，企图用建设产业园区来发展产业集群是有风险的，园区的投资需要谨慎[①]。

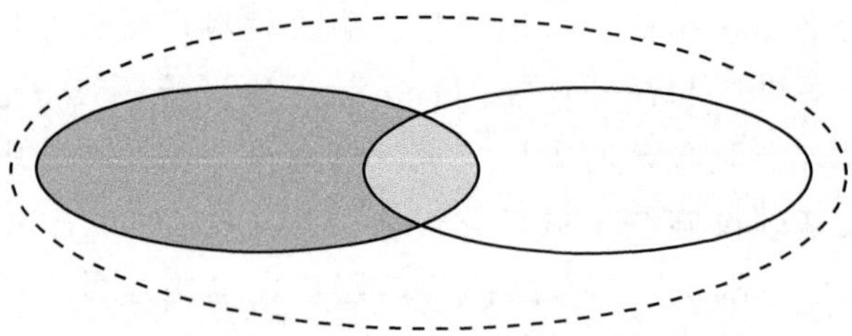

地理邻近；产业集群；产业园区；产业园区内形成了产业集群，或自发的产业集群区域建立了产业园区

图 3-2　产业集群和产业园区的异同

有些产业集群是从产业园区中成长起来的，而有些产业园区又是在原有产业集群的地方建立起来的。在这种背景下，就出现了将产业园区和产业集群混为一谈的局面。其实，这种双向演进现象在许多国家和地区都可以看到。例如，位居意大利米兰和罗马之间的普拉托地区原先就聚集的大量毛纺织企

① 开发区作为一种政策特区在我国外向型加工工业的发展中扮演了重要的角色，然而，随着我国加入 WTO 以及 2003 年土地整改的推行，各类园区的发展背景已经显著改变，发展和建设已经不能沿袭早期的模式。

业，后来在此基础上建立了配套设施完善的占地 400 公顷的马可罗托（Macrolotto）产业园区；另一个方向，从园区到集群的演进则可以斯坦福研究园和新竹科技工业园为例。此外，最近有些学者研究了法国索菲亚—安蒂波利斯从地理邻近转化为组织邻近，实现了从卫星平台到技术城的转变（Lazaric et al.，2004）。这些例子说明，产业集群和产业园区的确可以相互演化，产业集聚和地理邻近之间也确实存在着密切的联系，两个概念彼此交叉渗透，却又有着不同的内涵和指向。

尽管产业园区的企业地理邻近和产业集群中的企业集聚具有某种程度上的同一性，但这两组概念的来源完全不同。从理论渊源和发展历史上看，前者主要是外力驱动，而后者是内力驱动。园区作为政府在基础设施方面的投资区域，是一种吸引外资和创造就业的重要政策手段；而产业集群应该是促进企业繁衍及其互动和创新的发动机（当然，就我国基于精细劳动分工以获得低成本的产业集群来说，离这种创新性产业集群还很远）。地方发展并非因为基础设施和物质设备上的便利而自动促进，而是依靠对基础设施的高效运作和服务，因此需要支持性的机构来促进，从这个意义上来讲，将传统的产业园区转化为具有功能联系的产业集群并非易事，而转变为拥有物流、技术孵化器和创新中心的系统环境就更难。

（三）产业联系的近距离和远距离

此外，在理解产业集群的地理邻近特征时，特别需要分清该产业及其相关产业的哪些环节是需要固定在本地的，哪些环节是可以移动的，分析哪些企业是需要在本地的（place-bound firm），甚至是与本地的经济、社会、文化联系十分密切的，哪些是可以移动的（footloose firm）。我们将在下面章节举例说明（例如数字电视产业）。

王缉慈在 2001 年《创新的空间》一书中曾比较详细地论述过产业联系[①]，在此补充几点：

1）产业链的各个环节不一定都是在本地的。一个公司可能有若干相互交织的链条及其环节。例如，宜家的公关公司——瑞典的奥波达咨询公司又服务于摩托罗拉，摩托罗拉又可能选择马士基物流，这些环节之间的联系是跨国的，当然，其分支机构也会在异地相互联系起来。

---

① 王缉慈等 .2001. 创新的空间——企业集群与区域发展 . 北京：北京大学出版社 . 第二章第一节："产业联系、生产链和生产系统"。

2）要看产品设计、生产、运输、销售到售后服务等一系列的价值活动中哪一个或哪几个落到产业集群中。这样有利于区分处于价值链高端环节的集群和处于价值链低端环节的集群，以及寻找产业集群升级所需要的价值环节，例如发展生产者服务业，以及与大学和科研院所合作。

3）对于某一个集群来说，其核心的某个产业的活动会与其他多个产业及其产业链发生复杂程度不同的联系。由于产业集群是相关产业的企业的集聚，因此是跨产业的。从价值链的角度看，产业集群内也往往不止一条价值链，而是包括多条价值链（plural value chain）的。通过其中纵横交织的产业联系与合作，可能获得区域和产业竞争优势。对于高技术产业集群来说尤其是这样。

4）狭义的产业联系包括垂直的（投入产出）或水平的（产品和服务互补，使用相似的专门投入和技术）的功能联系（functional linkage）。这种联系（供应商和制造商之间）如果用商业合同固定下来，就成为正式的贸易关系。某产业（核心的产业及其相关产业）上下游的活动一部分或者大部分在区内，有可能成为产业集群；但另一些区域，可能只有小部分相关的产业活动在区域之内。一个产业的上下游活动（产业链环节）可能是很多的，其生产是区内还是区外更加合理，企业选择近距离配套还是远距离配套，与该产业的技术需求以及区域的经济、技术、文化等条件密切相关。例如，在数字游戏产业中，游戏周边产品①——游戏角色形象的人偶、游戏内容的邮票、带有游戏 LOGO 的服装、生活用品以及在游戏中的道具等的生产与从事游戏开发的企业一般都不在同一个区位。

我国媒体中大量存在“打造产业链”的说法，有些地方把本地经济的发展问题简单地归结为“产业链条短，延伸不足”，缺乏终端产品或缺乏原材料市场，甚至企图强制进行不自然的联合。纵然，产业链又长又绵密，可能会使企业近距离获得零部件等相关企业配套的便利，也会促使企业扎根而为当地经济发展作贡献，但产业链绝不是纯技术的建构。

5）物质上和技术上有产业联系或者处在价值链相关环节的企业，即使位于同一个地方，也不一定合作；而如果不合作，降低成本和促进技术创新的效果就无从谈起。它们是否合作，还取决于非物质和非技术的社会联系。已有的或者未来可能发生的错综复杂联系很难通过事先的规划实现，往往需要建立在非正式的交流基础之上，发生于一定的法规（如知识产权保护）和制度背景之

① 通常指游戏版权所有者开发的或者通过相关授权开发的与游戏内容有关的实务。

下以及约定俗成的社会网络之中，而企业的诚信是结成合作伙伴的关键。学者们对建立在信息和知识交流基础上的非贸易关系早有研究（Dosi，1988；Storper，1995），并将这些非贸易关系称为“邻近资本”（proximity capital）（Crevoisier，1997），它影响到知识溢出（Feldman，Audretsch，1999；Cooke，2002）。

6）广义的产业联系还包括非功能的地理联系（又称空间联合[①]，spatial association），例如没有垂直或水平的产业联系的多个企业共享基础设施、共享劳动力资源等。这就是工业园区的情况。所谓产业集群，应该不包括那些仅仅存在地理联系而没有功能联系的产业集聚现象，而应该是这样的产业集聚——在产业之间既有垂直或水平的功能联系，或在价值链环节上相关，又具有在企业诚信和合作愿望基础上的社会联系网络。

7）本地联系太密切的、太排外的、太僵化的集群是危险的，这种集群对外界反应变慢，学习能力丧失，变成孤立的、内向的、僵化的系统，从而威胁到集群内企业的竞争力。因此，产业集群必须不断保持对外开放性，保持创新活力。集群中知识产权保护等制度、宽容的社会环境以及创业氛围等都十分重要。

8）对于多种多样的产业部门来说，具有产业联系的各类生产活动并不都以产业集群的组织形式存在。在特定的地理环境（包括文化和制度环境）里，在一定的技术条件下和某个发展阶段中，产业的空间组织有一定的需求特征。地方生产系统是等级的结构，还是网络结构，是因地而异的。因此，需要研究适合产业集群空间组织形式的产业类别。王缉慈等在《创新的空间——企业集群与区域发展》中所论述的企业内外的规模经济和范围经济是理解这个问题的基础。例如，钢铁、石油化工、煤炭等产业在我国的产业集中度还比较低，内部规模经济不足，对于这类产业，还是慎提“产业集群”为好。数十年来，国内外这些产业地理集聚所形成的生产综合体乃至专业化城市的实例很多，从技术经济角度的研究也相当充分。我国已有的钢铁工业区、石油化学工业区和煤炭工业区也不少，关键不是打造集群和实现经济绩效，而是如何促进节能减排、资源循环利用以及发展学习型经济的问题，其中大型的龙头企业起重要作用。

（四）产业集聚区域也会衰退

处在工业化阶段的发展中国家的产业集聚现象与进入后工业化时代的发

① 王缉慈．1994．现代工业地理学．北京：中国科学技术出版社。

达国家产业集聚现象有很大的区别，这是我们不得不面对的现实。其实，从马歇尔和韦伯等研究算起，国际学界在产业集聚方面的观察和研究已经有了百余年的历史，也就是说，产业集聚本身并不是新现象，老工业区不就是一种产业集聚区吗？例如，由于煤炭开采带动了火电、制砖、运输、维修等行业，我国很多煤矿城市都形成了煤—电—建材—机械等产业集聚区。一荣俱荣，一损俱损。2005 年广东省煤矿全部停产整顿时，清远市炸毁了连州、阳山的煤矿，该事件影响到相关产业，甚至屠宰业和卖菜服务业①，如图 3-3 所示。

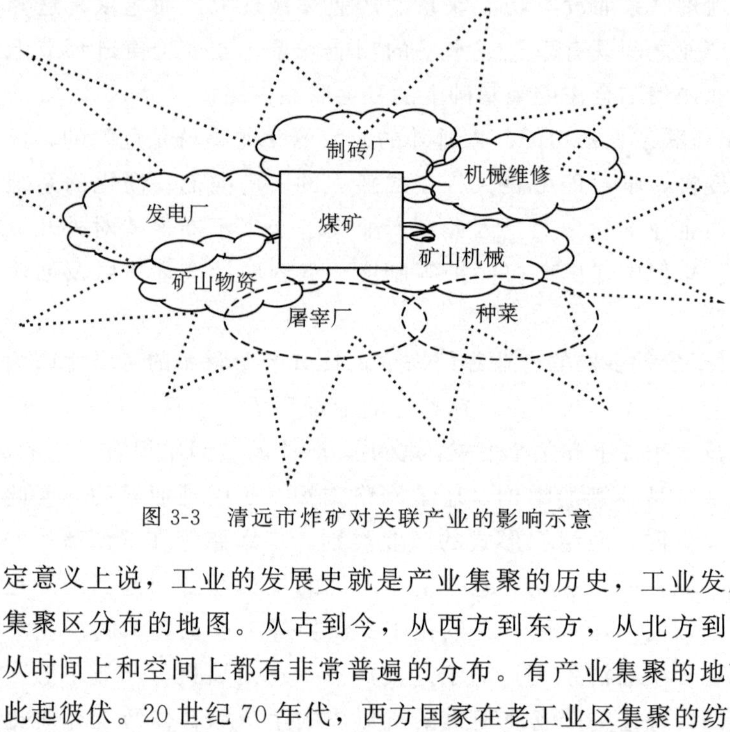

图 3-3　清远市炸矿对关联产业的影响示意

从一定意义上说，工业的发展史就是产业集聚的历史，工业发展的地图就是产业集聚区分布的地图。从古到今，从西方到东方，从北方到南方，产业集聚区从时间上和空间上都有非常普遍的分布。有产业集聚的地方经济兴衰更迭，此起彼伏。20 世纪 70 年代，西方国家在老工业区集聚的纺织业、钢铁业、造船业等衰退，而亚洲四小龙等新兴工业化国家或地区却出现大量新的产业集聚区域。80 年代江西景德镇的陶瓷工业在市场经济大潮中被广东潮州和福建德化所超越。21 世纪第一场全球金融危机，在美国汽车城底特律，通用、福特和克莱斯勒三大汽车公司销售量一年内减少了 33%～45%，全城宛如风中的秋叶，飘摇不定，2008 年失业率高达 18%。

我乘火车进入底特律市区的路上，沿途所看到的是一个衰败时代的

① 徐冰．2009-11-10. 梅州矿难为何株及连州. 中国经济时报网站. http：//www.southcn.com/finance/gdmqgc/gdmqgcwq/200601060009.html。

遗迹：老城区的公园不见了，取而代之的是一片荒草地；被遗弃的厂房虽然立那里，但是没有任何声响，大门都紧锁着。那些汽车公司曾为底特律带来无限辉煌，使其成为美国工人最向往的地方，并创造了巨大的财富。但是现在这座汽车城正面临艰难岁月。(BBC 记者安德鲁·怀特海德)

在我国，2008 年 1～8 月，服装产业集群众多的广东省亏损面达 28%，浙江省亏损面达 26%，江苏省亏损面达 20%，福建省亏损面达 15%，山东省亏损面达 11%，各服装产业集群整体外贸大概下降了 20%～30%……[①]

因此，“产业集聚”实际上只是一个中性词组，它不包含价值判断，既不是褒义词，也不是贬义词。在城市和区域中，产业集聚区可能成功，也可能衰退。因此，投资打造“产业集聚区”要慎重。以“产业集聚区”为名，搞“筑巢引凤”而承接产业转移，往往只是美好的愿望而已。在众多的新区规划中，我们仍然可以发现早已过时的区域发展理念，这就是不讲人的创造力，不讲企业家精神，不讲技术创新，只是依赖自然资源禀赋和一般的区位条件，把发展的希望寄托于土地的开发和项目“大鸟”的飞入，这实际上与基于创新和基于内力发展区域经济的产业集群理论背道而驰。

三、重申基于内力的区域发展理论

繁荣的国家是由繁荣的区域构成的，区域发展问题关系到国家的生死存亡。和一些发展中国家一样，我国曾经实行所谓“赶超型”战略，增长极等概念在各地屡见不鲜。但是，工业集中在相对发达的核心地区，地区差异和贫富悬殊不断加大。由于“诸侯割据”和缺乏科学决策等诸多原因，各地不顾条件“筑巢引凤”，并大量重复投资，而且屡禁不止，已经造成了巨大的经济损失（梭罗，1997）[②]。开放政策的实施，信息技术的发展，新经济组织的建立，既极大地拓展了人的视野，又猛烈地冲击着当代中国社会。我国在未来征途上，挑战多于机会。

增长极理论是假设在区域内发展推动型的产业会通过乘数效应而带动其他产业，从而促使周围其他区域经济增长的学说的综合（Perroux，1955，1957；Boudervillle，1966；Myrdal，1957；Hirschman，1958；Isard，1959，

① 蒋衡杰.2009-01-06.服装产业集群顺应形势稳步向前.纺织服装周刊.http://cn.sonhoo.com/info/html/2009-1-6/2845340.html。

② 2008～2009 年我国又出现了光伏产业园的重复建设，尚未充分发展，就出现产能过剩。

王缉慈等，2001）。该理论曾经得到广泛采用，但 20 世纪 70 年代后期开始受到各种非议，以垂直一体化的主导工厂为主、后向联系（与原料供应地的联系）广泛的增长极政策受到了质疑。很多国家都在探寻和实践依靠内力发展地方经济的道路（endogenous development），寻求以知识和技术为本的区域发展战略（Bergman et al.，1991）。

作为增长极理论的一支，瑞典社会学家缪尔达尔（Myrdal）所提出的循环因果原理（Circular and Cumulative Causation）详细地描述了新工业的增加所带来的连锁效应：带来地方就业的机会和总人口的增加，吸引其他资金来开发服务业和地方产品；使熟练工人增加，为新工业产生创造条件；带来与其相关的一系列工业，使外部经济得到发展；使地方服务业得到发展。以上四个循环之间相互联系、相互作用，最终又都将吸引更多的新工业，从而完成一个大循环。在我国，迄今很多地方在发展本地经济时，仍然只强调劳动力、土地、自然资源等生产要素方面的优势。产业发展战略规划也多从要素供给的方面入手，并未从需求方面考虑问题，从而形成了这样一幅良性循环的框架图（图 3-4）：

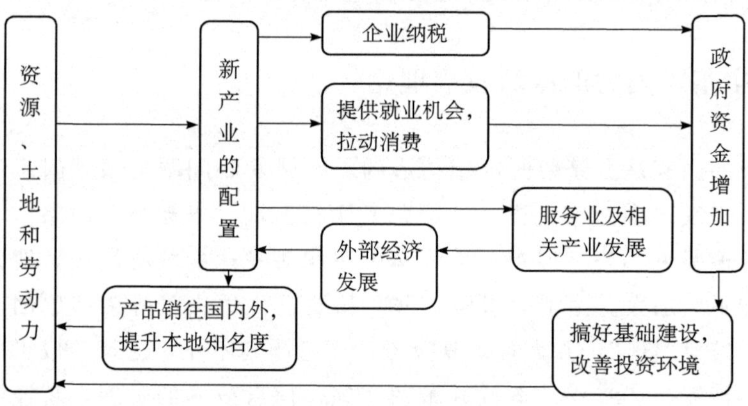

图 3-4　正面的循环因果框架

然而上述过程并不是必然发生的。有些地方盲目引进资金，为此不惜付出惨重的代价：有的牺牲环境，有的造成本地产业结构的不合理，有的以不平等的条约损害了国家利益。地方政府能够提供的优惠条件越来越受到法律的制约，也给这种“良性循环”打上了一个大大的问号。以自然资源、土地和廉价劳动力为中心的发展模式是行不通的。因此，需要创造良好的软环境，挖掘本地区的企业家能力、技术创新和文化创造力，加强地区技术接收力，以技术和知识为本发展区域经济。

发展中国家的地方产业集群发展和吸引外资是互为因果的。一方面，产业集群的形成和发展与跨国公司的投资和生产外包活动有着紧密联系；另一方面，在缺乏产业联系和集聚而单靠廉价劳动力和土地的地方越来越难以吸引外资。2001 年经济合作与发展组织的集群国际大会认为，欧洲边缘国家如匈牙利、波兰、斯洛文尼亚、爱沙尼亚的集群形成原因是全球性公司利用全球资源的结果（DATAR-OECD，2001：第四章）。要把在全球流动着的财富吸引住并黏着下来，就需要在本地促进产业联系和集聚。根据联合国贸易和发展会议《2001 年世界投资报告》，产业集聚优势已经超越低成本优势而成为吸引外资投向的主导力量。对于地方来说，实行促进产业联系的政策，既有利于吸引外资，使跨国公司建立本地化的生产供应体系，从而降低成本，提高产品竞争力，又可能有助于本地企业技术和管理水平的升级。我国扬州市杭集镇成功吸引高露洁公司而成为世界牙刷生产基地就是例证。那些没有形成产业集群的以低成本为基础的一般性工业园区，存在被成本更低的同类开发区所替代的危险。

新的区域发展战略强调小企业繁衍对生成区域活力的作用（Malecki，1991）。新企业衍生是区域发展的重要标志；企业家成长和产业文化变迁是区域发达与否的重要标准。在支持新企业启动的条件不足的地方，吸引大型成功公司的分厂，建设基础设施，可以为孵化小企业提供资金条件；但是也可能由于跨国公司分厂的存在而减弱地方创业的热情[①]。因此，加强本地创业和创新环境的营造是十分必要的，若干年之后，在跨国公司分厂工作的有管理经验、有技术的人才出来创办企业，会大大促进经济的发展。

四、理解产业集群概念的若干误区

自从波特正式提出产业集群概念，并把它提高到增强国家竞争力的高度以来，对产业集聚的关注从纯学术讨论走进了商界和政界的讲坛。21 世纪初，“产业集群”词组走进了中国，无论是在政府经济部门，还是企业的决策部门和行业协会，关注它的人数与日俱增。“产业集群”出现在各类媒体，进入了政府研究报告甚至正式文件，更见诸于地理、经济、管理、社会等学科的专著和研究论文中。

（一）误区之一：用公式来辨识产业集群

单纯用数据和公式来辨识集群是片面的。决定哪几个企业组成什么集

① 由于高薪的吸引，有事业心和有能力的年轻人都到跨国公司工作。

群不能只靠数据。不是什么都可以用数据来算的。几乎所有识别产业集群的研究都是以相关产业部门的聚类作为出发点，大多数使用国家级的数据，用企业数或就业人数，或者区位商。一般把企业归于一个部门中，实际上很多企业都跨越多个部门。在一些新经济部门，并不能用产业代码划分集群，因为是公共技术使企业聚在一起的，集群的规模取决于关系的种类、类似的生产过程和技能需求、营销渠道、客商基础、关键资源等。

由于企业间非贸易的相互依赖性越来越重要，传统的投入产出定量分析方法有很大的局限性。如果没有真实的产业联系作为支撑，得出的空间关系往往过于牵强，缺乏合理解释。事实上，即使在计算科学和计算机科学发达的今天，也难以精确地计算出物质的投入产出。

波特（Porter，2000）尝试引入空间相关性的概念，与传统的区位商方法相结合，描画出基于不确定的外部经济所产生的产业联系可能带来的产业空间集聚现象。在哈佛商学院竞争力研究所、英国工贸部集群政策指导小组、中国台湾“行政院国科会”科技资料中心政策研究组等（罗于陵等，2003）研究中，对于集群的识别依然基于传统的区位商法。其他数据分析方法，例如采用主成分分析根据投入产出表分析产业间技术经济联系以及通过计算Moran's I值来分析各个产业空间的分布，都只能得出对产业集聚而不是产业集群的分析成果。

2005年一份报告根据“显示指标”（企业数、人员数、产值或销售收入的区位商大于1以及效率、利益、速度等指标）和“解释指标”（空间接近、服务支持、技术创新、资源要素、外部气候、文化等六大系统要素）判断，认为175个大小行业里，大多数行业都有产业集群，全国内地288个城市中的160个城市拥有数千个产业集群，并说明“如果某产业的企业数量集中密度和增长速度明显高于周围地区，其他指标相对周围地区水平高、增长快、企业产业链空间接近、企业生产联系明显、六大系统因素大部分条件具备，其中个别条件表现较好的话，就可判断该区域某产业集群大致形成”。该报告的“总体发现”中，显然把产业集群与专业化城市混淆在一起①（表3-2、表3-3）。

① 由长期历史发展形成的各具特色的专业化城市（如钢铁业为主的美国匹兹堡和我国的鞍山），曾经是或现在仍是某产业的地区性或全国性中心，其专业化产品和服务面向地区或全国市场，甚至国际市场。城市地理学专家用专业化部门（城市为区外服务的部门）、职能强度（城市工业的专门化指数）、职能规模（城市对外服务绝对规模）三要素对城市职能进行分类，其类型包括专业化城市等（周一星，1995）。

表 3-2　按行业产业集群城市分布表（节选）

产业集群	城市
煤炭开采和洗选业	大同、阳泉、临汾、赤峰等（18 个城市）
石油加工、炼焦及核燃料加工业	大连、抚顺、大庆、克拉玛依等（16 个城市）
交通运输设备制造业	北京、天津、秦皇岛、廊坊、大同、包头等（47 个城市）
物流业	天津等（7 个城市）

资料来源：《2005 年城市竞争力蓝皮书：中国城市竞争力报告 No. 3》。

表 3-3　按城市产业集群分布表（节选）

城市	产业集群
北京	IT 产品制造、电子通信、软件、汽车、医药、金融、新闻出版、广播电视、会展、钢琴、服装、机床制造、重型机械制造、电力设备
赤峰	煤炭、建材
阜新	煤炭
三门峡	煤炭

资料来源：《2005 年城市竞争力蓝皮书：中国城市竞争力报告 No. 3》。

不应把煤炭城市中的相关产业集聚称为煤炭产业集群。从综合发展来说，德国鲁尔有煤—钢—（发）电—氮肥产业，美国阿巴拉契亚有煤—钢—电，我国的唐山、平顶山、大同等，也分别有煤—电、煤—电—建（材）、煤—电—建—化（工）、煤—钢—电—化—建等多种类型的产业结构。这样的产业结构已经持续了数十年之久。至于鸡（西）、鹤（岗）、（双）鸭（山）等城市多年前的单一产业结构，与煤种、本地与煤共生的矿产资源、技术基础、资金缺乏等都有关系。在这些城市，需要推进煤矿企业兼并重组，使企业逐步向煤、电、化等多元化方向发展，在经济增值的同时获得资源的循环利用。

（二）误区之二：产业集群等同于产业部门或特色产业部门

产业是指经济中以某一标准划分的部分，是指生产同一类商品或具有密切替代功能的商品的企业集合。城市由若干种产业构成。每种产业又是由若干企业集合而成的。产业相对集中的地理区位，也表明一些企业的地理邻近。

当今不少媒体把城市“产业”之后冠以“集群”的美称。例如，新疆米东新区着力打造八大产业集群，即石油化工、煤化煤电、新型建材、机械制造、造纸、农牧加工、机电、陶瓷产业集群。由于没有更详细的基于企业调研的产业联系研究做基础，仍难以说明这八大产业都已经成为产业集群。“以沙驼股份为代表的造纸产业集群”这类说法[1]，其实可能是将新疆沙驼股份有限公司及其控股子公司的制浆造纸、纸制包装制品、金属包装制品、塑料包装制品和现代物流服务统称为“产业集群”了。把产业集群等同于产业部门或特色产业部门的错误在于沿袭了传统的产业政策，忽略了集群内多个产业之间的相互协作。

（三）误区之三：产业集群等同于产业的投入产出链

我国很多地方在招商引资和鼓励民间投资时，纷纷提出了“打造（或拉长、延伸）产业链”的战略。产业集群战略并不支持政府主观地去创造一个产业集群，其真正内涵，是为现有企业加强相互之间协作提供一个对话和协商的平台，为现有企业的相互协作提供必要的政策支持，培养一种创新、合作的产业文化。

产业集群战略与“延长产业链”的思路有本质的区别。其一，加强企业之间的相互协作是产业集群战略的核心；而“延长产业链”则主要强调本地产业链条过短，重点是放在增加生产环节的数量。其二，产业集群战略是通过企业协作，提高集体效率，使本地生产环节能够获得价值增值。“延长产业链”虽然可能增加本地就业、增加经济总量，但仍然属于一种外延式扩张模式，地方企业的劳动生产率不会有显著的提高。其三，促进技术创新是产业集群战略中的重要内容。“延长产业链”还局限于过去注重规模扩张的传统思路。第四，“延长产业链”是基于增加政府财政收入，扩大就业等考虑，而忽略了企业不同的经济活动要求不同的区位，在某种程度上是狭隘的地方保护主义。

事实上，我国复杂的经济发展背景和地方差异决定了“打造”本地产业链是相当困难的。原因有二：首先，所有制分离[2]和“条条块块”分隔的状态阻碍了“打造产业链”计划的执行（Wang J C，Wang J X，1998）。其次，在我国很多外向型产业集群内，相邻的企业之间未必有联系，信息技术发展更方便了外部联系。例如，东莞企业之间的联系就存在不少制度瓶颈[3]，其中之一是内外

---

① 阎静，陈晨，晁瑾．2009-11-10．八大产业集群托起米东新区．http：//www.tianshannet.com/GB/channel3/16/200510/26/194609.html。

② 例如20世纪80年代同属电子信息产业的北京中关村民营企业和酒仙桥国有企业无法进行上下游的对接。

③ 王缉慈等．2005．全球价值链下的东莞产业集群升级研究．东莞市科技局委托课题报告。

销两套体制阻隔了内外资企业应有的产业联系[①]。

一味宣扬“打造本地产业链”，符合国人的传统观念（如“大而全”、“小而全”），但却可能导致本地产业与外部市场的隔离以及地方保护主义的滋生，导致中国企业难以积累多区位经营的经验，而这些经验是中国企业走出国门的基础。我国这种以行政区为界的空间隔离的理念和西方学者在实证基础上的研究结论是不一致的，如贝谢而特等谈到：“不能光强调本地互动，更为重要的是强化本地产业与外部关联之间的跨本地网络联系”（Bethelt et al.，2004）。

本章小结和讨论

产业集聚是一个古老的话题，在地理学、经济学、管理学和社会学等诸多学科中已有大量的讨论。产业集群，作为一个历史并不悠久的概念，并不等同于产业集聚。在国内，自 20 世纪 90 年代以来，集群的概念在学界、报刊和政府报告中被广泛使用，然而深入的分析却发现，对于集群实质的理解存在着种种误区：片面地依靠公式和数字来界定；与特色产业混为一谈；等同于产业的投入产出链等。这些理解可能在现实中误导本地的发展。

在关于区域发展的文献讨论中，集群概念的提出实质上是重申基于内力的区域发展理论。而我国许多媒体和报告中，只字不提本地行为主体合作的内力，只将特色产业部门和投入产出联系理解为集群，是与产业集群的本意相违背的。因此，在产业集群概念被广泛使用的今天，探讨关于产业集聚现象的各种认识陷阱，并非鸡肋。集群概念的阐释和辨析是理论讨论和实践思考的起点，这正是本章的要旨。

参考文献

克鲁格曼．2000．地理与贸易．张兆杰译．北京：中国人民大学出版社

罗于陵，廖盈琪，蔡旻桦等．2003．台湾产业集群发展及创新能力分析．台北：“行政院国科会”科学技术资料中心

---

① 在东莞，加工贸易方式有深加工结转（一般称为转厂）和外发加工两种。深加工结转，是指加工贸易企业将保税进口料件加工的产品转至另一加工贸易企业进一步加工后复出口的经营活动。外发加工，是指加工贸易企业因受自身生产工序限制，经海关批准并办理有关手续，委托承揽企业对加工贸易货物的某道工序进行加工，在规定期限内将加工后的产品运回本企业并最终复出口的行为。

倪鹏飞．2005. 城市竞争力蓝皮书．北京：社会科学文献出版社

世界银行．2009. 2009 年世界发展报告：重塑世界经济地理．北京：清华大学出版社

梭罗．1997-03-03. 谈谈中国基础设施建设问题．人民日报（10）

王缉慈等．2001. 创新的空间——企业集群与区域发展．北京：北京大学出版社

王缉慈．1994. 现代工业地理学．北京：中国科学技术出版社

周一星．1995. 城市地理学．北京：商务印书馆

Arndt S W，Kierzkowski H. 2001. Fragmentation：New Production Patterns in the World Economy. Oxford：Oxford University Press. 17～34

Bathelt H，Malmberg A，Maskell P. 2004. Clusters and knowledge：local buzz，global pipelines and the process of knowledge creation. Progress in Human Geography，28（1）：31～56

Bergman E M，Maier G，Todtling F. 1991. Reconsidering regions. *In*：Bergman E M，Maier G，Todtling F. Regions Reconsidered：Economic Networks，Innovation，and Local Development in Industrialized Countries. New York：Mansell. 283～299

Bouderville J R. 1966. Problems of Regional Economic Planning. Edinburgh：Edinburgh University Press

Caron J H，Pouder R W. 2006. Technology clusters versus industry clusters：resources，networks，and regional advantages. Growth and Change，37（2）：141～171

Cohen W M，Levinthal D A. 1990. Absorptive capacity：a new perspective on learning and innovation. Administrative Science Quarterly，(35)：128～152

Cooke P. 2002. Managing knowledge spillovers：the role of ‘MegaCentres’ in biosciences. Cardiff：Regional Industrial Research Center for Advanced Studies

Crevoisier，O. 1997. Financing regional endogenous development：the role of proximity capital in the age of globalization. European Planning Studies，5（3）：407～415

Dosi G. 1988. Sources，procedures，and microeconomic effects of innovation. Journal of Economic Literature，American Economic Association，26（3）：1120～1171

Feldman M P，Audretsch D B. 1999. Innovation in cities：science-based diversity. specialization，and localized competition. European Economic Review，43：409～429

Gereffi G，Humphrey J，Sturgeon T. 2005. The governance of global value chains. Review of International Political Economy，(12)：78～104

Gordon I，McCann P. 2000. Industrial clusters：complexes，agglomeration and/or social networks? Urban Studies，37（3）：513～532

Hirschman A. 1958. The Strategy of Economic Development：New Haven：Yale University Press

Isard W. 1959. Industrial Complex Analysis and Regional Development：a Case Study of Refinery-Petrochemical-Synthetic-Fiber Complexes and Puerto Rico. Cambridge：Technology

Press of the Massachusetts Institute of Technology

Isbasoiu G. 2007. Industrial Clusters and Regional Development：the Case of Timisoara and Montebelluna. Paper prepared for the ERIK Network Conference，Brussels

Jones R W，Kierzkowski H. 2005. International fragmentation and the new economic geography. The North American Journal of Economics and Finance，(16)：1～10

Knorringa P. 1999. Agra：an old cluster facing the new competition. World Development，27 (9)：1587～1604

Lazaric N，Longhi C，Thomas C. 2004. From geographical to organized proximity：the case of the Telecom Valley in Sophia Antipolis. Contribution to the "4th Congress on Proximity Economics"，IDEP-LEST-GRECAM，Marseille，June 17th and 18th

Malecki E. 1991. Technology and Economic Development：the Dynamics of Local，Regional，and National Change. Essex：Longman Scientific & Technical. 343～349

Mccormick D. 1999. African enterprise clusters and industrialization：theory and reality. World Development，27 (9)：1531～1551

Myrdal G. 1957. Economic Theory and Under-Developed Regions. London：Gerald Duckworth & Co. Ltd

Perroux F. 1955. Note sur la notion de pole de croissance. Economique Appliquee，1，2：307～322

Perroux F. 1957. Sur le profit et les progress economiques Euvres completes，Vol. V：L'economie du XXeme siecle. Grenoble：Presses Universitaires de Grenoble，1991：745～761

Porter M. 2000. Location，competition，and economic development：local clusters in a global economy. Economic Development Quarterly，14 (1)：15～34

Rabellotti R. 1995. Is there an "industrial district model"? Footwear districts in Italy and Mexico compared. World Development，23 (1)：29～41

Schmitz H. 1995. Collective efficiency：growth path for small-scale Industry. Journal of Development Studies，31 (4)：529～566

Schmitz H. 1999. Global competition and local cooperation：success and failure in the sinos valley，Brazil. World Development，27 (9)：1627～1650

Sonobe T Akoten J，Otsuka K. 2006. The development of the footwear industry in Ethiopia：how different is it from the East Asia experience. Foundations for Advanced Studies on International Development

Storper M. 1995. Regional technology coalitions an essential dimension of national technology policy. Research Policy，Elsevier，24 (6)：895～911

Tempest R. 1996. Barbie and the world economy. Los Angeles Times，Los Angeles. A1～A12

Tetsushi S，Akoten J，Otsuka K. 2006. The Development of the Footwear Industry in Ethiopia：How Different is It from the East Asian Experience，Mimeo，Foundations for Advanced Studies on International Development

Venables A J. 1999. Fragmentation and multinational production. European Economic Review，(43)：935～945

Wang J C，Wang J X. 1998. An analysis of Beijing's new-tech agglomeration：a new industrial district in the making? Environment and Planning A，30 (4)：681～701

Zeng D Z. 2008. Knowledge，technology，and cluster-based growth in Africa. The International Bank for Reconstruction and Development / The World Bank

第四章　全球和地方的较量

一方面，在全球价值链中，领先企业建立在战略资源基础上的市场权力的集中导致价值分配的非均衡，这种非均衡又进一步强化了市场权力的不断集中，形成了与发展中国家产业集群不对称的话语权，它从根本上不利于发展中国家中小企业在全球价值链上的升级。而另一方面，全球生产的片断化加速了知识的分解和创新的扩散，使全球价值链上的创新过程被垂直分解和重新建构，为后进国家的本土企业提供了学习和升级的机会。

多年来，全球价值链和地方系统的关系都是研究发展中国家集群形成、演变和升级的重要出发点。一些文献不仅提出全球-地方张力（global-local tension）的思维构架，而且为企业支招——参与全球价值链，在地方集群中升级（participating in global value chain，upgrading in local clusters）。然而，以何种方式参与全球价值链，如何在地方集群中升级，却从未明确过。正如舒米茨所言，这个任务是困难的，因为并非简单地在集群内部联系的基础上增加外部联系，通常后者影响前者的升级，有时是可能的，有时却不可能。其中，认识地方企业与全球企业之间的不平等的权力关系是问题的关键（Schmitz，2006a）。

一、产业集群的形成和演化的本地力量

（一）企业的作用："第一粒种子"

保罗·克鲁格曼用他称之为"第一自然"的历史偶然因素解释了具体产业集群的形成（Krugman，1993）。某种自然因素会激发某一产业活动在本地的形成，某一历史事件也会成为产业集群的起源，比如，美国佐治亚州达尔顿市地毯出口量曾占世界 1/3 的地毯产业集群，竟然来自 1895 年一个名叫埃文的女士送给朋友的丛毛修饰的床单及其裁绒纺织技术。

番多等学者把产业集群类比森林，而关键性企业则是第一粒树种。他们认为，尽管没人能准确预测出第一粒树种何时会落于何地，但该树种一旦入土，它就可能会长出一片森林（Pounder et al.，1996）。当某地因某种原因出现了一个关键性企业，并因被模仿而出现新创企业，或吸引了供应商向该地集聚，一旦同类或类似或相关的几家企业共栖并达到了一定数目[①]时，某产业集群的雏形就形成了，而该关键性企业（"第一粒种子"）则是这一产业集群诞生的标志，是决定产业集群能否诞生的基础（钱平凡，2003）。

我们发现，形形色色的产业集群的"第一粒种子"差异很大。无论它作为"第一粒种子"的企业是来自我国香港、台湾，还是由当地企业家所创立，

① 参见本书第一章第二节中对 critical mass 的注释。

其发展都离不开20世纪末改革开放的政策以及对企业家能力的释放，来自内生的因素和社会关系网络，源于民间的制度创新（胡必亮，2009）。归纳起来，大约有四类：①新创的本地民营企业；②港台和外国企业；③迁入的外地企业；④改制的国有企业。举例说明如下。

第①类，如温州的打火机产业集群，是由周大虎创办的大虎公司带起来的。而在天津，1974年为承接国有企业天津管乐器厂键子生产中磨光和抛光这个最脏、最累的环节所建立的社队企业键子厂，成为在静海县蔡公庄镇四中村[①]的27家管乐器厂的“第一粒种子”，如图4-1所示。

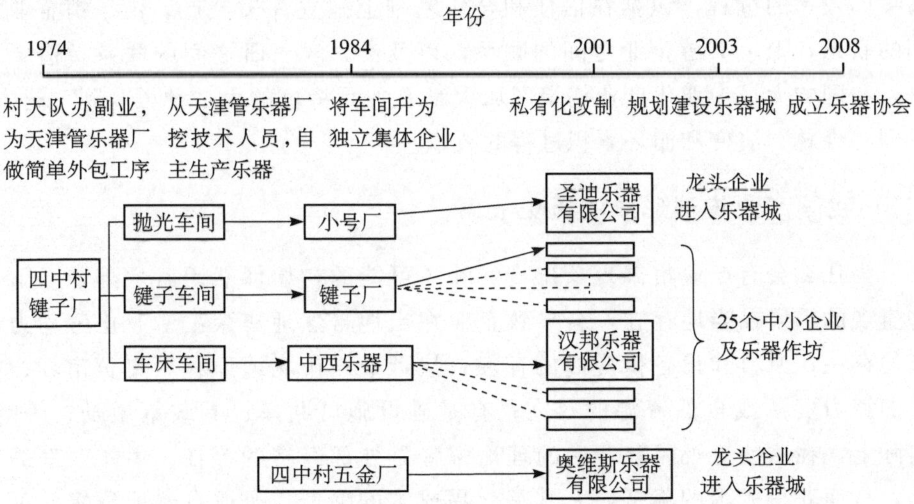

图4-1 天津静海四中村乐器产业发展脉络

资料来源：王宇凡，北京大学城市与环境学院本科生工业地理学论文，2009

第②类，如在东莞，大朗镇毛纺服装产业集群就来源于1979年第一家港资毛织厂给香港的“来料加工”；而台资企业宝成鞋业在东莞的裕元公司成就了厚街镇、寥步镇一带的鞋业集群；宝成鞋业在江西上高镇的裕盛公司又正在促进那里形成新的鞋业集群[②]。在佛山南海，台资企业国荣鞋业从台北县三重镇迁入当地多年后，由600多家鞋业相关企业组成的产业集群在平洲镇兴起。

---

① 四中村又称四党口中村。2008年，四中村西管乐器集群的年产值在全国西管乐器制造业排名第一，该集群中的天津圣迪乐器有限公司在全国排名第三，仅次于河北衡水市武强县的金音乐器有限公司和天津宝坻区的津宝乐器有限公司。天津市静海县乐器产业主要集中在蔡公庄镇、子牙镇和中旺镇。其中子牙镇以民族乐器生产为主。

② 江西省宜春市上高县引进台湾裕盛、匹克鞋业后，又引进了冠兴实业、众安科技、香港芳鼎、全胜鞋机等23家配套企业。

第③类，如宁波雅戈尔集团在重庆的设厂，带动高端衬衫布料厂、毛纺厂以及辅料生产企业，包括纽扣、羽纱等相关配套企业落户重庆。

第④类，如以天津武清王庆坨镇为核心的自行车产业集群，是由国有企业天津自行车厂分离而成的①。

尽管需要有“第一粒种子”，这粒种子的到来可能是偶然的，但重要的并不是最初的偶然事件。美国著名经济学家保罗·克鲁格曼在其所著的《地理与贸易》中一语中的地指出，形成产业中心依靠的是偶然事件之后的累积过程。这个循环因果累积的过程就是促进产业联系、建构和发展外部经济、提高集体效率的过程，包括在信任和合作基础上建立并发展产、供、销企业之间的联系，上、下游企业之间的联系，以及产、学、研之间的联系。追寻开去，我国的大量专业化产业集聚区域大都有独具特色的由“种子”到“树木”再到“森林”演变和循环累积过程的故事。

（二）我国产业集群形成的历史故事

为什么会有产业集聚现象出现？除了可能的初始偶然因素之外，以下一些直观的因素在当地存在，会导致企业在当地自然地集聚：专业化劳动力市场的存在；原料和设备供应商的存在；接近最终市场或原材料集贸市场；特殊的智力资源或自然资源的存在；有基础设施可共享；有政策激励；等等。实际上，在这些直观因素背后的理论解释是外部经济的存在、集体效率的增强，从而获得成本的降低，尤其是交易成本的降低。企业自然地群集，可以增强专业化，并增强企业间的劳动分工。当企业互相靠近的时候，相互作用频繁，企业关系的亲密、信任和社会规范的程度可能增强，因而降低合同谈判成本和执行成本以及技术服务的成本。与其他企业相互靠近的企业能够更容易地接收超过其生产能力的订单，因而能够留住有价值的客户。

我国以专业化产业区为主要类型的产业集群最先发现于浙江和广东两省②，产业集群形成、演化和升级的研究也以这两个省居多。在浙江，许多专业化产业区不仅历史悠久，而且规模巨大。温州鹿城制鞋产业区最早记载于明朝嘉靖年间（1552～1566 年）《温州府志》；宁波服装产业历史可由余姚河姆渡遗址出

---

① 2002 年底，天津有从事自行车架叉生产企业 104 家、车把企业 30 家、车圈企业 43 家、辐条企业 28 家、车胎企业 23 家、前后轴企业 18 家、曲柄链轮企业 30 家、脚蹬企业 11 家、链条企业 5 家、支衣架企业 31 家、鞍座企业 14 家、车闸企业 9 家、钢珠企业 6 家、链罩企业 5 家、涂料企业 2 家、加工机械设备 3 家、烤漆喷涂企业 11 家等。

② 可以追溯到浙江“块状经济”和广东省专业镇现象的早期发现。

土文物（距今约 7000 年）作证；永康五金机械产业渊源于《鼎录》中“皇帝制鼎”一说。古代先民的生产实践或偶然的历史事件造成了某些产业特定性要素在一些局部地区形成与发育，在漫长的历史演化过程中与当地文化习俗等不可移动性要素紧密结合，逐步累积、强化并固定下来（金祥荣，朱希伟，2002）。

关于广东省专业镇的企业集群化成长，广东省的专家们都进行了脚踏实地的研究，分析十分透彻。中山大学李新春（2002）教授特别指出了企业家机制的重要作用，这是一个复杂的学习、创新过程以及与地方政府、中介组织一起发挥作用的联合企业家行为（图 4-2）。

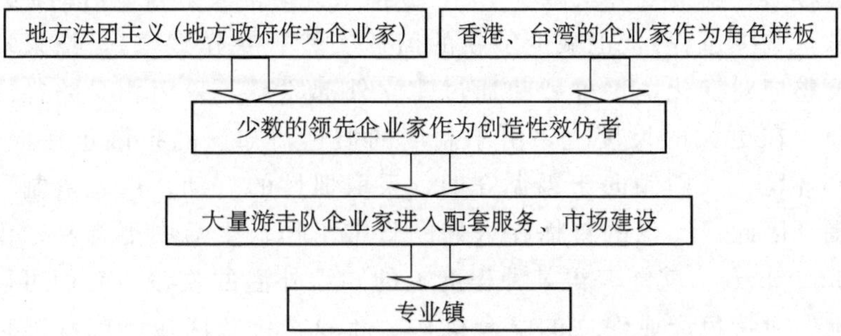

图 4-2 广东省专业镇的形成与企业家协调

资料来源：李新春（2002）

（三）政府的作用

1. 专业市场

专业市场在我国产业集群的形成中起了重要的作用①。例如在温州，我国最早的农村专业市场桥头镇催生了大批纽扣作坊和生产企业，柳市电器市场、瑞安仙降塑革鞋市场、平阳萧江塑料编织袋市场等都促使大批相关企业诞生。改革开放形势下，本地企业家群体的活力、本地劳动分工的发展和本国巨大市场推动的后续力量是其他发展中国家难以模仿的。

据中山大学王珺（2005）教授调研，20 世纪 90 年代初顺德乐从镇以集聚贸易市场为主，某企业从欧洲运输进口的真皮沙发到岸后表层破损，不得不请技术工人拆开修复，此时发现完全有能力进行替代生产，从而大大降低了

① 关于发展中国家发展产业集群的三 C 政策——客户指向（customer-oriented）、集体（collective）和累积（cumulative）也提到专业市场对发展中国家地方发展的作用。详见 Humphrey 和 Schmitz（1996）. As the triple C of local industrial policy，customer-oriented，collective and cumulative were proposed as key features of effective approaches for fostering local development。

产品价格。其他一些贸易企业也转入生产领域。其结果是，乐从家具贸易市场周围聚集了一批生产家具的厂家。

为什么本地会在第一批企业家出现后，不断涌现新的企业家来做相似或相互补充的经济活动？这是因为认识限制而采取了模仿行为，企业家做与原有企业相互补充的活动是因为本地存在需求。Maskell 和 Malmberg 将这种人们获取知识的限制性用“近视”（Myopia）来加以描述。产业集群因人们的“近视”而壮大并不意味着产业集群不是高效的、没有竞争力的。

产业集群的成功也潜藏着未来瓦解的危险。本地企业优秀的实践活动经历选择过程后，新的变异就减少了。“近视”行动带来了商业活动在产业集群中的扩散（选择过程），也减少了新的商业实践（变异减少），结果本地就难以进行调整应对变化。这种威胁通过建立外部联系，采用相异路径或制度后才可避免。在更大的尺度上，由于制度的惯性，知识的扩散也倾向于本地。面对外部环境，人们倾向于因循守旧，采取惯性的行动，这就限制了知识的获取范围。因此，知识的传播在人们的日常工作、生活中更容易，仅仅“在那”（being there）就能获得某种程度上的知识外溢的收益。我们可以这样理解：本地针对特色产业建立的配套机构、商业文化和区域品牌都强化了集群的专业化，也会带来依赖单一产业结构的潜在风险。

2. 工业园区

在我国市场化改革中，产业集聚伴随着自下而上的农村工业化和自上而下以政府为主体的产业布局这两种途径的城市化。自 20 世纪 70 年代末至 90 年代初，农村乡镇企业和城市民营企业崛起，政府逐渐退出竞争性行业而投资于基础设施。例如，浙江农村工业经历了从家（村、镇）中到路（村、镇）边，再到趋向集中化布局的过程，特别是形成了一批专业市场，城镇街边“前店后厂”发展起来。80 年代后期，温台平原、杭绍甬地区小城镇附近布满了各类企业，政府开始建设“工业小区”[①]。乐清市柳市镇 1988 年实施了工业小区的建设计划，当时的萧山市于 1992 年发出了工业小区建设的通知。90 年代末浙江省政府倡导大规模工业园区建设[②]。浙江省一县一个小流域的自然地理现象普遍存在，形成了不同物产结构、方言体系、交通网络、人文性格以及地方生产系统，以县市为基础的工业园区格局成为区域经济中的重要特征。

---

① 关于浙江省当时“工业小区”发展情况分析转引自倪树高主持的浙江省科技厅 2001 年课题（编号 012160）的总报告，由倪树高执笔。

② 在浙江省“十五”计划纲要中提出，建设工业园区是“提升工业化，推进城市化，加快经济结构战略性调整，再创发展新优势的战略举措”。

改革过程中行政区经济日益强化[①]，园区建设不仅加快企业集中布局，而且更表现为县（市）、乡（镇）对外招商引资竞争的平台。通过“以地生财”可能获得更多的预算外收入支配权。各种利益嵌套和博弈关系使得园区建设遍地开花。

20 世纪 90 年代开始在地方政府开发的园区中招引到较大的跨国公司，从而形成配套企业集聚的现象。例如北京经济技术开发区引入诺基亚公司，建设了星网工业园，形成了国外数十家配套企业进驻的局面；北京现代的顺义汽车城附近集聚了配套企业近 40 家；上海张江高科技园区吸引到台资企业英业达，随后在张江周围直至昆山区域形成了 50 余家相关企业的集聚区；在广州附近，由于政府对开发区的投资，吸引到日本汽车产业的三家巨头（丰田、本田和日产），并聚集了日资零部件企业和我国零部件企业数十家；在浙江嘉兴平湖，政府投资的开发区从日本芝浦吸引到生产马达的日本电产公司，从而带动了几家日本配套企业和我国的配套企业集聚，成为光机电产业集聚区域。跨国公司这种供应商园内的产业集聚现象对我国的技术学习和技术溢出的效应还需要作进一步的探讨（详见第五章）。另外，由于一些地方的企业集聚使成本降低，也引起跨国公司的高度关注并决定投资，成都鞋业集群吸引世界著名拉链企业 YKK[②]、扬州杭集镇牙刷产业集群吸引高露洁公司都属于此类情况。

（四）对产业集群形成的再思考

在实践中，经济活动的空间集聚并非是个体企业和消费者的理性区位决策所导致的，也不是政府投资所能打造的，而是自然发展的地方化过程，是企业互动和知识积累的结果。产业集群的起源很不确定，因此人们难以在事前对产业集群进行预测。尽管联合国贸易和发展会议把集群分为两大类：依靠内生力量自发形成的集群（spontaneous cluster）和依靠外生力量人为形成的集群（constructed cluster），包括出口加工区（export processing zone）和商业孵化器（business incubator）（UNCTAD，1998：7）。但从学术上看，这种分类对于产业集群研究来说不够严谨，对集群政策制定来说是不利的。地方政府建造开发区，

① 有趣的例子是县域边界的开发区。萧山经济技术开发区南部配套工业园直接设于欢潭乡与新店口镇的接壤地带，规划总面积为 4000 亩（1 亩≈666.7 平方米）。萧山经济技术开发区东部配套工业园直接设于党山与绍兴的接壤地带，规划总面积约 6000 亩。两个边界工业园区已经发挥作用，如诸暨店口的一些五金企业加盟到南部边界园区。

② YKK 为制鞋企业与制衣企业专业生产拉链，在全世界 47 个国家和地区中有 77 个公司和 222 个销售点。使用的拉链是否为 YKK，已经成了欧美鞋业采购巨头是否下订单的重要理由。

并通过产业集聚获得成功的实例也有，但这需要创造相应的政策环境，而且需要数年甚至数十年的历史积累和演化，例如法国的科学城索菲亚-安蒂波利斯和我国台湾的新竹科技工业园区，以及西班牙利用 1992 年世界博览会基础设施所建立的塞维利亚高技术城（Sevilla Tecnopolis）[①]。

在我国，关于产业集群的形成条件已经讨论了多年，根据地方产业集群研究网上的帖子[②]，早在第一届产业集群与区域发展国际学术会议[③]上，关于产业集群是否可以“凭空”产生就产生两类意见：一认为不行；另一认为可以。政府在产业集群建设中，角色不能错位。产业集群不是计划出来的，这并不是说政府在产业集群中无所作为，需要做的应该是培育机会（种子）因素自我增强的土壤和环境（即经济、文化、制度等方面的基础），使机会（种子）能更易、更多地出现。

二、影响地方产业集群的全球力

中国（尤其是沿海地区）的产业集群，很多都是在经济全球化背景下作为跨国公司的制造业基地而形成的。中国企业利用低廉的生产要素优势，积极投身于跨国公司的“离岸外包”浪潮，承担了其中制造加工环节的生产，从而在沿海地区形成规模庞大的外向型产业集群。而中国的特殊国情，如庞大的劳动力储备、遍地开花的工业园区和巨大的后续市场力量，又为中国外向型集群的形成和发展提供了坚实的基础。越来越多的中国企业正在深深卷入到跨国公司掌控的全球价值链和全球生产网络中去，沿海地区也因此成为世界的巨型“加工车间”。

中国的专业化产业区的形成大都与全球化背景有关。因此，需要更多地关注发达国家的离岸外包[④]所造成的“集中的散布”（concentrated dispersion）。经济全球化的一个明显特征，就是发达国家企业外包活动的发展。20

① 1974 年建的索菲亚-安蒂波利斯和 1993 年建的塞维利亚高技术城都曾被学界广泛批评（例如，卡斯特尔，霍尔，1998）。

② 在“地方产业集群研究网”上有大量帖子对产业集群的形成条件和形成机制进行了讨论，详见 http：//www.clusterstudy.com/bbs/forum/upload/forumdisplay.php？s=&forumid=22。

③ 产业集群与区域发展国际学术会议从 2002 年至今已经成功举行了八届，分别由浙江大学经济学院、中山大学广东省发展研究院、山东大学经济学院、东华大学旭日管理学院、北京大学地理科学研究中心、中山大学管理学院、河南大学黄河文明可持续发展研究中心和经济学院、中国矿业大学管理学院和经济学院组织，先后有近 400 人参加了该系列会议的研究和讨论。

④ 根据外包承接商的区位可以将外包分为离岸外包和近岸外包。离岸外包指外包发包商和承接商分属于不同国家。近岸外包中，外包活动发生在同一国家。

世纪 60～70 年代的外包活动主要是服装、鞋类、玩具，以及廉价的电子产品等。例如，美国服装零售商 Gap 在 54 个国家与 2400～3000 个工厂合作，瑞典服装零售商 H&M 公司从大约 900 个公司购买服装（Dickens，2003）。2005 年，耐克（Nike）公司的 731 个供应商来自 52 个国家，李维斯（Levi Strauss）公司的供应商有 778 个，来自 53 个国家。近些年来，日常的服务业，如信用卡交易加工、机票预定以及基本的软件程序码的写作，也都外包到海外。目前研发外包的趋势越来越显著。

20 世纪 70 年代中期开始，发达国家将劳动密集型制造业向发展中国家转移，而在本国发展了生产者服务业，控制了全球价值链的高端环节。与此同时，伴随着我国等发展中国家加工制造中低档服装、鞋类、消费电子产品、个人电脑、汽车等产品的集群的形成，提供技术标准、技术培训的外包企业以及从中国国有企业中跳槽或兼职的技术人员，成为这些产业集群的技术提供者。中国加入 WTO 后，外商加大了对中国的投资力度，使中国于 2002 年一跃成为世界上接受外商直接投资最多的国家。大量的欧美、日本、韩国及我国台湾地区的企业将其生产环节乃至其原来在其他国家开办的工厂部分地或全部迁移到了中国。

本地和全球之间的张力在各个专业化产业区的发展中都有体现。港、澳、台资本在外商对华直接投资中占据近 2/3 的份额，是早期广东和福建省产业区成长过程最主要的驱动力量；浙江省的很多专业化产业区来源于本地农民企业家的力量。以中国特色的血缘、亲缘和地缘为纽带发展起来，并主动嵌入跨国经营网络。由于全球外包寻找廉价土地和劳动力，以及农民企业家的共同作用，这些产业区大都是在农村和小城镇兴起的。最明显的就是全国百余个特色纺织服装集群中，很多都是以镇为单位而名扬海内外的。

尽管温州鹿城的制鞋业、金华永康的五金机械业等都具有悠久的发展史，然而这些产业区得以起飞的机遇还是融入全球化。服装业的专业化产业区的形成是很典型的例子。广东东莞大朗毛织业和浙江宁波服装业分别以香港服装企业和上海服装企业接受全球外包订单，并分散到东莞和宁波，在当地发展了专业化分工和近距离交易，进而开始了低层次的服装业集聚的过程。大朗的“第一粒种子”是 1979 年第一家港资的来料加工毛织厂；而在有“红帮裁缝”制衣历史的宁波奉化和鄞县，2000 多家服装企业的集聚则起源于 20 世纪 80 年代初，上海服装企业加工业务向宁波“阿乡”的分包。

在全球化背景下，地方发展的成功已不再表现为传统的对土地、资源、产品等固定物质财富的占有。当代社会财富的价值越来越多地蕴藏在全球商品链中的资金流、物流、信息流和人流中。一地的发展取决于对诸种流动财富的吸引力和利用这些财富创造新价值的能力，这种能力会自我强化。各地成功的故事是如此不同，其发迹史总能追溯到久远历史中不经意的偶然事件。然而集聚的过程一旦进入自我增强的正反馈循环中，地方经济就蓬勃发展起来。同样，也有一些曾经繁荣的区域无声无息地凋零下去，经济的繁荣与凋敝在历史的长河里、广袤的大地上不断上演着。经济全球化使这种繁荣与凋敝不再各自相对封闭地进行，而是彼此联系、彼此竞争。在市场经济环境下，世界各地都在接受相同的效率检验，决定各自的发展命运。

（一）跨国公司的权力集中和生产的片断化

在全球化的今天，发展中国家的产业集聚现象是与国际贸易息息相关的，而不是仅仅由于国内或地方市场指向的企业在某个区位共栖。

发展中国家参与国际贸易的产品通常有三种情况：第一是直接出口到终端市场，第二是企业间贸易，第三是接受外包——发展中国家的独立企业接受发达国家企业品牌产品的制造、批发和零售（Scott，Garofoli，2007）。随着发展中国家的企业家按国际标准来操作的学习能力提高，国际交易的成本迅速降低，因此外包活动发展十分迅速。由于出口产品的大量生产，成就了发展中国家的产业集聚区域。其中第二种情况，企业间贸易一般发生在公司组织之间，公司附属的分支工厂生产的产品或服务直接满足其他企业的需求，而跨国公司的分支工厂主要位于出口加工区或工业开发区内，例如墨西哥的美国免税工厂。另一个例子是印度跨国公司——全球最大的复合软管及无缝软管生产商爱索尔宝柏（Essel Propack），总部在孟买，在包括中国在内的 14 个国家拥有 24 家工厂，其中我国的工厂位于广州经济技术开发区和合肥经济技术开发区，产品主要供应高露洁、联合利华等大型跨国公司以及其他众多企业。第一种和第三种情况，即直接出口和参与外包活动，则通常是企业地理靠近而自然形成具有本地分工特征的所谓产业集群的。

人们发现，在国际贸易中，发达国家的产业集群里面的核心企业通常是对技术创新和产品设计起决定性作用的全球领先者（Garofoli，1994；Halder，2004），而发展中国家的产业集群所从事的专业化很多都是来自外部的（Schmitz，1999，2006b；Nadvi，Halder，2005）。因此，对于发展中国家的产业集群的研究需要把来自外部的因素考虑进来，要分析全球力对产业集群的影响，这点与发达国家主要关注集群内部行为主体合作以降低成本和促进创新的研究是不一样的。也就是说，不仅本地的行为主体之间的联系很重要，而且行为主体与外部的全球联系也很重要（图 4-3）。并且，全球力对本地的作用不是简单地叠加，而是十分复杂的。

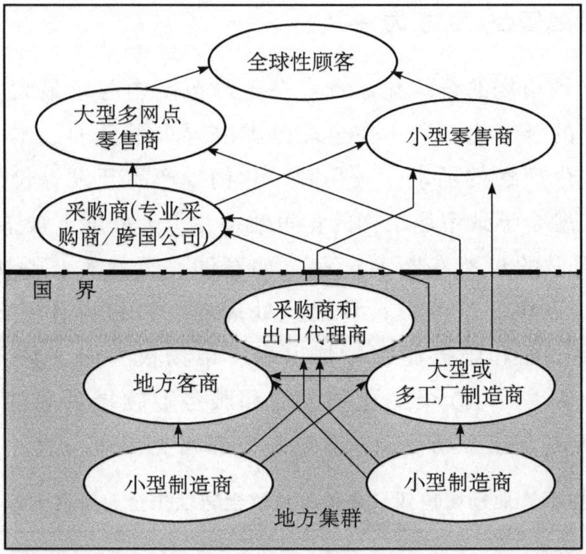

图 4-3 地方产业集群与全球市场的关系（UNIDO Annual Report，2002）

在电子信息通信技术和交通运输技术[①]迅速发展的背景下，世界经济呈现产业集中和价值链活动全球分工的格局。20 世纪 80 年代以来，大型跨国公司就像巨人，居高临下，把设计、产品开发、生产制造、营销、出售、消费、售后服务、最后循环利用等各种增值活动的"绣球"抛撒到全球各地，从而利用大量的各种企业的专业能力。也就是说，原本局限于一国（地区）和一个企业内部的价值链被分割，各种价值活动分散到世界的不同地区。处于核心地位的跨国公司进行着价值分配，对整个价值链进行协调和治理，实现着组织重构（reorganization）和区位再配置（relocation）。

因此，影响发展中国家产业集群的全球力是两个：其一是各个产业的权力高度集中在发达国家的少数跨国公司，其二是生产片断化和价值分配。越来越多的全球性产业已演化为"金字塔"结构——顶端是少数几家权力高度集中并掌控绝大部分市场份额和附加值[②]的巨型跨国公司，底端则是大量从事

① 例如，商业智能系统即 BI（Business Inteligence）技术和电子数据交换即 EDI（Electronic Data Interchange）技术等。

② 按照马克思的劳动价值论，商品具有"价值"和"使用价值"的二重性。以 Henderson、Hess 和 Henry Yeung 等为阵营的全球生产网络理论把"租"定义为马克思主义的"剩余价值"或者"经济利润"。为了便于开展国际比较分析，这里采用"附加值"来衡量全球价值链上的价值及其分配机制。

片断化的制造、加工、生产、运输等低附加值活动的中小企业，这些企业很多都是在地方上集聚的。以下进一步加以说明。

1. 发达国家跨国公司的权力集中

自由贸易导致市场的全球化，资本在全球范围内寻求最大利润；而贸易壁垒又导致了生产的全球化，资本在全球范围内寻求最低的成本区位。权力越来越多地集中在非生产性的活动——品牌、营销、产品开发等价值活动中。全球范围内的分工与融合导致市场结构的竞争效率在很大程度上被垄断效率所取代。

除了一些明显的自然垄断型产业（如石油、天然气、铁矿石等）或技术垄断型产业（如飞机制造业、计算机微处理器、微机操作系统等）以外，全球主要的工业制成品和服务业领域都出现了市场权力向少数几家全球领先企业集中的现象。从以下 10 个工业制成品和服务业领域的前四位（或前三位）全球领先企业所占全球市场份额及其地理分布可见一斑（表 4-1）。

表 4-1　主要产业领域前四（或前三）位全球领先企业所占全球市场份额

产业领域	前四（或前三）位全球领先企业	所占全球市场份额/%	市场权力的来源	领先企业的来源国
移动通信设备	诺基亚（Nokia）、三星（Samsung）、摩托罗拉（Motorola）、索尼-爱立信（Sony-Ericsson）	73.5①	技术领先、品牌营销领先、快速时尚领先	芬兰、韩国、美国、日本和瑞典
工程机械	卡特比勒（Caterpillar）、迪尔（Deere）、环球公司（CNH）、小松公司（Komatsu）	66.9	品牌营销领先	美国、日本
烟草	奥驰亚集团（Altria Group）、中国烟草总公司、英美烟草公司（British American Tobacco Plc）	50.4	品牌营销领先	美国、中国、英国
汽车	丰田（Toyota）、福特（Ford）、通用（GM）、戴姆勒（Dymler-AG）	48.7	技术领先、品牌营销领先、成本领先	日本、美国
医疗器械	通用医疗集团（GE Healthcare）、强生（Johnson & Johnson）、美敦力（Medtronic）、波士顿科技（Boston Scientific，BSX）	37.8	技术领先、品牌营销领先	美国
家庭及个人护理用品	宝洁（P&G）、联合利华（Unilever）、欧莱雅（L’ Oreal）、汉高（Henkel KGaA）	34.2	品牌营销领先、市场渠道领先	美国、英国、法国、德国
制药	辉瑞公司（Pfizer）、葛兰素史克公司、强生（Johnson & Johnson）、默克（Merck & Co）	19.9	技术领先、品牌营销领先	美国、英国
化肥和农业化工	巴斯夫（BASF）、杜邦、道化学公司（Dow）、孟山都（Monsanto）	18.6	技术领先、供应能力领先	德国、美国

续表

产业领域	前四（或前三）位全球领先企业	所占全球市场份额/%	市场权力的来源	领先企业的来源国
会计和咨询服务	普华永道、毕马威（KPMG）、德勤（DTT）、安永（Ernst & Young）	90②	供应能力领先、网络领先	美国
空运和快递服务业	联合包裹（UPS）、敦豪（DHL）、联邦快递（Fedex）	16.5	网络领先	美国、德国

注：①移动通信产业的全球市场份额数据来自国际数据咨询（IDC）公司；②会计和咨询服务业的全球市场份额来自数据监控（Datamonitor），但主要是针对上市公司；其余行业统计数据均来自Datamonitor、胡佛（Hoovers），数据年份均为2007。

表4-1说明，领先的跨国公司的市场权力来自技术、产品设计、品牌营销、快速时尚、市场渠道、成本、供应能力、网络效应等八个方面，其中主要是技术能力和品牌能力的领先。全球领先企业主要来自美国、英国、德国、日本、芬兰等发达国家。全球领先企业总是基于核心能力强化其对全球市场的控制，使后进的发展中国家的企业面临技术门槛和市场壁垒。

在工业技术成熟化和交通运输成本降低的影响下，在全球领先企业的市场控制的权力集中的同时，原来垂直一体化的生产过程越来越片断化、分散化、多角化、水平化和网络化（Gereffi et al.，2005；Arndt，Kierzkowski，2001；Jones，Kierzkowski，2005；Venables，1999）。全球领先企业就像蜘蛛，编织、组合、管理着整个过程系统各个公司之间错综复杂的互相依存的关系。它具备系统集成能力，包括对新的大型项目的融资、研发、品牌开发、吸引人才的能力，以及对技术知识进行整合的能力。此外，为了巩固在全球市场中的领导地位，核心公司给整个供应链施加了巨大的变革压力。首先是培养一级供应商，将变革的压力传递给各自的供应商网络。诺兰把这种变革压力在产业价值链中自上而下逐级传递的现象称为“瀑布效应”，其结果是在全球范围内，在各个层次和领域为核心公司提供商品和服务的诸多产业都出现了产业集中的过程（彼得·诺兰，2007）。

2. 生产片断化和地方产业集聚

大量商品的生产都是在跨国、跨企业的生产组织体系里进行的。一种商品的生产过程往往被分解为不同的阶段，各个阶段由各地不同规模的企业、机构，甚至家庭工业组织完成。这种分散到全球各地的生产和服务的价值活动又经常形成本地化的产业联系，以获取集聚经济和知识外溢（正的经济外部性和技术外部性）。简而言之，全球生产网络的扩张具有“大区域离散，小区域集聚”的特点。

鲁格曼和沃伯克归纳了跨国公司特定优势获取方式（Rugman，Verbeke，2001）（图4-4）。在图中，创造优势的区位分为母国、东道国、公司内部网络三种（纵轴）。所创造的优势分地方性（Location-bound）和非地方性（Non Location-bound）两类（横轴）。根据这两个维度以及海外子公司和总部的关系，跨国公司特定优势的获取方式可以划分为10种（任胜钢，孙丽萍，2008）。

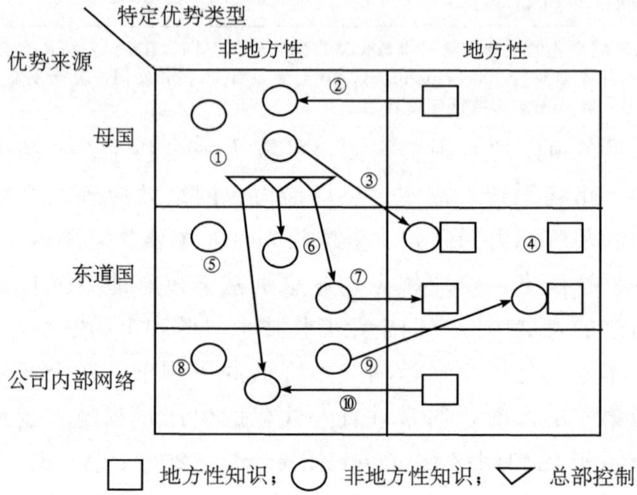

图 4-4　跨国公司特定优势获取方式

资料来源：Rugman 和 Verbeke（2001）

①、②和③是在母国创造的。其中，①是非地方性的优势通过国际市场以中间品或最终产品的方式转移到国外的子公司；②是地方性优势转换为非地方性优势而应用于母国；③是非地方性优势转移到东道国成为地方性优势。

④、⑤、⑥和⑦是在东道国发展的特定优势。其中，④是地方性优势；⑤和⑥是非地方性优势，而⑥与母国密切相关；⑦是地方性优势而又转成非地方性优势。

⑧、⑨和⑩是不同国家的子公司通过内部网络合作开发的特定优势。其中，⑧和⑨是非地方性优势，而⑨与地方性条件结合；⑩是地方性优势，并在总部指导下转为非地方性优势以获取全球性收益。

在这10种获取特定优势的方式中，有6种与地方性优势有关。而地方性的优势包括不可移动的资源、产品的运输成本以及劳动力、土地等要素的成本优势、东道国的税收优惠政策，以及基础设施的供给、产业集聚优势和语言、心理等优势。其中，利用东道国专业化的产业集聚优势是当代跨国公司的重要战略。

跨国公司和地方产业集群的关系是十分微妙的。首先，我们可以发现，很多跨国公司出生并最初成长于它的母国的集群环境中。其次，跨国公司的对外直接投资越来越多地选择在东道国所存在的专业化集群里。例如，美国高露洁公司投资到我国扬州的杭集镇，那里原来就有三笑、五星、明星等牙刷生产企业集聚的基础。第三，跨国公司直接或间接投资到发展中国家的某地，会催生出地方产业集群。不过，从技术转移的角度上看，这种集群也可能只是跨国公司的“飞地”而已（详见第五章）。第四，跨国公司通过贸易商给东道国的集群企业发订单。图 4-5 以服装产业为例说明了跨国公司与地方产业集群的关系。

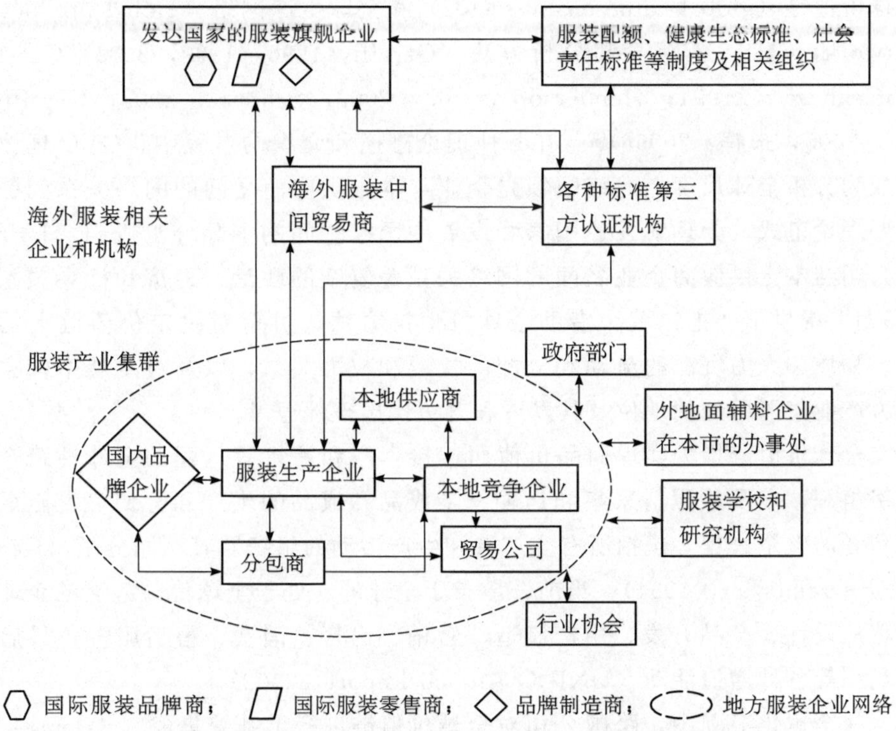

图 4-5 服装产业的国际企业、机构与地方产业集群的关系

（二）全球价值链

跨国公司在价值链的全球化战略基础上形成了全球生产网络，由此，在全球市场上的竞争已经由个别工厂或企业之间的竞争演变为公司全球生产网络之间的竞争。例如，诺基亚公司年产 2 亿部移动电话，这意味着在其全球

生产网络中每小时要处理近千万个组件[①]。为了保持竞争优势，系统集成者必须通盘计划和协调全球价值链，逐步渗透到价值链的上、下游，深入到价值链中其他公司的业务活动——从长期规划到日常生产和交付的周密控制。

1. 全球价值链概念

在日趋复杂的全球化背景下，跨国界产业的组织和运作具有什么样新的特点？嵌入由跨国公司主导的全球化过程，能否给发展中国家的政府、企业、劳动者以及本土社会提供改善经济状况和提升竞争力的机会？为了回答这些问题，国际上的学者们提出了全球商品链（global commodity chain，GCC）、全球价值链（global value chain，GVC）和全球生产网络（global production network，GPN）等概念和分析方法（Gereffi，1990，1999，2005；Gereffi，Korzeniewicz，1994；Henderson et al.，2002；Schmitz，2004；Gereffi et al.，2005；张辉，2006a）[②]。在各种理论碰撞和交织的过程中，GVC理论逐渐成为分析全球尺度上的跨国领先企业与本土供应商之间的网络关系问题的主要理论范式，为理解发达国家和发展中国家之间的国际分工机制，打开跨国公司与本土供应商企业之间的网络关系等复杂的政治、经济和社会关系的"黑箱"提供了一把钥匙。借助全球价值链方法，可望对决定价值链上的资本、物质和人力资源的流动和分配的权威和权力关系，以及对发展中国家的地方产业集群所处的地位及其发展和升级作出理性思考。

全球价值链指为实现商品价值而连接生产和销售等过程的全球性跨企业网络组织，涉及从原料采集和运输、半成品和成品的生产和分销，直至最终消费者的整个过程，包括所有生产者和生产活动的组织及其利润分配（Gereffi，Korzeniewicz，1994）。当前，散布于全球的、处于全球价值链上的企业进行着从设计、产品开发、生产制造、营销、出售、消费、售后服务、最后循环利用等各种增值活动（UNIDO Annual Report，2002）。

在全球化浪潮中，跨国公司对全球价值链进行了系统集成（systems integration）（彼得·诺兰，2007）。它们处于核心地位，与价值链中大量的合作者共同从事研究、设计和制造，它们在全球运营中需要协调或治理（governance）很

① 王焕祥评论．2005-01-24．解析英特尔精细化战略全球生产网络．IT时代周刊．http：//www.sina.com.cn。

② 1986年以来，与全球价值链和全球商品链等相关的论著数不胜数，目录详见http：//www.globalvaluechains.org/form_search_publications.php? sort=Date&like=&exact=&col=&log=&iter=0。

多商业活动，包括定位（谁应当承担价值链上的何种角色）、物流（中间材料和服务何时运送到价值链上的哪个环节）以及制定技术标准。例如思科和耐克这两家跨国公司，尽管所处的产业部门有很大差异（电信和制鞋），但在确定行业标准，决定什么样的企业能进入生产网络，服务于什么样的细分市场等方面在本行业中都处于领导的核心地位（Abonyi，2000）。跨国公司作为系统整合者，直接通过世界市场来生产和销售产品，以及控制价值链的各个环节，通过世界市场运作的网络联系来生产和销售产品。它们通过自动化的业务流程，与供应商、合作伙伴以及客户进行链接，以提高能力和效率。这对于发展中国家的企业和决策者而言都意味着一种综合挑战（Nicholas，2002）。

2. 全球价值链驱动的类型

杰瑞夫[①]给出了全球价值链驱动的两种图示（图 4-6），将全球价值链分为生产者驱动与购买者驱动两类。

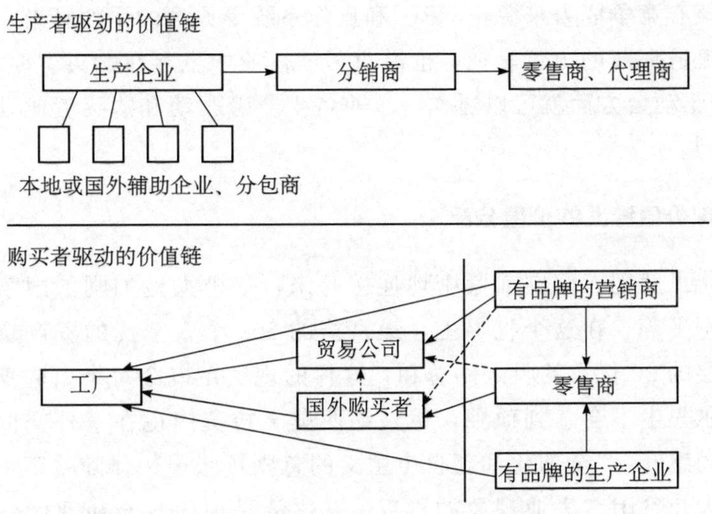

图 4-6　全球价值链驱动的两种模式

资料来源：Geriffi（1999）

生产者驱动（producer-driven）指由生产者投资来推动市场需求，形成地方生产供应链的垂直分工体系，投资者可以是拥有技术优势、谋求市场扩张的跨国公司，也可以是力图推动地方经济发展、建立自主工业体系的本国政

① 美国杜克大学社会学系 Gereffi 教授的中文译名有格里菲、格雷菲等多种，本丛书采用杰瑞夫这个名字，是由他身边的懂中文的美国助手所译。

府。跨国公司经由与世界市场运作的网络联系来销售产品，形成生产者主导的全球网络，通过转包合同组织全球生产（如汽车工业）。

购买者驱动（buyer-driven）指拥有强大品牌优势和国内销售渠道的发达国家企业通过全球采购和OEM生产组织起来的跨国商品流通网络，形成强大的市场需求，拉动那些奉行出口导向战略的发展中地区的工业化。大型零售商（如沃尔玛、麦德隆）、品牌授权公司（如耐克）和贸易公司（如利丰①）在不同的出口国建立分散的生产网络过程中发挥着关键的作用。产品由独立的第三世界工厂生产，成品严格遵循订户和设计产品的品牌公司提供的样品规格（Gereffi，Korzeniewicz，1994）。

张辉（2006）在此基础上提出了混合类型驱动的价值链模式，即生产者和购买者二者兼具的全球价值链动力模式。在实际经济活动中，除了购买者驱动和生产者驱动的产业链条外，实际上还有许多产业链条处于两者之间，即同时具备了购买者驱动和生产者驱动的特征。例如信息技术（IT）行业，其公认的核心竞争能力来源于CPU和操作系统等典型的生产环节，不过戴尔等企业在流通环节的出色表现，也说明了该行业中也存在购买者驱动的特征。IT行业从驱动力方面就可以看作一个兼备生产者驱动和购买者驱动共同特征的中间类型。

3. 全球价值链上的价值分配

全球化虽然把人们空前紧密地连接起来，却极大地加剧了国家之间和国家内部的不平等。在这个世界上，最富裕的200个人掌握的资产超过了经济阶梯最底层的20亿人的收入的总和，这样的现实足以令每个人驻足深思。杰伊·马祖尔先生不会感到孤独，伊格纳西奥·拉莫内也在《外交世界》中抒发过类似的感慨："全球化和新自由主义的急剧扩张……伴随着不平等的爆炸性增长，大众贫困和失业现象的再现——这恰是现代政府和现代公民权利固有基础的对立面"（马丁·沃尔夫，2008）。

全球力和地方力不断相互作用，导致全球价值分配越来越不均衡：掌控关键资源的全球领先企业将获取更多的垄断租，而分散在全球各地的低成本

① 全球最大民生消费品采购贸易商利丰集团既无工厂，也无针线，更没有直接聘用任何一名生产线工人，但它却构筑一个既广且深的网络，这个网络囊括了41个国家、超过一万家的工厂。在这个网络中，全球有超过200万人为它工作。商业周刊：百年传奇 香港利丰集团．彼得·诺兰（Peter Nolan）. 2009-11-10. 处在十字路口的中国．中央编译局．吕增奎摘译．http：//tech. mop. com/jj/2008/0504/2252200092. shtml。

供应商则不断受到上游和下游企业的挤压，利润空间越来越窄小，在全球价值链上的地位趋于边缘化。一个“微笑曲线”模型被广为引用（文婷，曾刚，2004；李平，狄辉，2006；马永驰，季琳莉；2005)，来描述全球价值链价值分配的规律，即全球价值链两端的设计、研发、品牌和营销等环节攫取了大部分的附加值，而中间的加工、制造环节的附加值和利润水平则最低。全球价值链上的附加值到底是怎样的分配的？以下是两个例子。

1996 年，美国《洛杉矶时报》对芭比娃娃玩具的全球生产与价值分配体系所做的一项调查显示：一个在美国市场上售价 9.9 美元的“芭比娃娃”玩具，其海运、仓储、营销、批发、零售和利润环节就占了 7.99 美元；在余下仅仅 2 美元的分配结构中，中国香港的管理和运营中心占 1 美元，从中国台湾地区、日本、美国、沙特阿拉伯进口和中国内地市场采购的原材料占 0.65 美元，剩下的 0.35 美元才是中国工人的加工费——在全球玩具产业的价值链上，加工制造环节的附加值水平仅为 3.5%（Tempest，1996)。关于加工贸易的类似困境后来被称作“芭比娃娃陷阱”。

2007 年 6 月 28 日，《纽约时报》上的一篇文章分析了美国苹果公司旗下的一款 iPod 音乐播放器在全球的价值分解情况（Varian，2007)，发现虽然中美之间的贸易逆差越来越大，但是美国的企业和工人仍然从全球价值链中分享了最多的好处，他们直接或间接获取的附加值总计 196 美元，占到商品最终价值的 65.6%；日本提供了部分关键的零部件，其获取的附加值占商品最终价值的 33.1%；而中国的代工企业，位于“世界工厂”最底端的加工和组装环节，仅获得 iPod 商品最终价值的 1.3%（表 4-2)。

表 4-2 苹果公司 iPod 产品的全球价值链分解

价值环节	获取价值/美元	比例/%	国家
苹果公司的品牌	80	26.8	美国
美国的运营商和零售商	75	25.1	美国
显示屏	20	6.7	美国
视屏处理芯片	8	2.7	美国
控制芯片	5	1.7	美国
美国的零部件出口	8	2.7	美国
美国企业和工人所得价值小计	196	65.6	
硬盘成本	73	24.4	日本
硬盘附加值	26	8.7	日本
日本企业和工人所得价值小计	99	33.1	
加工、组装	4	1.3	中国
中国企业和工人所得价值小计	4	1.3	
最终在美国市场上的零售价	299	100	美国和全球

资料来源：笔者根据 Varian（2007）计算整理。

市场权力向全球领先企业的集中削弱了发展中国家的中小企业从全球价值链“金字塔”的底端攀升到中上游位置甚至顶端的机会，但并不等于没有机会；从历史的角度来看，能够成功实现在全球价值链上升级并不断保持增长的，是少数国家的少数产业中的少数企业。例如，“东亚四小龙”（中国香港、台湾，新加坡，韩国）在1960～1980年的产业升级，主要出现在电子、集成电路、石油深加工、家用电器与汽车等产业部门，产业升级的结果是出现了一批具有自主创新能力的本土品牌企业。其中的逻辑在于，全球生产的片断化加速了知识的分解和创新的扩散，使全球价值链上的创新过程被垂直分解和重新建构，为后进国家的本土企业提供了学习和升级的机会①。但是后进国家的特定产业能否不断升级，则不单取决于本土企业的技术学习和吸收能力（Cohen，Levinthal，1990），而且取决于企业的学习速度，以及地方产业集群的网络协力及合作行动，能否抓住全球生产片断化带来的知识分解和创新扩散机会，尽快实现本土产业竞争力的提升。

4. 产业集群的外部联系和集群升级

一些地方中小企业之所以能够应对日趋频繁的技术创新、越来越残酷的市场竞争的挑战，往往是因为它们参与生产者驱动或客户驱动的跨国生产和流通活动，与跨国核心公司联系，构筑起有能力创新和适应残酷竞争的网络组织。也就是说，地方企业技术学习能力和创新能力的提升，并不只是企业个体的行为，而通常是在本地企业集体所构成的创新网络环境，也就是集群环境中，通过它们所建立的跨国生产联系而得到实现的。大量经验研究的结果表明，发展中国家的中小供应商嵌入全球价值链，的确能从中学习一定的知识，接近国际市场通道，创造更多就业机会。但是产业升级的机会相当有限，尤其在攸关跨国领先企业的核心利益的时候，领先企业不但不会帮助发展中国家的供应商升级，而且会想方设法阻挠和破坏后者的创新与升级。

依据全球价值链理论，联合国工业发展组织建议，企业需要根据自己的技术能力来寻找参与全球价值链的位置，通过创新和学习来加强或提升自己在价值链中的地位，加快获得产业能力和产品市场（UNIDO，2002）。企业可以集中以下一个或多个方面，在价值链某个环节内或环节之间进行努力：

1）过程升级：提高投入产出效率，比对手更具有竞争力，可以在价值链

① 演化发展经济学的最新研究表明，后发国家若要实现超越，第一要找到一个报酬递增的新行业，第二是政府对这个新行业实行保护政策，第三是发展世界市场。

的个别环节内，例如加速存货周转、减少废料，也可以在价值链之间，例如加快贸易文件的处理；

2）产品升级：开发新产品、改善老产品，以比竞争对手更好的产品质量、更低的价格、更个性化的款式以及更快的更新速度进行竞争；

3）功能升级：培育在全球价值链中更为主动的方式，包括更多地参与设计、营销以及物流整合等；

4）转向新的价值链：例如台湾的电子产业由晶体管收音机到计算器、电视机、计算机显示器、笔记本电脑、移动电话等升级。

杰瑞夫对于东亚服装业的研究追溯了日本，中国香港地区、台湾地区和韩国沿着价值链从简单进口组装到 OEM，再到 OBM 的升级路径（Gereffi，1999）。但是，这种成功的例子并不是很多。在销售渠道和技术标准被发达国家的买家和生产者所掌控和规定的情况下，发展中国家的集群升级困难重重。按这些渐进式的升级路径，发展中国家集群被锁定在跨国公司控制的价值链上。

发展中国家的供应商企业在全球价值链上升级困难的根本原因在于，权力高度集中的跨国公司和全球购买商位于全球价值链的顶端，而由于生产高度片断化和地理高度分散化，纺织服装、家具、玩具等产品的本土供应商，长期以来一直位于全球价值链的底端。因为竞争者多，可替代程度高，资本的流动性强，劳动力市场的灵活性大，所以本土供应商的话语权很弱。

对发展中国家集群的实证研究，指出了在全球价值链的不同治理模式下，地方产业集群可能的升级类型（表 4-3）。

表 4-3　价值链治理模式与集群升级关系

价值链治理模式	特征	介入后容易的升级类型
市场型	买家与生产者彼此独立，相互选择。生产者有能力生产买家需要的产品。产品标准化或易于标准化	介入后，流程和产品升级的速度会比较慢（由于没有全球买家的推进），但功能升级的道路更为开阔
网络型	买家与生产者相互依赖，彼此有密切的信息交流。买家可以设定产品标准，并相信生产者能完成	升级的条件最优，但由于能力要求高，发展中国家的生产者难以介入
半等级型	一方对另一方有较高的控制力，并常常对产品规格进行设定，对生产进行监督，彼此间不信任	介入后，流程和产品升级易于实现，但会阻碍功能升级
等级型	领导企业直接拥有价值链活动的所有权	

资料来源：根据 Humphrey 和 Schmitz（2002）整理。

一些案例研究采用价值链的框架对集群外部联系和集群升级进行了探讨。例如，关于墨西哥托雷翁（Torreon）牛仔裤集群的研究表明，由于制度环境的缺位使托雷翁出口繁荣的收益只局限在了集群内的一级承包商上（Bair，Gereffi，1999）。关于德国图林根（Tuttlingen）和巴基斯坦斯尔科特（Sialkot）的医疗器械产业集群在产品和知识上的联系与差异研究强调了外部联系对于集群的意义（Nadvi，Halder，2005）。关于巴西希诺斯谷（Sinos Valley）鞋业集群的研究发现，不同市场的企业处于治理结构不同的价值链中，这对于企业的升级有重要影响（Bazan，Navas-Aleman，2004）。关于意大利布伦塔（Brenta）鞋业集群的分析则表明，由于国内顶级品牌商的介入，一些本地企业放弃了原来的设计和采购环节，转向了做 OEM，出现了功能降级（Rabellotti，2004）①。

对集群外部联系的研究基本结论是：在外部压力下，集群内的企业会做出不同的反应。集群内部的异质结构使探讨集群升级时不仅要分析集群企业合作行动的本身，而且需要在更细微的企业尺度上进行分析（梅丽霞，2010）。

5. 产业集群内部的合作行动

发展中国家那些依赖海外市场的加工工业集群中，由于企业所从事的是成熟技术生产，技术壁垒相对较低，企业相互之间是争夺定单的对手，彼此很难在技术创新方面建立起密切的交流与合作关系。相反，把主要注意力放在与海外客户或合作者的交流上，也就是说，更加偏重全球联系而轻视本地联系。日本学者一项对埃塞俄比亚的阿迪斯阿巴巴鞋业集群的研究成果表明，非洲与东亚的发展道路极其相似。生产高质量产品的创新性企业是由受过较高教育和富有经验的企业家经营的，它们通过自己的营销渠道直接将产品销到市场。这些企业扩大规模，以提高产品质量、建立自己品牌及其供销体系（Sonobe et al.，2006）。然而，企业之间的合作是相当微弱的。

发展中国家产业集群中特别需要通过企业之间的合作以提高集体效率。当集群中突发重大的事件时，更需要合作行动以解决现实问题，如印度鞋业 Agra 集群在国际市场渠道的开拓（Knorringa，1999），巴基斯坦不锈钢医疗器械 Sialkot 产业集群应对国际质量标准危机（Nadvi，1999），巴西鞋业 Sinos Valley 集群为实现全球价值链上的功能升级而做的努力（Schmitz，1998），印度皮革产业 Tamil Nadu 集群面对环境危机与环境治理方面的问题（Kennedy，1999）等。提高集体效率是互动的基本目的。在产业集群中行为

① 关于意大利布伦塔鞋业区域的新发展，可参考意大利制造官方网站的文章："豪华品，Brenta 海滨的妇女鞋".http://www.italtrade.cn/focus/brenta.html。

主体主动地进行合作以提高集体效率是发展集群的关键所在。

在我国，集群发展阶段中的重大事件，如专业市场的建设、工业园区的规划、行业协会的建立、会展活动的开展、企业之间的战略合作、应对反倾销案等，都有相关主体合作行动体现。缺乏合作行动，则成本降低等效果都难以持续。集群微观的行为主体的合作行动应引起集群决策者与实施者的高度重视。单单讨论我国产业集群在地理上集聚的机制以及企业之间的投入产出物质联系等特征并不能为现实的产业集群发展提供有效的帮助（林涛，2010）。

我国很多市镇的政府和行业协会在各地集群中建立了技术创新中心、专业市场，以及举办了各种专业展会和论坛等，在增强企业活力，促进产、学、研合作和产、供、销互动方面已经起了很大的作用，并积累了不少经验。当商人和专业人员在商品交易会、展览会、专业讨论会上把最新的最先进的产品展示出来，同行（包括竞争对手）、客户以及供应商都会评价或学习。与会者通过展会能识别市场前沿，利用相对竞争优势，精准地制定未来发展规划。这样的"临时集群"（temporary clusters）（Maskell et al.，2004）已经被认为是知识交流、网络建立以及创意产生的白热地带①。

三、产业集群吸引外国直接投资

跨国公司通过外国直接投资（FDI）的方式进入本地产业集群，其根本目的在于利用当地的产业发展比较优势，从而在全球范围内为企业获得竞争优势。而对本地产业集群内的企业而言，FDI 企业空降，直接增加了强大的竞争对手，但也意味着拥有了新的合作伙伴。

FDI 企业对本地企业可能产生很大的各种潜在的溢出效应，成为本地产业集群升级的催化剂，这对政策制定者尤其有吸引力。对于发展较为成熟的产业集群，吸引 FDI 企业之后，本地企业的发展空间以及资源将会被挤占，甚至部分本地企业会成为牺牲者。由于 FDI 企业的根植性远远低于本地企业，对本地经济的忠诚度不高，一旦地方失去比较优势或者政府的相关优惠政策不

---

① 根据实地调查发现，拥有产业集群的地方的会展发展比较迅速，如温州（泵阀展、鞋材鞋机展、印刷展）、义乌（小商品博览会）、东莞（家具展）、台州（家电展）、虎门（服装展）、广州（装备机械展、皮具展）、中山（灯饰展）、顺德（家电展）、清河（羊毛制品展）、宁波余姚（家电展）、青岛（消费电子展）、大连（软交会）、苏州（电子展）、昆山（电子展）、长春（汽博会）等地近年来陆续举办的国际级专业大展与本地产业集群的发展密不可分（任宝，2007）。

再具有吸引力，FDI企业随时可能搬走。这样可能对本地集群的发展和升级造成危害。但是在本地产业集群中也会产生“鲶鱼效应”[①]，很多本地企业可能在FDI压力下，变得更加强壮敏捷。对政策制定者而言，通过引入FDI企业使得产业集群中更多的本地企业更强壮才是根本目的。下面以温州为例加以说明。

（一）利用FDI促进产业集群升级的机会

温州的产业集群的一些龙头民营企业逐步成为吸收利用FDI的主力。“以民引外、民外合璧”既是温州政府2006年“一号工程”的口号，同时也是温州吸引外资的现实和发展趋势。温州广大民营企业在“民外合璧”过程中“借梯登高”。例如，浙江人可工贸有限公司与国际制笔业顶尖企业瑞士凯兰帝公司合资，使“中国制笔之都”得到了升级。

中小企业虽然通过集群获得外部经济，但单个企业的发展和壮大面临资本、技术和营销等方面的瓶颈，FDI通过合资、合作等形式进入，能够有效地弥补企业融资渠道不足、企业技术人才和营销人才匮乏等缺陷。FDI企业与本地企业合资、合作等，本地企业可能直接获得外资企业的技术转让，并且有可能从跨国公司处获得先进的企业管理思路和经验。2005年温州的正泰集团和通用电气合资成立新公司，丰富的本地市场经验和市场营销网络资源与世界一流的制造技术和管理水平优势互补，促进柳市电器产业集群乃至中国电器产业的升级。另外，FDI企业对产品零部件较高的质量要求可能促使本地企业在技术和管理方面有所改进，甚至FDI企业会直接向本地企业提供技术和管理方面的支持。吸引FDI企业为本地企业更快更好地模仿学习跨国公司提供了机会，温州人的商业意识和创业精神由于更多FDI企业进入而可能得到更大的发挥。

跨国公司的到来大大提升了本地企业建立独立的国际销售网络的可能性。温州不少产品进入国际市场都依赖于“侨贸”，这种渠道是温州产品进入国际市场的独特方式，但温州更需要通过正规渠道将产品打入国际市场，这是温州产品打造品牌的基础。另外，温州的产品贴牌生产的比例很高，这与本地企业无法建立有效独立的国际销售渠道是相关的。而FDI企业往往从属于实力强大的跨国公司，拥有较为完善的市场渠道，FDI进入温州产业集群，与FDI企业的合作有利于本地企业学习并掌握产品进入国际市场的知识。

---

① 有一种鱼叫做沙丁鱼，数量很多，它们生活在一个很安全的环境下，往往会因为太安逸了，反而存活的很少。有人就想了一个办法，后来在沙丁鱼中放了一些专门吃沙丁鱼的鲶鱼，没想到反而使它们的存活率高了起来。这就是鲶鱼效应。

FDI企业的到来会促使地方政府更加规范且有效率地提供对企业的服务，这是地方政府吸引FDI企业进入温州的条件之一，这样会有利于建立更加健康的企业外部生存环境，对本地企业而言也是一种福音。温州的产业集群中存在一些制度性升级障碍[①]，引入FDI有利于打破这些制度和文化方面的障碍。

FDI企业的到来可以从整体上促进集群内企业素质的提升。一些企业自身并没有足够的竞争力，只是因为获得了集群发展带来的显著外部经济才能存活。但这些企业依然占据了不少资源，尤其是土地资源，引入相关FDI企业能够加剧集群内部企业的竞争，推进产业集群内部的整合过程，可以加速将一些缺乏活力的企业淘汰，为其他企业的发展腾出空间。FDI的进入往往带来新的产业，甚至可能成为诞生新的产业集群的催化剂。

（二）招商引资可能遭遇的威胁和挑战

温州的产业发展面临土地不足、生产成本上升的问题。不少本地企业纷纷向外转移，甚至有人认为温州已经出现“产业空洞化”的趋势。跨国公司的到来使得土地变得更加稀缺和昂贵。特别是政府大张旗鼓吸引FDI，本地企业得到土地的难度加大。另外，FDI企业在工资方面对劳动力的吸引力往往强于本地企业，一些优秀的技术和管理人员也会被跨国公司用高薪“挖走”。这两方面的成本提升对温州的本地企业的压力是不言而喻的。

外资企业在短期内通过迫使本地企业减小生产规模来降低本地企业的生产效率，这种过程被称为市场窃取效应。随着本地企业逐渐退出该市场，形成了外资企业处于垄断地位的市场结构，会极大地阻碍本地企业的技术进步。

一些跨国公司在华并购的基本要求是三个“必须”：必须绝对控股，必须是行业龙头企业，预期收益必须超过15%。这种苛刻的要求体现了外资在中国并购的“进攻性”，更重要的是反映了外资对当前中国并购市场的形势判断。2006年温州市强调“以民引外”，是一个能取得实效的思路，和温州优秀的民营企业合资、合作是跨国公司所乐于接受的。令人担心的是，跨国公司通过合作、合资甚至直接并购逐步获取企业的控制权，一旦这种情况变得普遍，产业集群发展将非常危险，龙头企业的核心部分、关键技术和高附加值就可能完全被跨国公司所控制。温州产业集群发展的很多宏大愿望可能落空，

① 如史晋川提出的“代际锁定”以及人格化交易造成的“不可触摸的网”，史晋川认为“不可触摸的网”本身就是温州FDI数量较少的原因之一。

特别是建立具有国际知名度的品牌等会成为一种妄语。

温州引进外资政策的初衷是促进温州企业融入全球化，促进本地产业升级。其结果可能带来两种形式的外资进入。第一种是与已有产业基础联系不多的外资企业，尽管这些企业有可能是世界500强，但若是对本地产业发展带动不强的话，那么可能会占用温州内资企业发展所需资源，直接构成对内资的不平等待遇。这是政府需要警惕的。第二种是与已有产业相互联系紧密与相互促进的，如奥康和GEOX、正泰和通用的合作案例等。这种合作有助于本地内资企业的能力提升与技术进步，其形式值得提倡。但这种合作需要警惕外资通过兼并国内企业来占领国内市场并瓦解国内领先企业的后果。

本章小结和讨论

我国对产业集群的研究不能局限于发达国家的产业集群概念和理论，而应该而且必须参照发展中国家的实践及其理论进行分析。大量基于观察和调查的研究表明，发展中国家产业集聚的现象十分普遍。企业在一地共栖不仅是本地市场或国内市场的企业的空间需求，而且受国际贸易影响很大。全球产业集中到跨国公司已经成为一种趋势。在产业集中的过程中，跨国公司居高临下，作为系统集成者在全球配置研发、生产和销售，形成了全球价值链及其生产网络。发展中国家的产业集群中的龙头企业往往参与全球价值链，在价值链中学习和创新，从而带动整个地方集群内的相关企业的成长。

但是，由于销售渠道被发达国家的买家和生产者所掌控，技术标准被发达国家的买家和生产者所规定，因此发展中国家产业集群的升级又是十分困难的。一方面，在全球价值链中，领先企业建立在战略资源基础上的市场权力的集中导致价值分配的非均衡，这种非均衡又进一步强化了市场权力的不断集中，形成了与发展中国家产业集群不对称的话语权，它从根本上不利于发展中国家中小企业在全球价值链上的升级。而另一方面，全球生产的片断化加速了知识的分解和创新的扩散，使全球价值链上的创新过程被垂直分解和重新建构，为后进国家的本土企业提供了学习和升级的机会。但是，从生产能力到创新能力的升级并非自动发生，只有那些能够在开放市场条件下锐意学习和进取、抓住机会自主创新的本土企业，才有可能在激烈的国际竞争中生存下来。关于这点，本书后面章节将继续做探讨。

发展中国家的经济发展过程中，已经涌现出大批主攻本国市场的龙头企业。挑剔的、有经验的本土消费者的需求刺激技术创新和产业升级（Porter，1990），本土市场的需求和技术创新条件可能更有助于本土企业的创新能力积累和提升（Pietrobelli，2008）。当前我国企业面临国际、国内市场条件的剧烈变化，需要减少对出口市场的过度依赖，转而注重开发本土潜在的市场。这样做是否有利于促进我国本土企业在全球价值链上的升级？在这个过程中，我们的本土企业需要培养什么样的组织能力和技术能力才能成功实现突围？劳动力和地方社会怎样才能共享产业升级的裨益，而不至于陷入“贫困化增长”的困境？这些问题都需要我们更加谨慎而批判地看待全球价值链理论，并对现实做更进一步的深入调查和研究来寻找答案。

在本章最后一节，以温州为例，对发展较为成熟的产业集群吸引外资的影响进行了正、负两方面的分析。在发达国家，例如意大利，产业区（集群）中的企业寻找国外投资和合作机会的趋势越来越明显，我国的产业集群吸引 FDI 方面还有很多的研究课题，有待于进一步分析。

（王缉慈，梅丽霞，林涛，潘峰华）

参考文献

彼得·诺兰．2007．全球商业革命：产业集中、系统集成和瀑布效应．刘春航，张瑾翻译．天津：南开大学出版社

胡必亮．2009-2-11．农村发展源于民间制度创新．光明日报

金祥荣，朱希伟．2002．专业化产业区的起源与演化．经济研究，(8)：74～82

卡斯特尔，霍尔．1998．世界高技术园区：21 世纪的产业综合体．李鹏飞，范琼英，龚学纲等译．北京：北京理工大学出版社

李平，狄辉．2006．产业价值链模块化重构的价值决定研究．中国工业经济，(9)：71～77

李新春．2002．企业家协调与企业集群．南开管理评论，5 (3)：49～55

林涛．2010．产业集群合作行动．北京：科学出版社

马丁·沃尔夫．2008．经济自由的全球化：全球化为什么可行．北京：中信出版社

马永驰，季琳莉．2005．从“微笑曲线”看“中国制造”背后的陷阱．统计与决策，(5)：132～133

梅丽霞．2010．全球化、集群转型和创新型企业．北京：科学出版社

钱平凡．2003．产业集群是经济发展的一种战略方式．国务院发展研究中心：调查研究报告，(125)

任宝．2007. 会展促进产业集群跨界联系和创新研究．北京大学硕士论文
任胜钢，孙丽萍．2008. 跨国公司对集群内子公司的控制机制研究．中南大学学报（社会科学版），14（2）：163～169
王珺．2005. 衍生型集群：珠江三角洲西岸地区产业集群生成机制研究．管理世界，8：84
文嫮，曾刚．嵌入全球价值链的地方产业集群发展——地方建筑陶瓷产业集群研究．中国工业经济，2004，(2)：36～42
张辉．2006. 全球价值链下地方产业集群转型和升级．北京：经济科学出版社
Abonyi G. 2000. Linking Asia together. Asian Wall Street Journal，11：5
Arndt S，Kierzkowski H. 2001. Fragmentation：new production patterns in the world economy. Oxford：Oxford University Press
Bair J，Gereffi G. 1999. Local clusters in global chains：the causes and consequences of export dynamism in torreon's blue jeans industry. World Development，29（11）：1885～1903
Bazan L，Navas-Aleman L. 2004. The underground revolution in the Sinos Valley：a comparison of upgrading in global and national value chains. *In*：Schmitz H. Local Enterprises in the Global Economy：Issues of Governance and Upgrading. Cheltenham：Edward Elgar. 110～139
Cohen W，Levinthal D. 1990. Absorptive capacity：a new perspective on learning and innovation. Administrative Science Quarterly，35（1）：128～152
Dicken P. 2003. Global Shift. London：Sage Publication
Garofoli G. 1994. New firm formation and regional development：the Italian case. Regional Studies，28（4）381～393
Gereffi G，Humphrey J，Sturgeon T. 2005. The governance of global value chains. Review of International Political Economy 12，1：78～104
Gereffi G，Korzeniewicz M. 1994. Commodity Chains and Global Capitalism. Westport，Praeger
Gereffi G. 1990. International economics and domestic policies. Current Sociology，38，2/3：231～258
Gereffi G. 1999. International trade and industrial upgrading in the apparel commodity chain. Journal of International Economics 48，1：37～70
Gereffi G. 2005. The global economy：organization，governance，and development. *In*：Smelser N J，Swedberg R. The Handbook of Economic Sociology. 2nd ed. Princeton：Princeton University Press and Russell Sage Foundation. 160～182
Gereffi G. 2006. The new offshoring of jobs and global development. ILO Social Policy Lectures. Geneva. ILO
Halder G. 2004. Local upgrading strategies in response to global challenges：the surgical instrument cluster of Tuttlingen，Germany. *In*：Schmitz H. Local Enterprises in the Global Economy：Issues of Governance and Upgrading Cheltenham：Edward Elgar. 200～232

Henderson J，Dicken P，Hess M et al. 2002. Global production networks and the analysis of economic development. Review of International Political Economy，(3)：436～464

Humphrey J，Schmitz H. 2002. How does insertion in global value chains affect upgrading in industrial Clusters? Regional Studies，36 (9)：1017～1027

Jones R，Kierzkowski H，Lurong C. 2005. What does evidence tell us about fragmentation and outsourcing? International Review of Economics and Finance，14 (3)：305～316

Kennedy L. 1999. Cooperating for survival：tannery pollution and joint action in the palar valley (South India). World Development，27 (9)：1673～1692

Knorringa P. 1999. Agra：an old cluster facing the new competition. World Development，27 (9)：1587～1604

Krugman P. 1993. First nature，second nature，and metropolitan location. Journal of Regional Science，33 (2)：129～144

Maskell P，Bathelt H，Malmberg A. 2004. Temporary clusters and knowledge creation：the effects of international trade fairs，conventions and other professional gathering. www.space-online. com

Maskell P，Malmberg A. 2007. Myopia，knowledge development and cluster evolution. Journal of Economic Geography，doi：10. 1093/jeg/lbm020

Nadvi K，Halder G. 2005. Local clusters in global value chains：exploring dynamic linkages between Germany and Pakistan. Entrepreneurship & Regional Development，17：339～363

Nadvi K. 1999. Collective efficiency and collective failure：the response of the Sialkot surgical instrument cluster to global quality pressure. World Development，27 (9)：1605～1626

Nicholas R L. 2002. Integrating China into the Global Economy. Washington D C：Brookings Institution Press

Pietrobelli C. 2008. Global value chains in the least developed countries of the world：Threats and opportunities for local producers. International Journal of Technological Learning，Innovation and Development，1 (4)：459～481

Porter M E. 1990. The Competitive Advantage of Nations. New York：Free Press

Pouder R W，Caron J H. 1996. Hot spots and blind spots：geographical clusters of firms and innovation. Academy of Management Review，21 (4)：1192～1225

Rabellotti R. 2004. How globalization affects Italian industrial districts：the case of Brenta. *In*：Schmitz H. Local Enterprises in the Global Economy：Issues of Governance and Upgrading. Cheltenham：Edward Elgar. 140～173

Rugman A，Verbeke A. 2001. Location，competitiveness and the multinational enterprise. *In*：Rugman A M，Brewer T. The Oxford Handbook of International Business. Oxford：Oxford University Press. 150～180

Schmitz H. 2004. Local enterprises in the global economy：Issues of governance and upgrading. London：Edward Elgar Publishing

Schmitz H. 1998. Responding to Global Competitive Pressure：Local Co-Operation and Upgrading in the Sinos Valley，Brazil. IDS Working Paper No. 82. Brighton：Institute of Development Studies，University of Sussex

Schmitz H. 1999. From ascribed to earned trust in exporting clusters. Journal of International Economics，48（1）：39～150

Schmitz H. 2006a. Learning and earning in global garment and footwear chains. The European Journal of Development Research，18（4）：546～571

Schmitz H. 2006b. Regional system and global chain. 第五届产业集群与区域发展国际学术会议论文

Scott A，Garofoli G. 2007. Development on the Ground：Clusters，Networks，and Regions in Emerging Economies. London：Routledge

Sonobe T，Akoten J，Otsuka K. 2006. The development of the footwear industry in Ethiopia：How different is it from the East Asian experience. Mimeo，Foundations for Advanced Studies on International Development

Tempest R. 1996. Barbie and the world economy. Los Angeles Times，22：A1～A12

UNCTAD. 1998. Promoting and Sustaining SMEs Clusters and Networks for Development. Paper prepared for an Expert Meeting on Clustering and Networking for SME Development，Geneva，2～4 September，TD/B/COM. 3/EM. 5/2

UNIDO. 2002. Competing through innovation and learning. Industrial Development Report 2002/2003.

UNIDO Annual Report. 2009-11-10. http：//www. unido. org/fileadmin/import/10981_cover2002eng. 2. pdf

Varian H. 2007. An iPod has global value. Ask the（Many）countries that make it. New York Times，28，June

Venables A. 1999. Regional integration agreements：A force for convergence or divergence? Policy Research Working Paper Series 2257. The World Bank

Wesley C M，Levinthal D A. 1990. Absorptive capacity：a new perspective on learning and innovation. Administrative Science Quarterly，35：128～152

第五章　中国产业集聚区分布的面面观

本章描述了中国经济转轨中的突出而有趣的现象——产业集聚区的地理分布。经过改革开放30年的发展，已经呈现在中国版图上的产业集聚现象是足够丰富多彩的。从提高区域竞争力的方面来分析，问题的关键不在于是否存在产业集聚，不在于产业集聚板块的多寡，也不在于产业集聚区域内的主导产业是朝阳还是夕阳的，而是这些产业集聚区域内的行为主体如何，处在产业部门价值链的什么环节上，产业联系如何，是否依靠内力发展等。

全国塑料袋生产厂家中，曾经有近400家集聚在辽宁省营口市芦屯镇，有249家登记在册的集聚在河北省保定市雄县，还有数百家小作坊集聚在河南省驻马店市、漯河市、遂平县、西平县。例如，在河北省雄县古庄头村，单从空气里弥散的塑料气味，就能够判断出这个村子聚集了不少塑料生产厂家。2008年1月8日国务院办公厅下发通知，规定从6月1日起，全国禁止生产、销售、使用厚度小于0.025毫米的塑料购物袋，曾经"奏响富民曲"[①] 的塑料袋生产基地和倒闭的广东投资遂平的华强塑胶有限公司等龙头企业一起，被逼浮出水面，成为社会一时聚焦点。

如果不是"限塑令"的下达，大约这些塑料袋厂家如此集聚的格局很难为众人所知。

在中国市场经济转轨和对外开放的过程中，原有的经济活动空间分布的内在机制与外在环境都发生了极大的改变。地方产业集聚及其所形成的灵活而富于变化的跨部门、跨区域分工协作网络成为中国经济转轨中一个突出而有趣的现象[②]。这样的空间发展格局为研究者所困惑，用普通的可得数据和一般的地理信息系统方法是难以在中国的地理版图上恰如其分地表现出来的。

在时间上，我国的产业集聚多发生在1980年以后，历史甚短。有的地方可能在短短的一两年中就有多个企业聚集成群，有的地方在某种情势下，随着关键企业搬迁而发生企业的群体迁移。在空间上，形形色色的产业集聚区散布于大小不同的地理尺度，往往不拘泥于特定的行政边界。在产业门类上，产业集聚的现象既出现在传统的消费品产业中，也呈现于新的高技术产业和创意文化产业；既普遍存在于工业，也表现在商品农业和服务业的一些部门之中。参与集聚的产业还常常突破既有的产业部门分类标准。这种发展模式给过去中国计划经济所遗留的"条块分割"的管理体系造成巨大的冲击，给高层和基层的经济管理部门在政策实践上提出大量新的课题。

从形成缘由来看，既包括众多企业自然集聚而成的，也包括政府或企业

① 2007-08-13. 遂平产业链奏响富民曲. http://www.suiping.gov.cn/Article/ssxw/200708/Article_20070813082430.html。

② 本章所描述的产业集聚泛指企业地理邻近（俗称"扎堆"），而不一定是在产业上相关的，与学术意义上的产业集群不同，但其中包含产业集群。

通过规划建设园区吸引企业而形成的；既有源自民营企业的[①]，也有源自国有企业的，还有源自跨国公司的（详见第四章）。

产业集聚可以从产业部门和区域（包括行政区）两个视角来看，也可以从时间（历史）和空间（地理）两个维度来看。产业集聚的空间范围，小到一个村子、一条小街，大到方圆数十平方公里，例如佛山顺德和中山的家电产业集聚区域。相关产业的集聚还往往是跨行政区域的（图 5-1），例如浙江诸暨的袜业就跨越了大唐和草塔等 12 个乡镇。

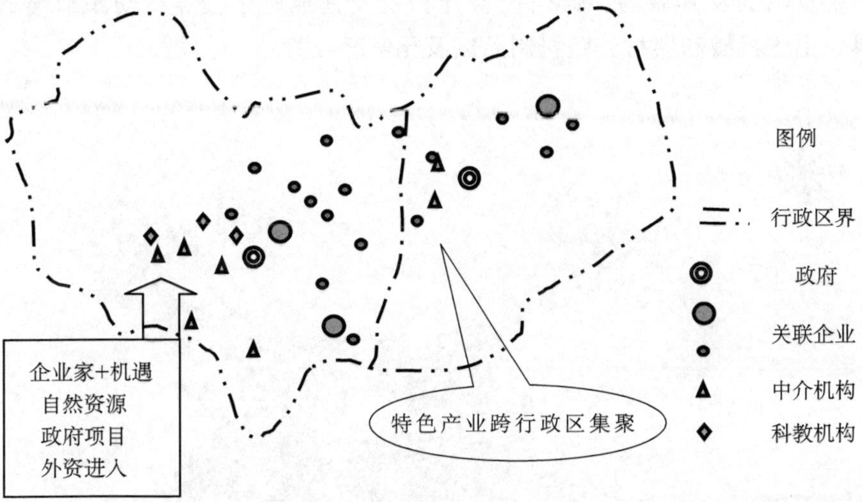

图 5-1 特色产业跨行政区集聚

从产业类别看，有以大型企业为核心的重化工业集聚区域，也有主要为中小企业的消费品产业集聚区域。除制造业以外，还有金融、物流、贸易等服务业集聚的区域，也有花卉等某些农业活动和相关产业活动集聚的区域。具体到某一产业部门，在不同地理范围可以对产业集聚进行观察。

从全国、区域（如珠江三角洲和长江三角洲）、省（自治区）以及城镇来看，各个不同地理范围都可以观察到产业集聚现象。在我国的城市中，以区（县）或乡（镇）为单位，往往可以观察到更加细致的产业集聚和地理分工格局。

从历史演化的视角，还可以观察到产业集聚动态的地理格局（见第六章）。本研究尚未对全国各地理单元的各种产业部门，甚至对各种产品生产的

① 浙江大学金祥荣教授 2002 年发表在《经济研究》上的学术论文“专业化产业区的起源与演化——一个历史与理论视角的考察”中提出了低流动性的产业特定性要素决定产业集聚的观点，并提供了浙江产业集群的经验支持。

地理集聚现象进行细微的分析。在本章中，限于篇幅，仅提供分析中国的产业集聚地理格局的一些角度，以便后续深入研究。

图 5-2 反映了中国制造业规模以上企业就业的区（县）分布，制造业集中于沿海的地理格局一目了然[①]。本项目组贺灿飞等的计量分析发现，产业划分越细，在各空间层次越集中；空间尺度越小，产业空间集中越显著；不同空间尺度上的基尼系数显著相关，制造业的集中程度及其形成机制可能存在显著差异。分析结果表明，在两位数层次，最为集中的产业包括文教体育用品、皮革毛皮羽绒及其制品、通信设备计算机及其他电子设备、纺织服装鞋帽、家具、电气机械和器材、塑料制品以及化学纤维等。

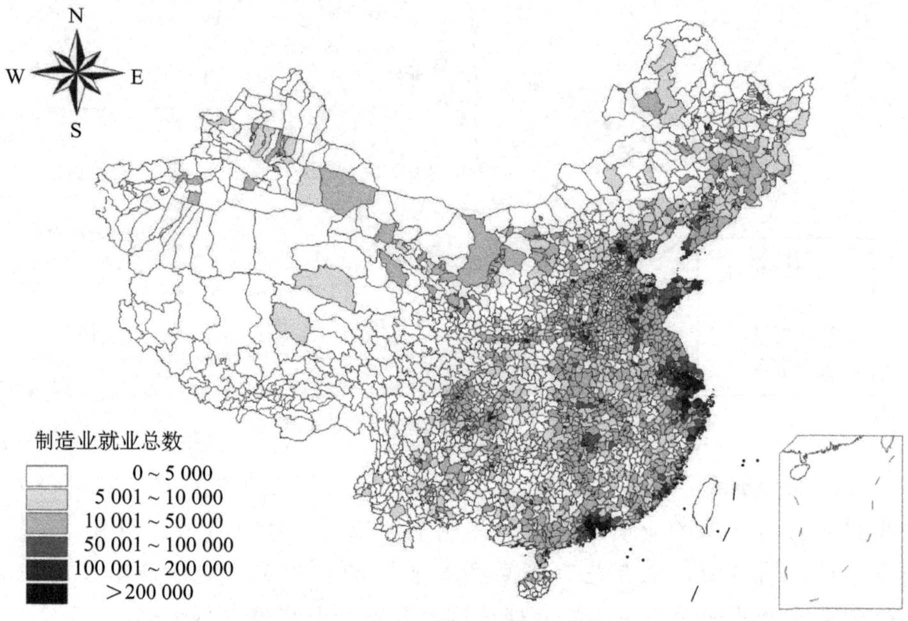

图 5-2　中国制造业规模以上企业就业的区（县）分布图（2004 年）

资料来源：贺灿飞（2008）

根据对三位数制造业的省级和县级基尼系数分析发现，高度集中的产业有三类。一类属于资本-技术密集型产业，包括核燃料加工与辐射、雷达及配套设备、游艺器材与娱乐用品、其他仪器仪表制造、电子计算机、家用视听设备、文化办公机械、航空航天器以及交通器材和其他交通运输设备、贵金

① 产业地理集中的概念比产业集聚要宽泛，它反映产值或就业集中在部分地区，这可能是由于内部规模经济而发展单一大型企业所致，也可能由于外部经济吸引多个企业集聚所致。

属冶炼、炼钢、其他电子设备、光学仪器与眼镜制造、广播电视设备、烘炉、熔炉与电炉、卷烟制造等。这些产业尤其集中在沿海地区，包括广东、江苏、浙江笔山东等。另一类属于传统产业，包括塑料家具、玩具制造、皮革制品、羽毛加工、鞋帽制造、金属家具、体育用品、日用医用橡胶制品、搪瓷制品、塑料人造革与合成革等。第三类属于资源加工型产业，如广东和山东的竹藤家具、浙江和江苏的丝纺织、山东和福建的水产品加工、广西和云南的糖加工以及甘肃和湖北的其他烟草加工等（贺灿飞，2008）。

一、开发的产业园区

犹如天然湖泊和人工水库的区别，产业集聚区域也可分为两个大的类型，即由企业自然聚集所形成的产业集聚区域和由投资主体对绿地投资和开发、建立园区之后所形成的产业集聚区域。正如前面章节所述，多个企业在一个地方共享基础设施（如产业园区）、共享劳动力资源等，它们之间不一定有垂直或水平的功能上的产业联系。区域发展问题在学术界纷争了数十年，成功的产业集聚区域是否能被其他地方成功地仿制，始终是讨论的焦点。德国鲁尔区成功之初，我国煤矿城市无一不以鲁尔区作为学习的典范。爱尔兰香农出口加工区的成功，引来了世界上一轮又一轮的免税区建设热潮。硅谷等高技术区域的成功，引来了全世界的“硅谷热”①。

（一）政府开发的产业园区

改革开放以来，产业园区作为一种政策特区在我国外向型加工工业的发展中扮演了重要的角色。总体来看，它以优越的基础设施环境，在吸引外资、扩大出口、创造就业机会等方面都产生了良好效益，受到各级政府的普遍重视。根据产业的性质又可分为两类：综合产业园区和特色产业园区。前者指有“筑巢引凤”而没有产业特色的园区；后者指有部门专业化特征的专门规划而进行基础设施配套的产业园区，包括围绕大企业所建立的工业园区。以房地产开发驱动的工业园区不大可能从一开始就走专业化的道路，因为对于项目本身而言，专业化所面临的各种不可预测的风险很难从以 3～5 年为跨度的财务管理上加以控制。许多新建工业园区都是从综合化道路出发，其实是为了降低经营风险。

① 世界上很多科技园区并没有得到真正的成功，是因为没有创造出有利于企业协作以及大学、科研机构和企业协作的创新环境。

我国数以万计的园区的形成有三种最初的缘由。①吸引外资的需求。从20世纪80年代初经济特区建设开始，我国各级政府对园区建设表现出极大的积极性，希望通过吸引外资带动地方产业升级和结构优化。②农村工业从分散向集中的需求。③科研成果产业化的需求。我国高新技术产业开发区在除西藏、宁夏、青海以外的各省（自治区）纷纷建立起来。

从改革开放初期的国务院特区办公室，国家计划委员会设立经济特区和经济技术开发区，国家科学技术委员会设立高新技术产业开发区，到两三年前文化部和广播电影电视总局等中央政府部门设立动漫产业园区，中央很多部委先后对设立、开发和建设产业园区表示了极大的兴趣。表5-1列举了七种类型200个国家级海关特殊监管的开发园区及其所在地，包括综合保税区、保税港区、出口加工区、经济技术开发区、高新技术产业开发区、边境经济合作区等，尚不包含高教园区、创意产业园区和动漫产业园区等类型的开发园区（图5-3）。开发园区的门类繁多，等次各异。“筑巢引凤”所设立的园区中，除少数以外，很多是不相关产业集聚的，这可以从表5-2所列举的宁波市国家级开发园区的产业类别看出来[①]。

表5-1　国家级海关特殊监管的园区及其所在地

园区类型	所在地
1. 综合保税区（5个）	苏州工业园、天津滨海新区、北京天竺、广西凭祥、海南海口
2. 保税港区（12个）	洋山、天津东疆、大连大窑湾、海南洋浦、宁波梅山、广西钦州、厦门海沧、青岛前湾、广州南沙、深圳前海湾、重庆两路寸滩、张家港
3. 保税区（15个）	沙头角、外高桥、天津港、福田、大连、广州、海口、厦门、福州、宁波、青岛、张家港、汕头、盐田港、珠海
4. 出口加工区（60个）	昆山、无锡、苏州（高新）、南京、南京（南区）、镇江、常州、扬州、南通、连云港、吴江、常熟、淮安、松江、青浦、漕河泾、闵行、金桥、青岛、济南、烟台、烟台（B区）、威海、潍坊、青岛西海岸、厦门、福清、福州、泉州、杭州、宁波、慈溪、嘉兴、深圳、广州、广州南沙、九江、南昌赣州、大连、沈阳、沈阳张士、成都、绵阳、重庆、西安、西安（B区）、秦皇岛、廊坊、昆明、郴州、芜湖、武汉、乌鲁木齐、呼和浩特、北海、天津、天竺、郑州、珲春
5. 经济技术开发区（54个）	大连、青岛、天津、广州、虹桥、昆山、福清融桥、杭州、长春、萧山、乌鲁木齐、郑州、西安、石河子、呼和浩特、银川、南京、海南洋浦、秦皇岛、宁波、连云港、福州、漕河泾、营口、东山、武汉、哈尔滨、南沙、北京、成都、昆明、南昌、南宁、拉萨、厦门海沧投资区、宁波大榭开发区、烟台、湛江、南通、闵行、温州、威海、沈阳、芜湖、重庆、大亚湾、合肥、长沙、贵阳、西宁、太原、兰州、上海金桥出口加工区、苏州工业园区

① 企业混杂现象在这些园区中普遍存在，甚至重污染企业和食品、纺织等企业混杂。例如，浙江建德“碳酸钙工业园区”还布局了纺织、食品等企业。有些对基础设施要求不高的机械、纺织等企业，因为担心相互之间在技术保密、员工流通等问题上的摩擦，并没有同类企业集聚在一起的需求（倪树高等，2004）。

续表

园区类型	所在地
6. 高新技术产业开发区（56个）	中关村、武汉东湖、南京、沈阳、天津、西安、成都、威海、中山、长春、哈尔滨、长沙、福州、广州、合肥、重庆、杭州、桂林、郑州、兰州、石家庄、济南、上海张江、大连、深圳、厦门、海口、苏州、无锡、常州、佛山、惠州、珠海、青岛、潍坊、淄博、昆明、贵阳、南昌、太原、南宁、乌鲁木齐、包头稀土、襄樊、株洲、洛阳、大庆、宝鸡、吉林、绵阳、保定、鞍山、杨凌农业、宁波、湘潭、泰州医药
7. 边境经济合作区（14个）	满洲里、二连浩特、珲春、绥芬河、黑河、瑞丽、完定、合口、丹东、凭祥、东兴、博罗、伊宁、塔城

图 5-3 国家级海关特殊监管的园区分布图

表 5-2 宁波市国家级开发园区发展的产业门类

开发园区	产业门类
宁波保税区	电子信息产业、汽车配件、精密机械、生物工程、精细化工等高技术、高附加值的产业，轻工，纺织，食品，机械
经济技术开发区	精密机械、生物工程、电子仪器、新型材料等利用港口优势的石化、钢铁、建材等大型工业，利用保税区和北仑港联动的优势发展出口加工和国际贸易，基础设施，港口、码头及储运中转，原油、成品油、液体化工仓储集散，修造船、集装箱修造，石油炼制，冶金，机电产品，建筑材料

续表

开发园区	产业门类
宁波大榭开发区	电子通信器材，生物技术，精细化工，轻工纺织，粮食、植物油、水产品加工，房地产、旅游服务等第三产业
宁波科技园区	集成电路产业，计算机及周边产业，通信产业，光电产业，精密机械产业，生物技术产业，其他配套产业

资料来源：北京大学城市与环境学系课题组（王缉慈主持）. 加快提升宁波市工业园区发展水平对策研究. 2002 年 6 月。

各级地方政府在园区的规划建设中表现了极大的积极性。园区建设已经成为加快我国制造业基地建设的重要载体。我国的各类开发园区数量之大和分布之广，是始料不及的。截至 2004 年 8 月，全国统计出各类开发区 6866 个，规划面积 3.86 万平方公里。其中国务院批准设立开发区 171 个，省级政府批准设立开发区 1094 个，其余的 5601 个开发区都是市、县、乡政府和各级部门设立的[①]。据浙江省经济贸易委员会 2002 年统计，全省县市级以上工业园区 820 个，其中省级以上 208 个，已建或在建的园区面积 72.7 万亩，累计完成工业性投入 1400 多亿元[②]。浙江省县级以下的 405 个工业园区平均建成率仅为 19.5%，入园企业共有 15 648 家，平均每个园区不足 40 家企业，而实际投产企业的平均值更是只有 30 家[③]。我国很多乡镇也建立了工业小区，包括乡镇工业园区在内，宁波市的工业园区总数 2002 年曾经达到 127 个之多[④]，苏州市工业园区的总数达到 235 个之多。2003 年国家开始开展以清理整顿开发区为重点的土地市场治理整顿。经过调整后工业园区数量大幅减少，开发区数量已经减少到 2053 个，规划面积压缩到 1.37 万平方公里；开发区核减数量占原有开发区总数的 70.1%；压缩的规划面积占原有规划面积的 64.5%[⑤]。

---

① 国土资源部网站 . http：//www. mlr. gov. cn/pub/gtzyb/gtzygl/tdzy/tdly/t20041203 _ 52147. html.

② 参照孙忠焕（时任浙江省经贸委主任）在 2002 年 12 月 6～8 日首届工业园区发展（杭州）国际论坛上的开幕欢迎词。

③ 浙江省统计信息网 . http：//www. zj. stats. gov. cn.

④ 以宁波市为例，在整顿之前的 2001 年底，宁波市各类工业园区（开发区）数量达到 127 个，规划面积近 330 平方公里，实际开发面积 121.7 平方公里。其中国家级开发区三个，规划面积 62.74 平方公里，开发面积 35.9 平方公里；省级开发区 7 个，规划面积 831.33 平方公里，开发面积 32 平方公里；市级园区 10 个，规划面积 44.26 平方公里，开发面积 10.1 平方公里；乡镇园区 107 个，规划面积约 110 平方公里，开发面积约 38 平方公里，107 个乡镇园区入区企业为 4500 家左右（据调研，相距不足 3 公里的乡镇各自开发了园区，甚至在一条国道线上 50 公里路段开发了 17 个园区）。此外，还有规模较大、发展较快的企业建设独立的企业园区。

⑤ 国土资源部网站 . http：//www. mlr. gov. cn/pub/gtzyb/gtzygl/tdzy/tdly/t20041203 _ 52147. html。

各地建设和经营产业园区的竞争白热化程度曾经有所减退，但营建园区的风险并没有随之降低。例如河南省于2008年10月下旬确认175个产业集聚区的空间布局①。相关的报道还作了如下说明："产业集聚区不同于产业集群，产业集聚区可以把各种不相关的产业都集中在一起，而产业集群则是相关产业或存在上下游产业链条的产业集中在一个区域。"②

（二）企业开发的园区

一般来说，发展较成功的较大型的企业，例如宁波的波导（手机）、雅戈尔和爱伊美（纺织服装），深圳的百丽（制鞋）等，在我国都开发有自己的园区。还有一些企业经营园区建设，如在宁波余姚的远东工业城由台湾企业投资建设。经营清华科技园的启迪控股有限公司，除拥有清华科技园之外，在国内还有昆山等多处清华科技园的分园。而中国台湾的富士康以及新加坡的伟创力等企业，则在中国内地开发了庞大的企业园区。这些园区依靠有深厚行业背景的企业家管理，通过为园区内的企业提供增值服务，实现园区的自我发展。在这里不一一列举。

发展中国家吸引外资政策已经从扩大贸易自由化和提供投资优惠政策的阶段向促进产业联系的方向转变③。产业联系促进政策，一方面有利于跨国公司建立本地化的生产供应体系，从而进一步降低成本，提高产品竞争力；另一方面，有利于提高本地生产者的技术管理水平，密切本地生产系统与全球生产网络的联系。一些企业和地方政府在园区开发过程中充分重视产业联系的构建，例如，香港联泰控股有限公司（Luanthai）在东莞等地建设的供应链城（supply chain city）已经成为世界上企业园区的新模式④；苏沪边界的昆山花桥国际商务城则根据产业链细分、针对性强、面对面交流的路演（road show）招商，通过股权投资、国际并购等方式，吸引了一大批优质公司落户，迅速打造以金融外包（BPO）为主的生产者服务业集聚

---

① 河南各地市为争取进入省定产业集聚区行列下大了功夫。例如从2008年9月以来，洛阳市经过10余次到省有关部门进行争取对接，20余次修改完善规划材料，规划总面积达14.9平方公里的洛阳先进制造业集聚区通过省政府评审，进入首批重点支持发展的产业集聚区之列。

② 2009-06-02. 河南产业集聚区缩编. 经济视点报. http://www.henannews.com.cn/newcnsnews/64/2009-06-02/news-64-153160.shtml。

③ 联合国贸易与发展会议（UNCTAD）. 2000，《2001年世界投资报告》。

④ 联泰公司东莞的供应链城占地200多亩，建设了从设计到商铺（design-to-store）的综合设施，提供设计开发、物料采购、生产制作、物流运输的全套服务，其中有6个专业服务客户的产品开发中心，有信息科技平台以及物流和推进平台，在园区中整合和管理供应链。

区域[①]。

二、各产业部门的集聚区域

（一）重化工业集聚区域

钢铁、煤炭、石油化工、重型机械等重化工业是典型的集中型产业，也就是产业集中度[②]高的产业。大型企业集团的周围需要有配套的企业，以减少物耗和能耗，并有利于集中处理或循环利用废弃物。早在一个世纪以前，经济学者和经济地理学者就对此进行了研究，20世纪初德国的韦伯、20世纪50年代美国的艾萨德、原苏联的萨乌式金和普洛伯斯特等都有不少专著，称此类产业集聚为生产综合体（production complex）或地域生产综合体（territorial production complex）。法国学者帕鲁的增长极概念也是在重化工业带动其他产业发展的原理之上提出来的（王缉慈，2001）。尽管在产业集聚促进外部经济的发展这一点上与20世纪80年代中期以来发达国家所流行的产业集群概念有重叠之处，但是我们不主张将这类大型重化工业区与本书所研究的三类产业集群（消费品生产的传统产业集群、高技术产业集群和文化创意产业集群）相提并论。

以钢铁产业为例。从政策意义上说，“钢铁产业集群”的提法在我国现在不合时宜[③]，这是因为我国钢铁工业发展政策是促进钢铁企业联合重组，提高产业集中度，减少钢铁生产企业数量，国家支持钢铁企业向集团化方向发展，支持和鼓励有条件的大型企业集团进行跨地区的联合重组。由于我国目前还存在钢铁企业过小而分散的局面，需要在钢铁中小企业集聚的地方建立行业协会，逐渐促进合作和联合。

在河北唐山的曹妃甸，以1500万吨精品钢项目、大型炼化项目、海水冷却火电项目为龙头，综合发展，形成了大型的钢铁、石化、电力综合体。而我国的一些铁矿资源地区，在市场利益驱动下，出现了不该有的“群采群炼”地理格局。在河北邯郸武安市有20余家从事采矿、烧结、冶炼、轧钢等环节

---

① 花桥国际商务城．http：//www.hqcbd.gov.cn/。

② 在规模上处于前几名的企业的市场占有率，或在某一百分比的市场占有率之内的最大规模企业的数目。例如韩国仅浦项钢铁厂的钢产量就占韩国的65%；日本前5家钢铁企业的钢产量占全日本钢产量的75%；欧盟15国6家钢铁企业钢产量占欧盟整个钢产量的74%；法国的阿赛洛钢铁公司几乎囊括了法国的钢铁生产。

③ 从学术意义上说，基于新技术的新型的钢铁产业集群在发达国家是存在的（Giarratani et al. 2006）。

和钢铁产业相关的生产服务机构①。在邯郸户村镇，曾规划建设 30 平方公里的钢铁新城，形成焦化、冶炼、轧钢、铸造、装备制造“链条化”格局。园区内有纵横中宽带轧钢、裕泰机制焦等成型企业 70 余家。

图 5-4 是江苏戴南镇的不锈钢产业集聚的结构图示。我国的不锈钢加工、铝型材加工等重化工业的下游环节有大量民营企业进入，而且存在产业集聚现象。例如江苏戴南镇和广东江门司前镇的不锈钢、广东佛山南海大沥镇的铝型材都获得了强势的发展。

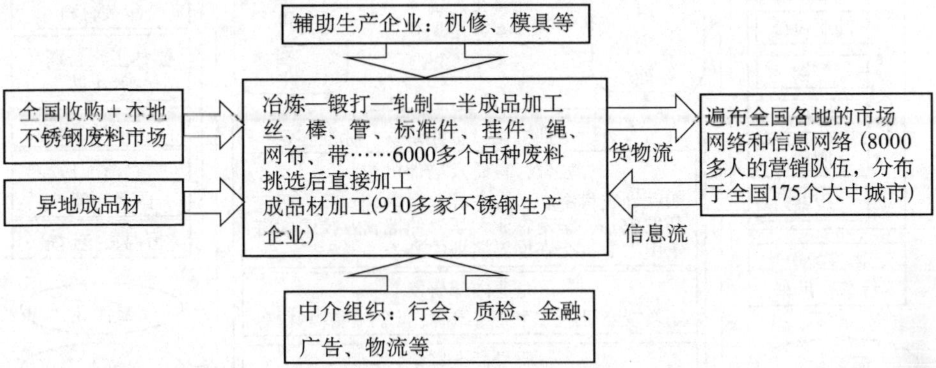

图 5-4　江苏戴南镇的不锈钢产业集聚的结构

资料来源：包卿（2006）

（二）农业相关产业集聚区域

顺德陈村的花卉产业、山东蓬莱和河北昌黎的葡萄酒产业、山东寿光的蔬菜产业等都具有相关企业集聚的特征。在陈村，花卉产业集群是以专业市场为核心的 434 家贸易商和生产商集聚，而不是围绕生产基地的企业集聚。在陈村花卉世界这个专业市场周边，集聚着大量货运企业、培训机构、临时工的市场和媒体部门等（图 5-5）。具有共性或互补性的企业，专业化分工的程度相当高。在陈村镇售卖遮阳网、肥料等资材的小企业到处都是，打个电话半小时就可送货上门，对花卉世界内的经营者来说，配套品供应的繁荣节约了时间和人力成本(杨锐，李萍，2010)。

（三）消费品生产的传统专业化产业集聚区

中国历史久远，依赖工匠技能而出现产业集聚的地方很多，如以刺绣闻

① 其中 13 家钢铁企业和 1 家焦化企业新近组建为河北新武安钢铁集团。

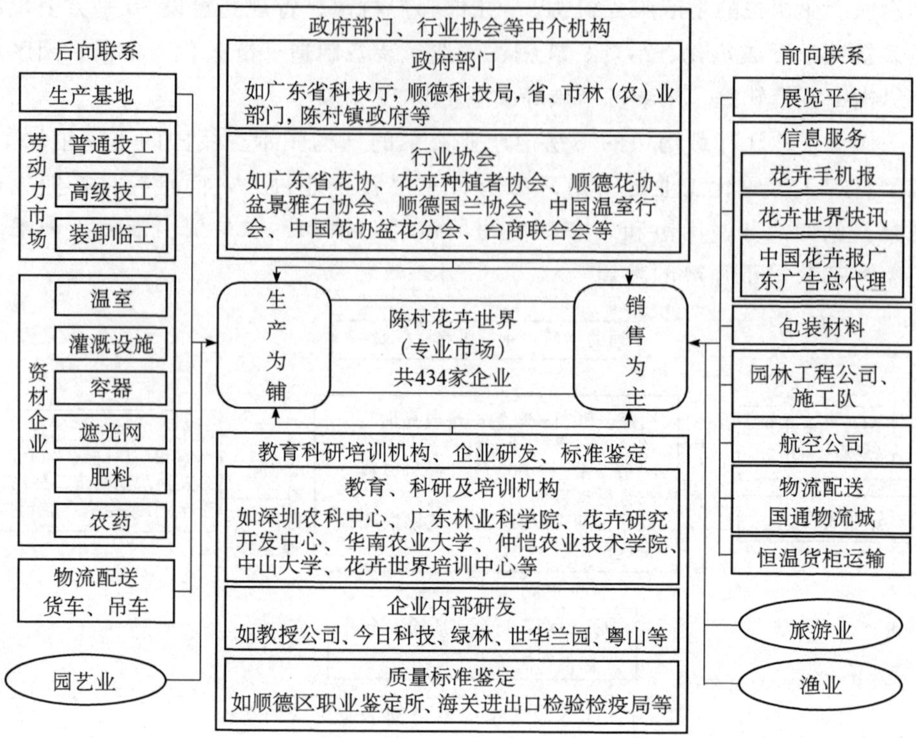

图 5-5　广东陈村花卉产业集群结构示意

资料来源：杨锐，李萍（2010）

名的苏州、以瓷器闻名的景德镇等。不过，我国的地方生产系统经受了外来技术、外来生产和生活方式的冲击。新中国成立以后曾力图模仿原苏联建立现代化工业体系，但这种自上而下的工业化不能面对开放环境下竞争的挑战。改革开放以来，在计划经济向市场经济转轨的过程中，各地出现了一股自下而上的工业化浪潮，从事大批量制造的专业化产业区应运而生，地理分布十分广泛。

我国制造业集中在广东、山东、江苏、浙江等省份（图 5-6）。已经观察到的专业化产业区主要分布在浙江、广东、江苏、福建等省份，这些产业区凸现的绩效吸引了世界的目光。

1. 以浙江省和广东省为例

广东省和浙江省的相关研究人员分别对本省的产业集聚现象做过较多的研究（盛世豪，郑燕伟，2004，2009；路平等，2009）。尽管如此，从省的地理尺度对消费品产业集聚区的研究还不足，这里也只是初步的描述。

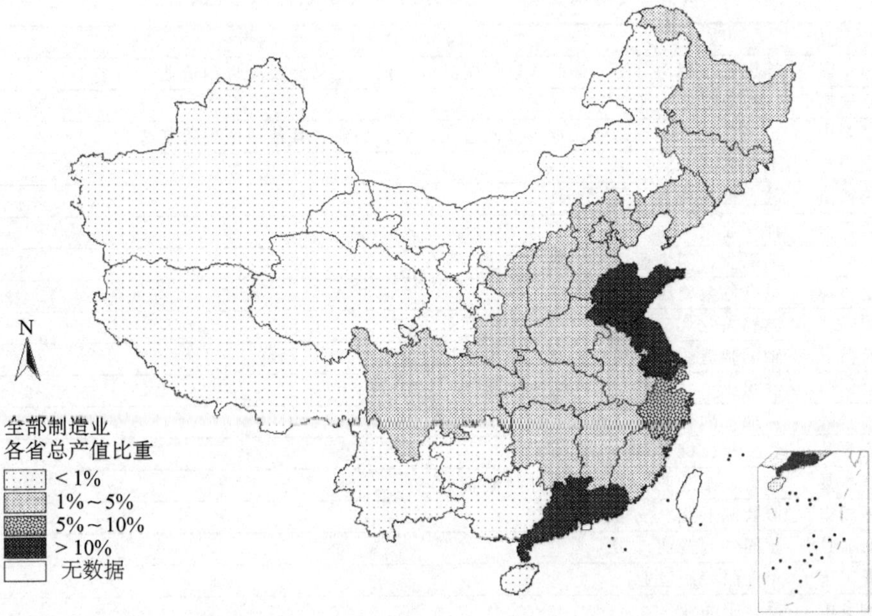

图 5-6 中国制造业总产值比重省（自治区）分布（2004 年）

资料来源：贺灿飞（2008）

(1) 浙江省的产业区分布

产业区在浙江省的发展被称为“块状经济”现象，因企业家的创业精神而著称，大量的传统产业区由过去的小型私有企业发展而来。专业市场有力地促进了产业区的发展。有百余个产业区分布在浙江省内各区（县），拥有大约 237 000 家企业，雇佣了超过 60 万个工人。一份老的资料可以说明浙江工业的地位：全国 532 种主要工业产品最终产品的产量，浙江有 336 种进入前 10 名，56 种特色产品产量占全国第一，109 种居全国第二，154 种居第三（浙江省委政策研究室课题组，2001）。很多专著都列举了浙江主要“块状经济”的发展情况，这里不再重复（魏后凯，2008；秦海霞，2007）。

本项目组曾经以四位数产业就业区位商大于等于 3 以及企业数大于等于 100 作为辨识标准，一共识别了分布在浙江省 46 个邮区中的 116 个专业化市（区、县），涉及 69 个四位数产业门类（表 5-3）。其中温州市（不包括其辖县）是四位数产业门类数量最多的邮区。温州市是浙江省内拥有产业区最多的地级市，这些产业区主要生产服装、鞋、皮具、泵阀以及电器等，并分布在温州市的各个区（县）。

表 5-3 以四位数产业划分辨识的专业化市（区、县）

市区县	四位数产业	数量
萧山区	棉织业、羽毛（绒）制品业、纸制品业、汽车零部件及配件制造业	4
临安市	电线电缆制造业	1
富阳市	机制纸及纸板制造业、加工纸制造业、纸制品业、其他通信设备制造业	4
桐庐县	笔制造业	1
建德市	胶合板制造业	1
诸暨市	棉织业	1
绍兴市	棉织业、印染业、丝织业	3
上虞市	重有色金属压延加工业	1
嵊州市	丝制品业	1
新昌县	轴承制造业、医用材料及医疗用品制造业	2
湖州市	丝织业	1
长兴县	其他耐火材料制品业	1
安吉县	竹、藤、棕、草制品业	1
嘉善县	胶合板制造业、砼结构构件制造业	2
平湖市	服装制造业、皮箱制造业	2
海盐县	紧固件制造业	1
海宁市	革皮服装制造业	1
桐乡市	毛针织品业	1
鄞县	棉针织品业、竹、藤、棕、草制品业、紧固件制造业、铸件制造业	4
镇海区	紧固件制造业、其他类未包括的通用零部件	2
慈溪市	塑料零件制造业、其他塑料制品业、轴承制造业、其他日用电器制造业	4
余姚市	塑料零件制造业、其他塑料制品业、其他类未包括的通用零部件、电线电缆制造业、其他日用电器制造业、灯具制造业	6
奉化市	服装制造业	1
宁海县	其他塑料制品业、模具制造业	2
象山县	冷冻水产品加工业、服装制造业	2
北仑区	服装制造业、模具制造业	2
舟山市	塑料工业专用设备制造业	1
普陀区	冷冻水产品加工业	1
临海市	砼结构构件制造业，灯具制造业，竹、藤、棕、草工艺品制造业，眼镜制造业	4
仙居县	竹、藤、棕、草工艺品制造业	1
温岭市	冷冻水产品加工业、皮鞋制造业、塑料鞋制造业、泵制造业、摩托车零部件和配件制造业、电动机制造业	6
玉环县	水暖管道零件制造业、阀门制造业、紧固件制造业、汽车零部件和配件制造业、摩托车零部件和配件制造业	5
台州市	塑料板、管、棒材制造业，日用塑料杂品制造业，模具制造业，摩托车零部件及配件制造业，灯具制造业，竹、藤、棕、草工艺品制造业	6
兰溪市	棉织业、棉制品业	2
武义县	电动工具制造业	1
永康市	手工具制造业、不锈钢制品业、电动工具制造业、铸件制造业	4
义乌市	棉针织品业、服装制造业	2
东阳市	粉末冶金制品业	1
云和县	玩具制造业	1

续表

市区县	四位数产业	数量
江山市	锯材加工业	1
温州市	轻革业，重革业，皮鞋制造业，泡沫塑料及人造革、合成革制造业，塑料鞋制造业，建筑、卫生陶瓷制造业，建筑小五金制造业，制锁业，其他日用金属制品业，阀门制造业，食品、饮料、烟草工业专用设备制造业，眼镜制造业	12
永嘉县	皮鞋制造业，教学标本、模型制造业，泵制造业，阀门制造业，生活用其他产品制造业	5
瑞安市	制鞋业，塑料丝、绳及编织品制造业，紧固件制造业，汽车零部件及配件制造业	4
平阳县	重革业，塑料丝、绳及编织品制造业	2
乐清市	开关控制设备制造业，电器设备元件制造业，其他输配电及控制设备制造业，电子元件制造业	4
苍南县	包装装潢印刷业	1

资料来源：贺灿飞（2008）。

（2）广东省的专业镇分布

广东省经济拥有改革开放带来的政策优势①，从20世纪70年代末期就开始通过加工贸易（“三来一补”②）发展起来。广东省的产业集聚主要反映为以镇为单位的专业化。专业镇集中在珠江三角洲和潮汕两个地区。典型的专业镇有顺德容桂的家电，西樵的纺织品，大沥的铝型材，石湾的陶瓷，伦教的木工机械，乐从的家具，中山小揽的五金，古镇的灯饰，澄海的玩具，东莞虎门的服装，以及石龙、石碣和清溪的电子工业等。这些专业镇的产品在国内甚至全球市场占很大份额。如中山古镇民用灯饰销量占全国的60%以上，大沥铝材产量占全国的40%，江门恩平麦克风占全国销量的70%以上。从形成特征来看，有些有历史基础，如石湾陶瓷、阳江刀具等；有些是各项科技计划催生的，如汕头澄海凤翔的玩具产业集聚区则在20世纪80年代实施“星火计划”中的“一村一品（或数品）”的基础上形成的；也有由港台企业转移后带动生成的，如东莞大朗的毛织业、清溪的电子信息业等（路平等，2008）。表5-4反映了广东省专业镇在各市的分布。

表5-4 广东省专业镇在各市的分布

市名	广州	韶关	珠海	汕头	佛山	江门	湛江	茂名	肇庆	惠州	梅州	汕尾	河源	阳江	清远	东莞	中山	潮州	揭阳	云浮	总计
专业镇数	1	6	3	23	33	18	11	12	13	6	13	5	9	4	7	11	12	13	11	15	226

资料来源：广东省科技厅（2008）。参见路平等（2009）的附表4-24和附图4-1。

① 政策优势包括税收、土地、基础设施、劳动力等方面，在改革开放初期，中国只有经济特区才能享有这些政策优势，直到后来才慢慢开放到其他城市。

② 即来料加工、来件装配、来样加工、补偿贸易。

2. 以温州市、宁波市和佛山市为例

(1) 温州市

温州是中国消费品产业集聚最典型的城市。2005年温州“块状经济”工业总产值合计2387亿元、占浙江省的13%。温州的27家“国字号”特色产业基地分布在城区和县（市）（表5-5）。

表5-5 温州27家国家级特色产业基地概况（2005年）

名称	地域	企业数	年产值/亿元	国内市场份额
鞋都	温州	5500	318	25%
电器之都	乐清	3200	250	50%
服装名城	温州	3000	300	8%
休闲服装名城	温州	425	302	—
皮都	平阳	550	38	—
拉链之乡	永嘉	200	76	8%
（温州）剃须刀生产基地	鹿城	100	15	60%（2003年）
印刷城	苍南	1600	100	20%（2003年）
打火机生产基地	鹿城	500	28（2002年）	90%（2003年） 70%（国外）
制笔之都	鹿城、龙湾	200	16	水彩笔90% 铅笔、圆珠笔30%
锁都	鹿城	400	60	65%（2003年）
休闲鞋生产基地	瑞安	230	30	92%
塑料薄膜产业基地	瑞安	32	22（2002年）	10%
印刷包装及医药机械产销基地	瑞安	—	—	—
国家火炬计划智能电器产业基地	乐清	—	—	—
钻头（建工）生产基地	乐清	100	17	66%
电子元器件产业基地	乐清	2500	30	33%
精密模具生产基地	乐清	3000	32	—
断路器产业基地	乐清	140	80（2003年）	60%
防爆电器生产基地	乐清	180	45	60%
不锈钢无缝管生产基地	龙湾	170	33（2003年）	70%
五金洁具之都	龙湾	825	30	50%
商务礼品生产基地	苍南、平阳	2000	40	—
汽摩配件之都	瑞安	1200	100	—
眼镜生产基地	鹿城	800	50	80%（2003年）
塑编之乡	平阳	500	70	50%
合成革之都	龙湾	80	80	70%（2003年）
泵阀之乡	永嘉、瓯海	300	60	—

注：不作特殊说明的，均为2005年的统计数据；“—”表示数据不全。

资料来源：北京大学王缉慈主持的“温州制造业集群升级”课题组实地调研整理，2005。

(2) 宁波市

根据2005年的调研，宁波市有“块状经济”145块，占到全市工业总产值的60%以上。其中“块状经济”单体规模超过10亿元的有6块，超过5亿元的有10多块，超过亿元的有90多块。宁波“块状经济”占浙江省“块状

经济”总数的27.93%。规模超10亿元的有：鄞县、奉化的服装，鄞县古林的针织坯布和漂染，慈溪浒山的化纤与针织服装、附海小家电，象山爵溪的针纺织品、西周的模具与塑料件。其他重要块状经济区：慈溪的小家电、打火机、轴承，余姚的灯具、塑料，宁海的文具、模具，象山的针织品、电工材料，鄞州的小家电、蔺草制品，奉化的齿轮，北仑的文具、塑机、科技园区的计算机和通信IT产业，城关镇的文具等。此外还有“一村一品”，如余姚泗门镇上新屋村的电动剃须刀、临山浦中村的电话机按键等。

（3）佛山市

佛山目前已经具备一定规模基础的产业一般都集聚而形成专业镇（表5-6、图5-7）。根据对禅城、南海、顺德等区初步形成的32个专业镇的统计，产值超过百亿的专业镇有10个。

表5-6　佛山市镇区和街道的特色产业

镇区和街道	特色产业
顺德容桂	家电、电子、化工涂料
顺德北滘	家电
顺德杏坛	家电和塑料
顺德勒流	小家电、小五金、重型机械加工
南海松岗	家电
南海里水	家电、织袜、装饰夹板
南海大沥	铝型材
禅城澜石	不锈钢装饰材料
南海金沙	不锈钢装饰材料
顺德陈村	压力机械、花卉
顺德伦教	木工机械、电子
禅城南庄	建筑陶瓷、铝型材
禅城石湾	陶瓷
南海罗村	玻璃等建材
禅城市区	家电、仪器仪表及办公机械设备，电子及音像制品
顺德均安	牛仔服装、涂料
禅城张槎	针织、陶瓷、包装、玻璃
禅城环市	童衣、涂料
南海西樵	针织、陶瓷
南海盐步	内衣
南海九江	服装、陶瓷材
顺德杏坛	塑料制品
顺德容桂	化工涂料
三水	食品饮料
顺德龙江	家具制造

数据来源：佛山市科学技术局2007年统计资料。

3. 以某一产业部门为例

深入到某一个产业部门，在全国以及各省、市和镇（乡）甚至村等不同

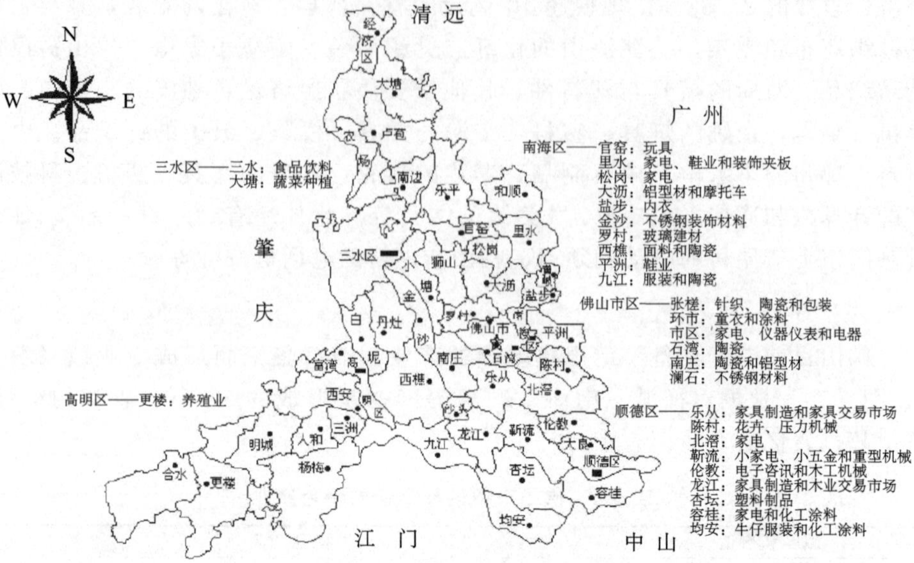

图 5-7　广东省佛山市专业镇分布图

资料来源：王缉慈主持“佛山市产业集群升级研究”课题报告，北京大学课题组，2005 年，张辉绘制

地理范围内都可以对产业集聚进行观察和分析。在这里仅以服装产业和家具产业为例。

（1）服装产业

空间聚集是中国服装业的典型特征（图 5-8）。沿海的长江三角洲、珠江三角洲及环渤海地区集中了中国绝大部分服装生产企业。2005 年，仅广东、浙江、江苏、山东四省的服装产量就占全国产量的 73.65%。像虎门、中山、汕头、石狮、温州、宁波、绍兴、常州等都是中国著名的服装产业聚集地。中国纺织工业协会分 9 批公布了 164 个纺织服装产业集群 ①②，全国规模以上纺织工业中，76.38%的纺织企业、60.97%的从业人员、86.04%的出口交货值、超过全国纺织经济总量的 40%都集中在这里③。江苏泰兴黄桥镇上有 350

① 2002 年，中国纺织工业协会开始了纺织产业集群试点工作，成立了中国纺织产业集群工作办公室，分批分期对这些地区进行调研和工作指导。先后分 9 批对 164 个产业集群进行了试点命名。

② 详见谭文柱（北京大学博士论文）和卢洋（北京大学硕士论文）。

③ 陈树津．从产业集群中来，到产业集群中去．http：//www.jsfz.org.cn/Content.asp? id=1315。详见中国纺织产业集群网 http：//cyjd.ctei.gov.cn/industry/index.aspx。

家牛仔布纺织相关企业，其中 80 多家专业生产牛仔布，20 多家从事浆染、后整理、洗水，20 多家企业生产牛仔服装，还有 200 多家搞配套。

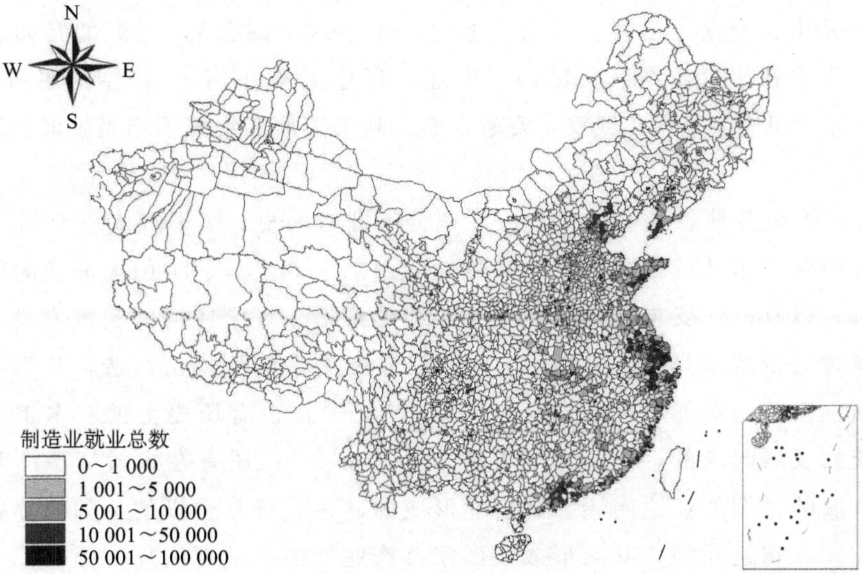

图 5-8　纺织服装鞋帽制造业就业区（县）分布（2004 年）

资料来源：贺灿飞（2008）

（2）家具产业

以家具产业为例。中国已经成为家具出口第一大国。改革开放以来，我国房地产业和装修业的飞速成长激活了我国家具市场①，挑剔的、有经验的消费者又促进了家具产业的迅猛发展，造就了数万家家具企业和数百万的就业机会，吸引了我国台湾和香港家具制造商（如台湾的台升、运时通、大宝）和配套企业在内地大量设厂。此外，国外家具企业也纷纷抢占商机并在我国设厂，如新加坡在江苏昆山兴建了家具工业园。国内需求潜力巨大，需求标准提升，家具的产品生命周期不断缩短，款式迅速更新。从简单模仿走向自主创新，从为外商定牌加工生产转向以自主品牌出口，形成了一批名牌家具企业。

① 我国的新型家居促进了房地产业、建材、家装业和家具、家纺、家用饰品等家居用品业的发展，其中建材、家具、家纺，甚至作为饰品的花卉都分别具有产业集聚的地理特征。

俯瞰全国，以台湾和香港家具企业转移所带动的深圳[①]、广州、东莞[②]、佛山是我国改革开放后最早也是最大的家具出口基地，产值占全国的40%以上[③]；河北的廊坊[④]、霸州和沧州[⑤]，山东的胶州和宁津、临沂兰山区，浙江的温州、安吉、嘉善、萧山、德清、东阳（木线条），江苏的常州、邳州、常熟和苏州相城区、昆山、南通，辽宁大连庄河[⑥]，河南的偃师、清丰县，四川成都，湖北武汉，安徽合肥、叶集等地都集聚了相当规模的家具产业。

再聚焦各地，你会发现地方产业分工非常明显，各具特色。例如，广东佛山顺德乐从的家具商贸、东莞大岭山的家具出口、中山大涌镇的红木家具，以及浙江安吉的椅业、山东宁津的桌椅、辽宁庄河的实木家具、河南偃师的钢木家具等。其中，有从“三来一补”转到模仿制造，从学习中不断创新的，例如顺德的家具（王珺，2005）；也有历史上就有木工手艺传统而发展起来的，例如河南省清丰县柳格乡[⑦]；还有在木材资源的基础上发展的，例如江西南康。有自然形成的，也有规划建设的，如成都家具产业园，殊途同归，共同形成我国家具产业发展的地理格局（图5-9）。

来自台湾的台升公司投资到东莞大岭山以后，带动了东莞的家具产业集群的发展。而当2002年浙江嘉善政府把它引入嘉善之后，台升又成为嘉善的“家具业航母”。在1987年台商中兴木业投资胶合板木业的基础上，一大批家具板材、胶合板、胶水、胶带、木业机械制造、涂料、纸品等相关配套行业企业落户于嘉善，原木、锯材、板材、建筑模板、贴面装饰板、细工木板、

---

① 规划建设的深圳家具产业集聚基地位于深圳市龙岗区坑梓街道金沙片区。

② 东莞从出口为主转向减少出口、扩大内销，约90%的台资企业关闭产能30%左右，转由其在越南企业继续生产，一些台资企业尝试开拓内销市场。

③ 2008-02-28. 原创设计态度将区隔我国家具产业. 自新浪网. http://chanye.finance.sina.com.cn/jc/2008-02-28/345793.shtml。

④ 胶州杜村家具产业园已集板材加工，弯曲木、实木家具制造，包装，运输等于一体，拥有家具相关企业80多家，并成立了东北林业大学（杜村）家具研发中心。

⑤ 河北省沧州市青县流河镇共有古典家具加工制造厂、家庭作坊110余家，涉及20个村（街）和一个刘庄子古典家具市场。

⑥ 大连庄河市华丰美国家具工业园已成为世界上最大的高档实木家具生产基地。华夏家具与美国肯代尔艺术设计学院合作，吸引人才，优化家具设计。

⑦ 河南省清丰县柳格乡被誉为“木工之乡”里的“木工窝”。以前村民主要是自己加工点桌椅板凳等到集市上叫卖，或学会木工手艺后给别人打零工挣钱。目前投资50万元以上的家具生产企业有200多家，年产值达5亿多元，直接或间接服务家具产业的总人数达2万余人。家具产业带动了板材、木材加工、五金配件、油漆、物流、餐饮等相关产业的发展。

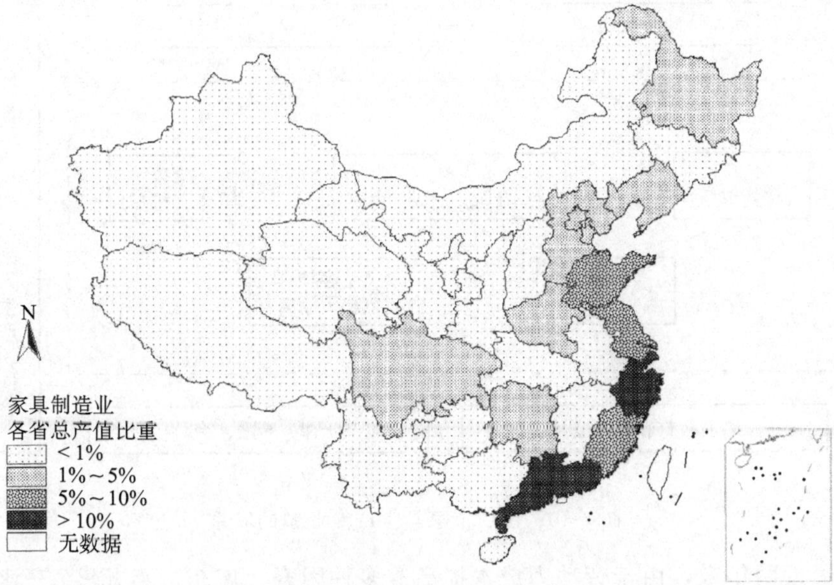

图 5-9 我国家具制造业省（自治区）分布（2004 年）

资料来源：贺灿飞（2008）

木皮等企业分工十分精细，形成了胶合板、高档出口家具、运动器材、油漆涂料、五金件、包装材料等产业的集聚区域①。

我们还发现，一些家具生产相关的专业镇之间还自然形成了明显的配套合作。例如，在佛山的顺德区，乐从（销售）、龙江（木业市场和家具制造）、勒流（五金）、容桂（涂料）和伦教（木工机械）这几个相隔不远的地方，从家具原辅材料、家具产品、家具木工机械、家具连接件和配件、家具涂料生产和销售、家具会展等一应俱全（图 5-10）。

很多木制家具产业集聚区域都没有原料优势，因此需要建立当地木材市场或外地的木材基地，如上海福人林产品批发市场、顺德龙江木业市场、嘉善开华国际木材交易信息中心、江苏邳州华东胶合板市场、温州闽北木业基地等。此外，还通过港口从国外进口木材，如张江港和扬州港等。为促进营销、技术交流和创新，各地各种层次的家具展起了重要作用，如在广东的广州、深圳、东莞、佛山等四大家具展。在广东东莞厚街，江苏邳州、苏州相城和蠡口等很多市（区）都建有家具城，并经常举行家具产业国际贸易洽谈会。

① 参见嘉善木业网 http：//www.jswood.com.cn/。

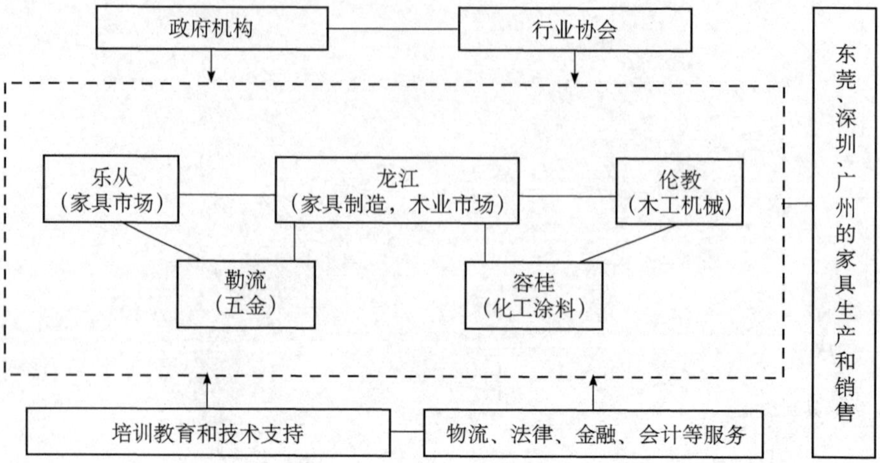

图 5-10　佛山市家具生产专业镇的联系

最近两年来，由于劳动力成本提高等多种因素，广东的惠州[①]、三水、鹤山、高明、南海等地已经开始承接了珠江三角洲部分家具企业的产业转移。

根据意大利的 Bassano del Grappa、Cerea 和 Bovolone，丹麦的 Jutland 等处于家具产业价值链高端环节的集群经验，家具、布艺、饰品及其原辅材料和配件，以及木工机械和纺织机械等相关产业在地理上集聚，在设计、材料选用等方面隐含经验类知识的流通以及产、供、销的信息反馈，可以加速创新。家具制造涉及原木、锯材、木板、五金配件、塑料等原材料和油漆、胶水、砂纸、包装材料等辅材，还可加速木、竹藤、金属、塑料等原料产业和环保产业的发展。然而，目前整个中国家具行业的利润率只有 5%。由于进入家具产业的技术壁垒较低，我国家具业的内部竞争愈演愈烈。为了使我国家具业在国际上获得成功，政府需要对国内家具产业进行有效干预，以促使创新性集群的形成。加强产品研发和产品设计能力，进入关键部件和设备制造领域，从事加工制造链增值大的环节，并提高国际物流和配送业务水平。可喜的是，广东家具品牌联盟，深圳家具品牌联盟，东莞国际名家具设计研发院、院校合作网络、知识产权服务中心等很多相关机构已经建立，我国家具产业正在迅速升级。

① 作为深圳家具产业转移基地的新建惠东家具基地位于惠东县白花镇，占地面积占地面积 2.5 平方公里。

本章小结和讨论

本章描述了中国经济转轨中的突出而有趣的现象——产业集聚区的地理分布。十多年前，在产业集群理论进入中国之时，往往以为只要企业集聚到一起，就会自然而然地提高竞争力。基于对“发展产业集群，提高国家和区域竞争力”的理想，在没有充分消化吸收发达国家产业集群概念的情况下，学者们就试图运用国外理论和实证研究的结论来寻找中国已有的（包括自发形成的或是政府规划的）典型产业集聚区域，分析其成因、要素和发生机制，总结其共性和特性，以利于更多的“产业集群区”（有“产业集群”的地方）的出现。本章从多角度对我国的产业集聚现象进行了梳理，这些现象说明，经过改革开放30多年的发展，已经呈现在中国版图上的产业集聚现象是足够丰富多彩的。从提高区域竞争力的方面来分析，问题的关键不在于是否存在产业集聚，不在于产业集聚板块的多寡，也不在于产业集聚区域内的主导产业是朝阳还是夕阳的，而是这些产业集聚区域内的行为主体如何，处在产业部门价值链的什么环节上，产业联系如何，是否依靠内力发展等。从第一、第二章的分析我们认识到，从逻辑范畴上看，本章所叙述的如此纷繁复杂的产业集聚区既包括了产业集群，又不等同于产业集群。尤其是对需要大大提高产业集中度的钢铁、煤炭等产业来说，还需要慎提发展产业集群的口号，以免为盲目发展规模以下的过小企业提供借口。除少数园区以外，很多开发区内的企业集聚现象也不能和产业集群相提并论。

在分析产业集聚地理分布的过程中，本章所采用的是描述的方法①，除了亲自观察和调研所搜集的资料外，就是从其他文献和新闻报道中获取信息的积累和综合。由于国土辽阔，产业类别众多，发展情况瞬息万变，难免以偏概全，挂一漏万，甚至有误或张冠李戴，还需要在未来的研究中加以补正。

（王缉慈，任宝）

参考文献

包卿．2006．全球和地方交互治理下的集群产业升级研究．浙江师范大学硕士论文

① 关于计量方法对产业集聚和集中的研究结果，建议参照贺灿飞．2008．中国制造业地理集聚与集中研究．北京：科学出版社。

贺灿飞．2008. 中国制造业地理集聚与集中研究．北京：科学出版社
金祥荣，朱希伟．2002. 专业化产业区的起源与演化．经济研究，(8)：74～82
卡斯特尔，霍尔．1998. 世界高技术园区：21 世纪的产业综合体．李鹏飞等译．王缉慈译审．北京：北京理工大学出版社
联合国贸易与发展会议（UNCTAD）．2002. 2001 年世界投资报告．北京：中国财政经济出版社
卢洋．2007. 我国服装产业的二分性及时装产业发展特征辨析．北京大学硕士论文
路平，林平，关春华．2008. 专业镇在广东的崛起和创新．广州：广东科技出版社
倪树高等．2004. 浙江城市化进程中工业园区建设研究
秦海霞．2007. "小狗经济"的惊人能量．小康，(2)
盛世豪，郑燕伟．2004. "浙江现象"——产业集群与区域经济发展．北京：清华大学出版社
盛世豪，郑燕伟．2009. 竞争优势：浙江产业集群演变和发展研究．杭州：浙江大学出版社
谭文柱．2007. 服装产业集群研究：以宁波为例．北京大学博士论文
王缉慈等．2001. 创新的空间——企业集群与区域发展．北京：北京大学出版社
王珺．2005. 衍生型集群：珠江三角洲西岸地区产业集群生成机制研究．管理世界，(8)：84
杨锐，李萍．2010. 花卉业的全球化和地方集群创新．北京：中国城市出版社．即将出版
魏后凯．2008. 中国产业集聚与集群发展战略．北京：经济管理出版社
浙江省委政策研究室课题组．2001. 提高浙江区域块状经济竞争力研究．内部资料．
朱华晟．2003. 浙江产业群——产业网络、成长轨迹与发展动力．杭州：浙江大学出版社
Barboza D. 2004. In roaring China，sweaters are west of sock city. New York Times，Dec，24.
Giarratani F，Gruver G，Jankson R. 2006. Plant location and the advent of slab casting by U. S. steel minimills：an observation-based analysis，Economic Geography，82 (4)：401～419
He Canfei，Wei Yehua，Pan Fenghua. 2007. Geographical concentration of industries in China：the importance of spatial and industrial scale. Eurasian Geography and Economics，48 (5)：603～625
Isard W，Schooler E，Vietorisz T. 1959. Industrial complex analysis and regional development. Cambridge：MIT Press
Lee D. 2005. China's strategy gives it the edge in the battle of two sock capitals. The New Foreign Aid，in Los Angeles Times，April，12
Storper M. 1997. The Regional World：Territorial Development in a Global Economy. New York：Guilford Press

第六章 从事大批量制造的中国产业区①

在看似日趋一体化的全球经济体系之下，独特的地方因素在国家和区域社会经济发展中的作用不是减弱，而是增强了。地方产业集群成为所在区域连接全球经济体系的载体，通过市场、技术和人员流动等途径，将不可捉摸的全球化与实实在在的本地人们的日常生活和工作联系在了一起。学习国外先进的工业设计理念、文化和技术，并发展具有深刻文化内涵的中国元素设计，是我国专业化产业区最根本的升级需求，是实现产业区（集群）持续发展的动力源泉。

①在本章的各节出现了专业化产业区和产业集群两个词组交替使用的情况，之所以用“专业化产业区”，是为了与意大利式产业区的概念相对应。本章在论述产业转移时所采用的“集群”主要指专业化产业区类型的产业集群。

“在长江三角洲和珠江三角洲地区，遍布着为世界而生产的企业，它们和它们生产的产品看上去都普普通通，但却造就了中国制造的一个时代。”①

关于中国的专业化产业区尽管已经有大量研究，但该现象并未得到充分认识。同各类开发区一起，这些专业化产业区制造了大批量而廉价的工业产品，其中出口“世界第一”的达上千种之多②③。然而随着国际金融危机终结了传统优势，这支曾经代表着中国制造崛起的重要力量逐渐失去了神秘感，其存在的问题也不断显现。在新形势下，我国既要摆脱出口依赖、重整经济，又要保护传统制造业部门的就业机会、保持社会稳定，因此从理论上对专业化产业区进行深入探讨势在必行。王缉慈等（2001）《创新的空间——企业集群与区域发展》一书系统地介绍了发达国家产业区的相关理论，并用国内外实例，说明了地方生产系统的重要性，得出了产业区是创新的空间的结论。其他学者对中国在服装、鞋类、家具、玩具等劳动密集型产业中呈现的产业区现象也进行了大量研究，其中以企业网络、地理集聚和经济绩效分析居多（朱华晟，2003；石大立，2007；罗红波等，2008）。在此理论的基础上，在本地打造产业链和发展专业化产业区类的产业集群④已经成为很多地方政府发展经济的“抓手”。

实际上，在“全球-地方”张力的作用下，我国的专业化产业区可以使当地获得效益，也会使当地付出成本；既可能有利于国家和区域创新体系，也可能造成产业损害。尽管它们作为发展制造业的重要基地，但是如果面临的一些突出问题得不到有效解决，将会成为国家经济安全的隐患

---

① 电视系列片《跨越中国制造》. http：//www.1926cn.com/content/video/documentary/society/video_content_1562.shtml。

② 环球时报特约记者宸宇报道，韩国一份世界贸易分析结果显示，2006年在世界市场占有率第一的中国产品有1029种，世界第一的产品数量最多。http：//finance.huanqiu.com/world/2008－11/284787.html。

③ 杨正位，桑倞，王家宝的文章“我国外贸成功之路”中显示，我国已有170多种产品产量世界第一，774种商品出口世界第一。资料来源：杨正位，桑倞，王家宝.2006-11-03. 商务部政策研究室网. http：//zys.mofcom.gov.cn/aarticle/cm/200611/20061103884100.html。

④ 严格地说，产业区（industrial district）和产业集群（industrial cluster）是相似而不同的概念，后者要宽泛得多。本章主要讨论前者。

(王缉慈，林涛，2007)。我国依靠低成本的专业化产业区正面临严峻的挑战。

王缉慈（2000）将我国浙江省和意大利进行对比，发现它们的专业化产业区在产业门类、中小企业为主、地方劳动分工、企业家精神等方面有诸多相似之处。由此提出，意大利式产业区（Italianate industrial district）对我国专业化产业区有重要启示，即从区域治理上加强企业间的相互联系，发展企业网络，通过提高外部经济发展中小企业（王缉慈，2000）。本章则以不同产业区存在竞争力差异为分析基础，重温意大利式产业区理论，挖掘其竞争力的来源、性质和层次；以深圳金饰产业区为例，探讨其对我国劳动密集型专业化产业区的产业升级的启示。

产业区是区域研究中的一个理论概念。早在19世纪马歇尔就用“产业区”一词来解释小企业的群聚。他在1879年的《工业经济学》（Marshall A，Marshall M，1879）、1920年的《经济学原理》（Marshall A，1920）、1921年的《工业与贸易》（Marshall A，1919）中强调了小企业的地理靠近以获得外部规模经济的重要性。1977年意大利的社会学者巴格那斯科（Bagnasco）对意大利东北部（他称之为“第三意大利”）进行了研究，1984年皮奥尔和萨贝重新解释了再现马歇尔所描述的产业区的特点是灵活性加上专业化（即柔性专业化或“弹性专精”）（flexibility plus specialization）（Piore，Sabel，1984）。

对产业区理论有突出贡献的是意大利社会学家别卡蒂尼（Giacomo Becattini）。他在论文“从产业‘部门’到产业‘区’”（Becattini，1979[①]）中，从意大利的背景中挖掘了马歇尔产业区的概念，并将“产业区”概念化，将其定义为在一个有自然和历史界限的区域有共同社区背景的人和多个企业积极参与的社会的和领土的实体（socio-territorial entity）[②]（Becattini，1990）。他对产业区理论的主要贡献是强调了产业区的文化和历史背景的作用。他指出，在特定区域中看起来很丰富的技能，在世界市场上可能是稀缺的。别卡蒂尼把马歇尔解释的关于集聚的纯经济效应延伸到分析地方产业增长的社会的、文化的和制度的基础。地方产业结构的根植性或嵌入性（embeddedness）是在产业区文献中频繁出现的关键概念，在研究中也往往作为识别产业区的标志，而创新环境则是嵌入性应用到地域上的概念（王缉慈等，2001）。

---

① 意文发表于1979年，英文发表于1989年。

② “… a socio-territorial entity which is characterised by the active presence of both a community of people and a population of firms in one naturally and historically bounded area”（Becattini，1990）。

对意大利式产业区并不是没有争议的。特别在最近，一些学者从不同的角度指出了意大利式产业区所面临的新压力。例如，规模不经济（Whitford，2001）；所有权的集中和核心企业的形成（Harrison，1994；Brioschi et al.，2002）；生产活动的外迁（Crestanello，Dalla Libera，2003；Garofoli，2003）；对于中小企业，低工资和货币贬值的过分强调（Dunford，Greco，2005）。这一系列的问题使研究者从新视角对产业集群进行深入研究。过去的产业区研究是以区域为核心的，关注社会规制、治理结构、制度厚度、信任、社会资本（Whitford，2001）。在这一视角下，产业特征和企业被忽视了。其实在过去，Ferrucci 和 Varaldo（1993）就认为应有企业为核心的研究视角。从区域视角向产业和企业视角的转换，意味着集群研究不应局限于本地尺度，只有将产业特征和企业策略相结合、本地集聚和外部联系相补充，才能解释产业区的产业不断演化的过程。

本章将从动态的视角分析我国专业化产业区的问题，研究其中的产业转移，并重新认识意大利式产业区的价值，从而主张我国专业化产业区以设计为核心的升级战略。

一、大批量产品制造走到十字路口

以下一组数字大致反映了中国制造产品的批量程度：中国制鞋占全球制鞋近七成，是世界第一大鞋类出口国[①]；中国是家具生产大国和家具第一大出口国；中国纺织服装出口占世界的四分之一；中国是世界上最大的玩具生产国，玩具出口占美国和欧盟的80%以上；中国生产的空调、电冰箱、电饭煲、微波炉、吸尘器和电动剃须刀等家电产品均居国际市场第一位；中国每年生产的手表和时钟分别占世界总产量的80%和90%以上；中国是世界最大的圣诞用品生产和出口国，人造圣诞树约占全球消费总量的2/3[②]；中国是世界第一制伞大国，晴雨伞出口约占全球伞业总量的80%；世界70%的牙刷是中国制造的。中国商品在地方上生产的专业化十分显著。例如，广东顺德生产世界40%的微波炉；浙江桥头镇生产世界60%的纽扣；福建东石镇成品伞占全国的29.5%；出口占全国的33.6%……

我国的出口加工制造活动是从“三来一补”起家，在经济特区和沿海开

---

① 陈冀．2009-11-17 中国鞋企：危机中寻找生路——从“世界鞋都”看中国鞋业现在与将来．经济参考报．http：//jjckb.xinhuanet.com/jcsj/2009-02/20/content_144781.htm。

② 世界银行与摩根斯坦利2008年7月联合发表的一份专题报告。

放城市的经济技术开发区中进行的。现在，大量以代工（OEM）为主的外向型专业化产业区已经形成（表 6-1）。

表 6-1 中国的出口导向的消费品生产专业化产业区举例

产业门类	专业化产业区分布
纺织服装	男装：浙江瑞安、山东诸城；休闲服：广东中山沙溪镇、江苏常熟海虞镇、福建晋江英林镇、福建石狮灵秀镇、浙江乐清；牛仔服：广东中山大涌镇、佛山顺德均安镇、广东开平三埠镇；童装：广东佛山禅城环市镇；内衣：福建晋江深沪镇、广东南海盐步镇、汕头潮阳谷饶镇、浙江象山；毛衫：广东东莞大朗镇、汕头澄海区，浙江桐乡濮院镇，河北清河，山东海阳，江苏吴江市横扇镇；婚纱晚礼服：广东潮州；手套：广东高州；袜业：浙江诸暨大唐镇；领带：浙江嵊州；西裤：福建石狮蚶江镇；纺织机械：山东胶南王台镇；针织：广东省佛山市张槎镇；化纤织造：江苏张家港金港镇、桐乡洲泉镇，浙江杭州萧山党山镇；家纺：浙江绍兴，山东即墨、昌邑、文登，江苏通州川港镇，浙江杭州萧山新塘镇，广东南海西樵区
鞋	广东东莞厚街镇、惠州惠东镇、鹤山沙坪镇、广州、佛山南海平洲镇和里水镇，浙江温州鹿城区、台州温岭，福建晋江陈埭镇，四川成都武侯区、崇州，安徽繁昌，重庆璧山，辽宁沈阳东陵，河南偃师、江西宜春上高县，山东高密市
家具	广东东莞大岭山和厚街、中山三乡（古典家具）和大涌（红木家具）、佛山顺德乐从和龙江，江苏武进横林镇（办公家具），浙江嘉善（木制家具），湖北武汉黄陂区和荆州沙市区观音垱（办公家具），河南偃师庞村镇（钢制家具），河北香河和霸州（玻璃钢家具），山东宁津（实木桌椅），浙江安吉（转椅），四川成都新都，重庆白市驿，辽宁沈阳，江西南康
玩具	广东汕头澄海、东莞、深圳、中山、广州、佛山，江苏扬州、南京、苏州昆山、南通、盐城、启东、宝应曹甸镇，浙江义乌、宁波、温州、云和、黄岩，上海，山东曹县、淄博、日照，福建晋江安海
文具	浙江温州、宁波、桐庐、湖州、义乌，江西文港
乐器	铜管乐器：天津静海蔡公庄、中旺、子牙；钢琴：浙江德清洛舍；小提琴：江苏扬州泰兴溪桥、北京平谷东高村；管乐器：廊坊安次葛渔城；吉他：山东潍坊长乐乔官；民族乐器：河南兰考、陕西杨陵、山东郯县
体育用品	羽毛球：安徽无为、浙江衢州江山；乒乓球：浙江安吉良朋；网球拍：浙江富阳市上官乡；健身器材：福建厦门
雨具	福建晋江东石镇、浙江上虞崧厦镇、广东桃源镇
渔具	山东烟台、淄博高青唐坊，河北固安（钓鱼浮标）和献县，福建漳州东山，浙江宁波慈溪，安徽巢湖槐林，湖南临湘（淡水鱼浮标）
箱包	广州花都狮岭镇、中山三乡，河北白沟镇，安徽浪溪，福建泉州，浙江温州苍南钱库
珠宝	金饰：广东深圳罗湖水贝和沙头角、番禺；珍珠：浙江诸暨
眼镜	广东深圳横岗，东莞，福建厦门，江西鹰潭，浙江温州、台州玉环，江苏丹阳，上海，北京
钟表	广东深圳盐田区、河源和平县，山东烟台，福建漳州
自行车	天津、江苏太仓、广东深圳、河北平乡
其他	牙刷：江苏扬州杭集；五金刀剪：广东阳江；滑板车：浙江永康；纽扣：浙江温州桥头；灯饰：广东中山古镇；花卉：广东顺德陈村；葡萄酒：山东蓬莱、河北昌黎；工艺品：黑龙江尚志（套娃）

在我国沿海大量的专业化产业区高速发展并释放出极大能量的 2004～2005 年，国外媒体有如下的报道：

“从纽约到东京的买主希望能够一次性采购 500 000 双袜子、300 000

条领带、100 000 件童装或 50 000 件 36B 的胸罩……我国强大的新的专业化城镇越来越多地成为最适合下订单的地方……在那里，集群或网络中的企业相互提供原材料和零部件，发展技术，共享集中性供应中心的便利”（Varian，2007）。“中国在全球市场上的优势远远不止是廉价的设备、原料和劳动力。中国具有某些国家所无法比拟的优势。这就是产业群聚”（Lee，2005）。

（一）全球变迁中的挑战

当前大批量生产“中国制造”产品的专业化产业区正面临一场前所未有的挑战。随着人民币升值、国际油价暴涨、原材料和劳动力成本大幅上升，产业区赖以生存的种种优势逐渐丧失。2008 年全球性金融危机全面爆发，产业升级的巨大压力在这些产业区中越来越深刻地显现出来。东莞海关数据显示，2008 年上半年，家具及零件、服装及衣着附件、塑料制品等东莞传统大宗商品出口均出现负增长①。而浙江省经济贸易委员会发布的该省 2008 年上半年工业经济运行状况和发展趋势的报告指出，浙江省规模以上企业工业增加值和利润总额增幅回落，出现 10 年未曾有过的较大范围企业关停现象②。

据亚洲鞋业统计，广东东莞、惠州等地区，2008 年下半年，近 1000 家鞋厂及相关配套企业，或主动歇业倒闭，或被法院查封，或外迁其他地区。据温州鞋业协会 2008 年对 371 家制鞋企业的调查显示，未开工企业 32 家，已关停 52 家，欠债外逃 14 家，占调查企业的 34.1%。据福建莆田工商局统计，莆田地区有近百家企业倒闭，有些企业干脆关厂逃走，欠下工人工资及外包商、材料供应商的债务，造成社会问题。

全球最大圣诞树制造商宝吉在 2008 年初倒闭③④，宝安区和龙岗区约 30 家圣诞树生产商或改行⑤，或外迁到该省的惠州、东莞，浙江义乌，湖南郴

---

① 金融界．2009-11-17. 东莞中小企业状况调查．http：//focus.jrj.com.cn/dgqyscdc.html。

② 金融界．2009-11-17. 浙江中小企业状况调查．http：//focus.jrj.com.cn/zjzxqyscdc.html。

③ 在深圳，圣诞礼品年出口 1 万美元以上的企业曾达到 370 多家，专业生产圣诞树的亿元以上产值的企业曾达到 20 家，圣诞灯具出口企业约 190 家。2001 年美国圣诞树 60%以上产自深圳龙岗区，世界上最大的圣诞树生产企业位于布吉镇，2002 年深圳玩具与圣诞礼品出口产值曾经达 24 亿美元，中国香港、台湾以及日本、韩国的圣诞用品生产企业到深圳设厂或与当地合作生产。

④ 深圳工艺美术协会．2009-11-17. 深圳圣诞树制造商纷倒闭．不敢再称全球霸主．http：//www.singtaonet.com/chinafin/200801/t20080104_706903.html。

⑤ 2009-11-17. http：//www.artcraft.com.cn/portals/default/gmcontent.aspx? id=27dc1064e39e485783c96d85802259ee&cid=b6ec988d16644e6d9c12ddc27f3bf97a。

州，江西吉安，甚至远走越南和泰国[①]。全国有近 4000 家圣诞树及其饰品生产厂家停产。受影响的还有生产手提包、数码商品、T 恤和鞋子等圣诞商品的厂家。

广东珠海曾经在 2007 年生产了全球 70%的色带、60%的墨盒和 20%的再生与兼容鼓粉盒，形成“全球耗材之都”[②]。耗材产品来料加工占 9 成以上，主要出口欧美地区。然而，在金融危机中，珠海 100 多家耗材生产厂家中倒闭了 1/3 左右，近万从业人员受影响。

当外部市场环境突现逆转，产业区自发发展与经济政策干预之间的断裂就突显出来。中国两大外向型制造业基地——广东和浙江尤其受到决策层和公众的关注。回首中国产业区发展的蓬勃经历，检视当下产业区面临的种种挑战，我们不得不正视“在开放环境下地方发展如何才可持续”这个日益紧迫的议题。在经济指标之外，日益严峻的社会、环境问题不仅让中国的专业化产业区面临全球市场的挑剔，而且关系地方社会发展的长远利益。在越来越多的产业区中，企业正面临着“转型”或“转移”的艰难抉择，无论走还是留，企业都期待政府能提供强有力的干预措施，帮助它们度过艰难的时期。

(二) 逐底的竞争难以持续

有一类产业区是在乡村工业基础上，在准入壁垒低的行业中由企业繁衍、相互依存而生成的。既存在无可比拟的低成本优势，也存在难以摆脱的低价竞争困境。有人曾归纳最容易没落的集群的特点：“完全依靠低价竞争，组织体系水平过低，进入门槛过低，缺乏技术创新系统，服务体系不健全”[③]。温州瞿溪镇预制机械产业区个案研究表明，这些产业锁定在原有的规模上，产业升级十分困难[④]。企业规模过小，员工跳槽频繁，劳资关系不稳定，企业的人力资本难以积累，发展缺乏潜力。这些产业区已经进入老化阶段，甚至面临衰亡。

很多专业化产业区中逐底竞争（race to the bottom）明显。浙江省企业调查队曾对全省规模以下工业企业进行专项调查，认为“行业恶性竞争”是

---

① 2009-11-17. 传统制造业缩影 . http：//www.takungpao.com/news/08/10/15/ZM－975076.htm。http：//finance.cctv.com/special/c19197/20070821/105320.shtml。

② 2009-11-17. 央视国际：相信中国制造——溯源中国制造。http：//business.shou.com/20071024/n252836251.shtml。

③ 庞雅 . 2006. 最容易没落的集群经济 TOP5. 中国质量与品牌，2：54，55。

④ 朱康对，王玉余 . 原子式产业集群的成本优势与发展困境——瞿溪镇预制机械产业集群个案研究 . 待发表。

影响发展的主要问题的占被调查企业的39.5%。另据报道，我国2005年出口的化纤染色布和印花布每米平均价格0.8～0.9美元，袜子平均价格每双0.21美元，领带平均价格每条1.6美元，几乎接近成本价。逐底竞争的经典案例是，由于竞相压价，滑板车出口量占全国的90%的浙江永康2005年曾失掉沃尔玛百万辆滑板车订单[①]。由于低价竞销量大和出口秩序不规范，遭受的国际贸易摩擦很多。

二、产业转移

产业转移，从产业集群的角度上说，是企业离开集群（“去地方化”de-localization）而到另外一个地方再造集群或再融入产业集群的过程（“再地方化”re-localization）[②]。这个再地方化的过程不是一朝一夕的。对于那些欠缺竞争力的产业集群，外部竞争压力会迫使集群中的企业做出空间策略上的调整。于是迁移就成为集群演化的一个题中之意。实际上，企业迁移不仅是对缺乏竞争优势的集群而言的，在成功集群中，像硅谷和好莱坞，都可以发现企业迁移的现象。硅谷在替代128公路地区成为半导体产业新的中心过程中，有企业和员工从128公路迁移到硅谷。好莱坞最初的兴起也得益于19世纪初影视之都纽约的影视企业的转移。

多年来，学者们用梯度转移、雁行转移、边际产业转移、蛙跳转移等模式对全球产业转移进行了解释。国际上最近出现了“竹节资本主义”(bamboo capitalism）和产业聚落“浮动的睡莲叶形态”（lily-pad pattern）的产业转移和区域扩散理论（陈信宏，2008），“竹节资本主义”理论认为，跨国旗舰企业为了优化全球资源配置，往往把企业总部留在本土，而将研发、设计、制造、营销、服务等价值链环节迁往成本更低或资源更优的地方，使得总部和海外分支机构之间能够相互协调与促进，就像竹子一样节节长高、互惠共赢。旗舰企业的供应商网络通常采取跟随外包（following outsourcing）的策略，与其一同转移。源自韩国三星经济研究院的产业转移模型“浮动的睡莲叶形态”，是借助于自然界的群落扩散和生态演化机理，提出国际产业转移就像浮动的睡莲叶在池塘里自然蔓生，从核心地区向边缘地区随机转移和扩散。

---

① 胡灵敏．2005-08-15．恶性竞争致无利可图 永康滑板车痛失沃尔玛大单．http：//zjxz.gov.cn/05zjnews/system/2005/08/15/006269848.shtml。

② 地方化（localization）在这里是专有学术概念，意指在地方上同类或类似活动相互联系。

两个可以作为对比的经典案例对我国产业集群研究十分有意义：一是美国纺织业在1880～1924年从北向南转移；二是日本备后（Bingo）地区的服装业在国内外的转移。

19世纪初纺织业在新英格兰兴起，纺织企业沿梅里马克河和康涅狄格河分布，由河水为纺织机提供动力，短短的二三十年后，纺织业重心转移到了南部阿拉巴马州。纺织企业还没有认识到差异化战略，因而主要是成本竞争。美国内战结束，南方地区棉花原料以及水和煤电能源充足，铁路运输改善，尤其是工人工资比新英格兰地区便宜，获得了发展纺织业的机遇。在1881年亚特兰大国际棉纺展上，新英格兰企业家还了解到，与南部各州的差距还体现在关于纺织工人的法律法规上（表6-2）。新英格兰地区在关于纺织业工人的立法最健全和严格。1920年，纺织行业的需求缩减，南部纺织业由于低成本却在行业衰退中活了下来。同时，新英格兰的纺织企业或者破产，或者开始整体迁移到阿拉巴马等南部地区。

表6-2　美国新英格兰与南部在纺织工人方面的立法差别

州	年份	工人最小年龄	夜间工作	女工、童工周最长工作时间	童工教育	实施机制
马萨诸塞	1902	14	禁止	48h	强制	有
阿拉巴马	1903	10	部分限制	66h	无	无
南卡罗来纳	1905	12（部分）	部分限制	无	无	无
北卡罗来纳	1905	12	无	66h	无	无
佐治亚	1905	无	无	无	无	无

资料来源：English B. 2003. A Common Thread：Labor，Politics，and Capital Mobility in the Massachusetts Textile Industry，1880～1934. The Faculty of the Department of History. Virginia，The College of William and Mary. Ph. D Dissertation。

新苏格兰纺织业的案例表明，基于低成本优势的产业集群往往不是稳定的。在行业增长的时候，产业集群能够急速扩张；而在行业衰退期，产业集群迁向成本更低的地区也是非常迅速的。依靠原料或劳动力的低成本优势取得的可能只是昙花一现式的繁荣。

日本备后（Bingo）地区在19世纪末生产斑纹棉和传统的妇女工作裤。生产是由农民的妻子在家完成的，再由当地的贸易商用船运到大城市。第二次世界大战后，对于斑纹棉和工作裤的需求剧减，这一地区生产在工厂和办公室穿的工作服。备后地区服装业经历了20世纪60年代的飞速发展后，70年代大部分生产活动迁移到了东北部的九州，因为那里的非技术工人的工资便宜20％～30％。在90年代，企业家又将差不多全部生产活动迁移到了中国的江苏和上海，因为中国工人的工资成本只有备后地区的1/20。备后地区企业集中于从事服装设计和销售，实现了产业集群的升级。

（一）低成本追逐

> 低水平制造就像牧民在草原上放牧，这里吃完了就去下一个地方，追逐的只能是下一块草原①。
>
> 这很像某几类种子随风飘落。种子可能随风飘到几英里外，才终于落下，没有任何东西起作用，使它们能够选择特别有利于发芽的地点。有的落到了好地上，很快就茁壮成长了；有的落到了不毛之地或杂草丛生之地，枯死了。有的恰遇到好地，存活了。因此，这些植物的分布，年复一年，总跟有利生长条件的分布如出一辙（埃德加·M. 胡佛，1990）。

很多事实说明，我国沿海专业化产业区中的产业正在经历明显的地理扩散，甚至制造业企业群体转移。产业集聚区制造低廉价格的产品意味着难以置信的低成本。有的企业为免遭淘汰，不惜采取超常规的、甚至不合法的手段降低生产成本，带来劳动纠纷和环保问题。为了追逐低成本就要逃离原有产业区。例如绍兴县有服装企业转移到浙北的长兴县，以保持低成本。然而，在这种情况下，企业往往会出现劳动力的培训不足以及生产配套不完善等新问题②。

对于依赖自然资源的专业化产业区来说，在一定的技术水平下，其集聚的规模受制于资源承载能力。由于产业集聚的外部不经济和拥挤效应，由于劳动力缺乏，土地等要素成本上升，企业外迁的现象非常普遍。佛山陶瓷专业化产业区③受原材料限制很大，高岭土原料要从外地运来，再加上工业用地紧张，电价上升，企业的集聚导致粉尘和二氧化硫污染集中，超出了环境容量，迫使一些陶瓷企业外迁。

我国地方政府对这种转移进行了引导。首先是国家西部大开发、中部崛起和振兴东北老工业基地等宏观政策导向（商务部，2007），其次是各省、各

---

① 昆山台湾同胞投资企业协会蔡一明先生语，转引自谢静．2006-01-07．最担忧的流失：长三角台资逐渐北移．http：//www.zjsr.com。

② 来自2006年8月本小组实地调研。

③ 广东佛山历史上发展了小规模的日用陶瓷、电陶瓷、化工陶瓷，改革开放后佛山成为世界上最大的建筑陶瓷生产基地。以石湾、南庄为中心，方圆150～200公里，包括位于城市中心区域、商住区和高密度区的陶瓷企业。

县（市）对引导和承接产业转移的推拉力量，第三是行业协会和地方政府对企业迁移工作的具体指导。

2005 年 3 月 7 日，广东省政府提出了《关于我省山区及东西两翼与珠江三角洲联手推进产业转移的意见》，对省内两个地区共建产业转移园进行了规范。之后，产业转移园建设在广东省迅速展开（图 6-1）。目前，广东共有这样的产业转移工业园 20 多个①。佛山陶瓷行业协会与陶城报社于 2007 年 7 月 11 日联合召开以“佛山陶瓷产业的提升与转移”为主题的年会，寻找陶瓷企业向外扩张、转移的路线图，此会议给佛山陶瓷企业明确的信号，需要考虑并正视转移问题。“科勒和亚细亚落户山东，冠军签约成都，斯米克、东鹏、马可波罗进驻江西丰城精品陶瓷工业园，金意陶、箭牌、欧神诺落户景德镇，新中源首先迁入四川夹江，又签约湖南衡阳和江西高安”②。

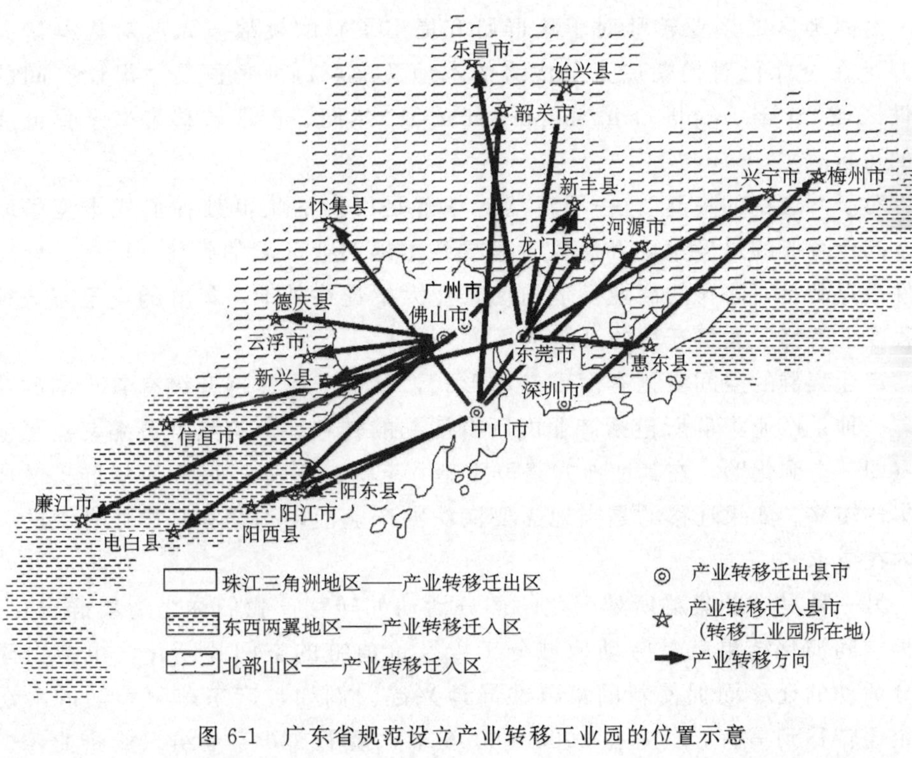

图 6-1　广东省规范设立产业转移工业园的位置示意

资料来源：广东省经济贸易委员会：粤经贸工业〔2005〕582 号“广东省产业转移工业园认定办法”

① 由于有些迁入地的产业配套不完善以及其他原因，产业转移工业园尚未获得完全的成功。

② 转引自佛山市陶瓷行业协会秘书长尹虹．佛山陶瓷转移与全国各地招商．在 2007 第三届陶瓷竞争力年会上讲话。

在我国沿海制造业转移的视角下，后进区域如何招商而承接产业转移？新兴生产区域在新的起点上如何规划和发展？这两个议题紧密关联，都涉及产业区的理论问题。对于产业迁出地而言，则是产业区的升级。其中，关键的问题是生产者服务业（producer service）发展（王缉慈等，2007）。例如，佛山加强工业设计，发展陶瓷文化艺术，作为全国建筑陶瓷的生产者服务业中心地位已经初见端倪。佛山有七八种专业报刊，是陶瓷专业媒体机构全国第一、陶瓷行业协会作用最强的地方，集聚了大批陶瓷专业人才，有强大的陶瓷行业职业经理人队伍，集中了陶瓷科研、设计、学校、咨询机构和大型企业，世界建筑陶瓷信息流通迅速。

（二）集群迁移和企业在异地形成集群

沿海地区的产业转移对于集群研究提出了新的挑战。先前对集群研究强调了在全球化时代塑造竞争优势的本地意义，因此集群是“滑性空间的黏性区域”（sticky places in slippery space）。然而，产业转移带来了集群迁移的可能。

对于“会跑的集群”，一种自然的理解是国内的集群处在低成本竞争阶段。同行企业的过度集聚和恶性竞争导致本地商业环境的破坏。同时，资源条件难以满足，恶化的商业环境迫使企业大批迁往外地。集群的竞争态势很大程度上解释了集群迁移的可能。

产业集群的空间演化有两种基本形式，对于产业集群升级有着不同的含义。一种是产业集群所包括产业的所有活动的转移。原有集群萎缩，甚至消失（即“空洞化”），在其他地方集群重新兴起。这种形式可称为集群扩散或者集群转移。如果迁移的是当地需要淘汰的产业活动，迁移是产业升级的一个内在要求①。

另一种是产业集群所处产业的部分活动的转移，我们称之为集群裂化。这种空间演化结果就是劳动地域分工以及价值链的空间片断化，也会由于部分活动的迁移而促使新的集群在异地兴起。例如，广东东莞大朗的毛纺织企业转移到信宜，信宜在2003～2006年承接了530家毛纺织业企业，一个崭新的集群拔地而起。在好莱坞，自20世纪90年代中期以来，电影和

① 对于诸如深圳这样的沿海发达城市来说，劳动密集型企业外迁是必然的，而且呈增加趋势。深圳贸易工业局2006年的调查结果是119家工业企业外迁，机械、玩具、仪器仪表、塑胶四个行业外迁企业较多。省内迁往东莞、惠州、中山、河源等地，省外则多往湖南、江西、江苏等地迁徙。2007年调研显示，仅罗湖、南山、宝安和龙岗四区，已经外迁的有499家。外迁仍在继续。

电视产业中部分生产活动迁移到多伦多也越来越明显，促使了多伦多等地电影产业集群的兴起（参见第八章），但这种迁移并没有削弱好莱坞的产业竞争力（Scott，2005）。硅谷的企业扩展到其他地区还传播了网络系统的经验：

> “扩展到其他地区后，硅谷的企业同时也增强了在这些不同的，但相联系的地区经济中的能力。硅谷网络系统的经验因此开始扩散到其他地区，在市场国际化的时代，提高了地理邻近的重要性。”（Saxenian，1994：159）

如果我们将眼光放长远，其实产业转移在世界上已经持续了一个多世纪。以纺织服装业为例，20世纪50年代以来就经历了三次大的转移：50年代到60年代初从北美和西欧到日本；70年代从日本到中国香港、台湾地区和韩国；最近十几年来又迁往其他发展中国家，80年代是中国内地、东南亚和斯里兰卡，90年代是南亚和拉丁美洲。即便是现在，企业迁移和倒闭仍在发达国家非常普遍[①]。

珠江三角洲地区的企业迁移而言，比如东鹏陶瓷，由于企业在佛山的工厂规模小、设备陈旧，难以与其他企业竞争，早在2000年就开始了走出去的行动，这是企业发展策略的选择。再比如，在东莞，同样是鞋业企业，面临外部环境压力和成本的提高，有些企业并没有迁移。美国利威鞋业公司总裁查理斯在接受新华网记者采访时说，他们并不打算离开东莞，因为没有一个地方产业配套体系像东莞这么完善，而且这里的工人做鞋10多年了，都很内行，目前在全世界仍然是最好的地方。迁到外地固然可以降低用工成本，但不完整的配套体系会导致原材料采购和运输成本的上升。

（三）产业转移的影响

产业转移昭示着对于产业集群需要新的解读，不再是只强调邻近或集聚所带来的正面意义（图6-2）。

---

① 劳动密集型的产业未必迁移到成本最低处。南亚和拉丁美洲纺织服装业兴起时，其成本仍然高于中国；中国香港、台湾地区和韩国尽管成本很高，仍然是亚洲纺织服装业出口的重要地区和国家。纺织服装业的国际迁移中，配额制度、汇率、贸易政策等同样扮演着重要作用。

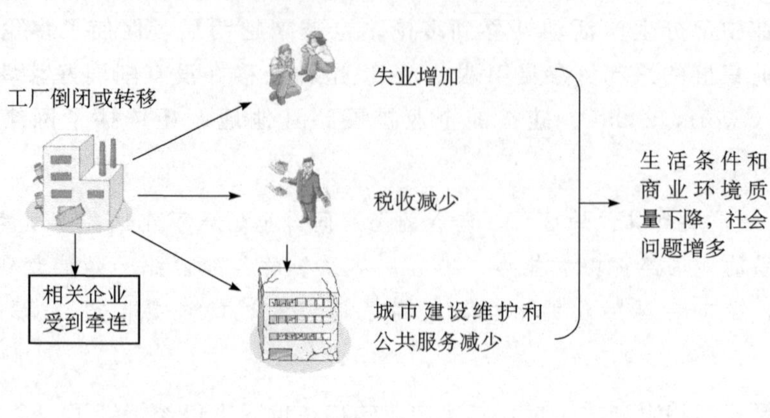

图 6-2　产业转移对移出地的负面影响

> 根据温州鞋革行业协会发布的报告，2008 年一季度，温州鞋企倒闭，转产数量达到了 70 多家……温州鞋企数量近几年来的消减势头很明显。2003 年时温州约有 5000 家一定规模的鞋企，到今年变成了 2600 家……温州市统计局的数据表明，一年来，温州外迁企业多达 1000 余家，整体迁移的占四分之一……倒闭或转产的鞋企均为小型企业，规模大的企业反而是产销两旺。一季度，温州 770 家较大规模的鞋企完成了生产总值 91 亿元，产量 1.2 亿双，同比增长 11.5%①。

在慢慢失去对产业集群最初新奇感的今天，当我们重新回顾先前产业集群的讨论时，至少不难发现以下几点：其一，邻近带来成本节约和促进创新只是一个静态的视角。如果产业集群的内涵只在于此的话，那么集群就只会不断膨胀，理想的终极状态就是一个产业将只集中于一个地区。显然，现实并非如此，而且也很难想象将来会如此。其二，根据上面温州的鞋业数据，集群中的企业数量和企业规模结构都随时间变化而不断变化着。过去对我国产业集群的分析中所显示的数量众多的中小企业为主的格局，也在迅速地发生改变。其三，产业集群的数量和地理分布也随时在变化。其四，某些专业镇也会发展为“不专业”，即向多样化的产业结构演变，广东已经出现了这种现象。考虑到最近沿海地区产业集群的转型和变化，我们越来越觉得，把产业集群看作一个动态的客体，来考察其发展轨迹及其内部的变迁将是集群讨论的方向，也是时代背景的要求。庆幸的是，由静

① 2008-08-06. 温州鞋企出现两极分化　鞋业大佬变招应对困局．青年时报．http：//news.wears.com.cn/data/2008/0806/1217995354246327.html。

态向动态视角的转变已经反映在了很多学者新近的研究之中。

集群变迁的研究意味着对以往集群研究方法的一种否定，需要超越我们前些年产业集群研究的惯性思维。过去往往只截取某一时间点对集群的特征进行分析，而忽视了产业集群的历史演化过程。研究集群变迁必然需要将集群放在一定的历史过程中进行分析，从而对于研究者的数据获取能力和对研究区域历史背景的了解提出了更高的要求，也为集群的实证研究带来了困难，高风险同时也伴随着高收益。集群变迁研究潜在的理论突破将使人们对于集群的理解发生根本性的改变。我们期待着这种激动人心的时刻的到来，根据目前一些关于集群变迁的研究，我们相信这一时刻也并非遥远。

产业转移对于转入地和转出地的影响都是十分深远的，包括经济、社会、文化，甚至政治等诸多方面，需要持续地跟踪观察和调研。我国的灯具产业中心由温州向中山古镇、横栏镇的转移提供了一个很好的历史案例（朱华晟等，2009）。

三、重温意大利式产业区理论

意大利式产业区理论研究在企业网络、社会资本、技术创新、外部联系和内部组织结构变化，以及产业区的国际化等方面已有很多理论进展（Becattini et al.，2009）。一般来说，意大利式产业区的特点可以归纳为：行为主体的地理邻近，部门专业化，中小企业为主，企业之间紧密合作，创新基础上的相互竞争、信任和社会文化认同，积极的自助组织，以及区域和城市政府的支持（Humphrey，Schimitz，1995）。从这几点看，我国大量的专业化产业区与其有不少共同点，尤其是行为主体地理邻近、部门专业化、中小企业为主，以至积极的自助组织（行会等）和政府的支持等。

（一）我国专业化产业区和意大利式产业区的异同

我国的专业化产业区具有惊人的生产能力，以大规模生产为特征，由中小企业集聚、专业化分工、结网协作而产生的规模效应突出。然而，我国产业区起步于计划经济向市场经济转轨的制度背景之下，以低廉的土地、劳动力、水电等生产成本获得竞争优势来承接发达国家的产业转移，更不容忽视的是在一段时期内国内市场相对单一。在产业区的文化和历史、创新环境和设计研发方面明显欠缺，导致大部分产品的附加值低，鲜有能够引领消费的核心企业。总体上看，从事消费品生产的我国产业区和意大利式产业区有一些关键的不同点，如表 6-3 所示（王缉慈，刘譞，2009）。

表 6-3 我国的产业区和意大利式产业区的关键差异

意大利式产业区	从事消费品生产的我国产业区
以设计为中心，个性定制产品，并将大规模生产外包出去	大规模生产或为订单加工定制产品
采用计算机辅助设计和制造，高技术与传统产业结合	多采用较廉价的国外或进口替代设备和技术
规范的知识产权保护和行业自律	知识产权保护制度环境较差，行业自律不强
创新氛围浓厚	追逐短期经济效益，创新意识不足
核心企业引导世界消费新潮流	少数企业承接外包设计
工艺历史和产业社区文化的根基厚实	缺乏工艺历史和产业社区文化

通过对比不难发现，从事消费品生产的我国产业区在以“大量低价”赢得大众市场的同时，却忽视了设计创新能力的提高，无法叩响高档消费品市场的大门。但是统一的大规模消费市场被打破，市场环境的变化促使我国产业区走向变革。

虽然意大利式产业区的出现具有特殊的社会、文化和经济背景，但研究者们仍然认为产业区模式可能为发展中国家的企业集聚区域提供建立在创新基础上的“高端道路”的发展经验。意大利式产业区的企业通过改进产品与生产过程而不是降低工资和劳动条件进行竞争，在服装、鞋、家具、汽车、电子等行业，研究开发或设计活动密集，这些活动往往具有审美性质。这种由设计驱动的创新使产业区获得了持续发展的动力。对于我国传统的消费品产业来说，意大利式产业区的核心价值就在于产业社区的文化根基以及持续创新的工业设计。

（二）不同产业区竞争力的差异分析

产业区的竞争力包括产业区内企业的竞争力和产业区整体所形成的有利于竞争力孕育和提升的环境（这里称为产业区的环境）。企业的竞争力是显而易见的，而产业区的环境往往容易被忽略。

企业是产业区的动态主体，是竞争力的基本载体。企业的竞争力来源于企业的设计能力、产品研发能力、质量控制能力、渠道营销能力、创新能力以及管理能力等。产业区有利于竞争力的环境不是一开始就有的，而是随产业区的形成而形成，并且在某一阶段达到动态平衡。产业区形成之前是先有企业，企业不断繁衍、合作、传递知识以及根植于地方文化，会逐步形成产业区，同时也形成了产业区的环境。产业区环境形成的同时也会对产业区内企业产生反作用，二者是互相促进的。

产业区竞争力的差异不仅表现为其中企业的竞争力差异，而且表现为产业区环境的差异，如非（低）创新环境和创新环境。在产业区形成的过程中，产业区竞争力的差异也逐步形成。不同产业区的企业性质、能力、地方根植性、形成路径的不同，使得产业区的性质、层次、环境等都不尽相同。如果产业区内企业是非（低）创新性的，那么形成的产业区环境也是非（低）创新的，产业区的竞争力也是低水平的。一般产业区都具有外部规模经济，但其环境却可能是非（低）创新的，产业区可能处于低端平衡。如果产业区内企业的竞争力高，会带动其周围企业的模仿并整体提高，也会促进相关配套企业的提高。企业之间传递知识的能力强，产业区积累知识能力也强。同时与地方根植性相结合，会促使产业区在整体上具有高的竞争环境和竞争力。相比较而言，高竞争力的产业区也必然在产业区形成过程中同时形成创新环境，这种产业区处于高端平衡。即不同的形成路径可能形成不同的产业区竞争力（图 6-3）。

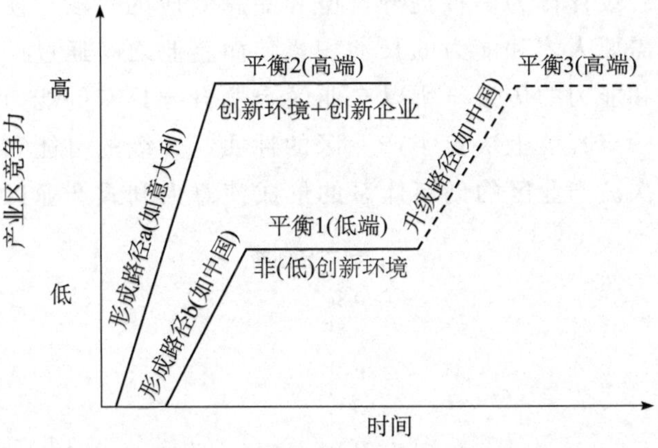

图 6-3 产业区的差异及升级

产业区一经形成，由于锁定（lock-in）效应会保持一种动态平衡。从低端平衡到高端平衡不是一蹴而就的，其升级路径也类似于暗箱，即升级路径是多样的，不是唯一的。打破这种平衡或者升级可能的两种模式：一种是通过产业区内部的企业自身的升级，如不断的创新、获得新的合同和渠道或者新的投资多元化战略；另一种是通过外力破坏或者促进，如经济危机或者政府的支持。但外力必须通过产业区内部企业而产生作用。

意大利式产业区内企业具有很强的产品设计和技术创新能力，产业区整体有很强的创新环境（创新体系），因而其竞争力强。意大利式产业区理论更多的强调了产业区整体（企业网络）上的特性，一定程度上忽视了其组成主体企业的特征、能力和竞争力。意大利企业的工业设计和技术创新可以追溯到20世纪30年代，而后工业设计和技术创新的理念、知识和能力在不断地发展、积累和升级。为了获得竞争力，各个企业都积极地促进工业设计水平的提高和技术产品的创新。同时，通过企业之间的正式和非正式、编码类知识和隐含性知识的交流以及共同的文化根植性的渗透，逐步形成了意大利式产业区的创新体系。企业和产业区是互相促进、相辅相成的，产业区的创新体系反过来又进一步促进了企业的持续创新。20世纪70年代以来，在就业人数下降的情况下，意大利纺织服装业的附加值增加了一倍。意大利纺织服装业在这一历史情景下的成功可以归于几个重要的因素：时尚之都“米兰”与产业区的联系，国内市场中独立销售商的主导地位，以及专注于设计和时尚的核心企业的出现（Michael，2008）。

Eleonora（2008）提出了意大利式产业区中成功企业的竞争力之源是设计和产品创新、技术创新和信息技术（图6-4）。企业具有极强的设计传统、能力和设计文化。设计作为一种提升价值和品牌效应的手段，使企业具备核心竞争力。设计需要人才和能力的长期积累，而企业之间通过产业区的创新进一步进行知识和能力的传递。所以产业区企业自身具有的能力和技术知识是非常重要的，一定程度上决定了产业区的性质、升级的可能和可能的创新环境的性质和层次。产业区的创新体系的形成使意大利式产业区具有整体品牌

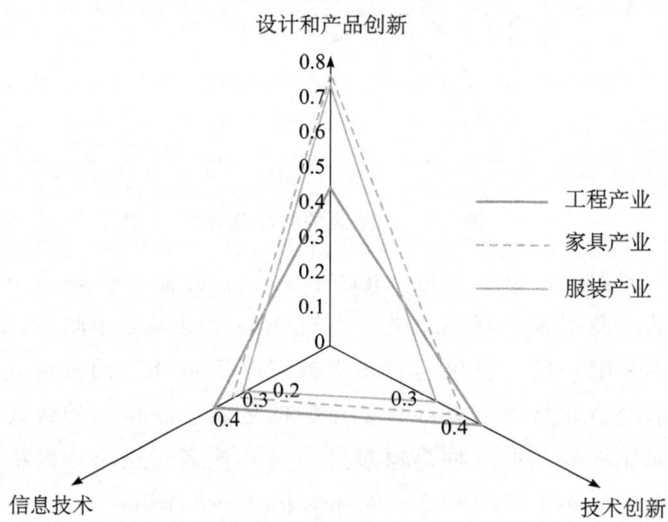

图6-4　意大利式产业区成功企业的竞争力来源

资料来源：Eleonora Di Maria（2008）

效应。时装之都米兰，提琴之都克雷莫纳，珠宝之都阿雷佐、瓦兰扎波和维琴察等就是意大利式产业区整体品牌效应的体现，分别集合了创造高附加值的、昂贵的时装品牌、珠宝品牌、乐器品牌等产品的时尚之都。

工业设计及其在工业中的应用是意大利式产业区竞争力的重要因素。更重要的是形成了良性循环，各个企业都自觉地创新设计和产品。设计、审美、技术甚至渗透到每件产品之中。追求设计和产品的完美结合，而且最终设计是由大量设计专家共同工作的结果。仅在伦巴第就有 2 万多个独立设计师或者工业部门的设计部门人员。许多意大利大学提供培训课程以促进其发展和创新，大学的参与促进了真正的意大利设计网络的形成[①]。在意大利的珠宝之都维琴察等地，11 万雇员、1 万多家珠宝企业根据市场发展和技术革新的需求而积极协作，使得意大利珠宝在全世界成为一种社会地位的象征[②]。在发达的产业区中，根植于本地社会文化的高素质的设计师凭借独创把时尚艺术推向市场，从而获得消费者的认可。在当代，这些设计师无不受到一流专业院校的教育，将高超艺术和技术融为一体，使其设计和产品具有昂贵的价格。

（三）生产范式的转变与我国产业区的突围

自 20 世纪 70 年代以来，日益丰富的商品供应促使市场竞争越来越激烈，同时促进了客户需求的多样化。消费者不再满足于被动地选择既定的商品，而是需要能表达其意愿与个性的产品。在生产中，设计成分占产品价值的比重不断增加（Lash，Urry，1994）。1987 年，戴维斯首次提出大规模定制（mass customization）的概念（Davis，1987），使多样化的产品与低成本统一起来。

> 美国玩具制造商美泰公司（Mattel）提供了定制个人专属的芭比娃娃的机会，在其网页中提供了 4 种肤色、3 种眼睛颜色、3 种嘴唇颜色、4 种发型、6 种头发颜色、19 种服装款式、8 套小配件和 6 种个性特征，可以组合出 78 万多种不同的定制产品供消费者选择，而组成这 78 万多种产品的零部件只要 53 种（但斌等，2004）。

以大批量生产的少量品种的零部件，采用通用的工艺组装出种类繁多的定制产品，使得定制产品的成本和生产时间接近大规模生产的水平，很好地

① Italian Institute for Foreign Trade. 2009-11-17. When they invented design in Italy. http：//www.italtrade.com/focus/design.htm.

② 2005 年意大利珍贵首饰的出口额达到 40 亿欧元。

诠释出“大规模定制”的内涵。这种新的管理模式在汽车、服装、钟表、手机、家电、软件、银行、保险和旅行服务等行业中得到广泛应用（但斌等，2004）。领先的企业不仅使用了先进、灵活的信息、通信、制造技术和营销模式，还通过灵巧而有知识的工人和新的管理模式，缩短了生产周期，降低了生产成本，提高了企业的灵活性和响应能力。在保证低价格和高质量的同时，增加了产品品种和定制化程度，最大限度地满足客户的个性化需求。这种生产范式的转变，在我国的许多行业中也初见端倪，如服装、制鞋、珠宝等传统消费品产业。

大规模定制的生产范式不仅对专业化产业区提出了挑战，也为传统产业区的复兴提供了契机。对于我国经历了30年快速扩张而囿于“低端道路”的产业区而言，新的产业组织模式与生产技术范式为其提供了走出困境的新思路。我国产业区具有高度的专业化分工，采用大规模生产方式，为了应对市场竞争需要提供越来越多样化和个性化的最终产品，这些特征都契合了大规模定制的特点和方法；而在大规模定制的生产模式下，产业区内的企业可以利用各种模块化的零部件，根据客户的不同需要组合成不同的产品，以少变应多变。

这种生产模式的变革，不仅需要与客户沟通、创意设计，同时包含了技术创新、服务创新等丰富的内容。在经济危机的背景下，我国不少外向型企业转型而增加内销，积极开拓国内市场，并意识到生产符合国内消费者偏好的产品的重要性。“中国元素”不仅被国内企业所重视，而且受到国外设计师的追捧。以国内市场为主的企业则掌握了更多的主动权，通过企业联盟“抱团过冬”，积极探寻应对危机的方法。例如深圳黄金珠宝产业区，通过专业展会、金融服务、设计研发等方面的不断创新，提高企业的抗风险能力。

四、创新型企业、政府和协会的作用

对于我国大量专业化产业区类的集群来说，要通过各行为主体之间的合作行动以及领先企业的创新能力提升，促进集群的转型。

（一）创新型企业

充分重视产业集群领先企业（龙头企业）的作用，引导和支持领先企业的产生和发展，建立有一定等级制的利于集群企业互动合作的企业网络，促进领先企业升级和创新，制定适合它们发展的经济政策，是提高产业集群技术创新能力的关键之一（参见第二章）。在本研究团队成员梅丽霞的《全球化、集群转型和创新型企业》中，通过自行车产业集群的分析验证了她的四点假设（梅丽霞，2010），我们坚持这四点主张。

1）产业集群转型与升级的机会与前景在很大程度上由集群中的创新型企业所决定。

2）产业集群中的领先企业不一定是创新型企业，因此该集群不一定是创新型集群。

3）即使产业集群中存在创新型企业，集群的转型与升级也有赖于集群中多方行为主体的合作行动，尤其是其他互补性的企业、行业协会和地方政府的积极参与和互动。

4）地方产业集群中的领先企业有可能演化为全球网络中的创新型企业。

英国弗里曼（Christopher Freeman）列举了创新型企业的十大特征：①企业内部的研究与开发能力强；②从事基础研究或相近的研究；③利用专利保护自己，与竞争对手讨价还价；④企业规模足够大，能长期高额资助研究与开发；⑤研制周期比竞争对手短；⑥愿意冒风险；⑦较早且富于想象地确定一个潜在市场；⑧关注潜在市场，努力培养、帮助用户；⑨有着高效的协调研究与开发、生产和销售的企业家精神；⑩与客户和科学界保持密切联系（Freeman，1989）。

我国各行各业都或多或少、或强或稍弱地存在创新型的领先企业，其中很多制造业企业都是在产业区中诞生和成长的，例如温州服装的美特斯邦威、顺德家电的格兰仕等，而生产者服务业的创新型企业也孕育于专业化产业区，例如阿里巴巴发迹于专业化产业区众多的浙江。这些创新型企业又带动了产业区的转型和升级。沿着全球价值链向高附加值环节的升级并非产业区必然的转型路径，领先企业有可能采取多样化的生存和发展战略，产业区也可能经历瓦解和重构，因此，为应对动态变化的外部市场，产业区企业的协力合作以获得创新能力是转型的关键。

业已证明，集群内行为主体之间的贸易与非贸易的相互依赖超越了地方自然禀赋，而成为决定区域产业活力的关键（Storper，1997）。地方政府和行业协会作为区域经济发展的推动者，积极介入到推动区域经济转型和升级的过程中，在自主创新方面发挥重要的力量，这是中国沿海一些专业化产业区的重要经验。

（二）政府

不少地方政府已经做了建设工业园区、专业市场、培育区域品牌和建立公共服务平台等工作，其中最重要的是因地制宜建立公共服务平台。中央财政从 2006 年开始对 52 个纺织产业创新公共服务平台予以专项资金的扶持。作为中国纺织产业升级示范区的广东佛山南海西樵镇，已经建成的公共技术服务平台包括产业创新示范平台和产品研发、检测和质量认证、教育和培训、信息化服务、电子商务等五个体系[①]。该集群内纺织企业数量减少（不到 1000 家）而规模却不断壮大。政府实行“雄鹰计划”，设立专项资金提供会展费用补贴，产、学、研和科技创新奖励等，企业创新能力显著增强。

东莞市也在大力提高企业的科技创新能力。2006 年“科技东莞”工程启动，明确“以引进消化吸收再创新为基本模式、以产业集群为依托、以科技园区为突破口、以产学研合作为着力点、以企业为主体”的自主创新道路。2007 年和 2009 年颁布和修改出台了多个配套文件和操作规程。东莞市每年安排 10 亿元扶持企业科技创新[②③]，所辖镇（街道）还有相应配套资金投入科技创新[④]。政府建立或引进公共服务平台[⑤]并帮助企业联系科技创新项目与科技人才。此外，东莞华中科技大学制造工程研究院、东莞电子科技大学电子信息工程研究院等 11 个公共研发和检测平台，以及 25 家知识产权代理机构，为东莞各个行业的创新能力的提高发挥越来越大的作用[⑥]。

（三）协会

出于服务于集群的目标，协会以企业自觉共同倡导和建立为宜。在集群形态比较成熟的广东和江浙一带，协会组织多是本地企业主导的民间组织。对于地方企业不成熟的后发地区而言，由政府组织发起也未尝不可。在我们的调研中，一些北方地区正处于起飞阶段的集群中的协会属于这种情况。但随

① 例如在广东佛山南海西樵镇政府，1999 年就建了南方技术创新中心，后来建立了产品交易中心，以及南方纺织网（www.gd-textile.com）。2004 年，中国纺织工业协会在西樵启动了升级示范区项目。纺织工业（南方）面料检测中心等国家级纺织检测研发机构也进驻了创新中心。

② 2009-06-16. 传统产业如何升级 东莞向西樵取经. http://www.suno769.com/news/dongguan/S2/t20090615_502170.shtml。

③ 东莞市政府目前出台的各项对创新型企业的扶持政策，主要以企业的专利数量为判断依据，尤其是发明专利和实用新型专利。从专利的申请费用开始补贴，包括发明专利的申请费、实审费和实用新型专利的申请费，补贴金额可以是全额补贴，甚至发明专利通过授权后还可以额外给予补贴。

④ 但仍然存在实力较弱的中小企业或创业型企业不敢冒一定风险去投资科技创新项目，急需雪中送炭却达不到政府设置的门槛的情况。

⑤ 例如，东莞市石龙镇政府引入国家低压电器检验检测中心，通过承担政府任务，参与标准制定，为企业新产品研发提供支持，减少了企业将企业标准升级为行业标准的时间和成本。

⑥ 据东莞市科技局统计，2008 年东莞全市专利申请量达 14 406 件、授权 8093 件，分别位列全省第二和第三位，其中发明专利授权量增长了 1.5 倍。

着集群的成熟，协会应该直接成为企业主导的自律组织。考察协会的建立形式的意义在于不同的创立形式对于协会作用的发挥有着重要的影响。广东佛山南海大沥铝材协会和有色金属创新中心组织企业间的学习和交流颇具代表性①。

集群的学习互动和外部联系并不是抽象的理论，而是渗透在协会的日常日程之中。集群中的协会可以提供很独特、很犀利的观察集群的视角。通过对协会的活动的研究可以窥视集群中企业间的联结程度，也可以反映出本地的竞争优势。

五、消费需求与产业区的文化变迁

尽管中国专业化产业区的大量产品已打入全球市场，但还需要获得全球消费者的信任。如何培育本国市场挑剔的有经验的消费者，从而促进中国产品在国际上竞争力的提高，同时促进公众的生活质量提高？什么样的需求会拉动我国产业集群在创意设计和技术创新方面升级和转型？

随着经济生活水平的提高，国内消费者对产品的技术需求、性能需求、审美需求、功能需求等都在不断提高。例如，对服装的款式、颜色、面料、配饰及设计背后体现的价值观都开始提出更高的要求。中国消费者的崛起为跨国企业提供了机遇，许多企业都将中国视为未来最大的增长市场。中国甚至由于为在其他地方几乎没有价值的产品创造了新市场。这鼓励了跨国公司不断增大时间和资金的投入，去了解中国客户特殊之处以及如何才能最好地营销或定制产品②。已有500多个国际服装品牌以属地生产形式进入中国市场，与中国服装企业的竞争从设计、面料、工艺、品质、价格、服务、文化、店面、客户管理及广告等方面展开差异化竞争。与此同时，我国劳动密集型产业在国内乃至国外都有很大的潜在市场和发展空间，企业也都开始实行创

① 该铝材协会是由本地企业2004年创建的，至今已吸收本地及周边地区的铝材企业54家。协会有会费和政府补充资金的支持。定期的行业交流和培训学习已成为惯例，包括面向企业管理人员每月一次的技术培训、面向企业厂长和技术骨干的交流会、面向企业家的高尔夫球会和酒会等活动，为不同层次的人员建立了沟通渠道和学习平台。此外，联合企业共同应对突发事件是协会的又一重要职能，例如2006年应对台风袭击，2007年共同应对出口退税率调整，2008年应对金融危机等。协会的作用在于可以有效地整合本地诉求，以更合理的方式使问题得以解决。外部联系的搭建是大沥铝材协会的又一职能：组织企业参加相关展会，邀请国外专家与企业共同讨论行业技术趋势，组织本地企业赴外地向同行学习等。

② 阿迈德．2009-11-20．中国消费大趋势（上）．全球财富精粹中文网．http：//www.ftchinese.com/story.php？storyid=001028500。

新战略[①]，国内成熟的、挑剔的消费群体已经出现，为这些产业提供了在创意设计和技术创新方面升级和转型的条件。

另外，我国普通消费者也在我国产业区所生产的低端产品方面培育了大量消费需求，在大量生产、大量消费的同时，我国劳动者的素质和人民的文化生活质量也在悄然提升着。无论是放下锄头拿起小提琴的制琴工，还是“洗脚上田”的油画工；无论是技工还是普工，这些劳动力的素质都在逐渐地提高，并潜在地影响着下一代，陶冶性情传递文化，正在发生着从制造到文化的社会变迁。

例如，分别集聚在北京平谷东高村镇和江苏溪桥镇的几百家提琴制作公司，年产小提琴占全球市场的七成。“造琴之乡”已经向“演奏之乡”演变[②]。在平谷，不但被小提琴车间雇用的原造纸厂工人收入几乎是原来的两倍[③]，而且小提琴课成了镇里200多名小学生的必修课，农家娃变身琴童[④]，甚至还准备建设弦乐器体验中心、小提琴博物馆、小型音乐厅、音乐喷泉等。当前国际品牌的低端产品在中国大量生产和消费[⑤]，随着消费水平的升级，消费者数量、产品利润增加的同时，文化素质也随之提高。这种现象在体育用品、文具、服装、玩具等劳动密集型产业，在通信设备等大量高新技术产业方面都存在。中国人的购物习惯和不断变换的品味正在重新构筑生产链另一端的全球贸易流。未来中国的经济将更多依靠消费来拉动，建立科学理性、可持续的消费观念，有效地刺激消费的发展，拉动经济可持续增长。

六、深圳金饰产业区的实例

在西方相关的研究文献中主导话语为“第三意大利”等成功区域的故事

① 温州的鞋业企业有两类战略：一类以红蜻蜓为代表，注重与设计师的合作，从款式、面料上吸引消费者；另一类以奥康为代表，从科技创新的角度，与国外的知名品牌合作，共同打造“会呼吸的鞋”，增加产品技术含量。

② “提琴之声”工程由政府出资、出场地、找时间，先免费培训小学音乐老师，再通过他们在小学生中间推广普及小提琴。工程实施两年来，累计培训600余课时，已使全区600余人学会拉小提琴，并有近百人通过了小提琴一级考试，水平最高的学生已达到8级水平。

③ 2009-11-17. 北京郊区小镇欲打造小提琴“圣城”中国乐器协会网 . http：//info. audio. hc360. com/2009/06/29143477358. shtml。

④ 2009-02-17. 爸妈造琴孩子拉琴：北京平谷200农家娃变身琴童 . 千龙网 . http：//www. qianlong. com。

⑤ 我国乐器市场规模比改革初期扩大了几倍乃至几十倍。小提琴、西洋管乐器、钢琴、配件、周边设施、录音及扩音设备大量在产业区中生产。

所充斥。我国产业区（集群）从最低的劳动密集型加工环节走向全球价值链的高端环节成为各地集群战略的雄心抱负。我国劳动密集型的专业化产业区的蓬勃发展始于改革开放，大多出现在毫无工业和手工业基础的农业地区，其工业历史仅二十余年。与意大利式产业区相比较，尽管存在本地产业分工网络，但缺乏产业文化根基，因此要追赶发达国家，需要付出更加艰辛的努力。

当前，我国劳动密集型企业正处于创品牌的热潮之中，“驰名商标”成为企业追逐的宠儿，也是地方政府奖励的目标。然而，品牌在于信誉、设计实力、知识产权、群体感性认知以及生产质量保证等，没有设计实力，品牌就是无源之水，无本之木。而设计又来源于深厚的文化之中。

从产业区模式的核心价值认知出发，本课题组对深圳金饰（黄金、珠宝首饰）产业区进行了调研（王缉慈等，2009）。本研究的信息和数据主要来自对深圳珠宝企业的质性访谈，问题包括区位选择、产业联系、技术创新和产品设计、人员流动与知识交流、政府与行会的作用等。深圳的调研分别在2007年4月和2008年7月进行，各为期半个月，共访问了15家珠宝首饰生产企业、4家珠宝贸易企业、1家专业媒体以及相关政府部门，并于2008年8～9月，在广东揭阳和北京对珠宝行业相关机构进行了补充调研。

（一）深圳金饰产业区的发展过程

深圳罗湖是我国最重要的黄金珠宝首饰产业集聚区域。截至2007年12月底，深圳市的注册珠宝企业2323家[①]，从业人员12万人，黄金珠宝总产值达600亿元人民币，占国内市场份额的70%[②]。该产业起步于20世纪80年代初期，得益于经济特区的建立和毗邻亚洲珠宝首饰产销集散重地——我国香港的地缘优势。萌芽时期的珠宝企业主要集中在盐田沙头角保税区。1981年12月，香港公司投资建立首家“三来一补”企业，深圳珠宝行业中较早成长起来的企业家中，有曾经是香港珠宝公司的学徒、销售员、中低层管理人员，还有直接在深圳建立来料加工厂的香港商人[③]。他们不仅带来了原材料，也将珠宝产业发展所需的各项资源要素引入内地。

特区建设初期，深圳完全没有珠宝首饰加工的基础，原材料和设备都需

① 此为深圳标准技术研究院提供的数字，特此致谢。

② 姜华.2009-11-17. 中国珠宝产业大整合拉开序幕.http://finance.sina.com.cn/money/nmetal/20071211/11054276220.shtml。

③ 2001年境外金饰品来料加工企业共有53家。

要从国外进口。深圳在金银价格、金银原料配给等管理体制方面的突破和创新[①]，促进了本地企业特别是民营企业的迅速成长。这些企业在承接港商来料加工订单的同时与内地企业合作，取得了不易批准的从业资格，并接受内地带料加工业务，扩大了生产规模。1989～1990 年，市政府把珠宝行业定为出口创汇支柱行业，在海关、税收、信贷等方面积极引导。1998 年人民银行深圳分行在全国独家试点开展“黄金寄售”业务，缓解了深圳黄金原料供应不足的问题。截至当年底，深圳珠宝企业增至 618 家，随着国内珠宝消费市场的放开，许多珠宝企业转向内销，而且突破了早期单一生产金银首饰的局限，产品种类达到 4000 多个[②]（表 6-4）。

表 6-4　影响深圳珠宝产业发展的主要事件

时间	主要事件	评价
1981.12	首家“三来一补”企业——“东方首饰来料加工厂”成立	深圳承接香港金饰等加工制造行业转移，促进珠宝首饰产业的萌芽
1984.12	艺华公司成为深圳首家定点生产经营金饰品的国内内联企业	深圳企业获得黄金珠宝经营许可证，为开拓内销市场奠定了基础
1989～1990	深圳市政府把珠宝行业定为出口创汇支柱行业	政府在海关、税收、信贷等方面积极引导，促进了珠宝行业快速发展
1990.03	深圳市珠宝首饰行业协会正式成立	行业协会的成立，有助于黄金首饰行业的规范发展
1990.07	人民银行深圳分行制定《深圳市来料加工企业的管理规定》	深圳市金银市场的管理和监管工作有法可依，逐步完善
1996	人民银行深圳分行发出《关于实行金饰品零售价新标价方法的通知》	黄金零售价格管理体制改革成为企业进行技术、款式创新的巨大动力
1998.12	人民银行深圳分行在全国独家试点开展“黄金寄售”业务	缓解了深圳黄金原料供应不足的困境，促进珠宝行业快速发展
2003.10	深圳市政府办公厅下发了《关于支持发展产业集聚基地的若干意见》	政府支持在深圳建设珠宝产业集聚基地，有助于行业转型的平稳过渡
2004.08	水贝-万山珠宝产业集聚基地成立	深圳珠宝产业向规模化、集约化发展
2006	深圳市政府出台《关于改造提升我市优势传统产业的若干意见》	政府的重视与扶持，有利于解决传统产业升级在融资、技术创新等方面的问题

由于珠宝企业转向内销，而沙头角保税区的政策束缚了内销企业的发展，加之沙头角距离城市中心区相对较远，通达性较差，2003 年以后很多珠宝企业自发地迁移集聚到罗湖。罗湖水贝片区具有良好的区位条件，接近罗湖口岸和火车站，不仅集聚了珠宝加工企业，还包括原辅料供应商、机械设备供

① 新中国成立以来我国一直对黄金产品实行严格管制，由人民银行统一收购和配售。

② 此后，广州番禺成为出口型珠宝企业最集中的地区。

应商、展示设备供应商、印刷包装等配套企业，并逐步建立起本地化的经济网络和社会网络。

2004年之后，深圳珠宝产业由企业数量急剧增长的阶段转向品牌化运作阶段。经过20多年的发展，深圳已经成为中国珠宝产业整体发展最快、产业规模最大的城市。深圳的黄金加工量、铂金加工量和钻石用量分别占上海黄金交易所、上海铂金交易所和上海钻石交易所全年成交量的90%左右。目前，深圳珠宝企业市场占有率居国内第一位，是中国珠宝首饰行业的制造中心和交易中心。

（二）产业区特征

深圳市现有珠宝生产加工企业约870家、珠宝批发贸易企业650家、珠宝零售企业220家、珠宝包装用品销售商120家、珠宝及其用品设计企业约90家、其他珠宝相关业务企业（包括珠宝设备生产、珠宝维修企业、专业市场、珠宝鉴定检测机构等）120家[①]。主要集聚在罗湖水贝和沙头角两个片区，具有诸如相关企业的地理邻近、部门专业化、中小企业为主，以及积极的自助组织（行会等）和政府的支持等意大利产业区模式的一些基本特征和地方生产系统的网络结构（图6-5）。

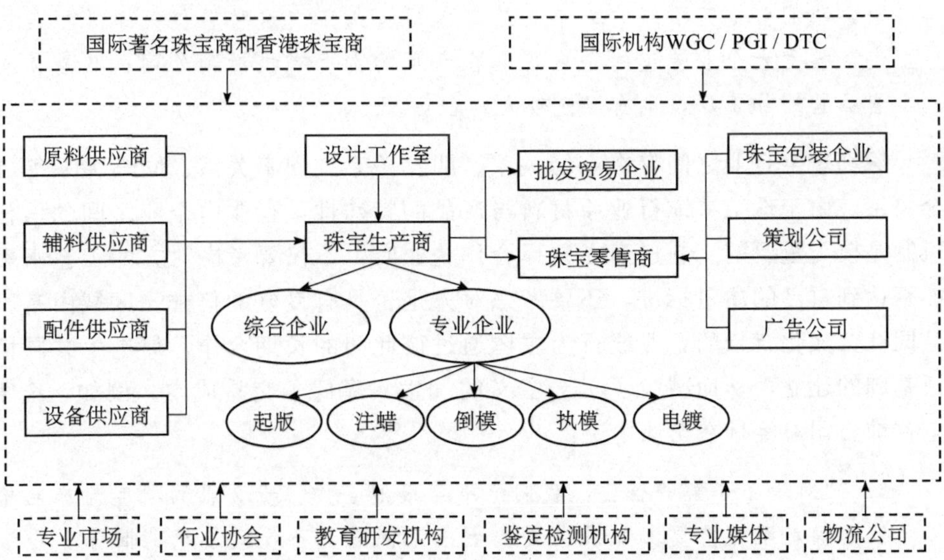

图6-5　深圳黄金珠宝首饰产业的网络结构

① 苏妮.2008-09-12.黄金珠宝：从加工基地到创建品牌.南方日报（C06）。

深圳的珠宝企业衍生是非常频繁的。20世纪90年代以后的创业者以潮汕籍的企业家和经销人员居多，他们对珠宝加工工艺和国内珠宝市场极为熟悉。深圳早期的一些国有企业在改制后也衍生出许多中小珠宝企业，原国有企业中的管理者成为新企业家或职业经理人，不仅熟悉珠宝业务，而且具备经营管理现代企业的知识与能力，他们之间彼此熟络，存在同事或朋友关系网络，非正式交流频繁。例如，A珠宝首饰公司副总经理在访谈中说：

> "深圳最早的内联企业'高德金银珠宝首饰公司'分化出安盛华、爱塔（百泰的前身）、福麒等企业。高德公司拥有金银珠宝生产许可证，很多公司以'高德某某分厂'的名义去生产经营。"

由于深圳珠宝行业以中小企业为主，很难把所有生产环节在一家企业内部全部完成。随着专业化分工的深化，珠宝集群内出现很多起版、注蜡、倒模、执模、抛光、电镀的专业企业，很多企业将部分生产环节外包给专业公司完成。深圳珠宝集群的企业之间还存在订单整体转包。企业之间的转包实现了生产能力在区域内的调配。这种调配在企业之间自发地进行。例如，A珠宝首饰公司副总经理在访谈中说：

> "以手链和项链为例，每年4～5月是订单旺季。在保证质量的前提下，我们会把完不成的订单交给其他厂去加工。这种转包关系并不是固定，接受大企业转包的企业既有在水贝的，也有扩散到外围；既有无自有品牌的加工厂，也有规模较大的企业。"

深圳珠宝企业之间存在亲缘关系、朋友关系、同事关系、同学关系等社会关系。由于珠宝首饰行业原材料与产品的特殊性，行业内企业之间的信任机制是极为重要的。制造商在选择合作企业时，不仅要考虑对方的工艺水平能否达到自己的质量标准，还要考虑对方是否具有良好的信誉。区域内基于共同社会文化背景的企业或行为主体通过彼此间的长期合作，促进了共同信任基础的建立，从而减少了机会主义的发生，降低了交易成本。例如，F珠宝首饰公司总经理在访谈中说：

> "对于不了解的企业，我们绝不会跟他合作。贵金属的纯度对产品价值的确定至关重要。如果在成色上出了问题，不仅砸自己的牌子，也影响与我们合作的品牌公司的信誉。"

在珠宝协会组织的不同层面的会议（常务理事会、理事会、会员大会）上企业的管理者讨论诸如企业联合、金融创新等问题，属于比较正式交流。

在行业协会的带动下，珠宝企业家之间的非正式交流频繁。知识在这种非正式的网络中传递与扩散的方式，往往是通过人与人之间有效的非正式交流或频繁接触而进行的。这种网络形式能够更有效地传递和扩散隐含经验类知识。通过非正式交流，不仅将企业与企业联结在一起，而且加强了企业与政府、企业与行业协会之间的沟通。如罗湖区贸工局某领导在调研中谈到：

> “珠宝企业家和经理人在企业开张、周年庆典、新品发布会、珠宝展、行业论坛、设计师沙龙等不同形式的交流……九月珠宝展期间，就像珠宝行业的年节活动一样，每天喝酒都喝不完。”

2006年，9家优秀珠宝企业联合成立专业化的珠宝企业担保公司“银联宝”，在一年之中为80家企业提供了5.5亿元担保贷款，成为深圳市中小珠宝企业的主要融资平台。银行和担保机构还要不断进行金融服务创新，为中小型珠宝企业发展提供持续的资金支持。

深圳珠宝企业通过世界黄金协会（WGC）、世界铂金协会（PGI）等国际推广机构推广产品，节约了营销成本，也增强了自身的市场营销和品牌策划能力。这些由世界主要矿业公司资助成立的国际推广机构也为企业提供行业信息和技术指导。在调研中，G珠宝公司总经理助理在谈到该公司与WGC合作的“唯有金”系列首饰时说：

> “‘唯有金’是世界黄金协会推广的一个整体形象，其产品要求有两点：第一，必须是原创作品；第二，必须按件销售。参加这项活动的原因是世界黄金协会给我们做免费的推广，只交一少部分钱可以获得更大的效果。”

（三）发展困境

尽管深圳在全国珠宝产业中居于龙头地位，企业有多项创新，例如研发出莲花钻石切工技术、魔力雕刻机、环保工艺“浓硫酸炸金技术”以及贵金属首饰材料的多项创新，但在全球价值链中仍处于低端环节，大部分珠宝企业不具有国际竞争力。

在市场竞争中，企业相互压价，原料价格上涨，但加工费没有增长，导致利润降低。尽管尝试了金融创新，银行仍常常因为中小企业贷款监控成本高、风险大而惜贷。此外，大多数企业的工艺水平达不到环保标准，且无力自建处理设施。环保成本上升，生产和居住的矛盾突出，导致企业被动转移。

需要特别指出的是深圳珠宝产业的设计环节基本缺失，珠宝设计人才匮乏。

国内院校培养的设计师难以满足企业的商业化需求。设计力量薄弱，使得深圳珠宝产品同质化现象严重，企业间争夺人才。E珠宝公司副总经理提到：

> "业内设计师跳槽频繁，2～3年换一家公司……一些行业经验丰富的人会自己干，做高级订制加工。"

部分企业由于内部的专职设计师不足，需要吸收独立设计工作室提供的款式或根据客商的要求定制款式。因此，一些具有相当实力的企业聘请外国设计师进行产品创新。Studio总裁谈到：

> "我们向所有设计机构开放，有好的设计就买过来……我们也是很多高校的实习基地，如中国美术学院、北京服装学院、武汉地质大学等。"

可喜的是，在深圳珠宝产业的网络中，随着产业分工深化，以设计为中心的生产者服务业开始发展。如雅诺信集团投资建设产业配套中心（包含珠宝创意设计中心），TTF以设计为中心推动企业发展，由原来企业中的设计师或技师创建而衍生的独立设计工作室也已经出现，如欧金匠设计师工作室。E珠宝公司副总经理在访谈中说：

> "当企业发展到一定规模，大量生产型企业进入而导致整个行业的经营环境发生变化，就会出现转型。单纯的生产型企业，利润很难再上一个台阶……我们很早开始尝试差异化发展，通过与服装、鞋业品牌合作，为企业发展开拓思路。"

本章小结和讨论

在看似日趋一体化的全球经济体系之下，独特的地方因素在国家和区域社会经济发展中的作用不是减弱，而是增强了。跨国资本和其他经济要素的加速流动，以及全球和地方经济管制环境的变化，使经济活动的区位变动频繁而复杂。区域不论大小，都日益卷入到与外界更广泛纷繁的社会经济联系之中，面临着吸引资本和优质劳动力的激烈竞争。与此同时，扎根于地方社会经济文化的产业集群也成为所在区域连接全球经济体系的载体，通过市场、技术和人员流动等途径，将不可捉摸的全球化与实实在在的本地人们的日常生活和工作联系在了一起；而这种开放的网络联系又加剧了地方产业集群发展环境的动荡，使集群的结构处于不断的变动和重组之中。在一些地区，专业化特色产业区曾经规模迅速膨胀，而又受到严重经济危机而出现规模缩小（企业数目减少）。

现代交通通信技术的发展，催生了国际产业日趋复杂紧密的横向联系与纵向联系，为分工细密的价值链的不同环节在全球范围选择更好的区位提供了可能，同时给外部规模经济显著的活动实现高度的空间集聚提供了良好的条件。中国的专业化产业区从最初最基本的加工组装活动进入这样的分工网络，在外部市场的拉动下，出现飞跃性增长。历经二十多年持续的发展，地方产业的分工网络逐步形成，区内企业出现分化，本地企业不断开拓国内外的市场渠道，并积累自身的技术能力，表现了欣欣向荣、蓬勃向上的发展动力，令研究者和政策制定者的目光都聚焦在产业区成长的一面。

在国际金融危机影响到全球实体经济的深刻背景下，本章重新审视了意大利式产业区的基本理论，并指出其竞争力与我国产业区竞争力的差异。在此基础上提出，我国专业化产业区升级，需要产业区内企业以工业设计为中心，以技术创新为根本，进行企业之间的合作和产、学、研的合作（即形成产业区的创新环境）。深圳金饰产业区的案例说明，学习国外先进的设计理念、文化和技术，并发展具有深刻文化内涵的中国元素设计，是这些专业化产业区最根本的升级需求，是实现产业区（集群）持续发展的动力源泉。同时，必须加强企业之间真正意义上的合作，密切本地社会网络中的联系，进行协同创新。由于中小企业的个体很难建立有远见的设计机构和院校等知识机构，也难以获得充分条件参与国外一流设计机构和院校的学习，地方的行业协会和政府相关部门需要积极介入，进行支持，加快产业区创新环境的形成。

（王缉慈，李鹏飞，马铭波，刘譞）

参考文献

埃德加·M 胡佛．1990．区域经济学导论．北京：商务印书馆

陈信宏．2008．中国大陆崛起与东亚科技产业版图变迁 http：//economic. ccu. edu. tw/economic/academic/master _ Paper/080503 seminar. ppt

但斌等．2004．大规模定制——打造 21 世纪企业核心竞争力．北京：科学出版社

罗红波等．2008．产业区直面经济全球化——中意比较研究．北京：中国社会科学出版社

梅丽霞．2010．全球化、集群转型和创新型企业．北京：科学出版社

商务部．2007-06-08．推动加工贸易从东部向中西部地区梯度转移．http：//finance. ce. cn/gdxw/200706/08/t20070608 _ 11647217. Shtml.

石大立．2007．专业化产业区生成机理研究．北京：中国农业科学技术出版社

王缉慈．2000. 从意大利产业区模式看浙江专业化产业区发展前景．浙江经济，(7)：10～12

王缉慈等．2001. 创新的空间——企业集群与区域发展．北京：北京大学出版社

王缉慈，李鹏飞，陈平．2007. 制造业活动地理转移视角下的中国产业集群问题．地域研究与开发，(5)：1～5

王缉慈，林涛．2007. 我国外向型制造业集群发展和研究的新视角．北京大学学报（自然科学版)，43 (6)：839～846

王缉慈，刘譞．2009. 经济危机背景下对我国专业化产业区的反思——重温意大利式产业区的价值．地域研究与开发，(3)：1～6

王缉慈，马铭波，刘譞．2009. 重新认识意大利式产业区竞争力——对深圳金饰产业区等我国专业化产业区的启示．中国软科学，(8)：85～94

朱华晟．2003. 浙江产业群：产业网络、成长轨迹与发展动力．杭州：浙江大学出版社

朱华晟，王缉慈，李鹏飞等．2009. 基于多重动力机制的集群企业迁移及区域影响——以温州灯具企业迁移中山古镇为例．地理科学进展，28 (3)：329～336

Bagnasco A. 1977. Tre italic：La Problematica Territoriale Dello Sviluppo Italiano. Bologna：Ⅱ Mulino

Becattini G，Bellandi M，Propris L. 2009. Handbook of Industrial Districts. Cheltenham：Edward Elgar

Becattini G. 1990. The Marshallian industrial district as a socio-economic notion. In：Pyke F.，Becattini G.，Sengenberger W. Industrial Districts and Inter-firm Co-operation in Italy . Geneva：International Institute for Labour Studies (IILS). 31～57

Becattini G. 2009-11-17. "Dal 'settore' industriale al 'distretto' industriale：alcune considerazioni sull'unità d'indagine dell'economia industriale" Rivista di economia e politica industriale n. 1. http：//www. dse. unifi. it/becattini/frame. htm

Brioschi F，Brioschi M S，Cainelli G. 2002. From the industrial district to the district group. An Insight Into the Evolution of Local Capitalism in Italy，Regional Studies，36 (9)：1037～1052

Crestanello P，Libera P E. 2003. International delocalisation of production：the case of the fashion industry of Vicenza. http：//www. economia. unimore. it/convegni _ seminari/CG _ sept03/Papers/Parallel%20Session%201. 1-2. 1-3. 1/Crestanello _ Dalla%20Libera. pdf

Davis S M. 1987. Future Perfect. Reading，Mass.：Addison-Wesley

Dunford M，Greco L. 2005. After the Three Italies：Wealth，Inequality and Industrial Change. London：John Wiley & Sons

Eleonora Di Maria. 2008. Restructuring traditional industries. DUKE/VIU International Summer Research Workshop

Ferrucci L，Varaldo R. 1993. La natura e la dinamica dell'impresa dsitrettuale. Economia e politica industriale，80：73～97

Freeman C. 1989. The Economics of Industrial Innovation. Londen：Francis Pinter

Harrison B. 1994. Lean and mean：the changing landscape of corporate power in the age of flexibility. New York：Basic Book

Humphrey J，Schimitz H. 1995. Regional regimes of accumulation and the Nation State in regulation theory. Paper presented at the conference of the IGU Commission on the organization of Industrial Space

Lash S，Urry J. 1994. Economies of Signs and Space. London：Sage Publications

Lee D. 2005-04-12. China's Strategy Gives It the Edge in the Battle of Two Sock Capitals，The New Foreign Aid，in Los Angeles Times

Marshall A，Marshall M P. 1879. The Economics of Industry. Bristol：Macmillan

Marshall A. 1919. Industry and Trade：A Study of Industrial Technique and Business Organization；and of Their Influences on the Condition of Various Classes and Nations. London：MacMillan and Co

Marshall A. 1920.（republished）Principles of economics. London：Macmillan and Co

Michael D. 2008. Industrial districts，magic circles and the restructuring and the Italian textiles and clothing chain. http：www economic. ccu. edu. tw/economic/academic/.../080503seminar. ppt

Piore M，Sabel C. 1984. The Second Industrial Divide：Possibilities for Prosperity. New York：Basic Books

Saxenian A L. 1994. Regional Advantage：Culture and Competition in Silicon Valley and Route 128. Cambridge，MA：Harvard University Press

Scott A. 2005. The shoe industry of Marikina City，Philippines：a development-country cluster in crisis. Philippine Journal of Third World Studies，20（2）：76～99

Storper M. 1997. The Regional World：Territorial Development in a Global Economy. New York：Guilford Press

Varian H. 2007-06-28. An iPod has global value. ask the（Many）countries that make it. New York Times，28

Whitford J. 2001. The decline of a model? Challenge and response in the Italian industrial districts，Economy and Society，30（1）：38～65

第七章　中国高技术区域的复杂图景

发展中国家的经济振兴取决于产业创新。产业创新的决定因素是知识、学习过程和关系网络结构，在各个产业部门中的知识、技术、行为主体、机构之间的共同演化过程，以及联系的质量和强度。世界高技术的经济地理格局是由各国的高技术产业集聚区域及其贸易流组成的动态系统，但是这些集聚区域并不是都有竞争力的，区域之间是不平等的贸易关系，我国高技术创新区域的营造还需要时日。

> 行走于中关村，就像穿越在复杂的商业地形——那里有跨国公司，也有地方企业；有“土鳖”企业，也有“海归”企业，还有从跨国公司里出来创办的企业；有大型工厂，也有雏形小店。你很难知道这些实体之间有没有真正的联系。那么，中关村仅仅是一个装载各色各样的商业主体的地理容器，还是使它们融合而发生协同效应的场所呢（Zhou，2008）？

研究发现，中关村的跨国公司与本地企业之间不仅存在等级分化，而且这种关系正处于嬗变之中，越来越趋于竞争。一方面，跨国公司在资本、技术和管理方面的优势很大程度上瓦解了本地自主创新的动力；另一方面，跨国公司需要与当地企业合作，在高技术①发展尚不成熟的环境中推广自己的产品和服务。其结果，本地企业在合作中不断获得技术和管理培训，同时发展起自己的市场网络和创新能力。本地企业的学习能力由于其他相关企业、研究机构和政府支持的存在而大大提高。因此，技术转移并非通过有意识的规划或特殊的组织形式完成，而是在基于市场化的产业集聚与专业分工过程中自然发展的（Zhou Yu，Tong Xin，2003）。

一、作为创新集群培育基地的高新区和大学科技园区

20世纪70年代末国门打开伊始，经济的全球分工和技术的飞速变化使国人感到震惊。尽管我国技术发展延误了数十年，但只要正确回应新技术革命的挑战，我国仍然存在成功的机遇。过去仅仅把军工的新技术成果转到民用，这是远远不够的，更需要新的技术导向的国家战略，用新技术来改造传统产业，以及在高技术领域获得技术能力。中国对发展高技术充满了期望，美国硅谷的成功引发了我国建立高技术中心的兴趣。与70年代出于国防安全和平衡地区经济而把科研机构及其试验设施建设在遥远的内陆区域完全不同，1985年3月《中共中央、国务院关于科学技术体制改革的决定》指出：“要在全国选择若干智力密集区，采取特殊政策，逐步形成具有不同特色的新兴产业开发区。”北京、西安、南京、天津以及武汉等市的智力密集区域成为首选

① 我国在现实条件下把“高技术”概念拓宽为“高新技术”，本书中“高技术”和“高新技术”在各章节中不一致，在具体论述国内开发区问题时，用高新技术一词，其他部分一般用“高技术”一词。

区域。

1986年3月，国家提出“高技术研究发展计划”（“863”计划），选定了生物、航天、信息、激光、自动化、新能源、新材料等七个高技术领域，跟踪国际高技术发展前沿，并力争在可能的领域有所突破。1988年2月，由中共中央办公厅等七单位联合调查组在《中关村电子一条街》报告中提出了建立中关村科学工业园区（或新技术开发区）的建议①。1988年8月国家提出“火炬计划”，明确提出办好我国高新技术产业开发区（以下简称高新区）。1991年初，国务院批准建立26个（加上北京试验区共27个）国家高新区，作为高新技术产业基地和向传统产业扩散高新技术的辐射源，形成对外合作的“窗口”，并从区域上组织、实施火炬计划项目，有计划地组织培训经营管理人员，建立创业服务中心，完成支撑服务体系。

1992年邓小平南巡讲话后，国家科学技术委员会党组委托由国务院研究室等6单位组成的联合调查组对高新区作了调查，7月向国务院提交的报告建议在原有27个高新区基础上再批准20～25个国家级高新区。报告提出，我国要用30～50年使经济实力达到美、日、欧的水平，没有50～100个小成气候的高新区是支撑不起来的。经过20多年的努力，我国已经建成56个国家级高新技术产业开发区，69个国家级大学科技园。

从上述报告来看，建设高新区的初衷主要基于要素投入和国内现代化，以及靠技术改变落后面貌的愿望，并未能充分估计到高新区建设本身的风险和面临的不确定因素，尤其是尚未充分认识具有国际竞争力的产业对于创新集群的需求。

20多年来，我国高新区发展的政策环境发生了很大的变化。例如，从计划经济到市场经济，从进口替代到出口导向，从市场保护到引入国际竞争，从投入推动到需求拉动，从本地创新成果产业化到引进外资、“海归”和外国研发机构，以及从以政策为重心到以体制创新为主，而且，很多高新区扩容建政后，原来的“一站式”高效服务有所改变。经过土地开发、资金滚动积累的初始发展阶段，高新区已经进入到依靠技术创新和学习能力创造地方竞争优势（即“二次创业”）的阶段。高新区之间的分化日趋显著，部分高新区已经形成了具有本地特色的优势产业。

中国高新区的发展演化反映了在政府从计划经济向市场经济转变的过程

① 报告提出，中国要在21世纪成为经济大国，试点工作必须及早行动。3月，中央财经领导小组会议上有发言指出，现在中关村比较成熟，科技园区再不解决就妨碍发展了。

中，产业的全球化与地方化两种趋势的对峙和相互影响。地方的制度环境和产业网络结构对本地技术发展轨迹和持续创新能力的影响差异日趋明显。其中，政府、本地企业和跨国公司三者的对弈，产业地方化网络的形成与剧烈的社会和制度变迁过程的交织，加之国家在关键技术领域的独立性和安全性要求，以及幅员辽阔的区域差异，这些在区域产业发展和创新能力建设中的表现是非常值得关注的。

回顾过去，在我国建立国家级高新技术产业开发区之初，世界上对高技术发展的内在创新动力及其所需要的环境还缺乏足够的认识。那时研究世界高技术园区的国外文献也主要强调各种独特的、外在的位置条件，包括：靠近研究性的大学，有充足的风险投资，靠近国际机场，基础设施完善、优美的自然条件和方便的生活条件等。世界上出现的“硅谷热”，是把创新过程误解成线性过程[①]而建设高技术园区的一股热潮。后来大量关于高技术园区的研究指出，一些园区在发展中，着重创新企业的培育和创新网络的构建，所以取得了成就；而在另一些园区，仅把发展重点放到建设园区的本身，就很难说是否能够获得发展高技术的目标。

在我国建立国家级高新区之初，国际上对发展中国家如何发展高技术和如何进行技术创新也没有清晰的看法。20 世纪 90 年代末以来的国际研究表明，地方企业的技术学习能力和创新能力的提升，通常是在本地企业集体所构成的创新网络环境中，通过本地企业的跨国生产联系而得到实现的。尤其是在发展的最初阶段，企业家的成功主要取决于企业进入外部市场和吸引区外专业技能的能力，因此区域的开放性和积极寻找大型外部市场是成功的关键（Bresnahan et al.，2001）；但是太强的外部联系可能控制本地环境，使本地交流减少，企业留在本地的理由就不存在了。当企业转移到另外的地方，产业集群就不能生存了（Bathelt et al.，2002）。

我们过去的认识在全球化的诸多挑战面前有些应接不暇。例如，当合同制造（contract manufacture，CM）、电子制造服务（electronic manufacture service，EMS）等新型产业组织蔓延到中国的时候，有些从事高技术产品的低端制造环节的供应商与本地企业是联系不足的。在这样的区域，创新集群难以在短期内真正形成。因此，不能将属于同类高新技术部门的企业集聚区

---

① 创新过去被认为是在企业内部发生的从发明到设计、中试、生产、销售的线性过程，从一个企业扩散到其他企业。实际上，创新，尤其是高技术创新，是企业互动的非线性的过程。创新通常是在研究与开发活动之外，在生产实践中发生的，在干中学习，在用中学习，对原有技术进行改组和传播，并创造新的生产方法和新的消费方式，它是渐进和持续的过程。

域简单地罗列并称之为创新集群。

尽管高新区在我国经济发展中的成就举世瞩目，但在高技术创新方面仍有很长的路要走。“某某区已经成为一个创新集群”、“高新区最终要变成创新集群”，这些说法在媒体上常有出现，但是，高新区企业的产业联系现状如何、什么是创新集群、为什么要有创新集群、高新区如何培育创新集群等问题，都需要深入思考。

创新集群意为有利于企业自主创新的理想的地方环境，应该是针对某种产业及其相关产业而言的。那种把高新区作为创新集群的整体的说法，只会把创新集群抽象化而失去它应有的意义。创新集群体现了自主创新相关的各行为主体的互动合作关系。在全球化背景下，国家及其主权的基本功能并未消失，增强国力是维护国家主权的根本途径，而自主创新是增强国力的基础。企业是自主创新的主体，无论是原始创新、集成创新还是引进消化吸收再创新，都需要创新集群的环境。

重大原创性科研成果的产生，大多是多学科交叉融合的结果。近百年获得诺贝尔自然科学奖的数百项成果中，近半数是多学科交叉融合取得的。当代合作研究或开发新产品往往不是通过正式的合同，而是有一些默契的技术转移和知识交流，这种过程需要一种新的区域治理手段。对于高新区来说，它需要通过各种治理措施，促进某些领域的相关企业和相关支持性机构紧密互动而加速创新。

创新集群是开放的系统。作为发展中国家，我国的企业在引进消化高新技术的过程中，与国外创新主体之间也需要频繁作用，提高技术吸收能力，促进跨国公司的知识转移。创新集群是建立在知识产权保护等制度与企业互信和联系的基础上的，为此需要制度创新。高新区作为培育创新集群的基地任重而道远。

为了提升企业的自主创新能力，实现建设创新型国家的目标，科技部将培育创新集群定为高新区“十一五”规划的愿景和努力方向。从建设高新区硬环境、提供优惠政策、促进高新技术企业繁衍和吸引外资，到培育创新集群，是一个认识的飞跃。然而，从长远来看，在发展实践中，还需要从全球的观点对高技术产业、企业和区域进行深入探究。以下是多年来基于文献学习以及对案例的调研和观察所得到的初步认识，有待于进一步讨论。

二、对于高技术产业、企业和创新区域的再认识

理解高技术产业的发展，既需要从技术的观点上看，又需要从组织的观

点上看；既需要从全球的观点上看，还需要从地方的观点上看。由此，当我们对各个高技术产业部门的功能环节进行细分，对全球的高技术企业类别进行细分，对全球高技术产业相关的区域进行细分的时候，会发现高技术产业的功能环节、高技术企业以及与高技术产品和服务相关的区域都具有明显的等级差异，形成纷繁复杂的高技术产业的经济地理图景。

（一）高技术产业功能环节的等级差异

理解高技术产业的第一个关键点在于高技术产业功能环节具有等级差异。

在2008年奥运会开幕式中，一张巨大的卷轴“画卷”向世界呈现了中国悠久历史文明，这“画卷”是通过地面上庞大的LED屏幕播放出来的。LED（发光二极管）是利用半导体芯片作为发光材料将电能直接转换为光能的发光器件。这种替代传统光源的高技术产品的研发和生产越来越受到社会的重视。

20世纪70年代起步的我国LED产业近几年飞速发展。中国的LED全彩显示屏、太阳能LED、景观照明等应用产品产值已超过300亿元，成为世界最大的生产国和出口国。LED产业分为上中游的外延片和芯片的研发，以及下游的封装和应用，目前我国主要集中在封装环节。根据中国光学光电子行业协会光电器件分会统计和测算，2007年全国从事LED的企业约有2000家，共十几万人。其中，外延、芯片的研发和生产的单位只有40家；封装企业约600家，其中有一定规模的封装企业约100家；从事应用产品和配套企业有1700多家。拥有LED的核心技术“蓝光LED”的厂商仅有少数几家国外企业，如日本的日亚化学、丰田合成，美国的CREE，德国的欧司朗等。在高亮LED方面，日本、美国和我国台湾占到世界出口市场的86%，我国大陆仅占3%。

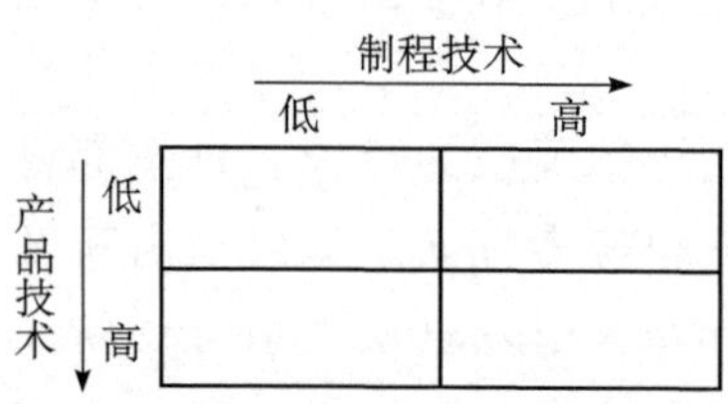

图7-1 工厂技术水平矩阵

资料来源：魏心镇和王缉慈（1993）

笼统地谈高技术产业会忽视产业内部各个环节的巨大技术差异。高技术产业既包括了高端的研发与设计，也涉及简单的生产和组装；高技术创新既包括产品技术创新，也包括制程技术创新（图7-1）。例如，集成电路产业包括了电路设计、晶体生产、晶片构装以及芯片测试和封装，设计需要高层次的工程技术人员，构装需要有纯净的生产环节和复杂的设备，在最后的封装阶段，则主要依赖低技术的劳动力，特别是女工来完成（彼得·迪肯，2007）。即使在封装环节，也存着不同的技术等级。集成电路封装由最初的“辅助工序”、“后工序”已逐步发展成为与芯片加工同等重要的技术，BGA、CSP、SiP 等封装的技术含量已不亚于芯片加工的技术含量，封装与测试成本在集成电路生产过程中也占有越来越高的比例。目前，国内以 PDIP、SoP 和 PQFP 等为代表的中低档塑料封装仍占有市场的 70%～80%，而 PGA、BGA、CSP、MCM 以及 SiP、POP 等先进材料封装的市场占有量很少，约在 10%以下，尚处于研发阶段（王阳元，王永文，2008）。

如果简单认为涉及高技术产品的都是高技术产业，就可能对区域未来的发展形成错误的判断。实际上，产业内部功能环节的差异正是全球价值链理论提出的现实背景。一般来说，由制造向设计转变的升级是在一个产业内部发生的，依赖于宏观统计数据的国际贸易理论不能反映这种根本性转变。对于具有复杂过程的高技术产业，更需要深入到行业内部来审视产业的发展态势。

在当今世界中，传统技术和高技术越来越趋于融合。由于使用高技术的不一定是高技术产业，而那些是高技术产业的又不一定都使用高技术，所以当优惠政策向高技术产业倾斜时，概念混乱的问题更为突出。我国很多单位和公司都给自己贴上“高技术”标签，有的是为了列入计划，有的是为了推广技术或产品，更多的是为了获得减免税优惠。

（二）高技术企业的等级差异

理解高技术产业的第二个关键点在于全球高技术企业具有等级差异。

中国的高技术产业发展面临着全球化的挑战。跨国公司正在雇佣相对廉价的中国高技术研究人员，迅速地在中国建立研发基地。相对来说，中国在研发方面的投入却仍然十分薄弱。由于“瀑布效应”压力，中国的高技术企业不仅需要艰难地追赶巨型跨国旗舰企业——那些占主导地位的系统整合者，即冰山的可见部分，而且面临着追赶几乎控制了供应链各个部分的强大公司的巨大困难，即隐藏在视野之外的冰山的不可见的部分（彼得·诺兰，2005，2007）。

我们发现，我国的高技术企业，自觉地或不自觉地已经卷入国际化中去。我国的高新区，无论是否实行国际化战略，都已经介入到国际化中去了。这不是传统意义上的国际化，而是深刻的全球化。高技术企业在全球范围内有非常明显的等级体系：最高层是巨型的旗舰跨国公司，即彼得·诺兰所说的冰山的可见部分；中间是强大的合同制造服务商，即彼得·诺兰所谓的冰山的不可见部分；而我国的很多中小型高技术公司却仍然处在低层或底层。在这个等级体系中，存在不平等的权力关系。我国的中小企业能否获得话语权，取决于内生的技术能力、创新能力以及在动态演变的全球经济中不断成长和升级的能力。融入全球生产网络，是为了通过“快车道战略”来获取技术、知识和技能；而建立技术学习、技术掌控、技术创新的机制，是发展中国家实现追赶的核心法则（Nelson，1993）。

跨国公司不仅将包括高技术领域在内的制造业活动，也将内部的服务功能转交给没有所有权和控制权的国外服务供应商（Stack，Downing，2004）。电信技术的发展以及行业内部信息的标准化和规范化为服务外包提供了基础。服务外包目前尚处于初级阶段（UNCTAD，2004）①。麦肯锡与商务部联合发布的《将中国打造成服务外包产业的全球巨人》白皮书指出：2005 年，全球离岸外包产值达 400 亿美元；到 2010 年，这个数字将达到 6000 亿美元②。发达国家的服务发包商倾向于选择工资较低而教育、文化与其相近的国家（Kraiwinee et al.，2007）。根据合同额划分外包市场的份额中，美国、德国、法国、英国和日本占到了 79.6%（The Economist，2005）。中国、印度、俄罗斯等国发展了软件工程、新药外包研究与开发、保险业和市场研究等生产者服务业。在 IT 领域，出现了印度 Wipro、TCS 和 Infosys，中国的东软、中软、炎兴、博彦、海辉等一批外包企业，为北美、欧洲和日本服务（李鹏飞，王缉慈，2008）。2007 年，中国国内信息技术（IT）服务市场达到了 74.1 亿元（中国投资促进会等，2007）。在生物技术和化学制药领域，我国的合同研究组织（Contract Research Organization，CRO）也得到了发展，利用中国在化学和生物领域优秀而相对廉价的研发人才，承接国外新药的研发外包。此外，西方药物临床试验市场逐渐饱和，越来越难招收药物受试者，中国和其他发展中国家由于疾病品种众多、临床成本较低，成为国际药物临床试验的重要市场。

从知识和技术转移来看，我国高技术企业需要在与强大的高技术跨国公司的合作与竞争中，在本地的网络环境中学习和攀登，这是有相当大的难度的。由此，研究我国高技术创新集群的问题就一分为三。其一，跨国公司及其合同制造商是如何控制全球生产网络和创新网络的？其二，在作为发展中国家的我国，当外来主体是新技术的主要来源的情况下，当地企业是如何通

① United Nations Conference on Trade and Development（UNCTAD）. 2004. World Investment Report. New York：United Nations。

② 沈建缘．2007-07-08. 麦肯锡商务部发布白皮书：中国服务外包有两软肋．http：//www.ce.cn/cysc/sylt/gdxw/200707/08/t20070708_12096152. shtml。

过与外来主体的互动实现技术进步的？其三，从政府来说，怎样的制度框架能够促进创新能力建设和互动学习？这三个问题都非常大，在下面各节主要以 IT 产业为例，试图用简短的篇幅说明之。首先分析 IT 产业中的等级组织体系。

1. 作为系统集成者的跨国旗舰企业

在过去的几十年中，全球价值创造体系出现了前所未有的重构。一方面，跨国的旗舰企业成为系统集成者，培育和加强其核心业务，甩掉非核心业务；另一方面，在"瀑布效应"的作用下，层级的供应商体系逐渐形成，最终使得全球化渗透到产业领域的每个角落（Nolan et al.，2008）。跨国公司成为"系统集成者"的过程也是一个提高产业集中度的过程。例如，英特尔（Intel）和美国超微（AMD）公司占据了全球微处理器（CPU）市场的 90%以上。英特尔公司利用股权联系对全球生产网络中的成员实行直接管理和控制，其全球生产网络仅涉及美国、爱尔兰、以色列、马来西亚、菲律宾、中国、哥斯达黎加等 7 个国家，总共 30 几个分公司，其中近一半在母国美国。其技术资源仅保留在美国、爱尔兰和以色列的具有战略意义的几个子公司内部，将技术扩散降低到最小程度，延长了技术使用的生命周期。英特尔公司的技术研发活动集中于母国的中央研究院，并统一协调各技术研发机构，研究人员之间近距离交流知识和技术，保证了公司核心技术的持久竞争力。英特尔的硅片制造是高度集中的，装配和测试工厂则谨慎扩展到低成本地区——马来西亚、菲律宾、中国及哥斯达黎加几个发展中国家，对这些地区的业务部门全资拥有。英特尔还在调整其装配和测试部门的区位，将其转移到成本更低的地区，2009 年 1 月，英特尔宣布关闭 5 家工厂。英特尔位于上海的封装测试工厂将在 12 个月内转移至成本更低的成都。这保证了公司的灵活性和成本优势[①]。

2. 崛起的合同制造服务商

自 20 世纪 60 年代以来，欧美地区的高技术企业将劳动密集的生产环节转移到了具有低成本优势的东亚等发展中地区（Scott，1987；Gourevitch et al.，2000）。起初，欧美高技术企业只是把生产外包作为充分利用其生产能力满足其市场需求的手段。到 90 年代初，市场竞争加剧，高技术企业开始最大

---

① 王焕祥.2005-01-24.评论：解析英特尔精细化战略全球生产网络.IT 时代周刊.转引自 http：//www.sina.com.cn。

限度地利用合同制造服务商的生产能力，其制造环节在东亚迅速聚集，高新技术产业的制造环节越来越向少数合同制造服务商集中（表7-1）。这些合同制造服务商为了达到跨国旗舰企业的要求，需要不断地对产品进行改进和创新，并不断地扩张规模以降低成本。

表 7-1　全球主要合同制造服务商的销售收入

企业名称	2004年/十亿美元	2008年/十亿美元	年增长率/%	总部	在中国投资地
Foxconn 富士康（鸿海）	12.5	44.6	37.4	中国台北	深圳，武汉，昆山，太原，烟台，淮安，廊坊，重庆
Flextronics International① 伟创力	14.5	27.6	17.5	新加坡	北京，上海，广州，苏州，常州，珠海，东莞
Jabil Circuit 捷普科技	6.3	12.8	19.4	美国佛罗里达州圣彼得堡	北京，广州，南京，上海，深圳，苏州，天津，无锡，烟台
Sanmina/SCI 新美亚科技	12.2	9	−7.3	美国加利福尼亚州圣何塞	无锡，昆山，深圳，苏州
Celestica 天弘	8.8	7.7	−3.2	加拿大多伦多	东莞，香港，苏州，上海
Elcoteq 艾科泰	4.1	4.8	4	芬兰爱斯堡	北京，东莞，深圳，香港
Venture 万特	3.2	3.8	4.3	新加坡	上海，苏州，深圳
Benchmark Electronics 佰电科技	2.0	2.6	6.8	美国得克萨斯州安格尔顿	苏州
Universal Scientific Industrial 环电	1.6	2.0	5.7	中国台湾南投	深圳，上海，北京

① 2007年10月，Flextronics兼并了另一个合同制造商巨头Solextron。

资料来源：各企业年报，Elcoteq数据为净销售额（net sales）。

事实上，最受益于发达国家高技术企业外包战略的企业，并不是发展中国家的供应商，而是合同制造服务商。这些合同制造服务商首先出现在发达国家，它们具有强大的供应链管理和技术优势，在全球形成了紧密联系、快速反应的生产体系，对发展中国家以供应商为主导的升级战略构成了巨大的威胁（Sturgeon，Lester，2004）。

例如，电子制造服务（Electronic Manufacture Service，EMS）公司为原始设备生产商如戴尔、爱立信、摩托罗拉、微软等企业提供设计、策划、制造、测试以及物流管理等全套系列服务，覆盖整个产品生命周期。这种外包服务是复杂的流程，具有统包的特点，从而使EMS公司可对项目实施从构思设计、产业化、制造到部署的全程管理。

3. 其他代工的系统厂商

事实上，在电脑制造领域，以台湾代工厂商为代表的“接单生产”

(build-to-order，BTO) 自20世纪90年代中期以后就已经流行。代工厂商在全球有潜力的市场设立后段组装厂，并先在生产成本较低廉的地区设立前段工厂生产“准系统”(bare bone)，即主板、电源、机箱以及软驱等，当接到客户订单后再交后段组装厂，组装完毕交给客户。这种“接单生产”后来延伸成“定制生产”(configure to order，CTO)，完全依照最终客户的需求来做软硬件配置。CTO逐渐成为趋势，但由于需要提供更多样的零部件库存，对代工厂商的挑战更大（杨友仁，夏铸九，2005）。表7-2反映了全球主要笔记本计算机代工情况。

表 7-2　全球前十大笔记本计算机外商委外代工比例

厂商	委外代工比例/%	台湾的代工厂商
DELL	90	广达、仁宝、纬创
HP	90	英业达、华宇、广达
Toshiba	15	仁宝、英业达
IBM	90	纬创、广达
SONY	20	广达、华硕
NEC	80	华宇、大众、纬创（日系）、神基（欧系）
Fujitsu-Siemens	15	广达、仁宝、纬创，主要代工订单来自欧洲
APPLE	100	广达、精英（致胜）
SHARP	50	广达、神基、伦飞

资料来源：台湾经济部ITIS计划，台湾经济部技术处R信息工业年鉴，2003。转引自杨友仁和夏铸九（2005）。

目前，越来越多的跨国公司选择外包方式，以减少生产成本、管理成本和库存成本。我国联想集团承接了IBM的计算机制造业务，海尔集团则计划脱手生产业务，向生产者服务业转型。

在以上三个层级之下，就是中小型甚至微型的零部件和元器件供应商、装配商、营销商等企业了，犹如繁星难以胜数，而在深圳-东莞、苏州-上海和北京-天津地区尤为密集，形成了我国的信息通信技术（ICT）产业的所谓集群现象。或者可以说，我国的ICT产业集群正是在这样的全球背景下出现和发展的。

研究指出，一些地方的中小企业之所以能够应对挑战，往往是因为它们加入了全球生产系统，参与跨国生产和流通活动，与国际大公司构筑起有能力创新和适应残酷竞争的网络组织，依靠特定商品的出口竞争力赢得地区在国际劳动分工体系中的位置。由于技术变化日趋频繁，市场竞争越来越残酷，国家创新的体制逐渐表现出不足，技术创新的国际网络变得日益重要。但是，全球经济危机也给我们以深刻的教训，在参与跨国生产和流通活动时必须依靠自主创新而掌握话语权。在发展中国家，关键是如何发展本地产业集群，并在全球价值链上创新和学习，不断向上攀登（UNIDO，2002，2003）。

（三）高技术区域的等级差异

理解高技术产业的第三个关键点在于高技术产业在区域上具有等级差异。

例如，LED产业上游和中游的外延和芯片环节投资额度大，专业技术人才要求高。德岛——这个在日本四国东部的只有4145平方公里且80%为山区的县，在全球的LED产业中占到了四分之一份额，在白光LED中占到了60%的份额，拥有着日亚化学等多家LED领军企业，被称为“LED谷”。在LED产业体系的最下游，即应用环节，由于市场准入门槛相对较低，直接面对终端市场，技术风险小，投资额低且回收快，深圳、广州、中山、厦门、宁波等地LED产业集聚比较明显。由此，LED产业的区域等级体系非常明显地展现了出来。

早在20世纪70年代，西方一些学者就开始用产品生命周期理论来解释公司在产品开发不同阶段的区位需求差异。在需要高投入的研究与开发的创新阶段，高技术产业可以在高成本的区位集聚，并需要大量有高级技能的技术人员。随着高技术公司的成长，高技术人才集聚。在标准化阶段，产品的生产分解为零部件的加工和组装，工厂可以分散化以寻找低工资和工会组织弱小的区位，生产工人的重要性增加。此时，公司的生产工厂需要避开高工资的区位而扩散到第三世界地区或本国的农村地区。东南亚的高技术产业最初就是这样发展起来的（魏心镇，王缉慈，1993）。

早在1981年，萨克森妮（Saxenian）通过对硅谷的研究指出，产品的研究与开发活动在地理上集聚，而与半导体装配有关的劳动密集生产活动则是分散的（表7-3）。

表7-3　基地在硅谷（圣何塞）的公司的工厂地点分布（按生产阶段分类）（1980年）

地区	总部	研究与开发	制造业	装配业
圣克拉拉县	100%	79%	36%	3%
美国西北和西南地区	0	0	35%	9%
美国其他地区	0	0	13%	0
欧洲和日本	0	21%	16%	0
第三世界	0	0	0	88%

资料来源：Saxenian A. 1981. 美国加利福尼亚大学硕士论文。转引自魏心镇，王缉慈．新的产业空间——高技术产业开发区的发展与布局．北京：北京大学出版社，1993，表15-1。

现在，我们进一步认识到，价值链的不同环节可能在全球布局于各自回报率最高的地方。产业内部各个环节的差异以及彼此间联系程度的不同，使同一产业内也会形成不同的生产空间等级体系。例如，集成电路产业中，芯片的设计、构装与封装环节之间没有紧密的联系。由于技术上的松散结构，集成电路企业可以根据不同环节的技术特征将其放在不同的地域，以在激烈的市场竞争中获得优势。“正是在半导体中，一种全球范围内的生产空间等级第一次凸显出来，生产过程的不同阶段存在着明显的地理分层。最初，生产组装部分转移到了一些发展中国家。一般地说，高层次的设计、研发组织和生产中更为复杂的阶段，似乎更倾向于在母公司所在国家或者拥有必需的劳动力技能和设施更齐备的发达国家。”（彼得·迪肯，2007：337）

很显然，我国大量企业处在这个等级体系的低端。然而，由于企业家精神的活力、灵活性和创新力，以及公共政策直接或非直接的结果，企业之间存在着广泛的互动，常常一个企业与多个海外先进企业有联系。这种合作关系无疑是知识传送、组织学习和最终产业升级的关键载体。我国企业现在广泛嵌入到全球生产链中，取得了巨大成就，这是海外很多研究中国的学者摸不透的。

中国获得高技术创新和竞争力是否有“诀窍”？在全球化生产网络中如何通过区域发展来获得高技术创新？研究表明，网络生产（network production）和模块化（modularization）有可能为创新提供新机遇。创新，从某种意义上说不仅包括企业内创新，而且包括从外部合作者中吸收创造性的技能进行重新整合。既然在动荡的全球经济中，一些高新技术是高度不确定的。一些高技术产品的周期是极短的，生产网络是在上下游之间广泛协作的（也就是说协作要抵消全面模块化），那么创新极有可能通过企业间的互动产生。在这样的情况下，产业区域目标应该不只是培育个体的公司，而是培育创新集群。模块化和编码化使得企业和价值活动在地理上、组织上的范围扩延以进行标准化生产。然而网络意味着合作，频繁、密切、深入的互动，这种互动没有隔阂，也不只是日常的市场交易。假设生产活动存在一个谱系，一端完全是模块化、编码化的，通过纯外包“扔出墙外”，中段可编码的部分足以外包出去，但隐含知识部分需要生产商和外包商密切互动、频繁交流，最后的一端非常复杂、隐性，它们必须留在原来的领导型公司范围内实现。以硅晶片代工业为例，台湾半导体制造公司（TSMC）通过代工生产与上游设计工厂的工程师互动就实现了升级（Polenske，2007）。

三、发展中国家的高技术产业集群

前面小节已经说明了价值链不同环节可能在全球布局于各自回报率最高

的地方。产业内部各个环节的差异以及彼此间联系程度的不同，使同一产业内也会形成不同的生产空间等级体系。发展中国家发展高技术的地理图景十分纷繁复杂。本国教育和科研能力的提高、科研成果产业化的发展、跨国公司的直接投资和高技术产业外包活动的发展，以及发展中国家和地区政府的多方努力等，创造了发展中国家大量高技术企业繁衍的奇迹，造就了发展中国家的高技术产业集群。

然而，发展中国家高技术产业集群与发达国家的高技术产业创新集群相比，还存在很大的不同。要实施技术追赶并实现自主创新的目标，仍然需要时间的考验。

（一）信息技术服务业集聚区域和技术演化

从理论上说，区域拥有大量多样化且相互联系的企业和机构，这些企业和机构在地理上靠近能帮助企业搜寻资源，解决引进技术中存在的问题。集群也能为企业提供市场信息，增加融入当地产业网络的机会。即使高新技术来自外部，集群仍然能强化本地企业的学习能力。

中关村是我国电子信息产业研发基地，是中国民营科技企业的摇篮，早在20世纪80年代就开始孕育本地的创新氛围（Wang J C，Wang J X，1998；王缉慈等，2001）。目前，中关村一批具有创新能力的高新技术企业已走向国际市场。中关村的典型特征是为国内市场提供高科技服务，它的独特性在于其学习和引进国外技术，使之具备适应中国的制度环境和市场环境的能力，以及创造信息通信领域核心技术的潜力。

1. 本地企业与跨国公司的合作和竞争

技术服务是跨国公司和本地企业存在大量相互依赖的领域。跨国公司倾向于与当地技术企业建立合作关系，从而推动、分享以及修改自己的技术以适应当地市场的需要。由此，向本地企业转让技术和管理知识显得愈加必要。同时，信息通信技术产业变化迅速，跨国公司从保持自身核心竞争力的角度出发，也会乐于将成熟技术转移给当地合作者。本地企业的优势在于了解本地情况，拥有本地联系，并在一定程度上拥有成本优势，因此他们往往集中于产品和技术的应用。信息服务行业的许多环节进入壁垒很低（比如系统集成业务和与之捆绑的客户化软件开发），因此，在有利可图的市场领域，竞争非常激烈。本地企业是否能够成功还依赖于其与跨国公司的竞争情况、能否获得支持技术升级的资源（R&D、人力资源和资本），以及当地技术市场的发展状况（规模和成熟度）。

跨国公司尽管有先进的技术和充足的资金，但往往缺乏对本地市场的了解。对本地市场敏感的本地企业正好与跨国公司的能力互补。例如，在20世纪90年代，跨国公司进入中关村的普遍策略是选择有市场开拓能力的本地企业在销售上进行合作。本地企业处于跨国公司和国内消费者之间的位置上，与跨国公司的合作带来了销售额的快速增长，学习到了企业管理的能力，比如联想的柳传志和杨元庆都表示过，惠普是联想的第一个老师[①]。

周宇和童昕（2003）对中关村进行的深入调研说明，中关村最多的企业是软件开发和系统集成商，也就是为企业和机构用户提供网络安装、服务和解决方案的企业。尽管跨国公司和本地企业在一些领域的确存在竞争，但大多数情况下两者处于价值链的不同部位。跨国公司掌握核心技术和高端市场，而国内企业集中于低端产品、市场、服务和系统集成。跨国公司一开始可能是被迫依靠当地企业代理产品销售，但是他们逐渐发现培养本地企业从事市场应用推广更有利，像太阳和思科这样的企业100%的产品都是由本地合作伙伴为其销售的。甲骨文的市场经理解释了甲骨文为何要依赖国内合作伙伴：

> “你必须帮助企业改变其工作流程，以适应互联网环境。这样你就需要企业的内部知识。中国这么大，我们不可能自己掌握各种情况。所以我们决定培训我们的合作伙伴，这样他们就可以覆盖更广大的市场。这个过程非常困难。一开始，销售代表并不在意，只顾出售软件许可。但是后来，他们发现必须提供增值服务。现在我们拥有十几家很好的总代理，包括联想、亚信……我们还要发展更多这样的合作伙伴。”

跨国公司和国内企业还存在其他方面的合作。跨国公司将一部分外围软件开发的工作外包给本地企业。一些企业，像IBM会把相当多的工作外包出去，而太阳公司只外包软件汉化这样的工作。跨国公司鼓励应用软件开发商在自己的软件平台上开发应用软件。这方面，跨国公司投入了很多力量培训中国的工程师和用户。像英特尔、微软、思科和太阳等都提供类似的培训项目和资格认证。

英特尔、微软、朗讯、太阳、IBM、摩托罗拉、甲骨文等知名跨国公司

---

① 联想认识到国际主流机型进入中国存在一定的滞后期，1996年借助在代理国际品牌机的过程中建立起的销售渠道，与国际市场同步引入最新主流机型，并以低于国外品牌的价格销售，在国内市场获得了巨大的成功，1997年一跃成为国内第一大品牌。

还在北京设立了研发中心，研发领域从微软亚洲研究院所作的基础研究，到一般的软件本地化。许多研发项目集中于针对中国市场的技术攻关，如语音识别和无线通信。不过，这些研究中心通常只是总部研发活动的一部分，与中国本地企业并没有多少联系（访谈中的意见）。除了国外的技术型企业，跨国金融资本在中国信息通信技术市场上的活动也日趋频繁，许多领先的中国IT企业还在香港和纽约股票市场上市。外国风险资本投资建立和收购国内企业也相当活跃。

总之，一方面，跨国公司利用国内企业开辟市场，完成复杂的系统集成和应用实施工作，控制了高端技术，降低了本地企业的技术创新动力，并与本地企业争夺人才。另一方面，跨国公司需要依靠本地企业开拓市场，因此向当地企业传递相当多的技术和管理经验。这种传递过程与当地企业的市场经验相结合，增加了企业发展的机会。即使在人才竞争方面，跨国公司的存在也促进了国内人力资源管理水平的提高，并且加强了跨国公司与本地企业之间的信息交流。不过，中国市场的成长和中国信息通信技术企业的成熟意味着未来国内企业与跨国公司之间的竞争将愈加激烈。

研究指出，中关村要成为国际性的有竞争力的技术中心还有很长的路要走。中关村本地企业与跨国公司之间仍然有巨大的技术和管理差距。当地创新环境面临的主要挑战在于建立公正和开放的法律制度，有效保护知识产权、促进信息透明、建立较为稳定的风险投资机制和扩大商业服务职能。中关村企业需要与跨国公司、政府一起努力在中国的信息通信技术领域建立一种“积累反馈循环[①]”。

中国信息通信市场的发展激励着企业向价值链的高端拓展。例如，由于系统集成商的数量大增，行业内出现了总包商和分包商的分化。在整体利润率下降的激烈竞争态势下，本地企业可能的路径选择可以由以下两个案例说明。

东方通是一家1992年成立的系统集成商，1998年放弃了系统集成业务而转变为中间件软件开发商，曾经获得美国IDG集团的风险投资。当IBM、惠普和BEA等美国企业进军中国的中间件市场的同时，因为东方通在开发中考虑了网络不稳定和国内用户网络维护能力低的问题，其产品比跨国公司的产品性能稳定，拥有一定的低成本优势和本地市场优势，迫使跨国公司在中国

① 卡斯特尔认为当代的经济发展是以创新和创新应用的“积累反馈循环（accumulation feedback loop)”为特点的。参见Castells (1996)。

市场上降低价格，为中国用户节约了数百万美元。东方通的经历说明，专注于技术应用的中国企业的确有机会也有动力向信息通信技术价值链的高端提升。然而他们面临与跨国公司激烈竞争的风险。

财务软件企业用友就是选择在与跨国公司较少正面冲突的领域发展的典型案例。尽管大型企业管理软件目前被德国的SAP和美国的甲骨文（Oracle）等跨国公司所垄断，但国内只有很少的特大型企业才能买得起这些跨国公司的产品，这就为中国企业开发大量的中小企业市场留下了空间。甲骨文公司的受访者评价用友的发展时说：

> “我们与用友是合作伙伴，我们也帮助他们向高端提升。他们用的数据库就是我们的，并且我们也谈到将来将我们的部分模块集成到他们的企业管理系统中去。不过他们的财务软件仍然太简单，无法整合企业管理的数据流。我们的优势在于作为一个美国公司，我们已经在这方面积累了长期的经验。用友还刚刚起步。不过我想他们的业务扩展是很自然的，但还需要几年的时间继续积累经验。”

由于跨国公司与大多数企业之间的技术差距还比较大，中国公司在真正遭遇跨国公司的抵御之前还有一些发展空间。

从上面的案例可以看出，国内高技术企业面临的竞争压力增强。影响国内企业成功与否的一个关键因素在于同跨国公司的竞争与合作，这种关系往往因市场的战略意义或跨国公司的市场份额是否会受到威胁而有差异。与跨国公司在其已经占据的领域进行直接竞争往往风险较大；而借助跨国公司的力量，针对跨国公司不太关注的领域则可能事半功倍。

跨国公司与本地企业相互竞争和合作是同时存在的。这种复杂的关系也因产业差异而不同，因时间变迁而改变。近几年来，随着本地企业能力的提升，跨国公司也通过将非核心软件转包给本地企业而相互合作。另外，跨国公司开始与大的本地企业结成战略联盟，相互促进，比如甲骨文的数据库与用友的企业软件的结合。但是在研发方面，跨国公司与本地企业的合作仍然非常少。一些跨国公司的研发中心在中关村其实是“飞地”，几乎没有与本地企业联系（Zhou，2008）。

与跨国公司的合作并不只有积极的影响。早期与跨国公司在销售上进行合作的本地企业不需要进行技术投入也能实现快速的销售额增长，因此自主研发的激励不断在减少。这在汽车业的合资企业中表现得非常明显（路风，2006）。事实上，早期过分依赖销售而忽视技术研发的企业很难保证持续的增长态势。因此，跨国公司与本地企业互动对本地企业创新的影响并不是简单的促进或阻碍。

2. 归国留学人员形成的国际技术社区

对于硅谷和新竹等多个高技术创新区域的对比研究发现，初期信息通信技术集群的两个基本特征是高素质的人才和技术或市场机会的联系（Bresnahan et al.，2001）。海外留学人员起到了联结后进地区与成功地区的作用，成为后进地区走向成功的重要力量（Portes，1996；Saxenian，Hsu，2001）。跨国技术社区（transnational technical communities）最初由 Portes（1996）提出，说明跨国企业家和社区的重要性逐渐增加，但他主要关注的是低技术移民。Saxenian 和 Hsu（2001）的跨国技术社区是指那些在美国以外出生、在美国受教育的工程师和科学家，他们建立了与母国和硅谷之间长距离的专业网络和经济网络。以硅谷为例，在 2000 年有 53％的科学家和工程师是在他国出生的，其中来自印度和中国的比例超过 1/4（印度约有 20 000人，中国约有20 000人，其中台湾 5000 人，内地15 000人）（Saxenian，Hsu，2001）。

跨国技术社区是后进地区企业家精神的重要部分，使后进地区不再仅仅依赖于跨国公司的技术外溢。例如，台湾新竹科技工业园区（竹科）成立于 1981 年，其建园初衷就是为吸引在硅谷工作或学习的台湾人回台创业，经过 10 年的发展之后，竹科造就了更多的经济机会。随之而来的是“海归”创立的风险投资企业，使中国台湾的风险投资市场仅次于美国。竹科基本上复制了硅谷的产业结构和文化，除了少数大企业外，绝大部分为分工专业化的中小企业，在包括芯片设计、装配、封装、测试、营销和渠道等环节以及为此配套的设备制造和材料部门的半导体产业中，各个环节紧密联系，形成了学习型网络（Hsu，1997）。

近几年来，中关村吸引了很多以留学人员为主体的国际化人才和创业团队，一批高端科技项目和成果出自留学人员创办的企业。留学归国人员已成为自主创新和发展高新技术产业的新生力量。

以清华科技园为例，在 300 多家企业中，处在各种发展阶段的留学创业企业就有将近 200 家，其中 80％的创业者、管理者和员工是 5～10 年前的清华毕业生，校友网络对于技术创新和知识流动起着重要作用。在硅谷的 4000 多清华校友是清华科技园的重要财富和支撑。这些企业大多是校友联合创业，而跨国公司研发机构的中方管理人员也大多是清华在海外的校友，因为其在两地都生活和工作过，熟悉两地的文化和处事方式，可以较快地开展工作，更有效地利用清华的资源。一个留学回国创业的企业家在谈及公司创业历程时说道：

“我们实际上是一个team（团队）创业，我现在基本上回北京了，但还有同学在香港，另外一个同学还在美国。……只有我是全职，在北京招技术和管理的人，逐渐形成一个公司的规模。其实我们三个人是大学同班同学，但毕业后研究和工作背景不一样，在香港的同学专做知识产权工作，负责提出知识产权的解决方案，特别是欧洲和美国的专利。第二个同学在研究机构搞研究，负责技术方面。我本人在美国读的MBA，更长时间在国内做市场营销，有比较好的channel（渠道），曾经在外企负责全国的sales director（销售网络），会很快得到用户的反馈，看看产品是不是有应用价值。这样把不同人的长处组合起来办了这样一家公司。”（宋加平，2006）。

回国创业人员能够把握最新的技术，也有与国际接轨的管理理念，但这并不能保证创业的成功。同跨国公司一样，在海外多年的留学人员难以对国内市场形成敏锐的判断，也很难游刃有余地处理国内的事务。基于这样的考虑，海外留学人员倾向于通过校友网络选择在国内的合作伙伴共同创业，分别处理公司的不同事务，形成资源和能力的互补。一位回国创业的海外合伙人对于合伙创业是这样解释的：

“公司去年刚成立，我年初刚回国，由我的partner建立，海归创业需要土鳖，他也是清华的毕业生，比我高两届，我们一直是很好的朋友，在国内做市场和管理，在国外呆的时间长了，思维方式不同，需要local的人应付各种场面。”（宋加平，2006）

3. 本地企业与大学之间的知识网络

本地企业的创新活动可以通过与跨国公司的互动来提升，也可以通过与本地企业间的联系、与科研院所间的纽带来加强。企业与以某一领域为特色的研究性大学院系或科研机构密切联系往往成为高技术创新区域的显著特征。

科研院所为高技术创新型企业提供的条件，既体现在设备资金等有形方面，也潜藏于和企业间所形成的知识网络的互动中。在硬件设备方面，大学里的实验室就成为许多处于成长期的科技型中小企业新产品开发的重要平台。

在访谈中，一家中关村从事肺癌试剂开发的企业的总裁认为：

> “与清华生物系和医学院合作很多，因为是自己的老师……利用清华医学院的实验室，以租赁的形式合作。除了清华外还有中国医学院的生物医学工程研究所，在天津。这是实验室层次上的合作，第二层次是医院、病人。”（宋加平，2006）

本地企业与大学和科研院所之间开放而富于创新的知识网络是高技术创新区域的核心的体现（Saxenian，1994）。尽管国内高技术创新区域的真正形成还需要长期的积累，但令人欣喜的是，本地知识网络中的互动已经初见端倪。清华大学信息技术研究院（信研院）就是这样一个例子。信研院成立于2003年，与国内外企业建立联合研究中心，通过灵活的机制和有效的政策促进发明专利与知识产权的形成与转让。信研院与很多留学创业企业合作建立技术研究中心，如与展讯通信有限公司合作建立无线与移动通信技术研究中心，与科泰世纪科技有限公司合作建立操作系统与中间件技术研究中心，与神州亿品科技有限公司合作建立Web与软件技术研究中心，与凌讯华业科技有限公司合作建立数字电视技术研究中心等，促进了本地知识网络的建设和知识的沟通（宋加平，2006）。

不论是与跨国公司的互动，还是在本地企业和科研院所的知识网络中，本地企业都是创新的主体。企业自身如果缺乏足够的技术能力和自主创新意识，这些外部的联系和互动都将难以取得满意的效果。

（二）业务流程外包软件企业集聚区域

信息技术的发展和市场竞争的加剧，使企业的组织形态产生了变化。钱德勒在20世纪所观察的一体化企业的优势（Chandler，1997）已难以适应快速变革的时间要求。聚集于核心竞争环节成为企业新的组织法则。业务流程活动的外包为发展中国家提供了新的机遇，然而在今天重新审视这种机遇时，却发现服务外包的机遇只是对于某些发展中国家和地区而言的。由于丰富的人力资本，某些发展中国家和地区可以在软件外包活动中建立自己的竞争优势，不过这种优势的建立需要政府的强力支持，以突破现有的制约条件（Schware，1987）。放眼全球，集聚于特定区域是服务外包与制造环节转移的共同特征（图7-2）。在服务外包的迅速发展中，印度、爱尔兰凭借语言和人才等优势成为重要的外包服务承接地。但绝大部分发展中国家并没有在这一轮新的产业转移中得到更多的机会。发达国家的服务发包商倾向于选择工资较低而教育、文化与其相近的国家（Kraiwinee，2007），比如，大部分呼叫中心服务都流向了加拿大、爱尔兰和英国（UNCTAD，2004）。

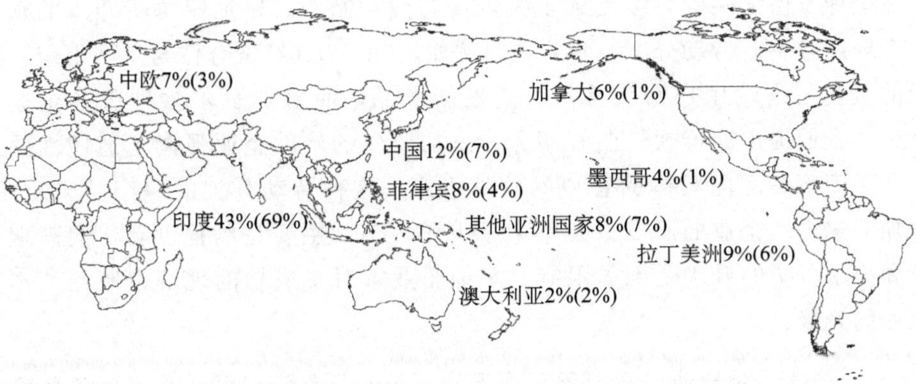

图 7-2 外包活动的全球空间格局

资料来源：Duke/Archstone（2006）。图中数据代表在调查中某一国家占全世界外包市场的比例。其中，括号中数据为 2006 年初调查结果，括号外为 2006 年底调研结果

外包业在印度的各个城市都有不同程度的发展。然而，许多业务流程外包活动避开了孟买等大城市，而选择了具有特点的二线城市班加罗尔。班加罗尔是全球软件外包价值链中的一个先进节点（Chaminade，Vang，2008）。2005 年，班加罗尔 IT/BPO 出口额占到印度总出口的 37%，超过一半的世界五百强企业在班加罗尔建立了分支机构，超过一半的达到 SEI CMM Level 5 的企业位于班加罗尔。在班加罗尔，软件外包的大量出口提高了程序员、经理和分析师的价值，软件外包的成功也为其他行业提供了表率，人力资本的优势正向其他行业渗透（Arora，Athreye，2002）。然而，对班加罗尔的赞许在今天正迅速消失。依靠于低成本的人力资本优势的班加罗尔，面对人力成本的上升以及中国很多软件基地等更具人力成本优势的地区的竞争，软件外包能否依然保持快速发展已经受到了各方面的质疑（Arora et al.，2001；Scheiber，2004）。尽管有着数量巨大的以英语为母语的工程师和 Infosys 等外包领导企业，班加罗尔模式的明天仍然不甚明朗。

班加罗尔所面临的问题源自这种发展模式本身。首先，过分依靠出口。班加罗尔的软件业模式是与美国主导的全球化模式相互补充的。以外部市场为导向的发展模式的长期潜力受制于目标市场的波动程度，而且这种以外部联系为主的地区发展对印度本国经济社会转型的贡献是有限的。其次，过分强调跨国公司和本地大企业的作用（Patibandla，Petersen，2002）。班加罗尔的 1154 家软件企业中，超过 100 家是跨国公司的独资分厂；前 10 大软件出

口企业中，4 家是美国和欧洲的跨国公司的分厂。在由大企业主导的本地商业环境中，具有企业家精神的中小企业受到了严重的制约。最后，班加罗尔模式在全球价值链中的升级受到了主观和客观的制约。班加罗尔所介入的软件业全球网络中，劳动分工非常明确。例如，OECD（经济合作与发展组织）国家的企业与终端用户密切接触，研发新产品，而班加罗尔软件服务企业为 OECD 企业提供廉价软件制程服务。班加罗尔的软件企业强调了通用性软件生产，而不是面向具体的客户的软件生产。这种劳动分工的一个结果就是，班加罗尔本地企业的研发只是集中于下游环节，主要是制程创新，向高端设计和需求分析的升级受到了限制。本地企业家对于成功的理解也制约了本地企业的升级：

> "我们要赚钱。我们不会为了使一些人印象深刻而在他们定义的价值链中升级。我们要为股东赢利。我们选择我们认为最好的方向。我们会在价值链中升级，但我的意思是我们会赚钱，并不意味着我们将会做这种或那种工作。"（Lema，2003）

中国在制造业外包中的出色表现也促使国外企业在服务外包决策中选择中国作为承接地。在杜克大学和拱石咨询公司 2005 年的两次外包调查中，中国外包业在一年之中增长了一倍，其中 66%的外包项目与现有制造企业共聚（co-location）作为主要的推动力（Duke/Archstone，2005）。同印度外包活动的集聚类似，尽管大城市外包业务也在蓬勃发展，外包活动颇具特色的也是具有特色的二线城市，例如大连和杭州。

在《世界是平的》一书中，托马斯·弗里德曼如此写道："我必须亲眼去看看大连，中国的班加罗尔。大连不仅在中国很出色，摆在硅谷也会十分抢眼，有宽阔的林荫大道，美丽的绿色空间，林立的大学与技术学院，庞大的软件园区……"大连软件园是以明确的市场为导向，在跨国公司与本地企业的互动中形成的外包企业集聚区。定位于"中日软件产业战略合作门户"的大连软件园，已成功引进软件企业 340 多家，其中 40%为外资企业，包括早期进入的 IBM、通用、Genpact、惠普、埃森哲、SAP、松下、诺基亚和索尼等世界"500 强"企业 27 家，以及 CSK、欧姆龙、阿尔派、FTS、古野电器等众多日资软件企业。对日外包业务的跨国公司的扎堆，也吸引了像中软集团、信雅达等国内著名软件企业的进驻。在给国外企业"打工"的同时，大连本地的软件企业也逐渐成长起来，产生了东软、华信计算机、海辉科技等本地知名软件出口企业。跨国公司与本地软件外包企业间的互动正促进和培育着一个外包活动的创新区域。

与大连以跨国公司和本地企业互动的模式不同，杭州软件业则得益于港、台资本与本地企业家的组合满足国内尤其是浙江客户软件需求，同时从事软件外包。20 世纪 90 年初，杭州具有创新精神的企业家利用港台资本，抓住了金融证券业信息化等市场机遇，打开了本地软件业的机会窗口。新利软件在杭州软件业的发展史中有着特殊的地位，许多今天的软件企业家都曾是新利的员工。10 年前的杭州有着大批具有技术背景、有创业精神但身无分文的潜在企业家。1992 年，借助两位港商 10 万美元的“天使资本”，时任工商银行浙江省分行软件科长的郭华强创立了新利软件，专注于证券和银行系统的自动化。9 年后，新利软件在香港上市，市值 2 亿港币。郭华强离开新利后，创办了信雅达；而从新利出走的黄大成则创立了恒生软件。如今，这三家软件公司在中国金融证券软件市场中占有重要地位。同样是 20 世纪 90 年代初，7 位原本绍兴华越芯片厂的同事，在台商资金的支持下，创立了杭州友旺电子，今天已经成为国内 IC（integrate circuit，集成电路）设计的龙头企业之一；90 年代末，当年创立友旺电子的同一批创业团队又创立了士兰微电子，今天成为消费 IC 中的龙头企业。类似的故事，在杭州软件业中不胜枚举。企业家从原企业跳槽自主创业，新企业的不断衍生，展现了本地产业的浓厚创新氛围和持续自生能力。

杭州软件企业的成长环境也吸引了众多国内外同行企业研发中心的建立，其中包括华为 3COM 总部、中兴通讯全球手机产业基地、摩托罗拉的技术支持中心、诺基亚的研究与开发中心（全球研究与开发中心和赫尔辛基研究与开发中心联动）、东软集团的研发中心、波导的研发中心、北大青鸟的研发中心等，还有印度 TCS（tata consulting service）、台湾南岗软件园、中国科学院微电子研究所杭州分部、中国科学院电子辅助设计中心杭州分中心、国家集成电路师资国际培训中心、西安交通大学和北京邮电大学等相关的研究机构进入。一个由本地企业、科研院所、跨国公司研发机构、政府公共服务平台等众多机构紧密联系的本地创新体系正在逐步形成（图 7-3）。

（三）高技术产品加工装配业的代工厂商集聚区域

国内还有一些高技术产品加工区域，比如电子信息产业集聚的东莞、笔记本计算机产业集聚的苏州，虽然高技术产业的集聚很明显，但更多的是处于价值链条的组装环节（Yeung et al.，2006；杨友仁，夏铸九，2005；王缉慈，2003；张晔，梅丽霞，2008）。东莞有 6000 多家电子信息企业，计算机

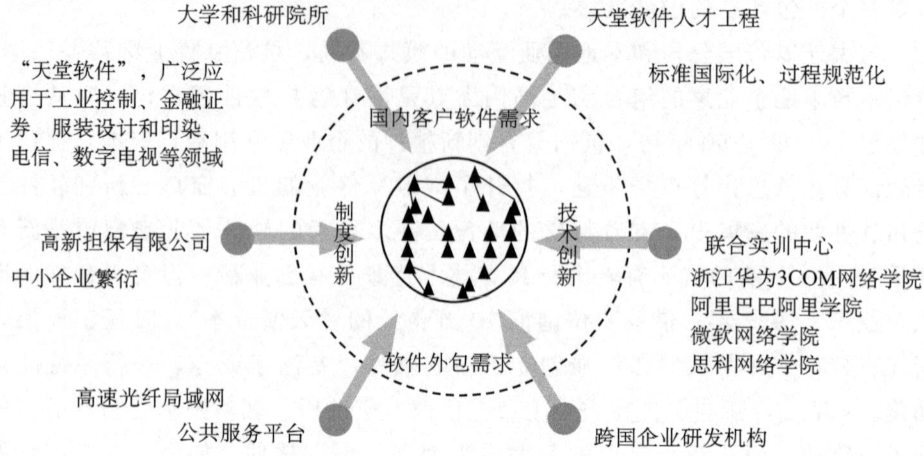

图 7-3　杭州软件业的本地创新体系

整机所需零部件95%可以在东莞配齐，但有的核心技术要靠境外提供。严格地说，这使我们在现阶段很难将这些地区归为真正的高技术创新区域。在主要技术标准被跨国公司掌握的背景下，怎样处理本地企业与跨国公司的关系在中国的高技术产品加工区域尤其重要。

外资企业在东莞和苏州等地区集聚后，当地的技术也可能会得到提升[①]（Wang，Wei，2007）。研究指出，外商直接投资企业可能在以下几种情况下与本地企业形成互动，发生技术外溢：①示范和模仿；②人员流动；③企业上下游联系；④竞争，即外资企业的进入促进了市场竞争，使内资企业有足够的压力主动提升技术和管理；⑤出口，即外资企业在出口过程中，建立和维持营销网络以及对国际市场需求的判断和知识，有助于本地企业获得出口国际市场的能力（Crespo，Fontoura，2006）。一些研究发现，由于本地企业没有能够进入跨国公司的供应网络，跨国公司在东道国的溢出效应不明显。例如英特尔在哥斯达黎加的投资获得了地方的廉价劳动力，尽管带来了很多大型供应商的跟进投资，但是很少有本地企业最终能够进入跨国公司的供应网络（Altenburg，Meyer-Stamer，1999）。Lowe 和 Kenney（1999）对墨西哥消费电子产业发展的研究表明，由于在墨西哥投资的跨国公司没有和本地企业形成互动，也就没有带来本地企业的技术升级，从而最终导致了该产业的衰退；相反，产业基础不如墨西哥的台湾地区却通过与日资和美资企业的配

① Wang Zhi 等将中国出口的技术复杂度与外资出口份额进行回归，认为外资企业倾向于提高中国出口品的技术复杂度水平。

套逐步实现产业升级，并且最终成为全球消费电子产业的重要竞争者。Zhang 和 Kim（2008）对青岛的研究表明，跨国公司在青岛的投资是青岛电子和电器产业得以实现不断在技术上升级的重要因素。集群中的核心企业是海尔和海信等内资企业，而外资企业的进入增进了整个产业网络的合作和互动，并且在这个过程中促进了外资企业的技术溢出。

在苏州的昆山经济技术开发区、苏州高新区、吴江经济技术开发区和苏州工业园区，良好的地理位置、基础设施和政策环境，以及较低的土地成本，吸引了大批 IT 企业入驻。苏州高新区、昆山经济技术开发区和吴江经济技术开发区周边 25 公里范围的配套率可以达到 95%，苏州工业园区的这一比例则达到 98%，而吴江经济开发区的自我配套率就高达 90%。在昆山，生产一台笔记本计算机的所有材料，最快 50 分钟，最慢 2 个小时就能备齐。近邻关系大大节约了集群内企业的生产时间和运输费用，集聚效应非常明显（表 7-4）。

表 7-4　苏州的 IT 产业集群

集聚区域	产业链环节	主要企业
苏州高新区	电子基础材料、电子零部件、计算机及外设产品、新型电子产品	罗技、富士通、松下电器
苏州工业园区	IC 设计、制造、封装及测试	IC 设计：世宏科技、瑞晟微电子、忆晶科技、原芯电子、晶圆制造、和舰科技；封装测试：三星、日立、快捷半导体
昆山经济技术开发区	电容、片式元件计算机插件、敏感元件、半导体二极管、三极管及各类真空元件	汇侨电子、耀宁电子、富士康公司、旺诠科技、先创电子、永茂电子、智威公司等
吴江经济技术开发区	以计算机及周边产品、光电子、通信网络产品为中心	全友、大同、华宇、亚旭、鸿景、鸿凯、巨丰、高创电子

资料来源：邢华和姜琴（2003）。

来自台湾的学者杨友仁和夏铸九通过对苏州的研究，论证了在全球生产网络中，台商的跨界扩展伴随着组织间的权力运作，并导致组织治理模式发生改变。苏州地区台资所造成的空间集聚，在相当程度上是由于受到台湾系统厂商与其本地供货商之间“买方零库存”的交易治理结构的影响，难以通过知识溢出而形成创新集群。全球生产网络中的不对称权力关系，使得区域作为一种关系性资产以及不可交易的相互依赖的特征（Storper，1997）还需要很长时间才有可能形成（图 7-4）。

跨国公司是否与本地企业有过互动，有过什么样的互动，对此问题有着不同的观察。大多数外商直接投资的计量分析研究表明，外商直接投资存在着技术溢出效应（Buckley et al.，2007；Thompson，2003），但对于中国出

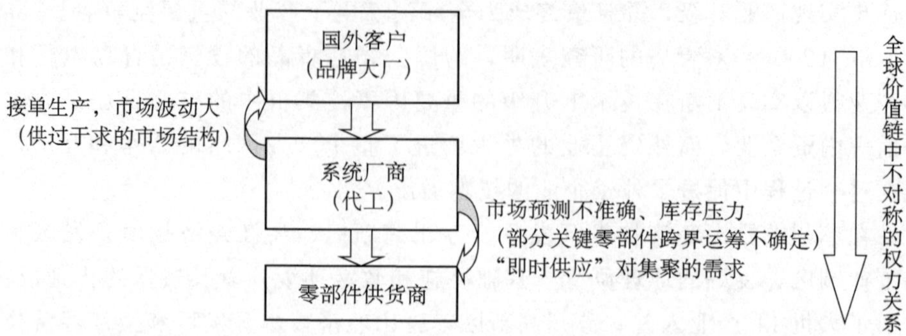

图 7-4　苏州台商与本地供货商“买方零库存”的交易治理结构对集聚影响的机制

口加工的一份统计研究却反映出，外资企业与本地企业隔离，对本地生产和技术扩散的作用很少（Lemoine，Unal-Kesenci，2004）。一项对汽车业的调查和访谈的研究指出了跨国公司与本地企业的隔离对于本地企业自主创新的负面影响（路风，2006），但是，对其他行业的访谈，却也发现了跨国公司与本地企业存在着互动合作并有利于本地企业的技术创新的实例（柳卸林，2008）。

研究发现，关于高技术、高效率的外资企业直接进入，引导和带动当地企业成长而推动东道国经济增长和经济自立的问题，不同类型的外资代工企业对本土企业的作用不同。外资核心企业对本土企业可能是促进效应大于挤压效应（包括人力资源、资金、土地、政策资源等方面的挤压），而外资配套企业对本土企业可能是挤压效应大于促进效应。外资核心企业更愿意选择技术水平更为稳定和合作关系良好的外资配套企业作为合作伙伴，使得新建的本土配套企业难以生存，甚至使得原有的本土配套企业死亡（张晔，梅丽霞，2008）。

在苏州，外资企业占产值88%的前4个产业均属高新技术产业[①]。有数十家跨国公司在当地设立研发中心。随着本土配套企业的成长，外资代工企业逐渐增加零部件当地采购比例[②]。本土企业通过配套获得了沿着全球价值链向上攀升的机会。但总的来说，外资代工模式下苏州本土企业的从属地位并未得到改变，民营企业的产值比例和产业层次偏低。同时，外资代工企业对本土配套企业具有很强的市场势力，能够将风险和成本转移到本土厂商。近几

① 包括通信设备及计算机、电气机械及器材、仪器仪表及办公用品、通用设备，化学原料及制品等制造业。

② 2000年苏州外资企业国内采购平均比例大致为25%（薛镠中，潘纯，2002），而根据我们2006年的考察，这一比例已上升到30%以上。

年来苏州本土配套企业的收益率下降（张晔，2006）。更严重的是，由于本土企业主要依附于外资代工企业，但后者的迁移能力很强，一旦后者集体飞离，本土企业往往难以跟进而可能面临灭顶之灾。例如，虽然台商在苏州设厂的人力成本比苏州本土企业要高10%左右，但两免三减半等税收优惠足以弥补成本的增加，再加上其技术水平相对领先，竞争力一般高于本土企业，使得苏州本土配套企业不得不在保证质量的前提下拼命降价，出现大量的亏损和倒闭。在昆山，"数量多、规模小、倒闭快"已成为本土配套企业的三大"特色"。

为此，苏州市政府采取了很多措施，如专门规划了科技创业园和制定了优惠政策，对留学归国人员创业和在本地外资企业的繁衍起到一定的作用。2006年初苏州出台了《关于增强自主创新能力，建设创新型城市的决定》等系列相关文件，加大了研发投入，设立了自主创新资金，设立了公共技术服务平台和科技创业孵化器，鼓励外资在当地设立研发机构和零土地增资，并在科技含量、投资强度和环保等方面提高了外资进入门槛。苏州还促进产业的高新技术化，鼓励本土企业加强品牌建设，向高附加值环节方向发展。尽管这些政策的实施效果仍有待进一步观察，但显然易见的是，外资代工模式早期的积累帮助苏州的政府和企业获得了自主创新所需要的资金、技术和能力，苏州正在从外资代工企业主导向自主创新的方向发展。因此，从苏州案例来看，外资代工模式逐渐向本土企业自主创新模式转型是有可能的。

(四) 跨国公司的"供应商园"(supplier park)

发展中国家通过吸引外商直接投资促进经济增长，更希望跨国公司帮助提升本国企业竞争力，但同时又要避免跨国公司损害本国产业，因此会制定对跨国公司投资活动的一些限制和要求，例如规定投资方式和股份比例上限、规定产品出口和零配件本地采购比例的下限、要求在东道国设立研发中心等。总之试图将跨国公司"嵌入"（embed）到本国或者本地经济之中，让外资企业的生产和增值活动发生在本地，通过直接和间接的产业联系（包括与本地供应商的后向联系，甚至研发和销售）促进地方经济的发展（Dicken et al.，2004；Liu，Dicken，2006）。

为了获得东道国特有的投入品或者为了进入东道国市场，跨国公司不得不满足东道国政府提出的要求，即"被动嵌入"（Liu，Dicken，2006）。"被动嵌入"的程度主要体现在外资企业与本地生产网络关系的紧密程度。特别是中国这样市场潜力巨大并且拥有大量廉价劳动力的国家，往往拥有较强的谈判能力。在一些产业领域，外资企业在中国不得不“被动嵌入”到本地经济活动之中（瞿宛文，2009；Liu，Dicken，2006）。

一般而言，跨国公司都是在进入东道国之后，逐步与东道国的企业建立产业联系，构建自身的供应商网络，从而“嵌入”到本地经济之中[①]。但是，在全球化背景下，旗舰跨国公司已经具备了将其全球供应商网络浓缩到某个特定地区的能力，即跨国公司可以携同其全球主要供应商一起投资到某个东道国，并在一个工业园区中形成更为紧密的供应网络，这就是“供应商园”投资模式，它可以在很大程度上使跨国公司摆脱“被动嵌入”。

位于北京经济技术开发区的星网工业园，100公顷土地上集聚了以诺基亚为龙头的数十家跨国公司，成为诺基亚全球最大的手机生产基地（图7-5）。诺基亚建立北京星网工业园的目的在于通过加强供应链的管理，建立“即时”（Just in time）生产体系，提高时间效率和采用用户定制的生产方式。园内的外资企业和中外合资企业形成了一个相对封闭的稳定的生产合作网络（Yeung et al.，2006），诺基亚位于网络的核心，其他企业都直接或者间接为其提供产品和服务。外资企业之间主要是合作关系而非竞争关系，外资企业没有动力培养和支持内资企业进行技术升级。根据杨伟聪等的研究，诺基亚星网工业园内的企业从“基于贸易相互依赖的非集群经济”（non-cluster economies of traded interdependencies among firms in clusters）中受益，也就是说，通过与集群外部的企业、机构和客户之间发生贸易联系而获得集体议价和生产能力的外部经济（Yeung et al.，2006）。

旗舰跨国公司巩固了与其全球供应商和服务商之间的合作网络，从而使得东道国本土的供应商和服务商难以进入旗舰企业的供应商网络，限制了本土企业获得技术外溢的机会。由诺基亚主导设立供应商园，与单独的一个垂直一体化的跨国公司的作用类似。垂直一体化程度越高的跨国公司向发展中

---

① 类似案例是天津的丰田汽车产业集群。Kuchiki研究发现，丰田决定在天津投资建厂同时要求相关企业在天津建厂。但是由于丰田的交叉转运物流（cross dock logistics）制度，起初，丰田在日本的零部件供应商对丰田持观望态度，直到丰田宣布将扩大在中国的产能至550 000辆，这些企业方才纷纷跟进，移师天津。Kuchiki发现核心企业与其相关企业的联盟关系有利于形成集群，而是否达到一定的生产规模则是这些相关企业进入核心企业集群的充分条件（Kuchiki，2003）。此外，日本汽车制造商集聚广州的现象也值得关注。自本田收购广州标致以后，日产和丰田也相继进驻广州，大量日本汽车零部件生产商在广州附近设立分支机构。广州市政府在成功地吸引日本三大汽车巨头进驻以后，大力支持汽车产业在当地的集聚和发展。

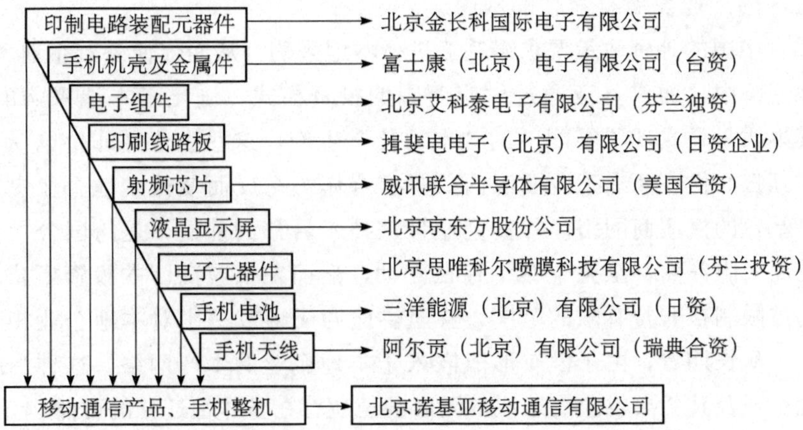

图 7-5 北京诺基亚星网工业园以诺基亚为核心的手机生产链

资料来源：张晓平（2005）

国家本地供应商提供技术支持的倾向越小（Ernst，Kim，2002），东道国从中获得的技术溢出也越少（Patibandla，Petersen，2002）。

日本和韩国大型企业对外投资过程中，会同时带来很多配套中小企业。关于日本企业对外投资行为的研究表明，吸引核心企业投资，可以带来 Keiretsu（系列，即企业集团）内部的其他供应商企业跟进投资，核心企业及其集团内部的其他企业有着紧密的合作关系（Belderbos，Carree，2002）。例如，广州丰田公司的工厂旁边，就有主要由日资企业构成的零配件供应商园；从日本芝浦到浙江平湖投资的日本电产公司也是带来相应的配套企业，形成光机电产业的供应商园。Belderbos 等（2001）对日资企业的研究发现，东道国对外资企业本地配套的要求的确能够提高日资企业本地采购比例，但是这些本地配套企业并不是本地真正“拥有”的企业，即很多配套企业是跟随旗舰企业一起到东道国投资，他们原来在日本就是旗舰企业的配套企业。日资供应商企业跟随核心企业到发展中国家投资，并没有惠及本地供应商，因为这种产业联系依然是日本 Keiretsu 集团内部的。

旗舰跨国公司通过供应商园的投资模式，化被动为主动，为公司带来了巨大的收益。诺基亚星网工业园 2002 年建成投产，2004 年超越摩托罗拉，随后一直居于中国品牌手机市场份额的第一位，足以证明这种模式在中国取得的成功。但是，供应商园的投资模式却可能产生一些与东道国吸引外资的初衷相背离的结果。与单个跨国公司相比，供应商园的投资模式可以在短时间内更明显和快速拉动东道国地方经济发展；但是，从长期来看，特别是当东道国的相关产业尚处于发展初期，竞争力还比较弱小的时候，供应商园模式对东道国的产业发展有潜在的威胁。

尽管中国的外资政策要求诺基亚进行本地采购，从而促使外资企业“嵌入”到本地经济中，而诺基亚通过供应商园的投资模式，满足了本地采购的要求，但是其本质只是实现了零配件的“本地化”生产，这些企业并非中国所有，诺基亚和其核心供应商在工业园区内的紧密合作关系反而使得本地企业更加难以进入诺基亚的供应商网络。外资企业带来技术转移的前提，是跨国公司要和本地供应商、服务商甚至竞争对手存在互动，然而在供应商园的投资模式下，这种互动被限制在非常有限的范围，甚至供应商园形成一个对本地企业相对隔离的网络。从长期看，由于没有形成嵌入于本地企业的生产网络，这种由跨国公司旗舰企业及其主要供应商组成的园区甚至还存在整体性迁移的可能。

此外，供应商园模式极大地增进了旗舰跨国公司的竞争力，从而对东道国本地企业产生很大威胁，甚至可能垄断东道国市场。过去的研究表明，在某些情况下，外资可能会带来负的溢出效应，即挤出效应，特别是在人员流动和竞争这两个方面。由于外资企业往往能够提供比内资企业更高的工资和更好的成长环境，所以外资的到来可能会把原来内资企业中的最优秀的管理和技术人员吸引到外资企业中去，从而导致内资企业进一步丧失竞争力（Sinani，Meyer，2004）。当竞争效应非常强的时候，可能会对内资企业产生挤出效应，即外资企业在市场上彻底击败内资企业，从而迫使内资企业退出该领域（Aitken，Harrison，1999）。这种竞争效应还可能殃及上游产业，也就是说，东道国内的配套企业将由于市场需求不足而陷入困境（Alfaro et al.，2004）。尽管跨国公司在进入东道国的初期可能会促进市场竞争，但是由于跨国公司在技术、品牌和资本等方面的优势，可能很快在东道国市场形成垄断地位（UNCTAD，1995，1997），从而产生负面效应。

当旗舰跨国公司采用了供应商园的投资模式，就可以利用东道国廉价的投入品，带来的高效率的供应链管理，从而降低生产成本和营销成本。由于供应商园的投资规模巨大，旗舰企业及其供应商可以拥有更强大的谈判能力，在税收、土地等方面享有比单个投资企业更多的优惠政策，迅速完成从投资到大批量生产的过程。这些优势加上跨国公司自身在品牌、技术、管理等各个方面的优势，将使得旗舰跨国公司在东道国竞争能力更强，从而对东道国的本土企业形成巨大的竞争压力。

东道国要鼓励外资企业向本地供应商提供关键技术，从而帮助本地供应商的产品质量达到世界标准，并能够为外资企业提供零配件（Crone，Roper，2001）。但是，要求跨国公司提高本地采购比例的政策和跨国公司的自身战略往往有冲突，因为跨国公司大多有较为成熟的供应网络，本地配套必然会与跨国公司现有的全球供应网络发生矛盾。而在供应商园的投资模式下，旗舰跨国公司就可以继续维持和完善其原有的全球供应网络，并同时满足本地采购的要求。因此，本地采购的要求对于促进外资技术外溢的作用将非常有限，而其他一些有针对性的促进外资企业和东道国供应商合作关系的非正式方式可能更为有效（Brannon et al.，1994）。此外，跨国公司之所以倾向于选择原有的全球供应网络，一个重要原因是发展中国家配套企业在技术和质量方面与原有的全球供应商存在差距，因此，需要通过各种方式大力提升本国企业的技术、管理能力，从而满足跨国公司的质量和技术要求，这样才能进入跨国公司的供应网络，并逐步获得更多的技术溢出。

大型跨国公司本身在技术、品牌等各个方面拥有优势，而在发展中国家建立供应商园之后，集聚带来的内外部规模经济和范围经济、高效率的供应链管理、政府提供的更多优惠政策等，将使得单个的内资企业很难与其竞争。为此，要避免地方政府为了吸引外资、追求GDP而给予外资企业各种超常的优惠待遇，在国家的战略性产业发展中更是如此。

四、数字电视相关产业在深圳集聚的实例

本节选择深圳的数字电视产业①作为研究对象，对高技术产业的创新集群进行尝试性的研究。深圳的数字电视产业及其技术发展十分值得关注。2003年深圳市成为我国3个数字电视试点城市（深圳、青岛和杭州）之一，2005年深圳有线电视数字化整体转换正式启动，2006年深圳市有线数字电视用户数为969 650户，占全国数字电视用户数量的7.66%，在各城市中排名第一（国家统计局社会和科技统计司，2007）。2007年深圳成为我国第一个正式执行国家标准的城市，国家发展和改革委员会选择在深圳举行地面数字电视播出启动仪式，标志着国标地面数字电视正式进入推广阶段②。

深圳是创新型城市，不仅电子通信、医疗器械等产业集聚和技术创新绩效显著，而且数字电视相关产业的地理集聚也十分显著，有机顶盒制造、数字专用集成电路、显示器件、数字电视软件、前端显示系统设备、数字电

① 数字电视产业也属于数字内容产业，由于目前它在深圳的发展阶段关于数字的内容方面尚不是重点，故本实例放在本章而不是下一章（艺术村和数字内容产业集群）。

② 黄艳秋．2008-09-28．领跑中国有线数字电视整转之“深圳模式”．http：//info.broadcast.hc360.com/2008/01/100924107229.shtml。

视接收机等多种生产活动，包括远距离提供的条件接收系统（conditional access，CA）、数字压缩设备、多媒体内容生产、内容传输服务以及本地制造能力较强的电视机、机顶盒等硬件制造环节。自2000年起，平均每年有180多家数字电视相关企业落户深圳，2008年有超过1700家数字电视产业的相关企业[①]，涵盖规模各异的转包商等。由于深圳是移民城市，只有28年历史，居民年龄结构轻，追求时尚，对高科技产品的消费需求极为强大，对新产品的接受能力强，市场需求也推动着数字电视产业不断向上游环节攀升。

在当前金融海啸、经济衰退的大环境下，重温经济学家熊彼得（J. A. Schumpeter）关于商业周期和技术创新的主张更加重要（Schumpeter，1934）。在电视机这样几乎家家户户都可见到的载体和数字内容中，从硬件到软件不断有技术创新，不断有企业家创业，并形成新生产方式与新产品。这就需要一再创新，否则下一波的不景气会随即而至。

数字电视产业在深圳的技术创新和发展是否与相关企业和机构在该市的地理集聚有关？如果是，本地技术基础设施的投入与创新环境的塑造、行为主体间的互动又是如何？基于对深圳数字电视产业这样一个十分复杂的行业，下面首先用数据揭示相关企业的地理分布情况，尤其是专业化企业的集聚特征，从而在调查研究的基础上，探究深圳的创业、创新环境、多部门企业近距离的合作等形成创新集群的因素，其中特别强调了政府的重要作用。

（一）数字电视产业

根据国际电信联盟的定义，广义的数字电视（digital television，DTV）就是用数字信号表示电视的图像信息。美国对数字电视也有狭义定义，主要用于地面无线数字电视标准。根据美国联邦通讯委员会（Federal Communication Commission，FCC）的解释，该种新的数字方式传播科技将取代现有的电视，传送比现在模拟科技更多的信息，提供更好的画质与音质，同时播送好几个标准画质的节目，也能传送大量数据。也就是说，在电视节目的制作和电视信号的获取、产生、处理、传输、接收和存储的过程中使用数字化的电视信号系统或设备就称为数字电视（杜百川，2005）。

数字电视的中国市场被预测为一万亿元的规模（邓永红，2004），发展数

---

① 根据深圳市标准技术研究院提供的数字电视企业名录整理所得之数据。

字电视为相关产业发展带来巨大机遇。据国家广播电影电视总局的数字统计，截至2008年8月，全国有33个城市和地区完成了有线数字电视的整体转换，全国有线数字电视用户已经超过4000万户，数字付费电视稳步发展，数字内容不断丰富，全国共开办了155套付费广播电视节目。与此相关的是工业和信息化部的数字，2008年上半年，中国液晶电视产量1223万台，同比增长了71%，等离子电视产量94万台，同比增长了208%①。2015年，中国将全面停止模拟电视信号的播出。

数字电视的生产链涉及系统设计、前端设计、后端设计、芯片制造、整机生产、节目制作和发射播放七个环节，其中CA、数字压缩设备、多媒体内容生产，以及内容传输服务都可能是远距离提供的；而电视机制造、机顶盒制造等硬件制造环节则需要本地的元器件生产配套，由于有线机顶盒生产为有线网定制，往往根据各有线网的要求而分别生产。

数字电视节目的传输一般不受距离限制，传输方式包括有线、地面无线、卫星、网络四种。此外还涉及专用集成电路芯片、前端系统设备、系统软件、增值软件等多个专业领域，并需要相应数字电视标准制定、数字内容加密保护等服务。由于传输方式的不同，我国的数字电视传输涉及广播电视和电信两大部门（图7-6）。

近几年来，关于数字电视技术的研究文献不断涌现，且有许多专门期刊，如《电视技术》、《现代电视技术》、《广播与电视技术》、《中国有线电视》、《中国数字电视》、《有线电视技术》、《卫星电视与宽带多媒体》等。然而，对于数字电视产业的发展是否有城市和区域差异、数字电视相关企业和相关科教机构在地理上的集聚是否能够促进数字电视产业的发展和技术创新等问题，在国内外的研究文献却十分缺乏。

已有文献指出，英国约克郡（Yorkshire）的赫尔（Hull）市是英国IPTV②技术的策源地，在研发技术的同时进行创意内容开发，且政府极力推动产学研结合以加速技术研发和产品推广，该市将于2011年全部转成数字电视（张琦，2008）；英国坎布里亚（Combria）都的怀特黑文（Whitehaven）镇是英国数字电视第一镇，在2007年10月模拟电视信号停播前夕，该镇

---

① 第五届中国数字电视产业高峰论坛（CDTF 2008）网站．http：//homea. people. com. cn/GB/41416/132942/132943/8121119. html。

② IP是互联网协议的缩写，IPTV是基于宽带互联网的一项以网络视频为主体，以电视机、计算机等为显示终端的媒体服务，主要存储及传送的内容是以MPEG－4为编码核心的流媒体，基于IP网络传输。

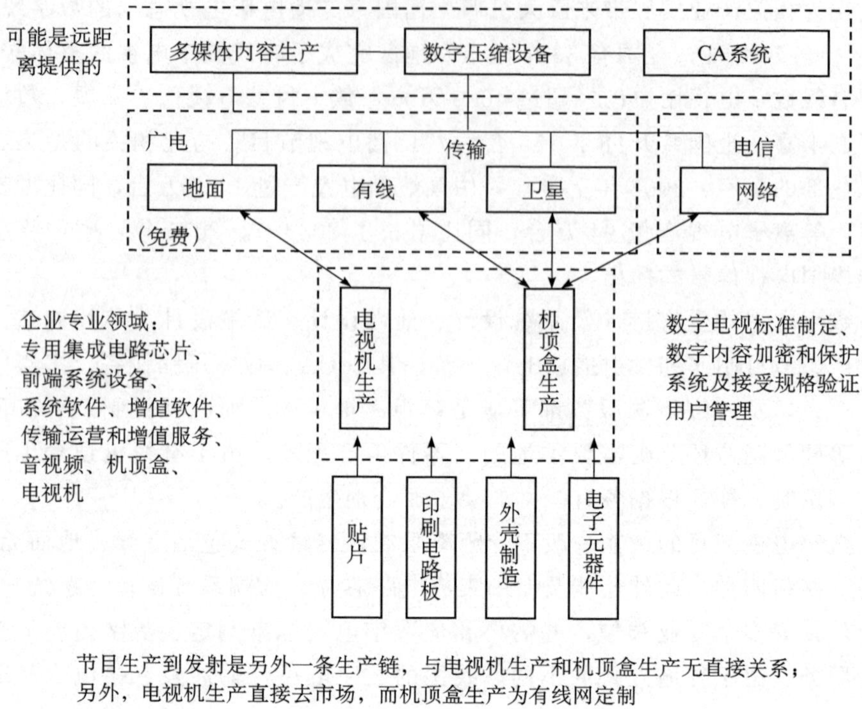

图 7-6　数字电视生产联系示意图

92%的家庭有数字电视机①。还有学者在研究弗兰德斯（Flanders）的信息通信技术集群时提到，在当地网络技术、宽带服务和内容产业整合中最重要的平台就是先进的数字电视，所以在有线电视基础设施方面其居世界领先地位（Larosse，2001）。

深圳市已初步形成了具有明显优势的数字电视制造链和运营链，数字电视产业以及有线数字电视用户规模也已在国内占据领先地位。至 2007 年年底，深圳市所有用户都已实现有线电视数字化，有线数字电视用户达到 146 万户，占全国数字有线电视用户总数的一成以上。有线数字电视产业相关的企业包括内容供应商、广播服务商、应用服务商、网络运营商和用户终端产品提供商等，也就是说，有线数字电视产业既牵涉传输标准、CA、显示器、接收机等软硬件生产，也包括节目内容的提供商与载播节目内容的运营商（播出机构），还包括广告、服务、网络供应商等（图 7-7）。

① Fiona Prgor. 2007-10-17. BBC News "First town switches to digital TV" . http：//news. bbc. co. uk/1/hi/entertainment/7045641. stm。

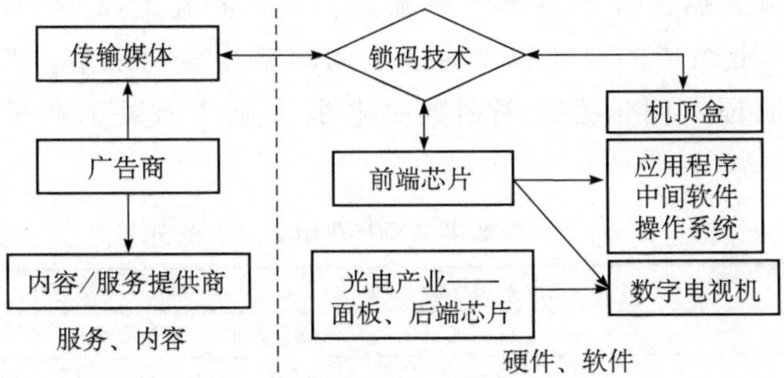

图 7-7 数字电视产业结构

除了部分运用统计数据外，许多研究分析所需之资料，是属于机构组织以及从业者的经验性资料，须透过对深圳数字电视产业相关企业的实地调研及深入访谈取得，因此本章主要的资料是在深圳标准技术研究院登记的企业中选择具代表性的厂商进行深入访谈所得。访谈在 2007 年 7 月以及 2008 年 7 月进行，各为期半个月，共访问了 38 家（次）企业、政府单位及协会，涵盖显示器件、接收机、专用集成电路、机顶盒制造、前端系统设备、运营及增值服务、软件等多个产业。访谈通常为一到一个半小时。为保持一致性，我们在鼓励访谈对象自由表达其经验及感想的同时，制作了一份涵盖所有访谈主题的调研大纲，包括企业区位选择因素以及深圳的创新环境与产业联系等，并对访谈进行录音制成文字稿（受访者资料见表 7-5）。

表 7-5 深入访谈受访者资料表

受访者之匿名编号	受访者工作之公司	受访者之职位	访谈日期（年.月.日）
A	技术有限公司	销售主管	2008.07.07
B	电子有限公司	经理	2008.07.09
C	电子有限公司	技术总监	2008.07.14
D	视讯技术有限公司	总经理办公室负责人	2008.07.17
E	数字技术有限公司	团队经理	2007.07.09
F	电子公司	总裁助理	2007.07.04
G	微电子公司	首席执行官	2007.07.04
H	深圳市发展和改革局	官员	2007.07.05
I	网络软件公司	总裁	2008.07.17

（二）深圳数字电视产业的地理分布

本小节的数据来源是深圳市标准技术研究院提供的数字电视相关企业名录，包括企业的统计信息，如企业地址、所属行业及注册时间等；同时以各企业网站数据、行业报告等信息为补充，并在此基础上建立数据库。数据库包括企业组成的点集以及企业之间联系构成的线集，并在地图上表示出企业的地理空间信息。深圳数字电视产业的相关企业可作如下分类（表 7-6）。

表 7-6　深圳数字电视产业相关企业的分类

行业	企业数量/家	代表企业
集成电路	814	晨星软件、艾科创新
相关制造业	389	创维、康佳、TCL
数字电视机	207	创维、康佳、TCL、日立赛格
机顶盒制造	93	同洲电子、九洲电器、佳创
接收机	66	TCL、卓翼科技
数字电视软件	45	茁壮网络、彪骐数码
前端系统	7	华为通信、同洲电子、中兴通讯
运营商	1	天威视讯（天龙、天宝）

深圳市高新技术企业呈现集聚的现象，有 43%分布在南山区，29%在福田区。数字电视相关企业 76%也分布在这两区，其中南山区占 55%，聚集了国内生产机顶盒的同洲电子、九洲电器及创维三家大厂①，国内无线数字电视标准制定主要参与方之一的清华力合也在此区；福田区占 21%，聚集了深圳市有线数字电视主要承担者天威视讯与华强电子等企业。

根据深圳市区县街道信息，运用 ArcGIS 软件对企业密度进行空间分析（图 7-8），可以看出相关企业主要集聚在南山区科技园、福田区天安数码城以及福田区华强北商圈（分别为图 7-8 中 A、B、C 处）。其中承担管理、研发、制造等功能的企业聚集于高新科技园区以及天安数码城，而华强北电子市场商圈的企业则多承担数字电视机、机顶盒销售业务与服务等。

有 176 家数字电视产业相关企业（占本研究企业总数的 10%）位于南山区高新科技园范围内，集中了如同洲、九洲、创维、国微、中兴等龙头企业以及众多中小型企业，经营范围涵盖诸多产业链环节。科技园提供了良好的环境，尤其方便了信息的交流。

> “在科技园里和很多合作伙伴在一起会比较方便，比如技术支持会比较快。这些障碍也不是很大，信息沟通比较快。”（A 受访者）

① 根据 2008 年格兰研究的市场调查，2007 年中国机顶盒市场出货量为 6400 万台，此三大品牌的市场占有率，分占第 1、2、5 位：同洲（13.07%）、九洲（12.17%）、创维（5.99%），这 3 家企业占据中国机顶盒出货量的 31.23%。

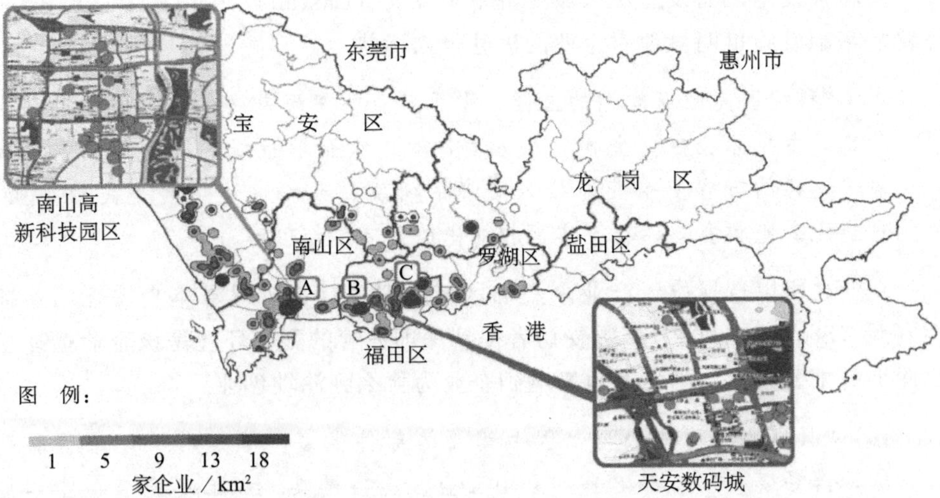

图 7-8　深圳数字电视产业相关企业区位的空间密度分布

"在科技园这边有很多 design house，要做什么和找什么都很方便，在其他地方就很头疼。"(B 受访者)

"有相当的客户在科技园里，我们的一些芯片的客户都在这里和天安。在深圳这一块基本上都集中在这两块（高新科技园与天安数码城）。"(C 受访者)

在天安数码城内有超过 40 家的业内企业，甚至天地数码、凌讯科技等多家数字电视相关企业都位于同一栋大楼内，并有许多香港、上海企业在深圳的办事处或分公司；大楼内同时有许多生产者服务业，如咨询、会计、贸易、物流公司及银行等，生产者服务业需要与其服务对象有面对面的沟通、交流(Daniels，1985)。在宝安区则分散了众多制造工厂，主要是由于关外土地面积较大。

南山高新科技园区完善的基础设施配套，对企业发展有很大的吸引力，深南大道交通便利亦可直达天安数码城。由此可见，数字电视产业链上下游的联系，还是要求高度地理邻近的。

企业选址于深圳，除了规模经济、外部性的因素之外，更有产业的支撑作用、跨国公司投资、社会文化及政策等因素；当然，制度环境也对高新技术企业产生有利的影响（Saxenian，1994）。所以，深圳市数字电视产业的发展并不是偶然的，既有政府政策的引导作用，也有企业自发选择的结果。

高新科技园区的设立对区域经济带来发展（Castells，Hall，1994），园区完善的基础设施也明显地对企业的进驻带来优势。

> “科技园是政府规划的园区，形成产业的集聚是必然的。园区有一些优惠，主要体现在资金和厂租方面，对中小企业也好，有一些成本的节省，这样的节省使企业能投入更多的研发。天安这边主要是民营企业，这边配套比较齐全，租金方面相对比较便宜。”（D受访者）

企业之所以选择位于产业聚集的区域，很多是为了寻求本身缺乏的互补性资源（Scott，2000）。多数受访者提到深圳完善的配套环境是该企业选择立足深圳的重要因素，当然这也影响到企业为什么到深圳创业。

> “深圳的环境比较好，因为需要的部件很多，不是一个厂家就能做的，需要很多厂家的配套。深圳五金、塑料模具、加工等配套企业非常多，而且术业有专攻，配套环境……深圳做得很好。”（E受访者）
>
> “外面采购主要还是元器件采购，珠三角地区主要是配套包装、遥控器这样的东西，基本集中在深圳、东莞、广州、惠州等城市，配套环境还不错。”（F受访者）
>
> “我们80%的客户都在这个圈子里，也就是说我们的客户在这里。数码相框、MP4、GPS，包括液晶电视、便携式DVD、计算机摄像头等，这一类都属于消费类电子范畴。每年每一个市场，如摄像头，大陆占了80%～90%，其中80%～90%在深圳。便携式DVD，都是在深圳（70%），大的厂家有20多家，但是我们的客户主要有10家左右，除了江苏常州的新科以外，其余都在深圳。而像深圳最完善的是我们也引进了台湾的中华映管（模子做得比较大），一期投资接近1亿美元，二、三期也陆续投资，包括像TFT面板……跟它配套的包括线路板、接插件，电源、电镀件……深圳应该说是比较齐全的。我们形成比较良好的配套环境，现在长虹、TCL的研发也正向深圳转移。”（G受访者）

深圳各区的区位条件不同，分别满足数字电视产业链不同环节的企业的区位需求，因而各区具有明显的专业化特点。南山区是高技术产业基地，拥有科技园和留仙洞工业园等以及大批高新技术企业，有北大和清华等大学的研究生院，以及深圳大学、虚拟大学园、深港产学研基地等科教基地，尤其许多新创企业会选择在大学附近以取得大学外溢的知识与研究成果（Adretsch，2005），因此在南山高新区附近集聚的企业主要属于专用集成电路、机顶盒、接收机等与研发成果转换密切相关的产业。福田区是深圳市的中心城区，在华强北电子市场与天安数码城则聚集了以运营及增值服务、软件产业为主的企业；另外，接近新产品的使用者，能及时对样本及新产品的性能、消费者偏好提供反馈意见，并引导消费，所以接近市场有利于企业产品销售和展示。节目制作、软件开发、运营管理、电视服务等活动也在此区，市场非常活跃。

而以 TFT-LCD 新型显示器件产业为代表的企业则多分布在宝安等地，这与 20 世纪 80 年代初以来所积累的电子产品制造业基础有关。宝安区的电子信息产业发展迅速，有施乐、友利电、北大方正、长城计算机、富士康、砂感微讯等一批高科技项目。

> “深圳数字电视是从下游发展起来的，组装、电视厂商如 TCL、康佳、创维在这落户以后，就先做终端产品，但是随着市场不断竞争，终端产品必须不断改进，而且要向上游发展才能生存下去……组装是简单劳动，一定要搞高科技的东西……加上这有这么多 IT 企业，跟它配套的有这么多东西，手机啊、交换机啊，包括宣传电子信息相关的东西，都在朝上游不断开发才能在竞争中不断生存和发展。”（H 受访者）

所以，本地原有的电子制造基础，加上配套环境的完善使得整体产业从上游到下游在深圳都能获得较佳的发展空间，带来良性循环。

深圳的数字电视产业作为主导产业是由政府在文件中提出的，表明政府在产业发展过程中扮演重要角色。调研过程中发现，位于南山高新科技园区内的企业受到政府的扶持力度较大；在天安数码城的彼此间联系较多的一些民营企业根基发源在此，一旦在园区找到土地便迁出（如同洲电子等）。但也有软件企业选择偏离主要集聚区域，到他们认为拥有较佳办公环境的区域，例如茁壮网络公司，因为在某种程度上该公司已成为业内的优势企业，所以会坐落于主要集聚区之外（Audretsch，Feldman，1996）。一般而言都在交通干道沿线上，公司总部对交通便利性有强烈要求。

> “我认为我们要找比较好的写字楼，软件公司不是工厂，需要甲级写字楼，第二生活比较方便。美国有很多好的软件企业都不在硅谷，Adobe、Microsoft 都不在。软件需要的是人。科技园也需要发展，它是属于第二、第三类的写字楼。包括空调、楼高、打车、生活，都是我们考虑的方面。在电梯门口等的时间比在路上的时间更长不行。”（I 受访者）

由此可看出，不同的产业类别与企业形态对区位的选择有很大的差异，不仅是在过去的传统产业类别，而且在高技术产业内，更加细微的产业形态对区位选址的需求也各异。

（三）深圳数字电视创新集群的形成因素

如此众多的数字电视相关企业明显地集聚并相互分工的格局是如何形成的呢？在该产业中，集聚为技术创新提供了必要条件，但是否能真正促进技术创新呢？下文将说明，良好的创业环境、企业与科教机构之间的互动、多部门的合作等是深圳数字电视产业形成创新集群的基本因素。此外，政府对该产业在深圳的发展提供了强有力的支持。可以推断，深圳数字电视产业的创新集群正在形成。

1. 良好的创业环境

由图 7-9 可以看出深圳数字电视相关企业的数量 2002～2006 年增长迅速，究其原因可以发现良好的创业环境在深圳促成企业的繁衍。技术人力库中，技术人才争取更有利的工作机会，离开原企业而新创一家公司，如此的人才衍生就会产生（Lindholm，1997）。企业衍生过程促成区域产业文化的共性技术与研究的氛围，且经由新技术与知识的分享，会鼓励组织间的联系与个人网络的发展，强化区域的知识流动与学习，避免因技术互依与路径依赖而造成技术锁定。

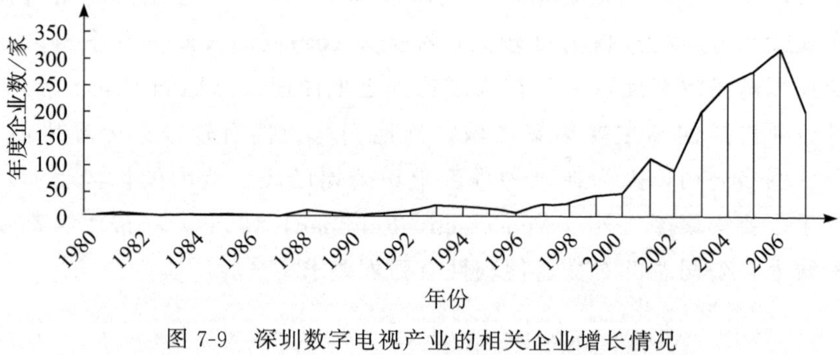

图 7-9　深圳数字电视产业的相关企业增长情况

也就是说，深圳的配套环境完善，促成上下游厂商进入和年轻人创业；小型厂商在此也能有一席之地，勇于冒险自然能激出更多创新的火花。深圳的产业转型，因为开放与宽容，对于新兴产业引入以及产业竞争优势的维持，起了一定的作用。

深圳是多元文化的城市，提倡创新，宽容失败，拥有良好的创新环境，在高新技术研发与专利申请方面走在全国的前列。深圳具有自主知识产权的高新技术产品产值逐年攀升，而专利申请授权情况展现了深圳在技术创新的实力。2007 年专利申请量35 808件，其中发明专利申请19 198件，占 53.6%，连续两年居全国第一位；PCT（Patent Cooperation Treaty）国际专利申请2170 件，占全国总量的 39.8%，连续四年居第一位。

作为信息产业部中间件标准制订小组核心成员，同时又是国家广播电影电视总局数据广播信息业务标准的主要起草者之一的深圳市茁壮网络技术有限公司，在参加 2007 年中国国际广播电视信息网络展览会（CCBN）期间，宣布推出其自主知识产权的数字电视中间件，也创办《数字增值电视》期刊，促进数字电视产业内的信息交流。茁壮网络目前是中国数字电视产业中技术最强、规模最大的数字电视软件系统提供商。它依托自身的核心技术，与国内 90 多家机顶盒公司建立了广泛、深层次的技术合作，能随时提供 20 多家芯片厂商数百种不同的机顶盒平台方案，也为运营商机顶盒选型提供更广泛、更高性价比、更适合本地实际情况的选择。其自主开发的 iPanel 数字电视系列产品，凭借其强大的性能及良好的开放性，已被全球 70 多家电视运营商采用并投入商业运营。茁壮网络从最初与天威的合作（政府某种程度上的扶持）发展成为全国领先的企业。

2. 企业与研究机构之间近距离合作

深圳数字电视企业涵盖了 TFT-LCD 新型显示器件、专用集成电路、机顶盒、接收机、前端系统设备、数字电视软件、运营及增值服务以及音视频等多个环节，形成以市场为导向、以企业为主体、以设计中心和实验室为依托的研究开发体系。以清华大学为代表的高校和研究机构直接参与深圳市数字电视推广项目，并组建深圳清华力合国际技术转移有限公司，实现具有自主知识产权的高新技术产品成果转化。与数字电视相关的实验室与研发中心还包括深圳数字电视系统重点实验室、深圳市液晶工程技术研究开发中心、深圳市投影显示工程技术研究开发中心、深圳市交互式数字电视工程技术研究开发中心、深圳市高清晰数字电视工程技术研究开发中心以及数字电视集成电路设计工程技术研究开发中心等。

深圳市高新科技园区为企业家创业和科技人员的成果转换提供良好的基础，已有研究证明在园区内的企业的确具有较强的研发与创新能力（Yang et al.，2009）。目前南山高新科技园区虚拟大学园有 48 所知名院校进驻，如法国里昂中央理工大学等，有中国科学院、中国工程院两院院士活动基地，吸引了北大、清华等研究生院，并成立国家级重点实验室，为相关科技人才的培养提供支持，在原本没有基础进行创新的情况下，为园区内企业带来国家级的创新引擎。高新区为产学研近距离合作创造了理想的环境。

从理论上说，相关产业领域的企业、科教机构和其他支撑服务机构在地理上邻近和互动，有利于促进隐含经验类知识交流网络的构建，以实现不同技术的交叉和不同产业部门的融合。深圳的数字电视软件企业中有 11 家企业位于南山高新科技园区，机顶盒企业中有 7 家集聚在南山高新科技园区，有利于专业化企业间的协作；数字电视产业在科技园、研究中心以及文化机构附近集聚和互动，有利于促进产业内部人员的互动和与之伴随的信息流、知识流的传递，促进构建隐含经验类知识的交流；专业化集聚本身为区域形成整体的声望，从而成为区内企业共同的财富，并吸引新企业进入。

3. 产业结构复杂化与多部门合作

深圳数字电视产业产业结构十分复杂，除了硬件和软件企业，还有数字电视内容企业的加入，包括以环球数码媒体科技研究有限公司、深圳市华动飞天网络技术开发有限公司、深圳市腾讯计算机系统有限公司、深圳市天威视讯股份有限公司、深圳乐酷信息技术有限公司为代表的运营及增值服务企业和以深圳市文化产业中心、深圳电视台等为代表的政府文化产业机构。数字电视内容依托数字化技术、网络化技术和信息化技术，通过技术产业和文化产业的交流促进不同产业间知识和经验的流动，多部门合作体现了数字电视产业的复杂化。但是由于我国数字电视节目目前仍处于购买国外版权的引进阶段，本土自主开发的数字电视内容仍处于初级起步阶段，离真正实现数字内容自主创新还有很长的发展道路要走。

4. 政府的重要作用

在深圳数字电视产业的发展过程中，市政府起了重要作用[①]。

> “政府对于企业的态度是引导，深圳主要有优惠政策，提供良好的环境，不参与、不干预，由市场决定发展道路，引导企业而不是干预，小企业一旦发展起来，政府就不管了。”（H 受访者）

① 深圳模式的一般定义是用户数字电视接收、数据类服务，逐渐停止模拟电视播出，大力发展双向高端用户，双向高清，1～2 年内达到用户群 15%～20%。

国家发展和改革委员会专项资金和深圳地方财政都支持了深圳建设数字电视实验区。市政府政策通过贷款贴息扶持天威视讯这家核心企业，并建立一系列工程中心和公共技术服务平台，深圳的平台有同洲、天威等3～4个，帮助企业解决关键的技术问题，提供测试、检验检测、开发服务。深圳数字电视整体转换从2005年开始，宣传力度非常大，按期完成了任务。由于单个企业需要专业设备，成本比较高，产品检测可以到公共技术平台去，享受低成本或者是有偿服务。此外，通过市政划拨土地规划科技园区，为众多企业落户提供政策支持。

作为国家首个创新型城市试点，深圳的总体目标具有国家战略意义——建设成为一个"创新体系健全、创新要素集聚、创新效率高、经济社会效益好、辐射引领作用强的国家创新型城市"。政府的远见与引导，对产业的发展与城市的竞争优势绝对是关键。深圳的产业能否持续创新更是未来创新型城市的重要指标。

(四) 深圳数字电视产业集聚对我国创新集群发展的启示

改革开放以来，很多跨国的旗舰企业和合同制造商在我国建立了生产机构，它们雇佣了大量工人，生产计算机外围设备、手机、通信网络设备、高端医疗产品等，就近从本土的一些制造商、供应商采购电子零部件。假如只有装配，则不需要本地的知识交流和学习，因为技术已经固化到产品中，甚至在本地的研究与开发活动中也不能保证关键技术的转移。简而言之，尽管高技术创新存在于产业集聚的区域，但产业集聚区域甚至属于高技术产业门类的企业扎堆区域也不一定保证自主创新的产生。

在我国高新区对于什么是创新集群、为什么要有创新集群、高新区如何培育创新集群等问题尚处于讨论阶段的情况下，对深圳数字电视产业的集群研究无疑提供了一种发展高技术产业集群的思路。本研究揭示了深圳数字电视产业形成本地创新体系的机理。

研究发现，在深圳数字电视产业中，呈现产业结构复杂化与多部门合作的特征，相关企业的区位选择与上下游产业联系密切相关，多集聚在高新科技园与天安数码城。而深圳相对良好的创业环境促进企业繁衍，很多企业已经产生技术创新的内生需求。在深圳的数字电视相关产业中形成了创新的文化，大型核心企业与中小型企业互动而促进创新十分明显：一方面核心企业的技术开发需求为中小型企业开发新技术提供了方向与市场；另一方面中小企业的技术创新又激励核心企业不断吸收转化新技术，形成不断增长的创新机制。中小企业灵活迅速应对市场的专业研发能力能够强有力地支持上下游企业的创新，使得企业创新主体地位更加凸显。此外，政府政策对产业创新影响极大，一旦选定扶持的产业与企业，给予一定程度的补助，该企业往往可担当领头羊的角色，企业良好的发展带动产业的发展，好的产业与高的产值塑造城市良好的形象与声望，形成良性循环。可以说，在深圳的数字电视相关产业中，创新集群正在形成过程之中。

然而，调研发现深圳数字电视产业发展成为真正的创新集群仍存在问题。首先，缺乏关键技术和人才。例如，尽管深圳有集成电路企业，但还只是做外围集成电路。深圳的数字电视产业所需要的芯片、高频头、存储器等关键部件还是靠国外进口，这是因为做主芯片风险大，深圳还不具备这样的技术条件[①]。全球性的金融海啸和景气衰退不可避免波及深圳，除本地继续改善创业创新环境外，深圳还需要积极吸收海外归国的企业家和科技人员。其次，深圳本地大学的研发能力有待进一步提升。大学作为技术的孵化器，应当在区域创新体系中承担更显著的作用。调研发现，创维等诸多企业与西安交通大学、武汉大学等深圳以外的大学有比较紧密的科研合作以及人才招聘的联系。但是在本地，尽管有虚拟大学园、北大和清华的深圳研究生院等机构，由于缺乏针对数字电视产业的相关研究环境，企业与本地大学之间的联系并不紧密。第三，深圳的数字技术产业和文化内容产业之间还缺乏足够的互动，而文化内容是数字电视产业真正取得突破式发展的必要环节，缺少这一部分很难形成完整的集群。

特别需要指出的是，数字电视产业是一个异常复杂的巨系统，其运营规模化、整体转换模式和商业盈利模式是当前数字电视产业界所关注的核心问题，这些问题并不一定与产业的地理集聚相关。也就是说，深圳的数字电视相关产业集聚的现象在全国可能是特例，它是建立在多年深圳电子产品制造业发展的基础上的。对于数字电视产业，有必要进一步分析其错综复杂的产业联系，辨别远近距离的联系，哪些是本地意义的，哪些是非本地甚至是跨国意义的，这才有利于政府和企业做出相应的战略决策。

---

① 数字机顶盒的芯片更新升级非常快，而且需要严格的成本、质量控制，国内运营商招标都明确制定芯片的型号和厂家。对国产芯片的质量不信任，这也是数字电视产业的关键零部件不能研发成功的原因之一。

本章小结和讨论

发展中国家的经济振兴取决于产业创新。关于产业创新问题，必须从产业部门特征来认识，而过去从投入研发经费的多少来确定产业部门的技术特征——高技术或低技术，然后根据发达国家的产业分类来确定发展中国家的区域和产业发展策略，这种做法值得反思。因此必须回到对产业创新这个根本问题的理解上来。产业创新的决定因素是知识、学习过程和关系网络结构，在各个产业部门中的知识、技术、行为主体、机构之间的共同演化过程，以及联系的质量和强度。

发达国家的经验表明，产业创新往往存在于产业集聚的区域，高技术产业尤其如此。然而逆定理却不正确——产业集聚的区域不一定能抚育产业创新。高技术产业部门中的低端活动（low-end activities in high-tech sector）的成功，可能也可能不导致高端活动的成功（von Tuzelmann，Acha，2005）。

世界高技术的经济地理格局是由各国的高技术产业集聚区域及其贸易流组成的动态系统，但是这些集聚区域并不都是有竞争力的，区域之间是不平等的贸易关系。

对于高技术创新区域的理解，既要从产业的价值链环节来着眼，也需要落实到具体的生产空间等级体系中。在高技术产品的制造区域中，跨国公司的供应商园、全球性的合同制造商和业务流程外包商可能起主导的作用，这对于后进地区大量企业的升级提出了巨大的挑战。中国沿海地区通过做 OEM 嵌入到全球生产网络中的中小供应商集聚的区域应该怎样积极加以应对，这是未来研究的重要问题。

国内高技术创新区域的营造还需要时日，但目前几个有代表性的地区已经初步具备了高技术创新区域的一些特征。这些地区在未来能否成为高技术创新区域取决于本地企业与跨国公司的互动，取决于由海外留学人员归国后创办的企业和本地企业组成的技术社区与国外高技术创新区域的联系。

我国高技术产业集聚区域还有大量的新课题有待进一步探讨。例如，关于上海张江科技园区的集成电路、软件和光电子产业之间的联系，产学研之间的联系等（腾堂伟、曾刚等，2009），这些问题都需要放到国家利益的高度进行深度思考。

（王缉慈，李鹏飞，王敬甯，童昕，张晔，宋加平，姜冀轩）

参考文献

彼得·迪肯．2007. 全球性转变——重塑21世纪的全球经济地图．刘卫东等译．北京：商务印书馆

彼得·诺兰．2005. 中央编译局．吕增奎摘译："处在十字路口的中国"，原载中央编译局．国外理论动态，(9)：31～36

彼得·诺兰．2007. 全球商业革命：产业集中、系统集成与瀑布效应．天津：南开大学出版社

邓永红．2004. 详述制约数字电视产业发展的主要因素．中国传媒科技，(11)：44～47

杜百川．2005. 数字电视发展中的几个问题．中国信息导报，(5)：17～19

国家统计局社会和科技统计司．2008. 中国社会统计年鉴2007. 北京：中国统计出版社

卡斯特尔，霍尔．1998. 世界高技术园区：21世纪的产业综合体. 李鹏飞等译．王缉慈译审．北京：北京理工大学出版社

李鹏飞，王缉慈．2008. 服务外包的空间格局：理论框架与实证分析．中国软科学，(11)：50～57

刘卫东．2003. 论全球化与地区发展之间的辩证关系——被动嵌入．世界地理研究，(12)：1～9

柳卸林．2008. 全球化、追赶与创新．北京：科学出版社

路风．2006. 走向自主创新——寻求中国力量的源泉．桂林：广西师范大学出版社

瞿宛文．2009. 超赶共识监督下的中国产业政策模式——以汽车产业为例．经济学季刊，8 (2)：501～532

宋加平．2006. 全球化背景下大学科技园知识网络分析．北京大学硕士论文

腾堂伟，曾刚等．2009. 集群创新与高新区转型．北京：科学出版社

王缉慈．2000. 关于中关村发展模式的深层思考．北京联合大学学报，(1)：54～57

王缉慈．2001. 创新的空间——企业集群与区域发展．北京：北京大学出版社

王缉慈．2003. 我国制造业集群分布现状及其发展特征．地域研究与开发，(6)：29～34

王阳元，王永文．2008. 我国集成电路产业发展之路——从消费大国走向产业强国．北京：科学出版社

魏心镇，王缉慈．1993. 新的产业空间——高技术产业开发区的发展与布局．北京：北京大学出版社

吴新来．2007. 中国数字电视产业的福音——深圳茁壮隆重推出国产数字电视中间件．数字增值电视，(2)：3，4

肖勤．2006. 上海浦东生物医药产业集群研究．华东师范大学硕士论文

邢华，姜琴．2003. 苏州IT制造业集聚情况调查．经济理论与经济管理，(6)：70～74

薛镠中，潘纯．2002. 苏州外资企业：加工贸易的一片沃土．国外经济合作，(5)：44～46

杨友仁，夏铸九．2005. 跨界生产网络的组织治理模式——以苏州地区信息电子业台商为例．地理研究，24 (2)：253～265

张琦，李勇．2008. 英国约克郡数字电视发展策略．现代电视技术．1：60～63

张晓平．2005. 跨国公司在开发区的投资模式及区域影响．地理研究，24（4）：631～640

张晔．2006. 论买方垄断势力下跨国公司对当地配套企业的纵向压榨．中国工业经济，（12）：29～36

张晔，梅丽霞．2008. 网络嵌入、FDI主导型集群与本土企业发展．中国工业经济，（2）：122～130

中国投资促进会，中欧国际商学院，中国服务外包研究中心．2007. 中国服务外包发展报告（2007）．上海：上海交通大学出版社

Aitken B J，Harrison A E．1999. Do domestic firms benefit from direct foreign investment? Evidence from Venezuela，American Economic Review，89（3）：605～618

Alfaro，Laura，Chanda，Areendam & Kalemli-Ozcan，Sebnem & Sayek，Selin. 2004. FDI and economic growth：the role of local financial markets. Journal of International Economics，64（1）：89～112

Altenburg T，Meyer-Stamer J. 1999. How to promote clusters：policy experiences from Latin America. World Development，27（9）：1693～1713

Arora A，Arunachalam V，Asundi J et al. 2001. The Indian software services industry. Research Policy，30：1267～1287

Arora A，Athreve S. 2002. The software industry and India's economic development. Information Economics and Policy，14：253～273

Audretsch D B，Feldman P M. 1996. R&D spillovers and the geography of innovation and production. American Economic Review，86（3）：630～640

Audretsch D B，Lehmann E E. 2005. Does the knowledge spillover theory of entrepreneurship hold for regions? Research Policy，34（8）：1191～1202

Bathelt H，Malmberg A，Maskell P. 2002. Clusters and knowledge：local buzz，global pipelines and the process of knowledge creation. Danish Research Unit for Industrial Dynamics（DRUID）Working Papers. 2～12

Belderbos R，Capannelli G，Fukao K. 2001. Backward vertical linkages of foreign manufacturing affiliates：evidence from japanese multinationals. World Development，29（1）：189～208

Belderbos，R，Carree M. 2002. The location of Japanese investments in China：agglomeration effects，keiretsu，and firm heterogeneity. Journal of the Japanese and International Economies，16（2）：194～211

Brannon J T，Dilmus D J，William G L. 1994. Generating and sustaining backward linkages between maquiladoras and local suppliers in northern Mexico. World Development，22（12）：1933～1945

Bresnahan T，Gambardella A，Saxenian A. 2001. "Old economy" inputs for "new economy" outcomes：cluster formation in the new Silicon Valleys. Industrial and Corporate Change，10：835～860

Buckley P, Wang C, Clegg J. 2007. The impact of foreign ownership, local ownership and industry characteristics on spillover benefits from foreign direct investment in China. International Business Review, 16 (2): 142～158

Castells M. 1996. The Rise of the Network Society. Oxford: Blackwell

Chaminade C, Vang J. 2008, Globalization of knowledge production and regional innovation policy: supporting specialized hubs in the Bangalore software industry. Research Policy, 37: 1684～1696

Chandler A D. 1997. The Visible Hand: the Managerial Revolution in American Business. Cambridge: Belknap Press

Crespo N, Fontoura M P. 2006. Economic centrality, per capita income and human capital-some results at regional level. Working Papers 2006/28, Department of Economics at the School of Economics and Management (ISEG), Technical University of Lisbon

Crone M, Roper S. 2001. Local learning from multinational plants: knowledge transfers in the supply chain. Regional Studies, 35 (6): 535～548

Daniels P W. 1985. Service Industries: A Geographical Appraisal. London: Routledge

Dicken P , Coe N, Hess M et al. 2004. Globalizing' regional development: a global production networks perspective. Transactions of the Institute of British Geographers, 29: 468～484

Duke/Archstone. 2006-01-04. Second biannual offshoring survey. https: //offshoring. fuqua. duke. edu/research. jsp

Ernst D, Kim L. 2002. Global production networks, knowledge diffusion, and local capability formation. Research Policy, 31 (8～9): 1417～1429

Felsenstein D. 2001. New spatial agglomerations of technological activity-anchors or enclaves? Some evidence from Tel Aviv. Paper Presented in the 2001 Residential Conference, IGU Commission of Economic Spaces, Torin, Italy

Gereffi G. 1999. International trade and industrial upgrading in the apparel commodity chain. Journal of International Economics, 48: 37～70

Gourevitch P , Roger B, Mckendrick D. 2000. Globalization of production: insights from the hard disk drive industry. World Development, 28 (2): 301～317

Hsu Jinn-yuh. 1997. A late industrial district? learning networks in the Hsinchu science-based industrial park, Taiwan. Doctoral Dissertation, Geography, University of California at Berkeley

Kraiwinee B. Eugene D. Hahn, Jonathan P. Doh. 2007. International offshoring of services: a parity study. Journal of International Management, 13: 7～21

Kuchiki A. 2003. A flowchart approach to Asia's industrial cluster policy. www. dakis. fasid. or. jp/report/pdf/handout28. pdf

Larosse J et al. 2001. ICT cluster organizations in Flanders：co-operation in innovation in the new networked economy. Innovative clusters：drivers of national innovation systems. 126～127

Lema R. 2003. Bangalore's software cluster：global webs and the local corporate system. *In*：Fleming D，Nordhaug K. Global Challenges-local Responses：an Institutional Perspective on Economic Transformation in Asia. Routledge

Lemoine F，Unal-Kesenci D. 2004. Assembly trade and technology transfer：the case of China. World Development，32（5）：829～850

Lindholm D Å. 1997. Growth and inventiveness in technology-based spin-off firms. Research Policy，26：331～344

Liu W，Dicken P. 2006. Transnational corporations and "obligated embeddedness"：foreign direct investment in China's automobile industry. Environment and Planning A，38：1229～1247

Lowe N，Kenney M. 1999. Foreign investment and the global geography of production：why the mexican consumer electronics industry failed. World Development，27（8）：1427～1443

McQuaid R W，Langridge R J. 1984. Defining High Technologies. Regional Science Association Annual Conference. Canterbury

Nelson R. 1993. National innovation systems：a comparative study. New York：Oxford University Press

Nolan P，Zhang J，Liu C. 2008. The global business revolution，the cascade effect，and the challenge for firms from developing countries. Cambridge Journal of Economics，32（1）：29～47

Oakay R P. 1981. High Technology Industry and Industrial Location. Aldershot，Gower：Publishing Company Ltd.

Patibandla M，Petersen B. 2002. Role of transnational corporations in the evolution of a High-tech industry：the case of India's software industry. World Development，30：1561～1577

Polenske K R. 2007. The Economic Geography of Innovation. Cambridge：Cambridge University Press

Porter M. 2001. Monitor Group and on the Frontier. Clusters of Innovation Initiative：San Diego，Council on Competitiveness. 68

Portes A. 1996. Global villages：the rise of transnational communities. American Prospect，March-April：74～77

Saxenian A L. 1994. Regional Advantage：Culture and Competition in Silicon Valley and Route 128. Cambridge：Harvard University Press

Saxenian A L. 1999. Silicon Valley's New Immigrant Entrepreneurs. San Francisco：Public Policy Institute of California

Saxenian A L. 2007. Brain circulation and regional innovation：the Silicon Valley-Hsinchu-

Shanghai triangle. *In*: Polenske K R. The Economic Geography of Innovation. Cambridge University Press

Saxenian A L, Hsu J Y. 2001. The Silicon Valley-Hsinchu connection: technical communities and industrial upgrading. Industrial and Corporation Change, 10 (4): 893～202

Scheiber N. 2004. As a center for outsourcing, India could be losing its edge. New York Times, 2004, 9

Schumpeter J. 1934. The theory of economic development. Cambridge: Harvard University Press

Schware R. 1987. Software industry development in the third world: policy guidelines, institutional options and constraints. World Development, 15: 1249～1267

Scott A. 2000. Regions and the World Economy: The Coming Shape of World Production, Competition, and Political Order. New York: Oxford University Press

Scott A. 1987. The semiconductor industry in Southeast Asia. Regional Studies, 21 (2): 143～160

Sinani E, Meyer K. 2004. Spillovers of technology transfer from FDI: the case of Estonia. Journal of Comparative Economics, 32 (3): 1～22

Stack M, Downing R. 2005. Another look at offshoring: which jobs are at risk and why? Business Horizons, 48: 513～523

Storper M. 1997. The Regional World: Territorial Development in a Global Economy. New York: The Guilford Press

Sturgeon T J, Lester R K. 2004. The New Global Supply-Base: New Challenges for Local Suppliers in East Asia. *In*: Yusuf M, Anjum A, Kaoru N. Global Production Networking and Technological Change in East Asia. Washington: The World Bank

The Economist. 2005. Time to bring it back home? 5: 63

Thompson E R. 2003. Technology transfer to China by Hong Kong's cross-border garment firms. The Developing Economies, XLI-1: 88～111

Tunzelmann N, Acha V. 2005. Innovation in 'low-tech' industries. *In*: Fagerberg J, Mowery C, Nelson R. The Oxford Handbook of Innovation. Oxford: Oxford University Press, 407～432

UNCTAD. 2003. Annual Report. http: //www. unido. org/fileadmin/import/22933 _ UNIDO annualReport2003English. 6. pdf

United Nations Conference on Trade and Development (UNCTAD) . 1995. World Investment Report. United Nations, New York

United Nations Conference on Trade and Development (UNCTAD) . 1997. World Investment Report. United Nations, New York

United Nations Conference on Trade and Development (UNCTAD) . 2004. World Investment Report. United Nations，New York

United Nations Industrial Development Organization（UNIDO）. 2002. Industrial Development Report 2002/2003. Overview. "Competing through innovation and learning"

Wang J C，Wang J X. 1998，An analysis of Beijing's new-tech agglomeration：A new industrial district in the making? Environment and Planning A，30（4）：681～701

Wang Z，Wei S J. 2007. The rising sophistication of China's exports：assessing the roles of processing trade，foreign invested firms，Human capital，and government policies. National Bureau of Economic Research Paper

Yang C H，Motohashi K，Chen J R. 2009. Are new technology-based firms located on science parks really more innovate? Evidence from Taiwan. Research Policy，38：77～85

Yeung Henry Wai-chung，Liu W D，Dicken P. 2006. Transnational corporations and network effects of a local manufacturing cluster in mobile telecommunications equipment in China. World Development，34（3）：520～540

Zhang L Y，Kim J Y. 2008. Formation of foreign direct investment clustering- a new path to local economic development? The case of Qingdao. Regional Studies，42（2）：265～280

Zhou Y. 2008. The inside Story of China's High-Tech Industry：Making Silicon Valley in Beijing. London：Rowman & Littlefield Publishers

Zhou Y，Tong X. 2003. Interaction between multinational corporations and domestic firms in a high-tech service cluster in Beijing. Economic Geography，79（2）：129～152

第八章 艺术村和数字内容产业集群

在新时代的背景下，创意阶层和创意产业为城市和区域的繁荣带来了新的可能。在从效率型城市提升到创意城市的过程中，城市要提供创意产业最基本的投入——人的创造力，以及激发人的创造潜能的各种社会因素，尤其是宽容的社会环境。建设创意产业区，在政策实践中都需要注意避免单纯依赖市场或是规划的局限性。

一个工厂不会因为今天没有创意思想而停产，但是，出版社如果无人考虑新稿就会无事可做，电影制片厂如果没有人能写新剧本将会无米下炊……符合这种以“创意为原材料”的产业——广告、建筑、美术和古董交易、手工艺、设计、时尚、电影、互动休闲软件、音乐、表演艺术、出版、软件，以及电视、广播等诸多部门被称为创意产业。这类产业与文化高度相关。历史上几乎每次经济危机过后，与文化相关的产业都会因“口红效应”[①]而得到发展：美国好莱坞的电影在1929～1933年经济萧条时腾飞；日本动漫业在20世纪70年代经济危机后崛起；韩国在亚洲金融风暴时提出“文化立国”方针，让“韩流”风靡亚洲……

自20世纪90年代初期以来，在北京、上海、广州等大城市及其郊区，影视、音乐、动漫、网络游戏、移动内容服务、软件设计、建筑设计、工业设计等产业发展迅速，其增长率均大大高于GDP的增长率。北京、上海、深圳3市2007年GDP的增速分别为12.3%、13.3%和15.0%，而创意产业增长率则分别达到19.4%、22.8%和25.9%[②]。杭州创意产业增长率甚至达到了16.5%，超过全市GDP增速5个百分点以上[③]。

例如，2009年春节期间大获成功的国产原创动画电影片《喜羊羊与灰太狼》由上海文广新闻传媒集团（营销商）、广东原创动力文化传播有限公司（内容提供商）、北京优扬文化传媒有限公司（媒体运营商）联合出品，北京保利博纳、上海东方、广东省电影公司和中影集团在全国不同区域分工联合发行。原创动力公司早从电视动画开始，就与众多知名商家结成了策略伙伴，开发生产了如音像图书、毛绒公仔、玩具礼品、文具服装、食品、日用品等大量产品，还包括QQ、MSN表情，手机桌布、屏保、多媒体等大量衍生产品，并组织了相关的主题乐园、人偶剧团、“别动队”等营

① “口红效应”源自海外对某些消费现象的描述：每当经济不景气，人们会转向消费廉价商品，口红兼具廉价和粉饰的作用，能给消费者带来心理慰藉。http：//cci.cuc.edu.cn/Html/Cychina/C2/2009-1/1/20090101231700168_2.html。

② 发展速度高于GDP增长 创意产业助城市经济转型．中国高新技术产业导报，2008-12-29转引自中国创新网．http：//www.chinahightech.com/views_news.asp?NewsId=335373230303。

③ 栾振兴．2009-01-01．杭州文化创意产业逆流而上增长率达16.5%．http：//cci.cuc.edu.cn/Html/Cychina/C2/2009-1/1/20090101231700168_3.html。

销活动[①]。总赢利中，播映权约占40%，图书音像约占10%，衍生产品授权约占20%，其他约占30%[②]。

创意产业的概念进入中国内地的经济生活已有五年多。文化部、工业和信息化部及国家发展和改革委员会等多个部门都对其表示了不同程度的关注。正如其他产业一样，地方政府都会首先将建设产业集聚区作为“抓手”。仅长江三角洲地区已经建设的创意产业园区就达到104个（其中上海75个，杭州5个，南京11个，常州1个，无锡6个，苏州3个，宁波1个，嘉兴1个，绍兴1个）（Xu, Chen 2007）。包括7个特色主题园区的河北省科技文化创意产业园区2009年3月在唐山市开工建设[③]。上海市政府曾经计划到2010年建成100个创意产业集聚区，但反思之后，在2007上海国际创意产业活动周时给4个园区摘牌[④]。

国内一些学者对创意产业在我国的发展作了开拓性的探讨。金元浦（2005）分析了国外创意产业发展经验，指出创意产业是在全球化消费社会的背景中发展的，推崇创新、个人创造力，强调文化艺术对经济的支持与推动的新兴理念、思潮和实践。张晓明和惠鸣（2006）从政策角度提出要关注三种需求：消费结构升级带来的不断增长的文化创意产品的最终消费性需求、产业结构升级带来的对文化创意产业的生产性需求和文化体制改革带来的对文化创意产业的政策性及体制性需求。花建认为，“文化＋创意＝财富”[⑤]，没有创意的产业只能如夕阳。保持和焕发文化艺术的创新活力，应积极引进新的文化资源，不拘一格地建设多种形式的艺术社区。厉无畏则建议，将发展创意产业列入国家创新计划；尽快成立全国性创意产业协会，整合社会各界力量，协助政府推进创意产业的发展；制定促进创意产业发展的政策，包括促进建立投融资与风险分担的机制，重视知识产权的保护与运作，加强人才培养等[⑥]。

---

① 曹玲娟．2009-03-06．近距离探索国产动画片新模式．人民网-人民日报．http：//media.people.com.cn/GB/40606/8915692.html。

② 江林．2009-03-10．《喜羊羊与灰太狼》的成功贵在具备完整的动画产业模式．光明日报。第8版。

③ 李斌．2009-03-11．赵勇宣布河北省文化创意产业园区开工．河北新闻网．http：//hebei.hebnews.cn/hbszyw/2009/0311/bdb70d961fdef47b011ff29ff79a3e90.html。

④ 励漪．2007-12-18．创意产业发展需要“创意”．http：//cci.cuc.edu.cn/Html/Cyzh/B9/2007-12/18/20071218225356412.html。

⑤ 花建．2005-10-19．［珠海文化产业规划之访谈］无创意的产业只能如夕阳．http：//www.nanfangdaily.com.cn/southnews/tszk/nfdsb/zhzz/200510190854.asp。

⑥ 罗宇凡．2009-03-07．全国政协副主席厉无畏建议：大力发展创意产业．http：//news.xinhuanet.com/misc/2009-03/07/content_10963875.htm。

然而，创意产业究竟会在哪里发展？建设园区是否能保证创意产业的发展？我国发展创意产业还有一些基本问题并没有研究清楚，本章旨在对这些问题进行初步探讨。

一、发展创意产业的基础

对创意产业定义和本质内涵的研究尚需深入，在本章中不作详尽讨论。尽管如此，这里需要强调创意产业发展的基础，即知识产权，以及数字技术与文化内容的交融。

其一，创意产业是知识产权产业（intellectual property industry，IP 产业）。创意产业的精髓是人的创造力，创造力必须有知识产权保护才能创造财富。为此，知识产权保护的制度环境是发展创意产业的基础。

其二，数字时代的内容密集型产业（content-intensive industry）与信息技术和互联网的发展紧密联系。例如，动漫影视、虚拟现实、3D 交友社区、互联网动漫、手机动漫、即时通信表情、Flash 游戏等很多产品和增值服务，还关联到周边产品生产、出版以及移动多媒体终端、数字电视等诸多产业活动。数字技术的开发和内容创造都是创意产业的重要基础。

我国发展创意产业具有不同于发达国家的三个背景。第一，随着中国人教育水平和生活水平的提高，创意人群增多，对创意产品提出了更多的需求。第二，地方产业升级迫切需要创意设计支持。第三，中国一些城市丧失了发展大规模制造业的优势，面临就业岗位流失和产业结构转型的压力，需要寻找新的增长点。但是，并非各地都具备发展创意产业的足够条件。

创意产业的根基是人的创造力。我们应当特别关注的，并不是创意产业包含哪些子部门，而是在国际上称之为创意产业的那些子部门中我国目前所处的价值链环节。与高技术部门类似，在创意产业部门，我国的很多企业都参与了国际分工，承接了低端环节的转移。例如，目前中国 100 多家动画制作公司，一大半是加工企业，以引进、加工、代理运营为主，为日、韩、美等地区的动画片做低加工①。由此，在第二章已经从创造力的互动理论出发认知创意环境，对创意产业发展的空间需求进行了讨论。下面，将对我国的简单创意文化产业集聚区（以画家村为代表的艺术村）和复杂创

① 雪平．2006. 中国原创动漫的误区．青年记者第 5 期．http：//www.sdci.sdu.edu.cn/detail.php? id=8772。

意文化产业集聚区（以深圳动漫园区为代表的数字内容产业集聚区）分别进行研究。

二、我国的画家村[①]

（一）画家村现象

画家村现象在国际上很早就出现。在西方艺术史上，最负盛名的画家村是法国巴黎的蒙马特高地。19世纪中叶到20世纪初，这里催生了印象派、后印象派、野兽派、巴黎画派等几个在西方艺术史上极其重要的画派，产生了毕加索、凡·高、卢梭、塞尚等艺术大师。20世纪中期开始，随着世界经济文化中心的转移，美国纽约逐渐成为世界艺术的中心，具有悠久历史的格林威治村是纽约最早的艺术家集聚区。到了20世纪60年代，艺术家们搬到更穷的苏荷（SOHO）区去开辟自己的新天地。当时纽约已经开始从工业中心到金融中心的转型，苏荷区出现大量空置厂房。这些空置厂房租金低廉，居住者可以根据自己的审美对空间进行布置和改造，渐渐成为艺术家聚集的地方，一批艺术家获得了商业上的成功。而苏荷区由于大量艺术家的存在，吸引了纽约的一些重要博物馆、画廊及文化设施向那里转移。另外，艺术家集聚区还出现在伦敦东区历史上号称“贱民”集聚区的霍克斯顿，柏林米特区经历第二次世界大战而保存下来的工业老厂房等。

吸引众多穷艺术家到这些地方的最直接原因是低廉的租金，以及能够为艺术家提供创意思维和空间的仓库或老厂房。然而，随着这些地区的成名，大量商业机构开始进驻，画廊、酒吧、咖啡吧、俱乐部、饭店陆续建立。由于商业化的腐蚀，房价飞涨，生活成本飞涨，当地成为富人区。除了少数成名的画家，大部分穷困的画家无法承受日益高涨的房租，因此向其他地区转移。由此开始新一轮的艺术家集聚区的形成过程。

我国的画家村是市场经济催生的一种独特文化地理现象。宽松的政策环境使画家从美术馆、文化馆、影剧院等文化机构或学校走出来，集聚到

① 2005年11月至2006年1月，北京大学产业集群项目组承接了长江创意产业研究中心“中国文化社区的构造与城市规划、文化/创意产业政策的互动关系”课题中的部分工作，用该研究中心设计的问卷，对北京上苑画家村、宋庄画家村、索家村国际艺术营、798艺术区四个画家村进行调研，对20余位艺术家和10位政府官员及学者进行了细致的访谈。本部分内容部分采用该调研的结果，在此对长江创意产业研究中心表示感谢。参加该课题的还有清华大学美术学院艺术评论专业硕士生段君等。详细成果部分反映在陈倩倩的硕士论文中（陈倩倩，2006）。

画家村。不同的生存方式和创作境界使画家村产生的作品纷繁多样：有高度原创、被国外艺术机构和收藏家争相购买的艺术品，有为生存而模仿优秀作品形成的画作，也有专门为满足国外的行画需求而进行的艺术品复制加工的。这些艺术品，无论是原创的或是仿制的，都不同程度地参与了全球生产网络，并占据不同的环节。目前，我国在产品创作和市场之间缺少艺术经纪人和相关营销机构，因此大部分艺术家往往为了推销自己的画而到处奔波，无法安心创作。我国艺术家的大部分作品均被国外或港澳台地区的收藏家所购买。

我国各地形成了大大小小不同形式的画家村：东有上海的M50、福建厦门的乌石浦；西有四川都江堰的聚源、云南昆明的创库；北有北京昌平的上苑、通州的宋庄、朝阳的798，青岛的达尼（大泥沟头）画家村等；南有深圳布吉的大芬油画村、广州的美院画家村、珠海南屏的北山画家村等。此外，还有文化部创意产业司和中国美术家协会联合授牌的两个文化（美术）产业示范基地——位于盘锦的辽河文化产业园和苏州的胥口书画名家街。根据它们的形成原因、社区特征、生产类型、推动者等因素，可以将我国画家村分为四种类型：城市郊区的文化村落、老厂房改造而成的文化艺术区、行画生产基地和政府主导的文化产业园（陈倩倩，2006）。本书仅举北京的画家村为例。

（二）从圆明园到宋庄

我国的画家村格局源于圆明园画家村。20世纪80年代中期，随着下海和民工风潮，一些毕业于北京艺术院校的非北京籍学生毕业之后寄住在圆明园附近，以此作为创作与生活的根据地。艺术家在一定程度上可以摆脱意识形态在“国家单位”组织的控制，形成了一股不容忽视的社会力量。逐渐地，外地艺术家涌进北京，在圆明园福缘门附近聚集起来，在1992～1993年形成高峰。到1995年，艺术家人数达到了三四百，“圆明园画家村”的称呼不胫而走，渐渐成为了一个文化象征。

空前的热闹虽给圆明园的艺术家们带来了各种机会，却也打扰了一些想静下心来真正做些事情的艺术家们。在画家张惠平的一个学生介绍下，部分艺术家转到了宋庄小堡村。开始往宋庄转移就是在圆明园最热闹的时候。选择宋庄是非常偶然的。

“……小堡村的院子很大，很容易就可以在废弃的院子里建立工作室，而且这地方离城里不算远，后来就决定到这个村子了。”[①]

“宋庄和圆明园比较来说，有非常不同的特点，就是因为艺术家买和租的是农民的空房子，东一家西一家，居住就自然很分散。而实际上聚集的人比圆明园多得多，但是不明显，没有“聚众”的感觉，因此能够较少受到警察的关注。艺术家的生活就逐渐安定下来，开始一种正常的‘自由艺术家生活’，包括创作上、展览上和国外的交流上，乃至买卖艺术品等方面，基本形成一种社会力量、群落和方式。”[②]

此后，从圆明园撤出的艺术家陆续转移到小堡村，也把目光转向宋庄镇的其他几个村子，如离小堡村最近的宋庄。一两年后，不少圆明园的艺术家从东坝河和其他地方陆陆续续来到宋庄和通州城的滨河小区。慕名而来的艺术家几乎进驻了宋庄镇的所有自然村，诸如大兴庄、辛店、喇嘛庄、北寺、小杨各庄、白庙、邢各庄等（图 8-1）。就生活方式而言，宋庄更接近法国巴比松[③]的感觉——艺术家的画室被农民的房子分散在村子的各个角落，画室大，环境安静。如同米勒他们居住在巴比松的小村子一样，宋庄的艺术家过着一种以画画为职业的生活。

艺术家之间处于一种无组织的松散状态，相互之间的联系不固定，与社会之间也没有任何组织关联，大家都是自发松散地散落于不同的村落。艺术家们之间的交流主要通过三种方式进行：一是通过举行大型展示活动，相互观摩、切磋；二是通过酒吧集会、艺术沙龙等交流；三是通过圈子内相互熟悉的朋友之间的串门交流。

当宋庄画家村逐渐形成时，政府的力量开始介入。从 2004 年开始，宋庄镇政府经过调研后提出了“文化造镇”的口号，成立了文化造镇办公室，制定了 2004～2020 年长远的发展规划，编写宋庄文化名镇综合图书，撰写宋庄 10 年回顾，制作双月艺术刊等，成立了当代艺术促进会，建设了小堡和东方等艺术家工作园区及其百余个画家工作室，还建了当代艺术馆，为艺术家的创作提供展示交流的空间，组织了首届中国宋庄文化艺术节，扩大了宋庄在国内外的影响。政府在画家村的发展中起到了积极的作用。

---

① 栗宪庭．2005．只是想住农家小院．宋庄艺术促进会会刊。

② 同上。

③ 巴比松（Barbizon）是法国巴黎南郊约 50 公里处的一个村落。1850 年前后，迷人的风景和纯朴的民风吸引了一些画家来当地写生。先是卢梭从巴黎迁居于此，之后柯罗、米勒等大批画家也到这里居住，几乎成为一个“画家村”了，并诞生了“巴比松画派”，主张描绘具有民族特色的法国农村风景。如今的巴比松已是一个闻名世界的艺术小镇。

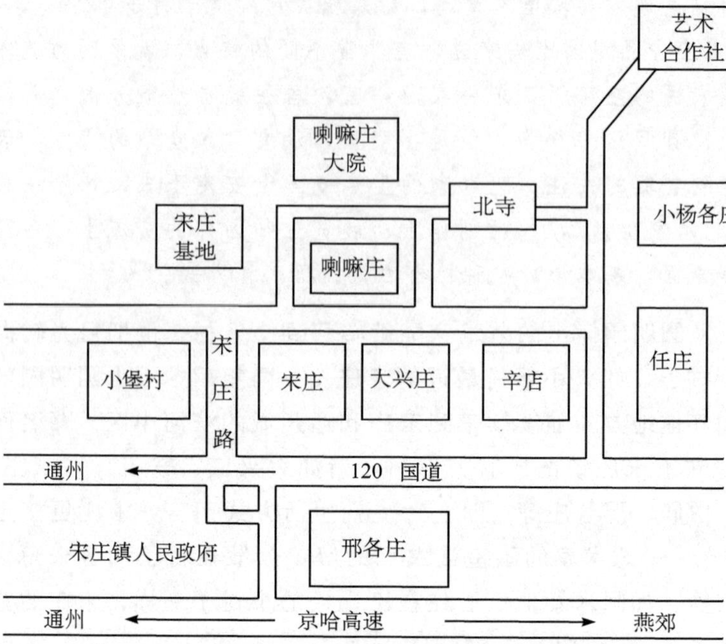

图 8-1　宋庄画家村区位

宋庄的艺术家基本上都是属于前卫的艺术家，他们之间有一种“虚拟的无形中的精神纽带”，“相互有一种牵挂”，它在精神上把这些人紧密地联系起来，使艺术家在宋庄“有一种安全感”，因为他的周围还有相当多的同类存在着。由此看出，有创造力的艺术家群体的存在是形成画家村，以及之后吸引大批美院毕业生和全国各地艺术家到这里的主要原因。

（三）798 艺术区

到了 21 世纪初，画家村的另一种类型——以老厂房改造形成的艺术家集聚区开始形成，艺术创造者喜欢聚集在高大宽敞的旧厂房里，如北京的 798、上海的 M50、杭州的 Loft49 等场所。浓厚的历史文化氛围和较低的房租，使那里变成了艺术家的“创意工厂”。在北京的 798 厂大院内，德国包豪斯艺术风格的旧工业厂房吸引了很多艺术家去那里工作和生活，并将其发展成以文化、艺术、设计为主的创意产业的聚集地。

原先一直在上海进行创作的一位台湾公共作品艺术家认为，他之所以从上海搬到北京，是因为“北京的艺术家很有冲劲，很有活力，很 high”，并且“798 这个地方的士气蛮强烈，对人有冲击”。台湾人很注重老乡情节，很容易抱团。这位艺术家入驻 798 “就像一面旗帜，把台湾的艺术家和画廊也吸引过来，并将大陆艺术家介绍给台湾的画廊”[①]。

798 艺术区的产生和发展过程，与当年美国纽约苏荷区的情况几乎如出一辙。自发形成艺术区之后，随着艺术家、艺术机构以及各类文化产业人员不断集聚，艺术区名气逐渐变大，原本较低廉的房屋租金不断上涨，当地成为文化艺术中心和商业中心。而那时，大多数未成名的艺术家无法承受日渐增长的房租，被迫向其他租金更便宜的地方转移，之后又开始新一轮的循环。住在 798 艺术区的艺术家大多是经济基础较雄厚的有名的画家，在与物业方的租用合同到期之后，很多艺术家开始从 798 撤出，转移到几公里之外的花家地、索家村等地，在那里又开始形成新的画家村。798 已从纯艺术创作向艺术与商业结合转变，成为画廊、设计公司、酒吧的天下。在访谈中，90%以上的艺术家、画廊经营者、策展人、批评家等认为，如今的 798“学术性弱，商业性强一点”[②]。艺术家的转移使 798 作为一种创作空间的功能有所减退，它更多的是体现商业价值的地方，并且成为北京进行城市营销的工具。现在真正想进驻 798 的并不是艺术家，更多的是一些商业公司或者画廊。我们大胆地想象，也许再过几年，798 只剩下画廊和商业机构，就像纽约的切尔西，因此从严格意义上来讲，它将不是一种画家村，更不是一种创意产业集聚区。而那时的 798 所具备的商业价值必定能满足产权方的意愿，于是也就不存在产权方与艺术家、政府之间的利益矛盾。

三、我国电影产业集群的地方化探索

近年来，在各行业普遍陷入不景气周期的“经济寒冬”背景下，我国电影供需两旺。而国产电影的振兴，更增强了我国“软实力”在全球经济竞争中的话语权和影响力。在许多地方，如北京、上海、长春、横店等地，有关“电影产业集群”的发展规划和实践探讨被提上议事日程。

1996 年就被美国《好莱坞报道》(*Hollywood Reporter*) 称为“中国好莱坞”(Chinawood)[③] 的横店影视城十分值得产业集群研究者关注。作为国内首个影视产业实验区，其优势在于廉价的劳工、完善的配套、充沛的资金、政府的支持和发达的观光旅游。横店有各种档次的宾馆，制片、剧务、副导

① 引自黄铭哲访谈。

② 引自黄笃访谈。

③ 此后横店以“中国莱坞”的名称进入维基（wiki）百科辞典中世界各国影莱坞的名册里。http://en.wikipedia.org/wiki/Hengdian_World_Studios。

演等人才齐备，更有各式各样的器材道具，大量经验丰富的技工、场工、杂工随时听候调遣，甚至有专业的马术特技队和数十匹品种优良的骏马，一应俱全。很多怀抱明星梦的人选择在此安家落户，集聚了充沛的临时演员资源。廉价的劳工和完善的配套，吸引了大批中外制片者。它靠影视出名，靠旅游赚钱（楼彩霞，2008），但与国际知名影视主题公园有很大差距（王丽丽，朱小丽，2007）。

横店电影城发展过程中，已有美国时代华纳、香港东方娱乐、香港唐人电影、北京华谊兄弟、上海天梯等二百多家国内外影视机构入驻，拍摄、制作、器材租赁、道具制作、广告、发行等企业集聚，常常有许多剧组扎堆。其中，时代华纳、北京中影集团和横店集团合资成立的制片公司，是好莱坞进军中国相当重要的观察指标。横店的民办大学开设了影视表演、环境艺术、服装设计等专业，浙江传媒学院在实验区内建立横店校区，其专业从播音主持、电视艺术、传媒管理、影视制作到影视美术等。随着制片公司对专业化部门的精简，大量小型专业化企业诞生，社会分工不断深化，横店各企业间的合作也不断增强，似乎已初具集群的端倪。然而，横店的创新氛围还缺乏，毕竟现今社会快速变迁，高创意内容的电影产品中，产业结构日益复杂，特别需要电影产业行为主体间的互动，以利于创意与创新元素的流动。横店的人才、剧本、产品开发、行销与好莱坞仍有差距，所以难以制作出风靡全球的一流的大片、好片。

横店镇政府定期组织各种技能培训，引导农民就业，提升农民素质，但这些都是影视工程技术和艺术方面。电影产业集群成功的关键是有创意的人才与剧本作品，而这正是横店所缺乏的。剧本的成败关系到制作机构、院线、电视台和一切与电影制作有关的公司和成员的安危（楼彩霞，2008）。而横店交通相对不便，也很难让创意人才、明星、演员在此定居。这些都是横店要发展成为真正的电影产业集群所需要加强的。另外，横店集群在品牌宣传力度上仍有待提升，电影节或颁奖典礼的举办可增加国际声誉。

（一）关于我国发展电影产业集群的思考

1. 产业竞争优势以内容与技术的交融为基础

发达国家的发展经验十分值得借鉴，这就是要充分发挥人的创造力，重视技术创造（发明能力）、经济创造（企业家能力）和艺术创造能力，强调创意产业发展的基础，即知识产权以及数字技术与文化内容的交融。一方面，重视“内容为王”的产业发展基础。国际金融危机导致的投入不足势必造成电影制作在场面和技术等方面难以迈上一个较高的层次，但塑好中国的形象却是不受那些条件制约也是可以做到的。谈到编剧，中外著名导演的看法几乎一致，中国电影要在海外争得一席之地，要从讲好故事开始[①]。另一方面，需要强调数字技术产业与电影制作产业的互动联系。数字技术的开发和内容创造都是创意产业的重要基础。

2. 园区式文化地产的发展模式需要反思

需要注意的是有产业集群的地方不一定需要产业园区，而建设了产业园区却不一定会发展产业集群。尽管产业集群和产业园区内的企业都有地理邻近的特征，但一些企业可能仅仅因为园区有基础设施和优惠政策而进园区，它们相互之间可能由于产业、所有制、所属国、语言等存在障碍而联系甚少，甚至园区内相关行业的企业也可能由于技术标准、行业细分等差异而不相往来。在一些相对落后而没有足够的产业基础的地方，企图用建设电影主题公园或打造影视城来发展电影产业集群是有风险的，主题公园的投资者需要谨慎（王缉慈等，2009）。

（二）深圳国家动漫画产业基地[②]

改革开放以来，中国内地靠着廉价丰富的人力资源优势，取代了台湾和香港地区成为欧美、日本动漫的最大加工地。深圳作为经济特区成为日本、欧美动漫公司在中国内地投资的首选。20 世纪 80 年代末到 90 年代初，深圳出现很多动画加工厂，如翡翠和太平洋做迪斯尼的动画加工。日本朝日也在深圳建立了动画加工工厂，培养日系动漫的技术人员[③]。在长达 20 余年的动画加工实践中培养起来的技术人才组成了今天的中国原创动漫制作的中坚力量，他们在整个动漫创作过程，尤其是前期的策划中往往起着重要的作用。即便在当今深圳的动漫技术人才向北京、杭州等城市流动的情况下，20 余年的技术人才累积，使得深圳依然是业内人士所公认的动漫人才主要集聚地。“这里的整个氛围是跟内地不一样的。它很活跃，每时每刻都在更新，都在变化。很多在国内做设计、做策划的都是公认深圳的。我们本身也很喜欢深圳

---

① 肖春飞，叶锋，俞菀. 2006. 国产“大片”讲好一个故事有多难？来源：新华网. 转引自：http://media.icxo.com/htmlnews/2006/06/29/869671_0.htm。

② 本调研得到深圳大学李蕾蕾等教授的支持和帮助，在此表示感谢。

③ 根据对腾龙堂的访谈资料整理。

的整个环境。”[①]

深圳目前的原创动漫企业中，很大一部分是由原有的做外包的工作室转型而来，或者是由原来的对外加工企业繁衍出来，如翡翠公司中的部分员工脱离出来成立腾龙堂公司，另有部分企业是新建立起来的原创动漫公司。此外，代理业务、平面设计、图形制作、手机服务运营、玩具制造等相关部门的企业以转行或者投资的形式介入原创动漫行业，例如唐人动漫前身是效果图制作公司，而中境动漫是由商业代理公司转型而来。最初，这些企业规模不大，依然是以创意策划部门与动画制作部门兼而有之的形式进行动画创作。面临着居高不下的生活成本，它们还是和过去动画外加工时期一样，选择城市中心区以外的地租较为便宜的地区作为生产和生活的地点。

深圳动漫行业在经历由加工生产到创意创作的转变中，相关企业之间已经逐渐形成了良性的竞合关系。在原创动漫创意制作环节，本地已经有部分企业间形成了策划和制作的分工协作。同时，本地企业也在积极地寻求与外地企业的合作，包括以作品交换播出形式的合作。怡景基地内的腾龙堂动漫在这方面就表现突出。腾龙堂以其扎实的动漫前期策划功底和优异的二维动画以及富有特色的手版制作，曾经先后参与过方块动漫（位于深圳福田区）的《闪闪的红星》动画电影制作以及唐龙动漫（位于怡景基地）的《革命的摇篮》动画片项目的前期策划等项目。同时，也和梦成动漫（位于怡景基地）达成了动画制作合作的意向。此外，公司还不定期派遣导演等工作人员赶赴内地协助部分企业的动漫制作。

深圳原创动漫企业与地区内外的代理商或者玩具生产商合作来获得资金以及市场销售网络，以珠三角地区业已形成的庞大的制造业集群为强有力的后盾，进行衍生产品的开发及销售。例如，深圳福田区的方块动漫公司以及怡景基地的前程远望公司与香港的企业合作，进行原创动漫的创作及衍生产品开发；而唐人动漫公司《憨八龟》的海外传播，则与具有日本企业背景的华夏动漫（位于怡景基地的动漫代理公司）合作。中境公司则依托其本身所建立起来的市场渠道以及合作网络进行动漫作品的推广。在与地区内外企业尤其是外地企业的合作交流过程中，本地的动漫企业也在技术和创意策划方面获益匪浅。

深圳国家动漫画产业基地是由市政府牵头，深圳广播电影电视集团负责建立的带有孵化器性质的产业园区。基地位于罗湖区怡景路，目前的办公场所使

① 引自中境公司访谈。

用的是原深圳电视台的场地和建筑。基地在2005年开始筹备，2006年5月正式挂牌，国家广播电影电视总局授牌。怡景基地在创建初期，对于入区企业就按照产业链各个环节的比例进行考察选择。该基地的企业按企业性质划分，包括原创动漫企业32家，原创手机动漫、网络游戏企业9家，衍生产品开发企业7家，项目代理企业3家，出版发行企业2家，投融资企业1家，技术设备企业2家，协会3家，原创影视制作企业5家，人才培训企业3家[①]。

怡景基地的建立发展过程是一个政府、基地组织部门与动漫相关企业间双向选择的过程。基地对于入驻企业有所考核，企业选择进驻基地绝大部分均基于基地在租金方面的优惠。在原创动漫产业链尚不完善的现阶段，对于小型原创动漫企业来说，难以通过衍生产品的生产销售回收资金，因而此时租金等固定成本的控制就显得至关重要，直接关系到作品的产量。此时，怡景基地对于入驻企业“一年减半，一年全免”的租金要求就尤其具有吸引力。

有些企业也对基地所提供的政策引导等服务表示关注，对基地起到的沟通政府与企业间的桥梁作用有所期待。同时，企业在入驻基地时也考虑到基地未来可能形成的规模以及品牌知名度。“你是基地出来的，这个品牌价值是不一样的。”[②] 入驻基地的企业共享基地提供的办公室、员工宿舍、食堂等工作生活空间，这就构成了企业间的地理邻近关系，而由企业间自发形成的项目合作关系还很少，并且多处于前期构想阶段。目前为止，企业间真正实质性的合作关系大多是通过基地招商引资，并且牵头形成的项目（如奥运项目）合作。为数不多的企业间自发形成长期合作伙伴关系，其典型代表是唐人动漫（原创动漫企业）和华夏动漫（玩具制造和动漫代理企业），它们的合作关系是通过在《憨八龟》的衍生产品制造以及日本播映中建立起来的，而这种关系的建立已经是唐人动漫离开基地之后了。企业获得的有价值的信息资讯或者默会知识也大都来自于同基地外甚至深圳以外的企业及其员工间的交流。

整个深圳的动漫企业已经具备了关系网络，使得各企业实质上并不孤立。相对而言，怡景基地则更多地表现出其作为孵化器的特质，邻近的企业共享优惠的基础设施及服务，但是企业的合作、联系主要面向基地外。在企业间正式与非正式的交流中，基地内的企业基本上与整个深圳的企业融为一体，并没有表现出区别。基地整体对外进行招商引资，因而掌握了部分市场信息，并且组织入驻企业针对项目进行合作，但入驻企业间并没有因此而形成长期

① 资料引自怡景国家动漫产业基地官方网站．http：//www.cartoonsz.cn/about.aspx。

② 引自中境公司访谈。

的合作伙伴关系。总而言之，到目前为止，基地内企业在空间上紧密临近，而在企业关系上则是相对疏离的。

怡景动漫产业基地在提高企业集体效率方面获得了诸多的利益，下面分别说明。

1. 合作融资

原创动漫企业、播出机构、出版发行机构和衍生产品生产企业共同形成前期策划—动画制作—发行上映—衍生产品开发的生产链。其中，原创动漫企业的资金主要来自动画片的播出以及其后的衍生产品销售环节。目前在中国，动画作品播出所得收入远远无法收回成本，即使政府有播出奖励也是杯水车薪。目前风险投资企业对于动漫产业的介入十分谨慎，绝大部分还处于观望状态。因而动漫作品的资本获取，一是靠作品的播出收入，而单纯的播出收入是入不敷出的，需要靠出售广告时段，如谷雨影视制作公司向手机 SP 服务商出售广告时段，以此回收资本；二是与衍生产品生产商合作；此外，很多企业同时进行其他业务，如广告等进行盈收。这些方式均需要与其上下游产业链的相关企业进行洽谈合作，可说是对于其相关产业的依赖度相当高。

> “我们有很多背后的厂……我会找适当的工艺，去找不同的厂，同这些厂已经是一个很好的关系。因为我们之前在做促销品的过程中，建立了一些业务的往来的了。他就是基于这种信任，无偿的给你去做……(那些厂一般都在)东莞……选择那些厂都很容易……我们最关键是去找他们已经做出来的成品，最新的信息，那么我们就根据这些厂，根据这些提供的信息相对的去找。”①

在这方面，怡景基地作为政府建立的园区，其组织者也在针对部分重点项目寻找投资商。怡景基地初步形成的整体品牌在其中起到了一定的作用。据悉，怡景基地在 2007 年融资 1.5 个亿，针对两部动画电影，三部动画片，以及基地的技术平台进行投资②。

2. 专业化分工合作，节约成本

原创动漫企业的成本主要分为动漫创作与日常开销两部分。在动漫创作

---

① 引自中境公司访谈。

② 资料来自于2008 年 4 月 22 日笔者对怡景国家动漫产业基地蔡大明主任的访谈记录。

方面，深圳多达 300 家以上的动漫企业形成的集群，对节约动漫制作成本以及缩短动漫制作周期起着至关重要的作用。由于大多数动漫企业规模较小，人员较少，因而会选择专业化运作，比如前期、3D、平面、手绘等。在动画创作中遇到自己所不擅长的环节时，可以很容易地在本地找到合适的合作伙伴。多个中小型企业往往以合作的形式完成系列动画项目的制作，用最少的人力、设备、资金成本完成高质量的作品，也节约了作品的制作时间。同时，项目的合作往往促进了企业之间的长期合作，进而在项目合作、企业合作、企业分工这三者之间形成良性循环。

> “我们也是在跟基地的同行在竞争，既有竞争也有合作。……在业务上面也有大量的相互合作。比如腾龙堂，他在手绘上面比我们做的优秀，那为什么不交给他去做呢？从企业的管理上面来讲，用外包的思维，外包方面可能比我们自己的成本会更低。……说句实在话，我去做手绘，比如说我画一个东西出来，我需要一千块，但是交给腾龙堂去做，他可能做下来只要五百块，而且我一千块做出来的东西没有他五百块做出来的东西好。①”

在日常开销方面，怡景基地如同孵化器，以其低廉的租金作为对入驻企业节约成本的有力帮助。

> “说我们的动漫基地，第一年是费用是减免的，第二年是减半，这个来讲对一个企业是很大一条优惠，因为你省下来的钱可以投到这个行业当中，可以在机器、设备上，甚至说，可能作品从十集就变成二十集了。”②

当然，怡景基地的容量是有限的，因而深圳大部分原创动漫企业还是自行寻找租金低廉的周边地区作为其工作和生活的地方。

3. 人才的招募培训

区域内动漫从业人才的集聚程度极大地影响着动漫企业的发展。而目前高等院校的教育与企业的实际动画制作仍然脱节，虽然有少部分企业与动漫培训学校形成了长期的实习-就业合作关系，但动漫院校的教育与企业动漫制作的实践需要相去甚远。动漫学院由于教育体制的束缚而无法吸引真正有动漫制作经验的人员到学校授课。目前在深圳的动漫产业集群还未形成与高校、科研机构及培训机构的紧密的互动联系。深圳动漫企业的员工来源主要是两

---

① 引自伯仲公司访谈。

② 引自盈富通科技有限公司访谈。

方面，一是从其他动漫企业或从劳动人才市场招聘的成熟技术人员；二是企业自己培训的员工，在本地安排培训。

深圳多年的动漫代工所形成的动漫技术人才集聚，不仅大大缩短了企业雇用员工的寻找成本，而且由于这些人员在动画制作方面的丰富经验和对于动画的精通，也缩短了企业的动画制作周期，并且还节约了企业的人力成本。企业表示，选择在深圳建立动漫公司的原因之一，便是在其他地方无法如此便利的招募到成熟的动漫制作人员。

> "……（其他地方）你到那边找不到人来做，这个地方你招人，发现老招不到人……（员工）至少他们在深圳生活，应该说是。倒不一定是深圳户口，而且也有很多人在深圳呆了很长时间。"① 并且如果要工作人员搬迁到外地工作，其迁移成本以及员工的适应新环境所需要的时间成本都是相当高昂的。"动是很伤元气的。……移动涉及人员，包括他们的生活，然后他要适应那个环境，你整整有半年的时间不知道是要做什么。这种时间浪费不起。"②

此外，企业培训的技术人员中，由企业本身雇佣的只占一部分，其余人员则流向本地或者外地的动漫人才市场，为动漫技术人才群体注入了新鲜的血液。

怡景基地虽然引进了培训机构，然而由于进驻公司大多已经有成型的培训体制或方法，企业更加倾向于信任自身培养的员工的能力，在实际聘用人才的过程中，极少与基地入驻的培训机构发生联系。另外，培训机构由于掌握着一定数量的人力资源，其自身也往往涉入到动漫创作领域，建立原创动漫创作部门。此外，企业对于动漫创意人才、动漫市场营销人员，以及管理人才的需求也相当迫切。动漫基地这样的园区在一定程度上应该起到培育孵化熟悉动漫市场以及动漫产业价值链的相关人才的作用，但是目前还远远满足不了此类人才的需求缺口。

4. 公共技术平台

在现阶段，深圳尤其是怡景基地内的企业，基本上都在使用企业自身配备的与其创意策划能力以及资金相适应的技术设备。由工作室发展形成的动漫企业原来就有设备基础，而从相关行业转型或者介入所形成的动漫企业也有资金、有实力置备相应的基础设备。起步较早的动漫企业，已经逐渐在形

---

① 引自唐人动漫访谈。

② 引自中境公司访谈。

成其规模，有能力进行一定规模的动画后期渲染制作。而成立之初的企业，受限于其规模所带来的资金、人员、设备等一系列因素，一般不考虑进行一定规模以上的系列动画片的制作，而以系列短片等低成本动漫作品为主，因而短期内似乎并不需要公共技术平台。

事实上，随着动漫企业的发展，需要企业之间共享的公共技术平台。起步较早的企业，如唐人动漫，已经对其人员、设备闲置状况进行反思，并且试图提供外加工服务。动漫前期策划阶段对于设备的要求不高，企业所配备的大型的渲染制作设备以及工作人员基本上没有用武之地。此外，企业在成立之初虽然不涉及大型处理设备，但是未来发展必然会需要动画后期制作的大型设备，从长期发展来看，有可能租赁搭建成型的大型公共技术平台，如“三维动画的动作捕捉系统”。“因为我个人投资投不了那么大，建立不起来，我希望基地有，我去租。”①

这样公共技术平台将有助于动漫企业降低制作成本，并有助于未来实现动漫的规模化生产。目前在香港的数码港已经初步显现这种趋势，并已经承接了部分大型动画电影的制作。而深圳、大连等地已经建立了动画制作的大型公共技术平台。需要注意的是，大型公共技术平台的搭建并不一定要局限在动漫产业基地内。当然作为在基地内部搭建的平台，对于基地内部企业会有一定的优惠服务，而这也是基地对于企业孵化功能的一种体现。

5. 集体智慧

对于动漫产业来讲，重要的是创造力。深圳的动漫企业通过与动漫技术先进地区或者有优良的创意氛围的企业的合作，来学习其先进知识以及方法。

> “（与台湾合作）他们可以带着我们这边的人，就会有一个很飞跃的提高……他们等于在指导。”“创作不是一朝一夕的。不是一个发热就可以的……技术就是一个层面，主要是在思维。就是创作这一方面。真的是创作这一方面……很有值得我们去学习的地方。他们是随时都在创作。”“他们都经常去想，我们经常会在一起去探讨，都是天马行空地去想。然后就会拿很多别人的经验、别人的想法一起学习交流。”②

另外，由于中国的审批制度特别强调动画作品的教育意义，深圳尤其是怡景基地在这方面明确地形成一种文化导向氛围，引导动漫企业的创意向着

---

① 引自谷雨影视制作公司访谈。

② 引自中境访谈。

国家既定的方向发展。

> “一些创意他们那边可以给点建议或资讯。交流还是有点用的。例如一个原创作品，创意做出来了，把这个东西拿给他们去探讨，他们就提一下，综合一下意见，让他们看一下有一些东西不好的地方要怎么修改……（各公司）一起去研讨关于创意方面的东西，该怎么去做，里边的内容以及各方面的东西能够达到国家的要求……大概做这种类型的动画片会好一点……各公司就会通过动漫基地坐下来讨论如‘我觉得你这个系列动画片创意方面有哪些东西觉得这样好一些’，这种探讨的方式。[①]”

6. 传播的渠道

动漫作品及形象一般通过电视台与纸制出版物进行转播。目前在我国，电视台播出是唯一有效渠道，对于部分动漫企业来说，其回报也成为企业回收资本的途径之一。

在国家广播电影电视总局的批示下建立的深圳国家动漫画产业基地中的一些动漫企业也希望能得到广电集团的协助播放。然而基地对于动漫企业在国内的播出没有起到明显的促进作用。究其原因，是由于广电播出平台的体制束缚。广电集团是国有企业，其创立动漫频道多是由于国家要求，至于盈利率、收视率和广告价值如何是置于第二位的。

目前深圳的部分动漫企业正在开发国外的播出渠道。例如，通过与国际背景的代理商或衍生产品制造企业合作，利用它们业已形成的国外传播网络和市场网络，向海外的媒体推广播出《憨八龟》。同时，怡景基地也针对基地内的部分重点动漫项目，同基地内的代理企业一道协助其在海外的推广播出，如《水果部落》。

7. 市场的开拓

深圳的原创动漫企业大部分是从外加工企业转化而来的，在市场分析、构建销售网络方面相对薄弱，因而一般依靠与之合作的代理商以及玩具商，利用其已经建立起来的市场网络及关系来开拓市场。这种现象多见于起步较早的，拥有一定规模的合作关系网络的动漫企业，会建立地区品牌，吸引外来资本及代理商来此寻求合作。

---

① 引自梦成公司访谈。

“香港，我们就跟一些玩具的开发（公司），就是叫洋行，还有跟一些动漫的代理公司（合作）……因为他们有自己的一个销售通路。”①

而起步较晚的企业，由于发展时间短，或者对动漫行业陌生等因素，并没有建立起企业合作网络，而难以靠一己之力进行市场的开拓。此时，怡景基地就发挥了明显的作用。以基地整体的品牌进行招商引资，或者项目的运作，取得了明确的成效。例如谷建芬词曲作品的动画化便是与基地联系，并由基地交给入驻企业运作。还有2008年北京奥运会，

“基地召集我们开会，去帮我们争取一个项目的机会……这是动漫基地形成一个制作团体，让我们基地里的公司一起合作，一起把这个项目拿下来……大概有十家企业。……每个企业负责一部分。”②

随着基地品牌的逐渐打响，一些外地企业也在寻求与基地的合作。

“因为他们没有这样的服务机构，无法往外推，就采取委托我们去做。在这个程序上我们一般采取：他们来委托，我们还是交给项目公司去做。”③

8. 资讯的获得

目前动漫企业获得相关资讯主要通过三种途径。一是在与同行企业及相关行业企业的关系网络中，通过非正式交流得到；二是通过参加行业会议得到行业信息；三是通过网络搜索得到相关资讯。

深圳动漫企业之间建立了非正式的网络。通过这个网络，企业可以得到国内、国际权威性的展会、业界动态、合作机会、政府政策等信息。有些信息

“业内的很多人都说，但是政府不一定知道。”④

同时，企业还可以通过与区域内外企业间的合作关系得到更多的参与各类展会的机会。

“我们会跟我们的战略合作伙伴，就贴着他们这样去（参加展会），然后我们主要去收集信息。这些经常有参加的。”⑤

① 引自中境公司访谈。
② 引自梦成公司访谈。
③ 引自怡景基地蔡主任访谈。
④ 引自唐人动漫访谈。
⑤ 引自中境公司访谈。

绝大多数企业认为深圳动漫行业协会并没起到作用，甚至有些企业根本不知道行业协会的存在。怡景基地对入驻企业而言，除了孵化器的功能外，在某种程度上代替了行业协会的部分作用，比如举办座谈交流会、对外展会联系、帮助企业获取投资及市场信息、与相关产业行业联系合作等，对企业进行咨询和指导服务。但是由于基地的特殊地位，它不可能完全替代行业协会。

9. 与政府部门的对话

早在几年前，深圳政府就已经出台了对于动漫企业的税收、审批流程等方面的优惠政策，是走在全国前面的。例如 2005 年深圳政府出台了对于动漫作品的奖励扶持补贴政策。然而与此相对应的是政策的实施优柔寡断。深圳市政府对于扶持资金的发放相当谨慎，对于扶持项目的立项审批需要很长的周期。而且部分企业虽然通过了层层审批，扶持资金的真正到位却很慢。“我们老是问，他就说快了快了，然后已经半年又过去了，大半年了（2007 年末下达的政策）。”①

怡景基地向企业下达政府部门的相关政策，协助企业申报项目；并且收集企业对于政府政策的反馈，汇总向政府传达，并敦促各项政策的落实。同时，通过归纳分析企业对于政策的需求，基地也在促进政府的审批扶持制度优化方面起到重要的作用，提出了有建设性的意见建议，如扶持资金前移等。此外，企业在日常事务中需要与政府部门沟通的情况，有时会由基地出面进行沟通。在这方面，基地确实在小型企业与政府部门间的沟通对话中起到了作用。

> “等于是加入了一个大集体，而这个是有人去给你管理，去帮助你去推动的……而且在基地这边他会有很多跟政府比较贴近的一些相关的一些活动，或者包括信息，就是我们想了解到的信息，就像自己有了一个家庭的家长一样。”②

但这种沟通作用只能或多或少促进政府相关政策的落实。深圳还需要实现政务公开，财政透明；还需要实现审批程序的简化，审批周期的缩短，促进动漫企业生长。

总之，怡景基地体现出其在深圳原创动漫发展初期阶段的孵化器作用。其主要意义在于对小型动漫企业的扶持，针对小企业所面临的工作生活空间、技术设备、与政府部门间沟通、后勤服务等方面的问题进行帮助，并审查筛

① 引自腾龙堂动漫访谈。

② 引自中境公司访谈。

选其中有发展潜力的企业以及项目，重点辅助其项目的申报、资金的筹措、推广播出以及衍生产品生产合作，进而孵化出有活力的动漫企业，继而整合现有的企业，以掌握市场资源的项目代理公司为核心，促进大型企业的形成。

为此，如何能够更加有效地结合广电集团，发挥其作为广电集团建立的动漫基地的优势，推动基地内产生的动漫作品在国内的播出，是怡景基地面临的问题。而这种结合的实现有赖于广电集团播出体制的改革。

本章小结和讨论

为了回答创意产业是否需要集聚的环境，我国很多城市建设创意产业的园区是否能保证创意产业的健康发展的问题，本章主要以北京的画家村和深圳国家动漫画产业基地的实例，对简单创意产业和复杂创意产业的集聚环境进行了分析。

在新时代的背景下，创意产业为城市和区域的繁荣带来了新的可能。关于创意产业集群的讨论与高技术创新集群的讨论有诸多的交叉之处。在从效率型城市提升到创意城市的过程中，城市要提供创意产业最基本的投入——人的创造力，以及激发人的创造潜能的各种社会因素，尤其是宽容的社会环境。创造力是人类与生俱来的能力，只是有大有小，并有待于后天的继续培育。我国很多城市都有大批创意人才，但是在长期的计划经济和“官本位”环境下，人们的创造力还远远没有得到发挥。城市在从幼儿教育开始的多级教育中，以及企业和政府各级管理和各类工作过程中还存在很多问题，影响创意产业的发展。在国内画家村和电影产业的集聚区，创新环境的培育尽管卓有成效，但在各种利益冲突和条件限制下，未来的升级还充满着变数。

建设创意产业区，在政策实践中都需要注意避免单纯依赖市场或是规划的局限性。在西方发达国家，城市和区域发展中的精英主导而忽视社会多元结构也即“新自由主义”的模式和倾向，诱发了国内外的强烈抵触，产生了一系列社会问题（Macleod，2002；王磊，2006）。我国需要吸取教训，在当前创新和和谐分别已成为社会经济发展的手段和目的的制度背景下，各地政府需要积极根据本地的文化、社会和经济特色，根据不同的发展阶段，制定相应的政策，真正实现地方乃至国家的可持续发展。

（王缉慈，陈倩倩，朱兰）

参考文献

陈倩倩．2006. 我国画家村现象研究——关于创意产业的区位特征探索．北京大学硕士论文

金元浦．2005. 创意产业的全球勃兴．社会观察，(2)：22～24

林幸台，张文敢，张正夫等．1998. 高中数理资优学生与一般学生兴趣类型之比较研究．特殊教育研究学刊，(16)：367～378

楼彩霞．2008. 浙江横店影视产业实验区产业集群形成机理分析．浙江传媒学院学报，(4)：17～21

王磊．2006. 地方文化产业发展的政治经济学分析．第五届产业集群与区域发展国际学术会议论文

王丽丽，朱小丽．2007. 横店影视城发育环境的SWOT分析．内蒙古农业大学学报（社会科学版），9 (5)：357～359

王缉慈等．2009. 电影产业集群的典型模式及全球离岸外包下的集群发展. 电影艺术，(5)：15～20

张晓明，惠鸣．2006-04-04. 北京发展文化创意产业要关注三种需求、四个市场．http：//www. bjqx. org. cn/qxweb/n8075c195. aspx

Adam B，Justin O，Sara C. 2000. Local music policies within a global music industry：cultural quarters in manchester and sheffield. Geoforum，31 (4)：437～451

Andersson A E. 1985. Creativity and regional development. Papers of the Regional Science Association，56 (1)：5～20

Aydalot P，Keeble D. 1988. High Technology Industry and Innovative Environments：the European Experience. London：Routledge

Bassett K，Griffiths R，Smith I. 2002. Cultural industries，cultural clusters and the city：the example of natural history film-making in Bristol. Geoforum，33 (2)：165～177

Becker G. 1998. Human capital and poverty. Religion and Liberty，8 (1)：1～15

Bourdieu P. 1993. The field of cultural production，or：the economic world reversed. *In*：Johnson R. The Field of Cultural Production. London：Polity Press. 29～73

Dominic P，Daniel H. 2002. Profiting from creativity? The music industry in Stockholm，Sweden and Kingston，Jamaica. Environment and Planning A，34 (10)：1833～1854

Drake G. 2003. This place gives me space：place and creativity in the creative industries. Geoforum，34 (4)：511～524

Hall P 2001. Cities in civilization：culture，innovation and urban order. Plan Canada，14 (3)：13～15

Macleod G. 2002. From urban entrepreneurialism to a "revanchist city"? on the spatial injustices of glasgow's renaissance. Antipode，34 (3)：602～624

Porter M E，Scott S. 2001. Innovation：location matters. MIT Sloan Management Review，

42 (4)：28～36

Scott A J. 2005. On Hollywood：The Place，The Industry. Princeton：Princeton University Press

Törnqvist G. 1983. Creativity and the renewal of regional life. *In*：Buttimer A. Creativity and Context：A Seminar Report. Lund Studies in Geography. B. Human Geography. 50：91～112. Lund：Gleerup

Vang J，Chaminade C. 2007. Global-local linkages，spillovers and cultural clusters：theoretical and empirical insights from an exploratory study of Toronto's Film Cluster. CIRCLE Electronic Working Paper Series

Xu Y L，Chen X H. 2007. A Study of the Creative Industries in the Yangtze River Delta，Paper presented in the Conference on When Creative Industries Crossover with Cities. Hong Kong：Hong Kong Institute of Planners

第九章　体面劳动和产业集群的社会升级

劳动力及其市场是产业集群理论所关注的重要内容。社会发展的根本目标是包括农村流动劳动力在内的全社会同步分享经济增长的好处。未来我国的产业集群研究，必须把经济升级和社会升级结合起来，使集群企业实现从“汗水”到“智慧”的跨越。

翻开经济地理区位和产业集聚研究的文卷，作为集合名词的“劳动力”（labour）出现的频率非常高。然而“劳动力”概念是非常宽泛的，它应用于各个经济部门，包括高技术和低技术产业，既涵盖脑力劳动者（知识工人），又涵盖体力劳动者（生产工人）。而在知识工人中，既有从事价值链高端活动的发明创造的，也有从事价值链低端活动的被动应对的。在生产工人中，既有技术工人，也有低技能的生产工人。发达和欠发达的国家和地区及其属下的市镇的劳动力市场结构各异。不同专业技能的劳动力以及各种劳动力市场，对于企业的区位选择和地方产业集聚的特征，乃至产业集群的升级等都有重要的影响。

关于产业集群的劳动力方面的研究，还要从不同类型的产业集群谈起。例如，价格差距数十万元的小提琴产品是在不同的产业集群环境下，由不同的劳动力制作出来的：

在意大利的提琴之都克雷莫纳，提琴的主要客户是乐队高级小提琴手和音乐家，此外还有一些乐器收藏者。在古代，提琴制作家庭作坊比比皆是，父子间或师徒间的制琴技术世代相传。在今天的克雷莫纳四年制的国际提琴制作学校有经验丰富的老师指导和先进的科学辅助手段。克雷莫纳的提琴必须是手工制作，为了体现制琴师对琴的看法，对音乐和声音的不同理解。工厂制造的琴是无法与手工制作的琴相提并论的。制作一把提琴需要 220 个小时，一些一流制作家做一把琴甚至要耗费半年甚至一年的时间。为了保证做出的提琴能反映买琴者的个性，制作师会要求与客人进行大量面对面的沟通，了解其对声音和音乐的理解，然后才会动手选料，制作乐器。制琴师协会（Consorzio Liutai Antonio Stradivari Cremona）甚至规定，其成员每年制作的乐器数量不得超过 15 把。在这里，制琴师们在喝杯咖啡或喝杯酒的时候都可以谈论提琴制作。而在其他地方，就不会有这种环境……制琴师们在不断的交流中成长[①]。

在中国的提琴之乡江苏省泰兴市溪桥镇，全镇 52 家提琴厂，年产提琴

---

① 2009-11-17. 走进提琴之乡克雷莫纳（组图）. http://gb.cri.cn/14558/2007/04/06/1062@1535223_1.htm Con brio; Italy's violin cluster. (Cremona's violin-makers)。Date: January 19, 2008。

60余万把，产量占全国的70%，全球的30%以上，畅销欧美、东南亚50多个国家。这里聚集着50余家小提琴制作企业，包括世界上最大的小提琴制作工厂。5000多个做提琴的能工巧匠，全镇30%以上的劳动力从田间地头走进了生产车间，从事与提琴产业相关的工作。溪桥镇小提琴产业的成长史几乎就是乡镇企业发展历程的一个生动样本：城乡联营、工贸联营、中外合资、企业改制……凤灵公司最初承接一批订单，全厂员工加班加点，仅用53天时间就把95把高质量的提琴交付美国公司①。……溪桥镇妇联根据泰兴市溪桥镇劳动力转移培训计划组织为期一个月的溪桥提琴制作工培训班，参训人员考试合格后，即可奔赴凤灵等乐器有限公司的各个岗位就业。

以上两个完全不同的产业集群迥然不同：手工琴依据买琴者个性定制，工厂琴按大规模订单生产；从四年制的提琴制作职业学校和一个月的提琴制作工培训班可以看出提琴制作师和提琴制作工人的差异。

本章首先简要回顾在产业集群理论，尤其是新产业区理论中所认识的劳动力及其市场的灵活性对促进技术创新的优势，然后用主要篇幅分析作为降低生产成本的生产工人的体面劳动对产业集群的社会升级的影响。

一、劳动力的灵活性、地理差异和产业集聚

企业为了应对瞬息万变的市场，总要增加劳动力的灵活性。发达国家成功的产业集群可以看作柔性的生产网络（flexible production network）和创新网络。其特征之一就是劳动力的功能灵活性（functional flexibility），这类集群主要由有稳定高薪的多技能的工人组成。高水平高素质的劳动力在人脉网络（社会网络）中传递隐性生产知识，也在专业院校接受正规的职业训练。高工资、高技艺、高技术的知识工人是企业的核心力量，他们在数量上较稳定。企业的另一种劳动力策略，则是数量灵活性（numerical flexibility），也就是雇佣非正规的或短期合同的低薪、低技能的生产工人。企业可能根据生产量的变动，灵活地增减各生产线的作业人数，尽量用较少的人力完成较多的生产任务。劳动力灵活性主要体现在低工资、低技术工人数量的灵活性上（图9-1）。

---

① 朱达．2008-08-04．走进中国“提琴之乡”．http：//www.chinamil.com.cn/site1/xwpdxw/2008-08/04/content_1394493_3.htm。

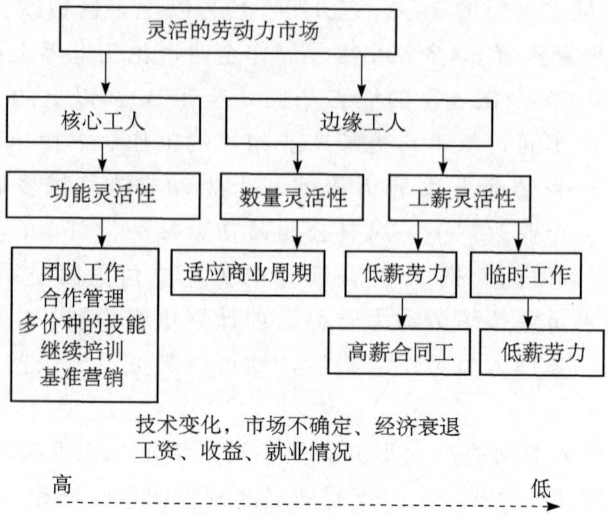

图 9-1　劳动力的分工和灵活性

现实中，产业集群的劳动力往往是功能灵活性和数量灵活性的结合体①。在世界著名的高技术产业集群——美国硅谷发展的初期，关于电子装配业有这样一段描写：

> 流水线上的操作工大部分都是妇女……“因为我们的手指比男人的动作要快，而且只有我们女人才能更好地适应这种单调的工作”。此外，男人也不肯干报酬这么低的工作。……流水线上的大多数操作不是简单地按按电钮就行了，有些机器（如离子植入器）需要相当高的技术方能准确无误地操作（埃弗雷德·罗杰斯，1985）。

劳动力数量、技能、成本、劳资关系等在世界各国各地有很大的地理差异，中国女工每周工作 50 个小时只能拿相当于法国最低工资三分之一的报酬。来自中国企业的竞争使衰老的欧洲有大批工厂面临倒闭（若泽·弗雷什，2008）。据联合国发布的《2002 贸易和发展报告》，中国劳动力的平均工资甚至低于肯尼亚和津巴布韦。

劳动需求结构是不平衡的。各种产业由于产品种类、性能、生产历史不

① 例如，Rees 发现在加拿大温哥华的木材加工产业区既有以高薪聘请稳定的多技能职员为主的生产高附加值产品的企业，也有以低薪、高淘汰率工人为主的生产低附加值产品为主的企业，还有两种类型的工人都有的混合式企业。这种情况同样发生在世界很多地方产业集群中，例如加利福尼亚的电影产业集群，以及我国的深圳电子通信产业集群等。

同，对劳动力的数量和技能的要求都不同。同种产业的不同工序和同一个产业部门内的不同产品，例如皮鞋和拖鞋，也会有不同的技能要求，因而影响到产业区位。对劳动力的性别需求不同的产业集群，其劳动成本和家庭收入也不同。

不同的产业，其劳动工资占产品成本的比重不同。在劳动力不完全流动的情况下，劳动密集型产业对于劳动工资的空间变化最敏感。例如，目前马达加斯加规定的城镇最低工资每个月只有大约 6 万阿利亚利，相当于 30 美金左右[①]。从 20 世纪 90 年代初开始，陆续有法国、毛里求斯以及中国、新加坡等国的企业投资马达加斯加办企业，主要生产服装[②]。

如果一个产业中多个企业选址在最低成本的同一区位，结果势必产生集聚。接下来便是厂商之间为争夺有限资源而展开激烈竞争，推动了原有低成本的上涨，最初吸引企业决策者的成本优势逐渐丧失。此时，集聚的优势便不再与低成本相关，如果集聚仍然具有相当活力的话，这种活力只能来源于成本之外的其他因素（Oakey，Cooper，1989）。这表明，利润最大并不必然来自成本最低；当成本优势不存在时，集聚在该地区的企业仍然能够获得最大利润，在于地区内高质量的劳动力、各种各样的服务、物质与信息的投入产出联系等。高成本、高利润的产业集聚优势之所以能够取得，关键在于高质量劳动的特征。高质量复杂劳动的成本高，以这种劳动生产的产品的附加值也高，即产品的价格中包含有一个额外的费用，这就使得利润在成本增加的情况下能够仍然保持较高水平。此处，企业获得的最大利润既不表现为固定成本和固定价格下的最大销售，也不表现为一定销量和一定价格下的最小生产成本，而是体现为总利润与总成本差的最大化，企业正是以总利润与总成本的差来确定其空间盈利边际的。

二、产业集群研究中占主流的劳动力理论

（一）马歇尔式和意大利式产业区的劳动力市场

马歇尔的产业区（industrial districts）理论认为相同和相关产业的集聚造成有某种特殊技能的劳动力的集聚，而这种技能以家庭、工作实践及专门的

---

① 2009-11-17. 关于在马达加斯加成立注册公司常见问题解答. http：//www.feizhou.cn/zhuce-gongsi.html.

② 马达加斯加的棉花纺织原料可自给，而成衣的其他原料很大一部分来自中国。

教育培训的方式传播和扩散开来，造就了专业劳动力市场（所谓 labour pool）。雇主们往往到会找到他们所需要的有专门技能的优良工人的地方去；同时，寻找工作的人自然到有雇主需要他们那样的技能的地方去（Marshall，1920）。可见，对专门劳动的大量供求促使了工业的集聚。克鲁格曼将集聚的外部性总结为劳动力市场的共享、专业供应商的投入与服务、知识和信息的外溢（Krugman，1995）。

企业的集聚有利于劳动力市场的培育，对劳动力资源进行有效使用、培训和分配，以应对用工需求的高峰和低谷，因而降低企业风险和工人失业风险。在新产业区研究[①]中，灵活的流动性的劳动力市场成为知识外溢和技术转移的重要媒介（王缉慈，2001）。Scott（1995）在对美国洛杉矶的印刷电路板业与制衣业的研究中也强调劳动过程是产业集聚的决定性因素。因此，劳动力市场的共享已经成为产业集群的理论基石。

王缉慈在 2001 年《创新的空间》中，对马歇尔式和意大利式产业区做了较多的介绍性探讨。斯科特定义产业区为“生产者由社会劳动分工而集聚而成的本地网络，它必然地与地方劳动力市场相联系”（Scott，1992：266；Hayter，1982：329）。意大利 190 多个纳入国家统计范畴的产业区集纳了意大利 70%的中小企业，为社会提供了 1500 多万个就业岗位，占全社会就业总量的 80%以上，成为吸纳就业的强大利器。区内的平均失业率不足 5%，低于意大利平均失业率约 4 个百分点，缓解了社会就业的压力。

在意大利式产业区中，有嵌入社会的创新性产业文化，因此当地的劳动力能够共享“漂浮在空气中”的专业技艺和知识。新产业区对产品需求变化和新技术的适应能力与创新力，极度依赖于灵活的劳动力资源与柔性生产网络。区内的劳动力受益于上下代际对生产技术知识的非正式传授，也得益于从技校得来的正式培训。

产业区内弹性专精的生产方式和组织结构以及灵活的劳动力[②]，可以对不稳定、不确定的外部环境变化做出快速的反应（Piore，1986）。区域内的劳动力比较丰富，且在企业之间的流动性比较大，企业内部劳动力的变换率比较高。在马歇尔的说明中，使产业区如此特殊而且有活力的，是地方的劳动力市场的质量和性质，它是在区域内部的，而且高度灵活的。个人在企业之间流动，并且工人和雇主在同一个社区居住，这时他们都从那个“产业的秘密

① 王缉慈等．2001．创新的空间——企业集群与区域发展．北京：北京大学出版社。

② 这里应包括功能灵活性和数量灵活性。

在空气中”的事实中获得好处。工人对区域而不是对企业承诺。劳动力向区外移出是最低限度的，劳动力迁入是当经济增长容许的时候发生的。区域被看成相对稳定的社区，具有同一的地方文化和共享的产业专门知识。

(二) 集群内企业间的劳动力流动

在基于创新的高端产业集群，例如美国硅谷等的研究中，促进知识交流和创新的劳动力市场是类似的。在硅谷，劳动力在区内公司间频繁的流动体现了冒险的创业精神，无论是公司内部的高级工程师，还是一般技术人员，待在一个公司的时间平均是两年，一旦一个人待在某一个公司的时间超过3年，也被看做是保守者或者是无能。这种创业文化提供了无休止衍生公司的土壤，提高了硅谷创新的持久力。在洛杉矶，小公司喜欢采用灵活性强的雇佣方式，以适应多媒体这一特别的行业需求，当市场出现暂时无序的周期时，准确地调整劳动力的投入量。小公司明显地倾向于雇佣兼职工人和无固定职业者。大公司乐意于雇佣相对较多的全职工人，并且通过一系列的手段尽量减少员工的流动性，加强员工对企业的忠诚。在台湾新竹，工程师们经常在处于垂直生产体系不同阶段的厂商之间流动，流动型的劳动力市场成为增强合作的途径，也是技术学习的途径（徐进钰，1999）。

Blasio 和 Addario 对意大利产业区的研究发现，基于工作经验的资历与工作报酬正相关；企业的地理集聚，提高了劳动者被雇佣或者自创企业的概率，也提高了工厂中的蓝领工人跳槽的概率（Blasio，Addario，2005）。Pieroni 和 Pompei 用面板数据方法（panel study）分析意大利北部产业区中的技术创新与劳动力市场之间的关系时发现，较高的就业流动率与以专利为代表的技术创新活动之间呈现出高度负相关的关系，表明劳动力的流动率过高不利于企业技术创新；而蓝领工人和白领工人的工资都明显地与技术创新活动之间呈正相关关系，表明平均工资水平越高，工人的创新激励越多，企业的创新绩效越好（Pieroni，Pompei，2008）。

(三) 知识工人远距离的交流

根据萨克森妮的调查，硅谷三分之一的科学和工程方面的劳动力来自于移民。1998 年硅谷四分之一高技术企业由印度和中国的老板（CEO）经营。加利福尼亚州的台湾工程师是频繁穿梭于太平洋两岸的“空中飞人”，加强了硅谷和从台北到新竹一带的社会经济网络，极大地促进了两个技术综合体的产业升级。亚裔移民企业家在硅谷所建的十余个协会负责提供劳动力的需求信息和招聘渠道，定期组织会员会议，交流专业技术与市场行情，举办学习班等，为他们在硅谷的创业和立足起到了重要的作用（Saxenian，1999）。

（四）发展中国家产业集群的劳动力问题

研究发展中国家产业集群中的劳动力需要转换视角，因为其大量产业集群都与发达国家的旗舰企业密切联系，处在全球价值链的低端环节。例如中国、印度、斯里兰卡、孟加拉和墨西哥的纺织服装业集群，肯尼亚、加纳、乌干达、智利、巴西和南非的农产食品加工业集群，中国、印度、菲律宾、墨西哥、巴西、智利、哥斯达黎加、波兰和南非的信息技术服务业集群等。

发达国家的企业增加离岸外包活动，为发展中国家造就了大量的就业机会，这在中国、巴西和南非等重要的产品采购国家的劳动密集型产业集群中尤为突出。然而，这些集群的经济增长和社会发展不总是相匹配的。在吸引外资和从事 OEM 等合同制造的同时，吸引了大量外地农民工甚至外国移民工人，无论是正式工人还是非正式工人，在为产业集群创造经济增长的奇迹的同时，不同程度地出现了权利不能得到保障的问题。在这些集群的工厂倒闭时，以获得利润为动机的企业家和处于社会底层的劳动力权益之间的矛盾更加突出地显现出来（表 9-1）。

表 9-1　正式工人和非正式工人的权益

权益	正式工人	非正式工人
衡量标准	稳定的职业，有合同和社会保险，合法利益	不可靠的工作，缺乏关于工资和劳动条件的信息，没有正式合同，缺乏社会保险和合法利益
权利授予情况	有歧视问题，独立的工会组织弱	严重歧视，不能组织或成立工会（惧怕、缺乏经验）

资料来源：Geriffi（2006）。

为此，在发展中国家的产业集群中，经济升级（economic upgrading）的同时需要社会升级（social upgrading），这个问题尖锐地摆在研究者面前。

三、我国产业集群中的劳动力问题

依靠创新、生产率、技术进步和高水平劳动力为基础参与竞争，还是依赖短期的降低成本措施，通过拼命地降低工资和生产低质产品参与竞争，是全世界的产业集群所面临的共同问题（Pyke，Sengenberger，1996：3），这个问题对于我国来说尤为突出。全球金融危机之后，有关社会就业稳定和劳动力社会保护，尤其是有关农民工问题，再次成为我国经济改革和社会发展的重要议题。作为产业集群的研究者，也需要转变视野，重新考虑劳动力在经济地理、产业集聚和社会变迁中的历史性地位与影响，从而探讨产业集群社会升级的目标和途径。

我国很多集群因应全球的外包活动而得到发展，其中特有的“打工仔”、“打工妹”、“农民工”等生产工人社会群体对集群发展的影响是不可忽视的研究内容。21 世纪以来，发达国家生产者服务业企业新的外包活动趋势越来越显著，正在或即将促使我国软件外包、生物技术研发外包等集群的形成，其中的知识工人，例如从事软件编程的程序员等新一代的知识工人对集群的发展和升级的意义也是很大的。

下面，需要对本章所主要研究的“我国产业集群中的劳动力”做一个范围的界定①。这样界定的目的，是为了使讨论更加集中而有针对性，从而对促进我国外向型的加工制造业集群转型和升级的政策设计提供理论和现实的参考根据。本章虽涉及在生产者服务业集群中“打工”的知识工人，但主要讨论的是在加工制造业集群（多数是外向型的集群）中的劳动力，即“打工仔”、“打工妹”等从农村进入城市的制造业中务工的劳动力群体，研究的范畴也不包括国企工人。

中国经济持续高速增长，一个重要的制度基础在于经济改革释放出丰富而廉价的农村剩余劳动力资源。尤其是在长江三角洲和珠江三角洲地区的工业化地带，通过前后向产业联系创造了丰富的就业机会，不断接纳大量外来人口和多元化的投资，逐渐形成超高密度的产业集聚现象。

在我国社会主义市场经济发展转型时期，出口导向型的产业集群中，劳动力因素怎样影响产业活动的集聚与扩散以及地方经济和社会的发展？反之，产业集群如何影响劳动力的就业区位选择、空间迁移策略和社会地位提升？这些问题在相当长的一段时间内并没有引起学界的足够重视。产业集群内劳动力市场形态、社会分层、劳动力流动、空间结构等对集群中企业的技术创新和市场绩效影响等方面的研究，目前还比较少，因此留有很大的理论空白。

---

① 在其他相关研究中关于劳动力的说法，有城乡劳动力的二元划分，以及包括以大专院校毕业生为主的中高级人力资源、以农村剩余劳动力为主的一般劳动力、以国有企业下岗分流工人为主的城市再就业劳动力的三元结构，还有由于户籍制度的限制使社会分层与群体隔离所形成的以城市居民、往返于城市和农村的城市农民工、农村居民等为代表的三元社会结构的说法（李强，2004）。

本章并未能解答所有问题，不过希望在这理论的空白处增添一点初步的观察与思考。本章试图打开我国产业集群劳动力这个“黑匣子”，关注其本体的需求和社会升级的含义，以寻求劳动密集型产业集群中劳动力问题的解决出路。

（一）劳动力的跨区域流动和产业集聚

大量专业化中小企业在大城市的近郊区或中小城市（镇）集聚成群，可以较容易地获得弹性的劳动力。本地专业化劳动力的发展，是产业集群形成的基础。不同的产业集群出现在廉价劳动力集聚的地区，或有传统工艺技能的人才集聚的地区，或科技人员密集的地区。产业集群中多样的、灵活的生产组织，保证了对劳动力资源的有效使用、培训和分配。

发达国家对于具有创新能力的产业集群的分析，一般将劳动力嵌入本地的社会文化网络作为主要特征之一，以构成“流动空间中的黏结的区位”(Markusen，1996)；然而，我国的劳动密集型的产业集群的特征，则是劳动力的跨区域流动。正是资本追逐跨区域流入的大量低工资的生产工人，造就了我国大量劳动密集型的产业集群，也正是跨区域流出的生产工人，为产业集群升级造成了巨大压力。

知识工人和生产工人的空间流动性不同，资本对于这两个劳动力市场的控制程度是不同的。资本对廉价的生产工人——低素质劳动力成本的追逐，在很大程度上驱动了我国东南沿海地区劳动密集型产业集群的形成与发展；而当前从沿海到中西部地区的大规模产业转移，实际上是资本为了继续寻求利润和稳定增长所追逐劳动的过程。从农村流出的低素质劳动力在就业的过程中，面对强大的资本控制几乎没有任何话语权。资本对于知识工人——较高素质劳动力的追逐，也可能在部分大城市的智力密集地区形成高技术产业集群，例如台湾的新竹、北京的中关村等。相比于低素质劳动力，资本控制下的知识工人的话语权稍强，但仍然会受到全球旗舰公司的制约。

（二）我国产业集群中的劳动力地理分布和流动

我国以“一镇一品”为特征的劳动密集型产业集群分布很广，至今很难从国家统计部门正式公布的数据进行地理研究。我们从各种新闻报道和地方调研报告中对这类产业集聚现象进行了归纳性的描述和不完全的统计分析，描绘了浙江省和广东省的典型产业集群及其吸纳就业人数的概况。

从表9-2中抽样的典型集群数据可知，产业集群已成为我国吸纳就业，尤其是吸纳农村外出劳动力的主要经济载体。

表9-2 浙江省和广东省典型产业集群的从业人数（历史上兴旺时期的大概数字）

地方	产业部门	企业数量/家	从业人数/人	工业产值/亿元（年份）
浙江省				
温州市	制鞋业	4 500	400 000	280（2002）
宁波市	男装	2 000	300 000	135（2001）
湖州市织里镇	童装	5 700	120 000	35（2002）
温州乐清市	低压电器	1 000	86 000	28（1999）
海宁市	皮革	4 000	60 000	39（2000）
诸暨市大唐镇	袜业	8 700	52 000	130（2002）
嵊州市	领带	2 000	50 000	80（1999）
温州市	打火机	500	42 100	20（1999）
广东省				
东莞市虎门镇	女装	1 200	350 000	120（2005）
佛山市顺德区	家用电器	8 000	300 000	800（2006）
东莞市	玩具	3 082	300 000	140（2002）
汕头市澄海区	玩具	2 300	100 000	78（2002）
佛山市乐从镇	家具	3 500	70 000	300（2002）
中山市古镇	灯具	1 500	40 000	20（2004）

资料来源：根据地方政府报告和媒体报道的数据汇集。

早在20世纪70年代末和80年代初，改革开放伊始，“南下打工”就成为我国社会经济生活中的一个热门现象和鲜活语汇。然而，“南下打工”的“南”具体是指哪些地方、哪些部门、哪些企业？为什么是它们？以后会怎么样？设想一个南下打工的梦想者，背着行囊走出广州火车站那一刻，他将向哪个方向迈出第一步？对于研究者而言，这种充满未知数的、冒险式的大规模劳动力空间流动，其背后潜隐着什么样的人生苦难、创新激情和资本逻辑？

跨省流动的绝大部分劳动力是由中部地区和西南地区向沿海地区转移。解释产业在东部沿海地区集聚的重要因素，是以人口密度为衡量指标的本地市场规模、中西部地区农村劳动力向沿海地区转移，以及外商直接投资涌入东部沿海地区（范建勇，2004）。

美国加利福尼亚大学洛杉矶分校地理系的Cindy Fan教授长期观察与研究中国的农民工问题，提出了很多独到的见解。她采用1990年和2000年的两次人口普查数据，并做了一定的处理，分析了我国跨省区人口流动在数量和迁移方向上的巨大变化（Fan，2005）。在1985～1990年，跨省区的人口净流动基本是单线的、数量较少，主要转出地是四川、贵州，主要转入地是广东、福建、江苏和浙江。十年以后，跨省区的人口净流动变成多线的，数量增大很多倍，除了四川这个最大的农民工转出地以外，湖南、湖北、安徽、河南、河北、新疆等地也都有大量人口流出，而主要转入地则增加了北京、上海、山东等地。

实际上，农民工跨区域流动的变化，已非但是数量或者迁移方向，而且是流动的主体（从第一代农民工到第二代农民工）、迁移方向（从中西部到东南沿海地区、环渤海地区），以及流动方式（从盲流，到有序流动、自由流动）等，由此产生更多新的社会问题。例如相比起第一代农民工仅仅为了谋生存，第二代农民工开始寻求教育、医疗、住房、养老等各方面的社会保障，以及城市定居、身份认同、社会融合等更高层次的需求；农民工跨区域自由流动以后，有关户籍问题、社会保险异地转移问题、子女教育和高考问题等制度化的障碍，也都需要提上改革议事日程。对于这些问题，从不同的行为主体视角去看，都会产生不同的话语和利益。

中国保持了高速增长，然而工资和就业情况却没有同步地改善。对技能劳动力的需求越来越高，而内地向沿海的打工潮有所减弱，这些都加剧了劳动力的短缺。按照2005年和2006年各省、市提供的最低月工资数据，可以对中国平均工资水平有一个概要的认识。

中国各地最低工资标准存在很明显的分异①（表9-3）。2006年广东最高，是780元，高于上海和江苏的750元和北京的640元。从城市来说，深圳最高，是810元。江苏苏州市区、常熟、张家港、昆山、吴江和太仓执行江苏企业月最低工资标准为750元。在浙江最低月工资标准为750元，在浙江省内，各市的月最低工资有不同的标准，例如，台州、丽水和金华为670元，义乌、舟山和衢州为620元，绍兴、嘉兴和湖州为540元。此外，对于小时最低工资标准也有规定，例如江苏是6.3元，而浙江的杭州、宁波和温州是6.4元。表9-4显示了广东内不同市县的最低工资标准。

① 中国最低工资标准2004年开始实施，代替了旧的最低工资体系，要求每个省（自治区、直辖市）都要根据社会经济发展每两年调整一次最低工资水平。

表 9-3 2006 年 11 月省市最低月工资标准（省市内还分不同的档次）

省（自治区、直辖市）	最低工资标准/（元/月）								
	一类	二类	三类	四类	五类	六类	七类	八类	九类
深圳	810	700							
广东	780	690	600	500	450				
上海	750								
江苏	750	620	520						
浙江	750	670	620	540					
天津	670	650							
新疆	670	620	580	550	520	500	480	460	440
福建	650	600	570	550	480	400			
大连	650	600	500						
北京	640								
黑龙江	620	590	475	450	420	400	380		
山东	610	540	480	430	390				
湖南	600	500	480	450	420	400			
厦门	600	550	480						
辽宁	590	480	420						
河北	580	540	480	440					
海南	580	480	430						
重庆	580	480	440						
四川	580	510	450	400					
内蒙古	560	520	460	400					
山西	550	510	470	430					
贵州	550	500	450						
云南	540	480	420						
陕西	540	500	460	420					
安徽	520	500	460	430	390	360			
吉林	510	460	410						
广西	500	435	390	345					
西藏	495	470	445						
河南	480	400	320						
湖北	460	400	360	320	280				
青海	460	450	440						
宁夏	450	420	380						
甘肃	430	400	360	320					
江西	360	330	300	270					

资料来源：中国国家劳动与社会保障部，2006 年 11 月。

表 9-4 广东企业职工最低工资标准表（2008 年 2 月） （单位：元/月）

类别	月最低工资标准		非全日制职工小时最低工资标准	适用地区
	月标准	折算的小时标准		
一类	860	4.94	8.3	广州
二类	770	4.43	7.4	珠海、佛山、东莞、中山
三类	670	3.85	6.5	汕头、惠州、江门
四类	580	3.33	5.6	韶关、河源、梅州、汕尾、阳江、湛江、茂名、肇庆、清远、潮州、揭阳、云浮
五类	530	3.05	5.1	执行四类标准的市所属部分县（县级市）

资料来源：广东省人民政府《关于调整我省企业职工最低工资标准的通知》粤府函〔2008〕21 号。

例如，东莞的产业基本上属于简单的劳动密集型加工业，所依靠的就是低水平的工资，这在其他地区还没有发展起来时，可以凭借良好的区位优势吸引大量的内地农民工。但是，在长江三角洲及内地开始发展起来之后，如果还是依靠原来的低工资吸引农民工就变得日益困难。根据 2005 年的调研，当时长江三角洲有六个城市新员工平均月工资比全国职工平均水平的 660 元高 8.5%，而东莞却比全国水平还低 16.8%，仅为 450 元左右。虽然东莞市政府在 2005 年颁布了 574 元的最低工资标准，但我们在实际调研时发现很多企业都没有实行。工资低成为困扰东莞经济转型的重要制约因素。甚至当时东莞有些企业的工程技术人员的工资与同类企业相比，只有广州的 1/4，深圳的 1/5，佛山的 1/2。

（三）劳动力空间集聚与地方产业集聚和经济发展的关系

美国学者裴宜理教授对上海纺织女工的研究发现，“地理源流将来自同一地区的人们汇集到同一行业的事实表明，地缘的关系和产业的关系是交相为用的”（裴宜理，2001）。这说明，地缘的社会关系网络首先影响劳动力选择就业的地域和行业范围，这与社会学家边燕杰等（边燕杰，张文宏，2001）对于中国人际社会网络和社会资本与就业之间关系的研究结论基本吻合；与此同时，不同的产业需要招募不同技能的工人，因此产业的空间集聚也会影响劳动力跨区域流动的方向和区间。

我国目前尚无专门针对产业集群的就业和劳动力统计，但是，从宏观的劳动力供给和流动情况统计（何宇鹏，2008）中，我们仍然能够发现劳动力空间集聚与地方产业集聚之间的高度联系。

外出务工人员中女性大约占 1/3，约 6800 万。从产业部门来看，纺织业、制鞋业、玩具制造、服装加工、电子装配等劳动密集型行业对女工尤其是 18～25 岁的年轻女工需求最大，而农村这一年龄段的女性劳动力已经基本转移出去。26～30 岁的乡村女性劳动力又受到生育周期和家庭因素的影响，转移能力受到限制。

从地域特征来看，中部的河南、安徽、湖南、湖北、江西五省，和西部的四川、重庆、广西、贵州四省（自治区、直辖市）加总的流出人口占我国全部跨省流动人口的 98%①。

过去，广东是中国农民外出打工的首选，大量工厂需要招募低工资工人。现在不少小企业从沿海向内地、从南方向北方转移。例如，宁波服装企业雅戈尔集团在重庆建了分厂，在佛山建筑陶瓷企业中，科勒和亚细亚在山东省建了分厂，信益（“冠军”品牌）落户成都，斯米克、东鹏、马可波罗、金意陶、箭牌、欧神诺等到江西省建厂，新中源则迁入四川夹江、湖南衡阳和江西高安，造成了国内的区域劳动力分工新格局。

从实现地区的均衡发展来说，有学者认为，消除劳动力资源的流动障碍，促进劳动力在地区间的合理流动，可以提高经济增长的质量；劳动力要素的过度集聚会产生壅塞效应，造成地区间经济差异过大，不利于经济发展（吴利学，2008）。实际上，劳动力的流动和集聚所造成的产业集聚的绩效具有很大的不确定性。

（四）集群内部的劳动力流动和技能培训问题

在我国的一些集群中，劳动力跨企业的流动使得知识积累缓慢。本研究团队曾经对江苏扬州杭集镇、浙江长兴县，以及山东潍坊高密市等产业集聚区域的牙刷业、蓄电池产业和机械产业分别进行了这方面的调研，情况相当类似。很多家企业反映员工流动过于频繁，企业之间争夺人才。

例如，在高密市一家机械企业接受访谈时表示：“一共 280 人，流失了 20 多个。留不住人……即使是高密籍贯的也留不住，最多三年就走了。有些女工，一走就是一群②。”一些只有十几个人规模的企业采取了按天支付工资方式。工人在一个地方干完后，别的地方还有活干。企业无法建立长期的人才培训机制，原来国有企业中的师傅帮、传、带的技能育成机制面临挑战而失效。技术工人尤其是焊工断档的问题越来越明显。高密市技工学校服务本地产业的功能没有真正发挥。

具有很多专业化产业区的温州为劳动力的培训和职能鉴定积累了经验。

---

① 杜安娜，肖欢欢．2008-12-16．城市化：出路还是陷阱？见：大变局卷十二：农民进城．http：//www.gzlib.gov.cn/special_topic/detail.do？id=310665&specialTopicId=1341。

② 高密机械企业访谈记录。

温州市职业技能鉴定中心[①]包括41个鉴定站、75个培训中心（培训学校），为温州市160多个工种的30多万人进行了技能鉴定，发挥的作用包括对鉴定站与培训中心的指引和监督、对全国性的技能考试的组织安排、组织专业技能比赛（如2005年组织钳工比赛、数控车工技能比赛等）。鉴定中心以工种为媒介，将人才培训、鉴定与企业需求结合起来。

（五）产业集群中作为社会主体的生产工人

劳动力往往被看做是影响跨国公司投资与本土企业增长的一个成本因素，而很少被当成具有主体能动性的社会成员。当一些西方国家享受着从中国进口的廉价商品给他们带来的巨大福利，且其国内通货膨胀率大幅下降时，却举起贸易保护主义的大棒，对中国的廉价产品供应商和劳动力进行盘剥打击。在对待本国劳动力和中国劳动力问题上采取双重标准，已是欧美发达资本主义工业国在国际贸易和外商投资方面多年来奉行的基本准则。在中国的很多产业集群中，反倾销已经是行业协会的主要工作之一。

跨国公司纷纷来中国寻求廉价劳动力，使全球的工资待遇都有下降的压力。这表明中国在制定全球工资规则问题方面具有决定性的意义。摩根斯坦利的首席经济学家Stephen Roach把这种现象称之为“全球劳工套利（global labor arbitrage）”[②]。跨国公司不断寻求更低的劳动力成本，导致劳工及其他劳动力群体不得不相互竞争，看谁能提供最低的劳动力成本，为跨国公司提供最有利的商业环境。这种全球劳工套利现象，已经对高工资国家例如美国的传统的就业岗位来源形成了一种强有力的结构性镇静剂。在中国的产业集群之间以及集群内的企业之间，恶性的逐底竞争成为扼杀集群竞争力的杀手锏。

产业集群的研究中，对劳动者本身的研究是严重不足的。新古典经济学认为虽然市场的供给-需求结构很重要，但决定经济活动的是影响生产和消费的各种因素的相对重要性。马克思主义地理学认为经济景观是由资本在全球范围内不断追逐利润的过程中生产和再生产的。正如大卫·哈维所言，劳动力已近沦落为相对于固定资本而言的可变资本的一部分了（Harvey，1982：380～381）。经济地理不是企业对劳动力的需求与地方劳动力数量和质量特点简单对应的结果，发达国家的大企业往往把产业区位转移作为降低成本和处

① 温州市职业技能鉴定中心于1994年5月建立，是市劳动和社会保障局下属全民事业单位。http：//jdzx.wz12333.com/Main/AboutUs.asp。

② http：//en.wikipedia.org/wiki/Global_labor_arbitrage。

理劳资关系的一种战略。尽管经济地理学者多年来致力于探讨跨国资本如何通过各种途径来改变和塑造全球经济地理景观，但是尚未对于劳动力怎样主动地改造经济地理景观和社会不平等的过程进行深入探讨。在研究资本（如跨国公司、外商投资企业甚至本土企业等）通过投资决策改变和重塑全球经济地理过程中，往往把劳动者视为被动的接收者，以及影响资本选择特定地理区位的要素。

简言之，资本的逻辑就是资本永无休止地在全球每个角落追逐利润的最大化。对于劳动力而言，资本既是提供就业和衣食住行使之得以实现再生产的基本条件，也是终其一生不得不与之抗争、战斗甚至夺取权力的阶级斗争对象。然而现在，我们社会的“阶级分析”话语，早就被资本的逻辑所驱使的“现代性”话语取而代之了（潘毅，2007）。劳动力再次被当作成本的价值符号而不是与资本家身份平等的社会主体。

英国经济史学家卡尔·波兰尼在其《大转型：我们时代的政治与经济起源》一书中，提出了“资本主义双重运动”理论，他指出：“自我调节的市场概念是彻头彻尾的乌托邦。除非消灭社会中的人和自然物质，否则这样一种制度就不能存在于任何时期；它会摧毁人类并将其环境变成一片荒野。而不可避免地，社会将采取措施保护它自己。”[①] 这段话意味着，虽然卡尔·马克思所预言的以劳动工人为主体的无产阶级推翻资产阶级未能实现，但是劳动工人及其所属的社会大众会以各种各样的方式来抵制资本主义的压榨，形成一股强大的社会保护力量，与资本主义驱动的市场扩张力量相互制衡。

李小建（Li，1996）对在中国内地投资的55家香港纺织服装和电子工业企业进行的问卷调查中发现，企业初始投资区位所考虑的因素中，“廉价劳动力”排名第二，仅次于“接近香港”这一特殊的地理区位优势；在企业未来在大陆新建工厂所考虑的因素之中，“廉价劳动力”仍然是占据第一位的因素。事实上，这一结论也多次出现在世界银行的投资报告系列之中，中国成为吸引全球资本的关键要素，乃是由于这块土地上的劳动力是如此廉价而温顺，但是这一深刻的结论并没有得到包括李小建在内的更多学者的深究，以至于“打工仔”、“打工妹”等活生生的社会群体仍然被掩盖在“廉价劳动力”的资本价值符号背后。今天，珠三角邻近香港的地理位置并没有改变，而且在一定程度上而言，珠三角的产业配套和市场条件远好于30年前打开国门之

① 卡尔·波兰尼.2007. 大转型：我们时代的政治与经济起源. 冯钢，刘阳译. 杭州：浙江人民出版社：3～5。

时，但是这些优势未能阻挡企业转移到劳动力成本更低的中国内地和周边省份，以及越南、柬埔寨等国的趋势。由此可见，珠三角地区毗邻香港的地理区位优势，被解释为吸引港澳台及海外资本蜂拥而至和大量劳动力“南下打工”的表面原因，形成了一叶障目的假象。

四、体面劳动和产业集群的社会升级

（一）产业集群中产业工人的社会地位

市场具有神奇的力量，像一杆能点石成金的魔杖，所到之处，大量社会财富便迅速涌现；一向为商品匮乏所苦的中国在30年间便进入了商品相对过剩的时代。但是，在社会财富大量涌现的同时，人们感到各种不稳定的因素也在快速增加，保护性的反向运动应运而生。越来越多的人，包括政府的决策者逐渐认识到，市场只能是提高人们福祉的手段，而不能本末倒置地把手段当作目的来追求（王韶光，2008）。同理，产业集群是促进企业家、资本和劳动力的集聚并加速区域经济增长和财富创造的手段，但并非区域经济社会发展的目标。只有包括农村流动劳动力在内的全社会能够同步分享经济增长的好处，逐步提高收入、保障民生、增进福利，才是区域经济社会发展的根本目标。

香港社会学者潘毅教授（Pun，2005）通过亲自成为一名打工妹的“参与式观察”研究方法，对中国打工妹群体的主体性、社会地位和阶级地位等问题作了深刻的剖析。她发现，打工妹身为女性、农民、外出打工者，在城市的工厂里深陷资本霸权、国家机制、父权家族三重图圄。而资本对她们最为青睐，乃是由于她们容易被驯服和控制。

自20世纪80年代末我国经济发展中涌现出“民工潮”以来，“农民工”就一直是中国转型社会中为数庞大的一个弱势群体，农民工的工资低、无社保、工资被拖欠、工作条件恶劣、超时加班、缺乏社会保障等成为这个社会的一个痼疾。2004年元旦，中共中央下发了关于三农问题的“一号文件”，第一次从国家政策和宏观理论上明确提出“进城就业的农民工已经成为产业工人的重要组成部分”，然而，这并没有能够从根本上改变来自农村的剩余劳动力的地位，以及他们在城市和工厂中所面临的商品化、边缘化、去本地化、去工会化、去集体化及其与城市群体收入差距扩大化等诸多发展困境和社会问题。这些困境对农民工及其家庭结构、养老扶助和子女问题，以及城乡区隔和社会稳定等都产生了巨大的影响，造成了社会不稳定的隐性根源与表面繁荣之下的潜流暗涌，因此需要充分重视它的根本解决。

(二) 产业集群中“民工荒”问题

关于“民工荒”的成因，学术界提出了各种各样的假说和解释（白南生，2007）：一种看法认为是因为农民外出打工的生存环境长期太恶劣了；另一种看法认为扶持农村的政策（包括农村费改税、减免农业税等）出台以后有许多农民工选择回家务农或者创业；还有一种看法认为农村劳动力总量上不够了，供不应求了。例如，人口和劳动经济学家蔡昉和白南生（2006）就认为中国劳动力市场正面临“刘易斯拐点”，农村劳动力将供不应求，我国长期依靠大量农村剩余劳动力形成的“人口红利”正在消失，而人口老龄化——“先老”导致的劳动力供给下降，和向资本密集型产业转型尚未完成——“未富”带来的大量劳动力需求，将会形成一个比较优势的真空。

我国农村还有大量潜在的有必要也有可能流入城市的剩余劳动力，总量短缺的观点并不成立（白南生，2008）。2008 年年末之后，我国加入 WTO 以后长期保持高位的外贸出口增速出现了连续五个季度的大幅跌落，部分地区企业关停倒闭，数百万外出农民工失去工作，珠三角“民工荒”瞬间转变为“民工荒”——从劳动力短缺到劳动力失业。关于农民工返乡，早在 21 世纪初，一项历时四年的对四川、安徽两省外出及返乡农民工的抽样调查研究结果显示：因外地就业困难而返乡的回流呈上升趋势，因个人原因或家庭原因的回流呈下降趋势，以回乡投资创业为目的的回流仅占回流劳动力的 2.5%（白南生，何宇鹏，2002）。因此，农民工返乡是暂时的、少数的、非主流的，只有城市化和工业化才是解决中国农村剩余劳动力的唯一途径。“民工荒”仅仅是表面浮现的现象，这与我国经济发展中出现的各种经济增长与经济结构的偏差、经济结构与就业结构的偏差、就业结构与城市化的偏差关系密切；同等收入水平下的高工业化和低服务业、产业结构中的高工业化与就业结构中的低工业化、高工业化和低城市化等一系列对比与矛盾，间接加剧了农民工结构性短缺的问题。

Inagaki 提出了七个可能的引起“民工荒”的假设变量（Inagaki，2006）：①长期的低工资与工厂恶劣的工作条件；②制造业部门对熟练劳动力的需求猛增；③中国经济增长模式可能到达了一个拐点；④服务业的增长吸纳了大量劳动力，并且越来越多的劳动者愿意从事服务业工作；⑤移动通信的普及方便了工人之间的交流，提高了劳动力跳槽和加速流动的可能；⑥受长期的计划生育政策影响，中国的年轻劳动力日益减少；⑦农业部门的收入水平逐渐提高，吸引了农村流动劳动力回巢。

在王缉慈和梅丽霞于2008年为国际劳工组织撰写的研究论文中，结合我国产业集群的地域分布、劳动力集聚和全球生产网络的背景，研究了珠三角地区“民工荒”现象的原因和机制（Wang，Mei，2008b）。研究结论支持了上述假设变量中的前六个，尤其强调第一个假设条件的解释力，但是不认为第七个假设是引起集群中劳动力短缺的主要原因。其依据在于，我国各省区市制定的“最低工资”长期偏低，很多企业把“最低工资”作为劳动力的基本工资，导致了劳动者“生存的权力”与国家的工资制度无法兼容的悖论（波兰尼，2007：69～71），劳动力被商品化了，最低工资在劳动者同资本对话和要价时的话语权方面无法保障劳动者的基本权益。

所以，长期的低工资、压榨式生产、极端恶劣的工作条件和针对农民工社会保障的制度滞后等一系列因素，透支了农民工的进城冲动与工作激情；另外，大多数农村劳动力现有的知识结构、认知能力也不能满足企业创新和集群转型的技能要求。因此当前的真实情况是：不仅是产业集群的发展、创新、转型与升级要求社会加强对劳动力的保护，而且劳动力自身的再生产过程也要求社会加强保护，争取更多学习、培训和提升的机会。在社会主义市场经济中，虽然劳资矛盾的本质与西方资本主义国家有所不同，但是我国产业集群密集地区出现的“民工荒”现象，不失为社会主义劳动者对于资本剥削和压榨的一种集体反抗和自我保护，应当引起研究者和决策者更多的关注及帮助。

（三）跨国公司的行为守则与我国的劳动合同法

跨国公司一般都以国际劳工组织的核心条款制定本公司的行为守则，要求为本地社会的健全发展与和谐做贡献。然而，公司是否能真正改善劳资关系，与转包体系的复杂性、守则的透明度、监督与核查机制、投诉与改善机制等有很大关系。制定公司行为守则的跨国公司处于复杂供应链的顶部，用订单掌握位于各国、各地区的生产商和代理商，生产商直接控制着生产线和工人，而且还可能延伸出更为复杂的转包关系。由于所占的市场机会与资源不同，买家和卖家在交易中处于不平衡的谈判地位。例如，国外服装商控制着产品设计、营销和品牌，经常以尽可能低的价格来选择供应商，而供应商为了获得订单，只能再次向工人转移成本压力，这样，采购商与供应商之间的利益冲突，最终致使规范制造商与工人之间的劳资关系时常流于形式，成为跨国公司的一种公关手段。

跨国采购商派监督人员验厂，这些监察人员不可能长期驻扎在合约工厂，在验厂前一般会提前通知合约厂商，这样，有些情况下，合约厂商就做充分准备对付“验厂”，比如临时张贴公司行为守则，准备虚假的报表材料，遣散临时工，或者让工人做虚假回答等。检查人员很难得知所有的订单业务是否存在进一步转包过程，即使知道，也很难跟踪转包订单的工人权益状况。即使直接承担订单的合约工厂完全达到了公司行为准则的要求，也很难保证公司所采购产品不具有“血汗工厂”的烙印。

公司行为守则运动往往是流于形式的“劳动者缺席的劳工运动”，其有效性与地方性劳动法规的有效性密切相关。由于跨国公司经常以订单转移为威胁，地方政府一旦严格实施劳动保护法规，必然使供应商的成本上升，本地供应商在与其他地方竞争订单中自然丧失成本优势。如果接不到大量订单，会导致许多工厂关闭，最终减少政府部门的财政收入。由于地方政府的利益关系，造成许多地方政府在实施劳动法及环保法规方面缺乏动力。例如，美国非政府组织国家劳动委员会（National Labor Committee）在一份针对中国玩具业的调查报告指出：“正是美国的玩具零售商在领导着‘逐底竞争’，压低工资与福利，不向发展中国家纳税，无视健康与安全标准，对因行使权利而被解雇的工人视而不见。”如果有一天中国开始认真实施劳动法与环保法，沃尔玛就会撤离中国而转向孟加拉国和洪都拉斯[①]。

在分析2008年经济增速放缓和部分企业倒闭问题时，有些企业总会提及他们自认为十分重要的一个影响因素——劳动力成本大幅上升，并将之归因于新《中华人民共和国劳动合同法》以下简称《劳动合同法》的颁布实施。这部历经两年多的社会大讨论方才颁布实施的、旨在保护劳动力作为弱势群体的法律，竟然遭到知名经济学家的批评和反对[②]。他们说，新《劳动合同法》降低了企业的“租值”空间，导致失业增加，并道出一个看上去很有道理的理由——“一个差的工作总比失业强”（a bad job is better than none），这背后传来的声音就是资本的逻辑。

新劳动合同法从改善劳动者待遇、提高人权标准、保护和改善在劳资双方对话中位于弱势地位的普通劳工的基本权益等各方面做出了规定。当2006

---

① The National Labor Committee. 2002. Toys of misery：a report on the toy industrial in China. http：//www.nlcnet.org/china/1201/toysofmisery.pdf。

② 张五常.2009-11-17. 中国应立即废除新《劳动合同法》.http：//bbs.tecn.cn/viewthread.php?tid=309471。

年年底新《劳动合同法草案》公开征集意见的时候，几乎所有在华投资的外资企业都投了反对票。位于上海的美国总商会（代表1300多家美国在华投资企业，其中150多家位列财富500排名）；美-中经济事务会（U.S.-China Business Council，代表250多家美国在华投资企业，几乎覆盖了中国所有的工业部门）；欧盟总商会（代表860多家欧盟在华投资企业）等三大组织都对中国政府发难，要求其撤销或推迟新劳动合同法的立法。美国总商会甚至提交了一份长达42页的抗议声明，认为这项立法会"减少中国工人的就业机会"，"对中国的竞争力产生负面影响"，"削弱外商的投资兴趣"。

美国在香港的总商会在其"普遍原则"（universal principles）中明确提出，"美国的企业愿意在改善人民福利和提高工人的尊严等社会活动中起到积极的作用，在为工人提供合理的工资、待遇、医疗和社会保障方面树立良好的榜样"。但是却想方设法试图阻止中国政府通过新《劳动合同法》以改善中国工人的工资、待遇、医疗和社会保障。英国商会的一位专家说，中国的投资吸引力不仅在于她的低成本劳动力，更在于她的效率。如果管制政策开始缩紧这种劳动力的弹性，那么这些外资企业就会转移到印度、巴基斯坦和其他东南亚国家。

为什么这些外资企业对新《劳动合同法》如此反对？中国的外贸出口额迅速地大规模增长，在很大程度上都得益于跨国公司利用中国的廉价劳动力从事大规模生产和出口活动。外资企业认为中国政府提高工人的劳动条件，将会削弱他们的廉价劳动力成本优势。

当前我国企业正经历着从贴牌生产（OEM）到自有设计（ODM）再到自有品牌（OBM），从劳动密集型向资本密集型和技术密集型，从高能耗高污染型向资源节约和生态环保型，以及从低技术、低附加值向高技术、高附加值实现重大转型和升级的关键过程。这个过程对于劳动力而言，不仅仅意味着就业的机会，而且是通过与产业集群成长相对应的城市化和工业化，来提升他们的生活水平和工作技能，从而在整体上改进社会福利、推动社会升级，这将是一个重大的转折。

五、企业社会责任——宁波服装产业集群的例子

2006年，本研究团队对宁波的服装产业集群的劳动力问题进行了调研。研究背景是，由于国际买家的砍价能力增强，商务成本的上升，压缩劳动力成本成为许多企业降低成本的选择，致使劳工标准与社会责任问题成为当前重要的国际贸易和行业发展矛盾焦点，劳工问题影响产业集群的竞争环境与

可持续发展。显然企业社会责任（corporate social responsibility，CSR）已成为纺织服装产业集群面临的战略选择。

在宁波采访了30家服装企业及三县市的服装协会负责人，询问以下内容：是否接受过客户的行为守则和其他类型的社会责任检查和认证；检查或认证的主要内容；检查或认证的主要过程；检查或认证是否促进了工人条件的改善，是否影响了工厂的经营成本；以及企业对社会责任的看法等。

访谈的30家服装企业全部接受过国外的“验厂”或“查厂”，但是，并不是所有的出口业务量都需要经过跨国公司的验厂。由于这些服装企业的出口地区的范围比较广泛，国外客户类型多样，因此，出口业务中验厂的比率也不一样。其中出口业务中，需要验厂的业务占总出口业务比重在70％以上的有3家，在50％～70％的有2家，在30％～50％的有14家，在30％以下的有11家，见表9-5。

表9-5 国外客户要求社会责任验厂的订单比例

采购商要求社会责任验厂比例	样本量/家	比例/％
70％以上	3	10
50％～70％	2	6.7
30％～50％	14	46.6
30％以下	11	36.7
合计	30	100.0

这些企业中最早接受社会检查的时间是1996年，有3家企业表示，国外采购商在洽谈业务时，提供了书面的公司行为守则，对工厂的安全卫生、环境和劳工标准进行了参观和检查，并提出了一些改进意见，但当时的要求与现在相比，并不是很严格。有24家企业反应，大约从1997年、1998年开始，国外客户对工厂检查的次数明显增加，要求也更加严格，检查的范围不仅包括厂房清洁卫生、职工食堂宿舍卫生，还包括消防设施、安全通道、加班时间，甚至包括工人隐私保护等。有一家服装企业反应，有一家美国客户对工人人权保护相当重视，要求供应商给每个工人建造一个配锁的箱柜，以保护工人的隐私。这些情况表明，从1998年以后，越来越多的国外客户开始在宁波服装企业中执行公司行为守则。

由于宁波受访企业对谁来验厂并不十分在意，许多受访企业只知道这些验厂人员大多来自上海或者深圳，根据客户所在国家的不同，所检查的内容也不一样。许多受访企业表示，来自日本的客户一般不是很在意企业的社会责任状况，而是对产品的质量更加关注。这些客户也会参观工厂，考察工人食堂、宿舍及车间环境，但是他们考察的目的主要还是通过这些方面的考察，来判断企业的管理能力及品质判断。相反，欧美的客户比较注重人权，验厂时不仅考察车间卫生、职工宿舍及食堂，还会对消防通道、通风条件，甚至会对工人进行访谈，访谈的内容包括是否存在强制劳动和歧视现象，以及是否存在对女工的性骚扰等人权方面的问题。大部分受访企业反应，美国的验厂程序最为严格，其次是欧洲的客户，相对最为轻松的是日本客户的验厂。

在整个验厂过程中，除了考察工厂及与工人进行部分访谈之外，验厂人员还会根据一定的程序分别检查，审核有关考勤记录、工资单等。在完成这些检查程序之后，验厂人员一般会对检查中发现的问题，以面谈、会谈和书面报告的形式向宁波服装企业的相关负责人提出评估意见，并要求工厂拿出改善措施及时间进程表，然后还会确定具体的复查时间。

在 30 家受访企业中，有 26 家企业认为，跨国公司行为守则及验厂在不同程度上改善了工人工作和生活状况。见图 9-2。

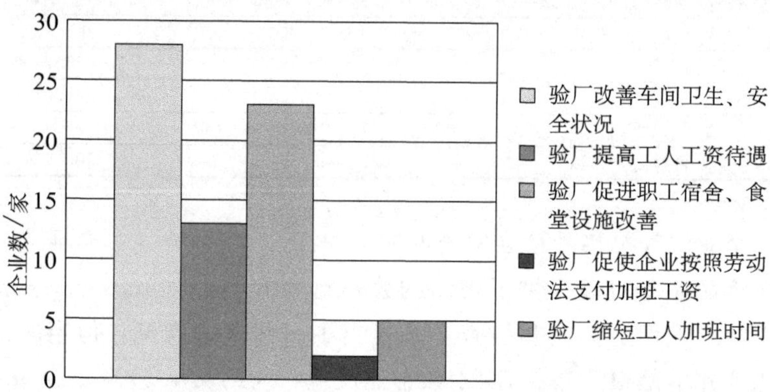

图 9-2　受访企业对验厂效果评价

受访企业反应最难做到的是加班问题及员工社会保险问题。大部分受访企业表示，服装行业不可能不加班，因为现在从下单到交货之间的间隔越来越短，加之客户订单季节性变化大，企业不可能在员工配置上做到与订单量完全相符。在生产淡季，工厂因为没有订单而不得不大批解雇工人，而到生产旺季只能持续加班。按照我国劳动法规定，中国企业实行每周 40 小时的工时制度，员工每月加班时间不能超过 36 小时。对于这些有关加班方面的规定，受访企业绝大部分表示很难做到，见表 9-6。这些采访企业在宁波服装业集群中都属于待遇相对较好的企业，连这些企业都很难完全遵守劳动法的有关规定，对于众多小型加工企业来说，要完全执行劳动法规定的劳动时间就更不可能了。

表 9-6 受访企业认为执行《劳动合同法》规定劳动时间的难易

执行《劳动合同法》规定的工作时间	样本量/家	比例/%
很难做到	17	56.7
较难做到	7	23.3
有点困难	4	13.3
比较容易	2	6.7
很容易	0	0
合计	30	100.0

有关员工的社会保险问题，许多受访企业表示，养老保险金一般只能覆盖正式职工，对于众多来自内地的打工者来说，即使公司愿意为他们交纳规定的养老保险金，可这些打工者自己不愿意承担相应的比率。相对而言，工伤保险在企业和职工中最容易执行，而失业保险一般也只涉及公司管理层类别的正式员工。据受访企业介绍，国外客户虽然守则上规定供应商需要遵守本国劳动法的规定，但是，这些验厂人员也知道几乎所有企业都很难达到，而且验厂的业务人员大多是国外客户聘请的中国人，他们对国内的状况更加熟悉，所以这些检查人员一般也不会在这方面对企业提出过高的苛求条件。

对于像加班时间、加班工资、个人隐私、人权等方面的社会责任，与企业的经济绩效存在很大的冲突，企业缺乏执行社会责任的动力。另外，据有些企业反应，有些工厂因为客户较多，有时候一个月会有多批客户到访，他们每次都要对工厂进行一系列复杂的审核和采访，使工厂不得不安排大批人员做好准备，有时甚至会影响工厂的正常生产。这些检查和访问有时直接影响了工人的收入，因为服装企业一般采取计件工资制度，上班时间采访工人会直接影响工人个人的收入，加上工人平时工作时间非常长、劳动强度比较大，休息时间很珍贵，而审核人员的采访有时也并不考虑这些实际情况，因此，许多工人一般不愿意接受审核人员的采访。

另外，有些审核人员由于素质不高，经常运用手中的权力对企业进行敲诈勒索。一些生产商为了通过验厂，不得不花出一笔昂贵的接待费，以此得到订单，直接的结果是工人的地位可能丝毫没有得到改善，反而还得不停的加班。有关拖欠工人工资的问题，一些企业表示，由于招工时跟工人大多达成的是口头协议，服装行业的员工流动性本来就很高，企业其实无法组织员工的正常流动，但是这种流动经常会对业务产生影响，因此，为了稳定员工，让企业提前根据员工流动信息补充员工，才不得不采取押一部分工资的做法。据一些企业介绍，只要员工提前二十天向企业表达跳槽的意向，在员工离开时，企业会归还员工的所有押金。

跨国公司行为守则的运作体现了国外采购商与宁波服装集群中的供应商之间不平等的权力关系：国外采购商是公司行为守则的制订者、推行者和得利者；而宁波的服装企业则是执行者和成本的被动承担者。这种不平等的权力关系，最终可能使行为守则成为国外客户的公关工具：一方面，这些跨国采购商可以向消费者夸耀自己如何致力于保护劳工权益；另一方面，却在与卖家的谈判中，维持甚至提高产品质量、性能和工期的种种要求，并尽量压低产品价格，从而使宁波服装企业有限的边际利润空间无法承担改善劳工状况的成本。

在采访中问及验厂情况时经常听到这样的抱怨："客户总是有各种各样的挑剔，要厂商改进，但同时总是把订单的工期压得很短，把价格压得很低。"其中一个受访企业表示，有的订单根本就没有利润，工厂只是为了保持开工率才勉强接单。企业有时为了接到订单，不得不花钱买一个 SA8000 证书。有时为了通过客户的验厂，不得不缩小工厂规模、减少工人数量，通过验厂接到订单后，把大部分订单外派到本地其他客户无法掌握的工厂加工，工厂从中赚取差价。在上述情况下，即使这些企业通过了国外客户的社会责任验厂，承担转包加工的工人状况可能没有得到丝毫的改善。

总之，跨国公司行为准则虽然在促使部分宁波服装企业改善劳工权益，提高企业的整体效率改善方面有一定的积极作用，但是，全球服装业本身不对称的权力对比关系决定了这种积极作用的影响范围非常有限。要从根本上改善宁波服装企业的劳工权益，提高服装企业的生产效率，最终只能依靠宁波服装企业本身是否能够在设计能力、品牌环节方面成功实现功能升级，以改善宁波服装企业在全球服装业中的地位。也就是说，依靠简单的服装加工无法从根本上改善宁波服装企业的劳工权益，服装企业通过自身的努力和学习，不断提升自己的创新能力和在全球服装业中的地位，才是解决宁波服装企业本身长远发展及改善劳工权益的根本途径。

中国纺织工业协会 2005 年在我国各行业中率先制定了行业自律性社会责任管理体系——《CSC9000T 中国纺织企业社会责任管理体系》。在十个左右纺织服装产业集群内选择百家骨干企业建立中国纺织企业社会责任管理体系 CSC9000T，对上千家中小纺织服装企业进行社会责任培训，并在项目实施过程中为各产业集群、骨干企业及中小纺织服装企业培养 1500 名左右企业社会责任管理人员（简称“10＋100＋1000”项目）。2007年年初，深圳市在全国率先通过政府推动企业履行社会责任，出台《深圳关于推动企业履行社会责任的意见》。浙江省云和县政府则在全国玩具行业率先与国外机构合作举办企业社会责任培训，推广国际玩具业协会（International Council of Toy Industries，ICTI）行为守则。这些都对我国产业集群的升级提供了很好的经验。

本章小结和讨论

在全球化的浪潮冲击下，如何保持就业增长和社会稳定，已成为世界各国的头号难题。国际劳工组织在1999年的一份年度报告——《体面的劳动》（*Decent Work*）（ILO，1999）中，首次提出了“体面劳动”的概念，成为全球化背景下世界各国决策者和学术界合力推动的一个积极进步的新劳动概念。从工人的行为目的来看，工人总体上希冀更有尊严的工作与生活（冯同庆，2002）。

所谓“体面劳动”，是指根据就业人员自身和其所属集体的条件，可以保障其自由、安全、尊严和公正的劳动。具体而言，则包括劳动者的权利应得到保护（废除所有形式的强制或强迫劳动，禁止童工劳动，消除就业和职业歧视等）、充分就业、社会保护（重点是社会保障、职业安全和卫生），以及促进劳工、雇主和政府之间的社会对话。国际劳工组织同时指出，环境压力、对经济的不安全感、政府管理的缺失以及不平等的收入分配制度，是导致“体面劳动缺口”（decent work deficits）的主要原因。

这个新的劳动概念所代表的社会进步与人类文明终极理想，在我国当前经济发展的激流与嬗变之中能否成为一种被广为接受的主流价值观，则有待于劳动者、创业者、研究者、决策者的合作行动。国际劳动分工从产品间分工转向产品内分工、生产的片段化和权力的集中化（梅丽霞，王缉慈，2008），使得旨在保护劳动者基本权益的体面劳动进程更加困难。

过去我们讨论产业集群的升级，是在市场绩效和经济能力方面的升级；而现在，这种由资本的逻辑所主导的升级观念必须加以改变，因为如果忽略了劳动力的社会保障和经济能力提升，那么产业集群的升级是不可能实现的。因此，产业集群的经济升级（economic upgrading）和劳动力的社会升级（social upgrading）必将成为一个过程的两个方面，得到更多研究者和决策者的关注。

劳动力及其市场是产业集群理论所关注的重要内容。发达国家在对于具有创新能力的产业集群的分析中，一般将劳动力嵌入本地的社会文化网络作为主要特征之一，以构成“流动空间中的黏结的区位”（Markusen，1996）。本章主要探讨了在作为全球生产基地的我国外向型的劳动密集型产业集群中的劳动力问题。大量劳动力的跨区域流入，还存在体面劳动的缺口。“民工荒”是产业集群劳动力问题的一种反映。

从目前的研究来看，集聚资本和劳动力的产业集群可以加速区域经济增长和财富创造，也就是实现经济升级。然而，社会发展的根本目标，是包括农村流动劳动力在内的全社会同步分享经济增长的好处，提高收入、保障民生、增进福利。如果忽略了劳动力的社会保障，那么产业集群的经济能力的提升也是不可能实现的。因此，未来我国的产业集群研究，必须把经济升级和社会升级结合起来，使集群企业实现从“汗水”到“智慧”的跨越。

（梅丽霞，王缉慈，谭文柱）

参考文献

埃弗雷德·罗杰斯．1985．硅谷热．北京：经济科学出版社

白南生，何宇鹏．2002．回乡，还是外出？——安徽四川二省农村外出劳动力回流研究．社会学研究，(3)：64～78

白南生．2007．潜在的外出劳动力大量存在．http：//www.labournews.com.cn/ldbzb/ldbzgz/liluntansuo/29623.shtml

白南生．2008-8-30．“民工荒”表明农民工供求形势逆转？假相！广州日报

边燕杰，张文宏．2001．经济体制、社会网络与职业流动．中国社会科学，(2)：77～89

蔡昉，白南生．2006．中国转轨时期劳动力流动．北京：社会科学文献出版社

范建勇．2004．产业集聚与地区差异：来自中国的证据．中国社会科学评论，1 (1)：22～40

范建勇．2004．市场一体化、地区专门化与产业聚集趋势——兼谈对地区差距的影响．中国社会科学，(6)：39～51

冯同庆．2002．中国工人的命运——改革以来工人的社会行动．北京：社会科学文献出版社

何宇鹏．2008-8-30．城市化是解决农民工问题的良方．广州日报

卡尔·波兰尼．2007．大转型：我们时代的政治与经济起源．冯钢，刘阳译．杭州：浙江人民出版社

李强．2004．农民工与中国社会分层．北京：社会科学文献出版社

梅丽霞，王缉慈．权力集中化、生产片断化与全球价值链下本土产业的升级．《人文地理》

待刊稿
梅丽霞，王缉慈．2008. 台湾自行车产业集群的演进及启示．见：李新春，王珺，丘海雄等．市场转型与中小企业成长——产业集群与家庭企业研究．北京：经济科学出版社．93～107
潘毅．2007. 打工者阶级的归来或重生．南风窗，(5)：35～37
潘毅．1999. 开创一种抗争的次文体：工厂里一位女工的尖叫、梦魇和叛离．社会学研究，5
裴宜理．2001. 上海罢工：中国工人政治研究. 南京：江苏人民出版社
若泽·弗雷什．2008. 中国不笑，世界会哭．王仲菊译．北京：人民日报出版社
王缉慈等．2001. 创新的空间——企业集群与区域发展．北京：北京大学出版社
王韶光．2008. 大转型：1980 年代以来中国的双重运动．中国社会科学，(1)：129～148
吴利学．2008. 集聚经济在中国地区增长的作用．中国软科学，(2)：89～96
徐进钰．1999. 流动的镶嵌：新竹科学工业园区的劳动力市场与高科技发展．台湾社会研究，35：75～118
Bai N，He Y. 2003. Returning to the countryside versus continuing to work in the cities：a study on rural urban migrants and their return to the countryside of China. Social Sciences in China (Winter)，4：149～159
Blasio G，Addario S. 2005. Do workers benefit from industrial agglomeration? Journal of Regional Sciences，45 (4)：797～827
Cai F，Wang D，et al. 2002. Regional disparity and economic growth in China：The impact of labor market distortions. China Economic Review，13 (2，3)：197～212
Fan C. 2004. The state，the migrant labor regime，and maiden workers in China. Political Geography，23 (3)：283～305
Fan C. 2007. China on the Move：Migration，the State，and the Household. London：Routledge
Fan C. 2005. Interprovincial migration，population redistribution，and regional development in China：1990 and 2000 census comparison. The Professional Geographer，57 (2)：295～311
Gereffi G. 2006. The New Offshoring of Jobs and Global Development，ILO Social Policy Lectures. Geneva：International Institute for Labor Studies and International Labor Organization
Harvey D. 1982. The Limits to Capital. London：Verso
ILO. 1999. Decent work. Report of the Director General，International Labor Organization，Geneva
Inagaki H. 2006. South China's labour shortage：will the current worker shortage escalate? Mizuho Research Institute，Tokyo
Krugman P. 1995. Growing world trade：causes and consequences，brookings，economic studies program，The Brookings Institution，(26)：327～377
Li Xiaojian. 1996. Hong Kong direct investment in China's mainland：a spatial study with special reference to the locational behaviour of investor. Chinese Geographical Science，6：

289～303

Markusen A. 1996. Sticky places in slippery space：a typology of industrial districts. Economic Geography，72 (3)：231～293

Mashall A. 1920. Principles of Economics. London：Macmillan

Oakey R，Cooper S. 1989. High technology industry，agglomeration and the potential for peripherally sited small firms. Regional Studies，23 (4)：347～360

Pieroni L. Pompei F. 2008. Evaluating innovation and labour market relationships：the case of Italy. Cambridge Journal of Economics，32 (2)：325～347

Piore. 1986. Perspectives on labor market flexibility. Industrial Relations，25 (2)：146～166

Pun N. 2007. Gendering the dormitory labor system：production，reproduction，and migrant labor in South China. Feminist economics，(13)：239～258

Pun N. 2005. Made in China：Women Factory Workers in a Global Workplace. Durham：Duke University Press

Pyke F，Sengenberger W. 1996. Introduction. *In*：Cossentino Fet al. Local and regional Resporse to Global Pressure：The case of Italy and Its Industria l. Geneva：International Institute for Labour Studies 1～15

Saxenian A L. 1999. Silicon Valley's New Immigrant Entrepreneurs. San Francisco：Public Policy Institute of California.

Scott A. 1992. The role of large producers in industrial districts：a case study of high technology systems houses in Southern California，regional studies. Taylor and Francis Journals，26 (3)：265～275

Scott A. 1995. The electric vehicle industry and local development：prospects and policies for Southern California. Environment and Planning A，27 (6)：863～875

Wang J C，Mei L X. 2008a. Global-local tensions：trajectories and prospects of China's industrial districts. *In*：Becattini G. Handbook of Industrial Districts. Florence，Italy

Wang J C，Mei L X. 2008b. Dynamics of Labour-Intensive Clusters in China：Relying Exclusively on Labour Costs or Cultivating Innovation，Geneva. ILO Working Paper，Forthcoming. 1～42

Wong D F K，Li C Y，Song H X et al. 2007. Rural migrant workers in urban China：living a marginalised life. International Journal of Social Welfare，16 (1)：32～40

第十章 面向产业集群的可持续发展

地方产业集群的环境恶化已经不再局限于地方层次，而是与更大区域尺度，乃至全球范围的环境议题相关联。生态化转型正日益成为集群长期竞争优势的基础，而不是限制竞争力的瓶颈。

在全球金融危机的冲击下，各国贸易保护主义抬头，而面向可持续发展的新兴技术产业是否能够成为带领全球经济走出困境，开启新一波发展浪潮的契机，成为人们关注的焦点。2009 年 7 月，美国新一任能源部长朱棣文访华，探索中美在新能源技术领域发展的合作与对话，正体现了在这样的技术跨越节点上全球合作的深刻意涵。

从地方产业集群的角度来说，地方合作行动同样对于企业及其所在区域的转型和发展具有非同寻常的意义。生态化转型正日益成为集群长期竞争优势的基础，而不是限制竞争力的瓶颈。越来越多的企业不仅被动地遵守强制性的环境法规和标准，而且为了控制与环境相关的风险和成本、获得长期的市场准入许可、建立良好的地方关系，主动制定和执行全面的企业环境政策。然而，在有着大量中小企业的集群中，执行环境政策有着天然的障碍。单个企业可能难以经济有效地开展污染物处置和废物再生利用活动，有时可能是企业缺乏相关的技术人员和足够的财力，有时可能是因为企业之间缺少信息互通。在集群的层次上，则有可能通过集中的环境基础设施和技术咨询服务，以及建设企业间合作网络，帮助地方企业之间建立更加经济有效的物质流循环系统。不少地方的经验表明，这些合作行动不仅能加深企业对地方的责任感，而且能够进一步提高地区的竞争力。

然而，尽管建立这种合作关系的潜在利益和长远价值非常明显，但现实中推动这种合作关系的发展却颇为不易。我们更多看到的是集群企业带来的污染集聚，低成本竞争使企业为了维持生存而疲于奔命，何谈自身生存以外的社会目标；地方政府也往往为了保护地方优势产业，在环境管理上降低执行力度，以此吸引和维系投资。随着中国逐渐发展成为“世界工厂”，这种地方产业集群的环境恶化已不再局限于地方层次，而是与更大区域尺度，乃至全球范围的环境议题紧密相联。

一、“世界工厂”的代价

中国过去 30 年的 GDP 年均增长 8％的奇迹是以资源快速消耗和环境质量大范围下降为代价的。2002 年我国二氧化硫排放量就达到世界第一位，全国

40%的国土面积受到不同程度的酸雨侵袭。全国七大河流水系有70%的检测断面水质属于四类以下，流经城市的河流90%严重污染。城市空气污染、广泛的水系污染、废物增长导致垃圾围城，多种环境问题交织在一起，其范围和程度都令人心惊[①]。

(一) 能源消耗和气候变化

根据世界各国工业化的普遍经验，工业发展带来能源消耗的快速增长，而当今工业系统的能源基础是不可再生的煤炭和石油。世界范围内能源、原材料价格快速上涨是国内制造业面临的重要外部压力之一，其发展不由让人们联想起引发20世纪70年代全球经济衰退的那次石油危机。原料价格上涨触发金融市场动荡，蔓延到整个生产系统的大范围停滞与衰退，冲击了大部分世界传统工业中心，并导致经济空间重组和大范围产业转移。

基于这样的历史经验，当前新兴工业化国家和地区的发展再次引发人们对能源需求长期增长的忧虑。尽管目前发展中国家的能源消耗总量依然远低于OECD国家，但发达国家却把近期新一轮石油价格上涨归咎于新兴工业化国家和地区对能源长期需求的快速增长预期，围绕石油资源的国际争夺也愈演愈烈。对战略性资源供应安全的忧虑，强化了世界贸易保护主义的抬头，令当前发展中地区依靠国际市场的出口加工型工业面临更加严酷的市场环境。在市场需求低迷与原料价格攀升之间，制造业依靠规模和产量扩张的发展显然难以为继。

而近来有关国际能源安全的争论已经从关注化石能源的可耗竭性转向化石能源消耗和排放对全球气候变化的潜在影响。后者虽然将不同利益群体之间的能源控制权争夺转变成为人类共同行动的纲领，但仍然无法绕开发达国家与发展中国家之间权利和责任划分的焦点议题。正如胡锦涛在经济大国能源安全和气候变化领导人会议上的讲话中提到的：

“观察中国的排放问题，要注意以下3个因素：一是中国属于发展中国家，正处于工业化、现代化的过程中，城乡、区域、经济社会发展仍不平衡，人民生活水平还不高，中国目前的中心任务是发展经济、改善民生；二是中国人均排放较低，人均累积排放更低，而且排放总量里很大一部分是保证人民基本生活的生存排放；三是由于国际分工变化和制造业转移，中国承受着

---

① 参考21世纪议程中心（2007），中国可持续发展状态与趋势。

越来越大的国际转移排放压力。”

这三点很好地概括了中国目前在应对能源消耗和气候变化问题上所处的困境。中国已经将节能减排作为应对气候变化的切入点，特别强调了工业领域全面提倡节约能源、优化能源结构、提高能源效率，但能源消耗总量快速增长的趋势却很难在短期得到扭转（表 10-1）。

表 10-1　中国不同时期的能源消费及构成

年份	能源消费总量/万 t	能源消费分类构成/%			
		煤炭	石油	天然气	水电
1980	60 275	72.2	20.7	3.1	4.0
1985	76 682	75.8	17.1	2.2	4.9
1990	98 703	76.6	16.6	2.1	5.1
1995	131 176	74.6	17.5	1.8	6.1
2000	130 297	66.1	24.6	2.5	6.8
2004	197 000	67.7	22.7	2.6	7.0

注：能源消费均折合为标准煤。

资料来源：《中国统计年鉴》，1980～2005。

世纪之初中国南方已经出现大面积电荒，上海、浙江、江苏、安徽等地都普遍出现拉闸限电的问题，其中以民营制造业发达的浙江省最为严重。为了应对电荒，2004 年浙江几乎每家企业，甚至理发店都自备发电机。诸暨市机电设备公司是最早经销自备发电机的商家。说起当时火热的销势，公司负责人说，诸暨城区不到一个月就涌出了 12 家自备发电机的经销商，由于供不应求，公司仓库里放了好几年的存货也一销而空。自备发电机的大量增加，使得柴油、汽油用量剧增，2003 年 9～10 月，诸暨各大加油站连续一个多月出现排队购油现象，以至于石油经销商作出了每人限量加油 50 元的硬性规定①。而当时占全国出口 1/3 的广东，也出现平均每周停电两次的局面，给工业企业生产造成较大影响②。

图 10-1 展示了 2006 年中国各地区单位工业增加值的能耗水平，沿海发达地区工业产出的能耗密度明显较中西部地区低，产业结构的差别是造成这种差异的关键因素。沿海出口加工工业比重大，目前产业结构依然偏向于劳动密集型的加工组装工业，能耗密度相对较低。此外，中国长期以来通过控制

① 应华根．2009-11-11．长三角地区缺点浙江最甚．新浪财经．http：//finance. sina. com. cn/g/20050620/07271700896. shtml。

② 韩非．2009-11-11．电荒，电荒．新浪财经．http：//finance. sina. com. cn/hyyj/20040604/1937797284. shtml。

资源价格扶持工业化发展的政策导向，也使得沿海发达地区工业增加值总体水平较高，降低了能耗密度的平均水平。

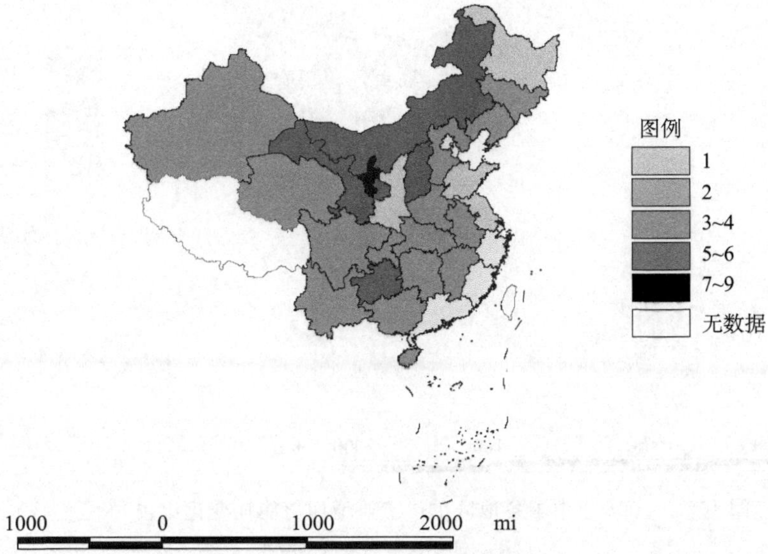

图 10-1　2006 年中国各地区单位工业增加值能耗比较（单位：吨标准煤/万元）

注：缺少西藏和台湾的数据。1mi＝1.609 34km

资料来源：中国投资年鉴 2007

图 10-2 进一步显示了 2006 年与 2005 年相比各地区单位工业增加值能耗水平的变化情况，扣除物价上涨因素，各地工业产出的能耗密度普遍降低，其中东部地区除浙江和广东两省以外，降低幅度较大。两种不同的趋势影响着各地工业产出的能耗水平的变化。一方面，能源价格上升和政府着力推动节能减排，促进企业通过技术改进提高生产过程中的能效。另一方面，地方产业结构的变化给能源消耗带来不同的影响，更多的地方产业集群开始从制造组装环节向上游原料、机械环节扩展。各地竞相上马高耗能产业，并刻意引导地方产业结构向重化工化方向发展。同时，机械加工在产业升级方面占了很大比重，产业普遍加大自动化水平，从而带来能源需求总量的增加。而对于少数中心城市，如北京、天津、上海等，政府着意调整产业结构，降低制造业比重，提升现代服务业比重，显著降低了工业产出的能耗水平。

如果说上一次电荒的根源还主要是由于国有电力工业发展跟不上发达地区经济发展的步伐，那么随着各地对电力设施的加大投入，近来能源消耗增长的瓶颈已经越来越集中到原料供应的源头。所以无论是从增强地方经济发展对外来能源供应变化的风险承受力来说，还是从中国对全球气候变化所做

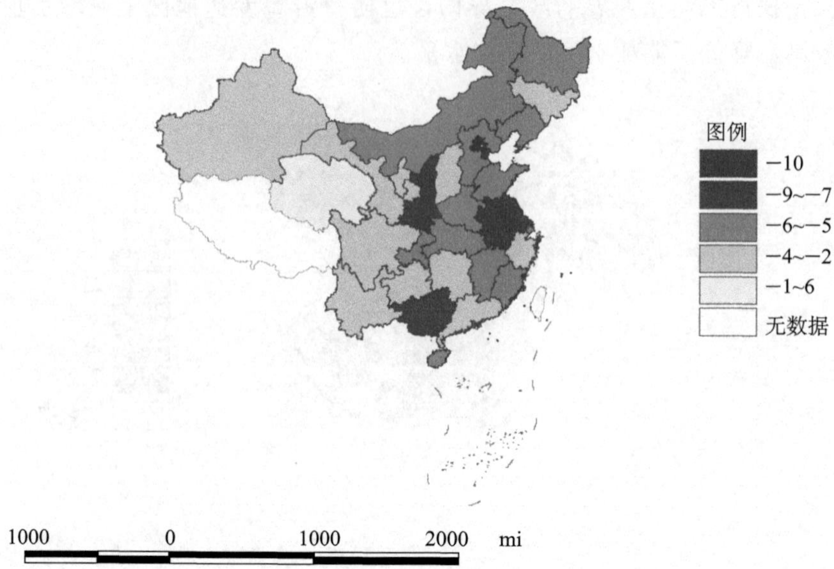

图 10-2　2006 年中国各地区单位工业增加值能耗变化比较（+/−%）

注：缺少西藏和台湾的数据

资料来源：中国投资年鉴 2007

的承诺和贡献来讲，在地方产业集群层次重视能源结构优化和节能减排技术的推广都有着非常重要的意义。

（二）自然生态系统负荷

除了能源消耗，工业高速发展同样增加了其他各种自然资源的消耗，中国目前已经成为世界上最大的铜、铝、水泥的消费国。伴随着大量资源的消耗，大量污染物的排放也增加对自然生态系统的负担。污染排放的空间格局与经济发展的空间格局密切相关。2005 年《自然》杂志发表的文章通过遥感图像显示中国二氧化氮含量的空间分布，相对于欧美发达国家传统工业化地区空气二氧化氮含量下降的趋势，中国空气中的二氧化氮含量显著增加，并且实际上高于通过地方检测汇报的水平（Richter et al.，2005）。该文对工业快速发展导致的中国经济发达地区空气质量恶化的趋势深表担忧。

同样，在水资源方面，图 10-3 显示了我国 2001～2006 年用水总量及构成的变化，从中可以看出，尽管工业用水总量远不及农业用水，但用量持续增加，并且在总用水中所占的比重也逐年增加。考虑到工业废水中的污染物排放，工业用水的增加所带来的环境问题在工业发达的地区已经非常尖锐。例如在外向型工业发达的深圳、东莞，贯穿两市的河流在十多年前水质还很好，居民可在河上淘米洗菜。1995 年以后，随着流域内工业企业和人口的增加，水质逐步恶化，除个别支流和上游部分河段水质尚达到Ⅲ类标准外，主要河段水质均劣于Ⅴ类标准。一些河段巨大的黑色污流卷裹着污物、泛着油光奔涌而出，散发出阵阵恶臭。岸边原本很有吸引力的住宅项目，也因河流恶臭而让人唯恐避之不及。更加令人难以接受的是，深圳、东莞两个经济强市多年来已经投入数亿资金，用于观澜河的治理，但收效甚微[①]。

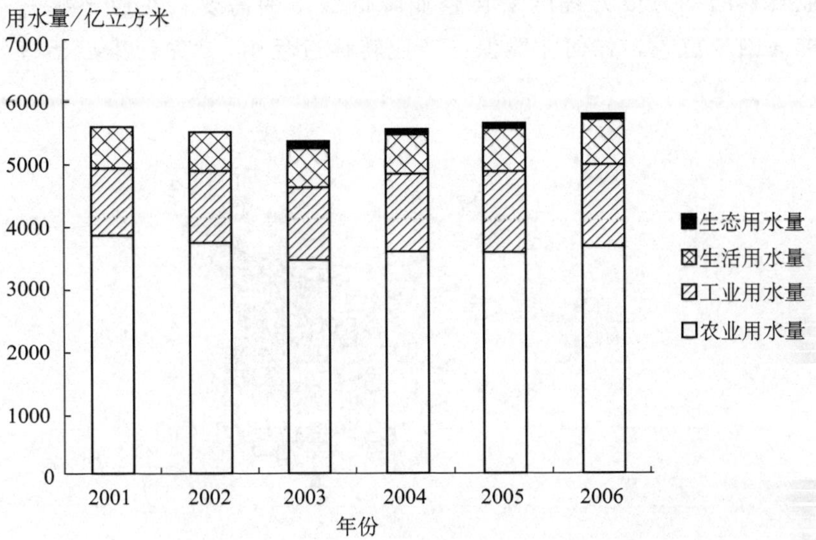

图 10-3　中国历年用水情况统计（2001～2006）

资料来源：中国环境统计年鉴 2007

南方由于水资源相对充裕，工业用水的循环利用大大落后于北方（图 10-4）。在开放较早的地区，基层竞相招商引资，工业选址相对随意，而环保设施规划建设落后，已经形成的工业微观布局形式加大了当前污染治理的难度。环境污染问题在当前广东产业集群的“双转移”[②] 中已经引发激烈的争论。批评者担心山区及东西两翼地处华南水系上游，靠近当地水源地，产业

① 陈冀，吴俊．2009-11-11．视点：深圳东莞河流污染考察．新华网．http：//news. xinhuanet. com/environment/2008-04/07/content _ 7933613. html。

② 2007 年广东省在《中共广东省委、广东省人民政府关于推进产业转移和劳动力转移的决定》中提出产业和劳动力向珠三角两翼和广东北部落后地区“双转移”的政策目标。

转移使污染也从流域的下游地区向上游山区及东西两翼转移，从而威胁整个广东省的饮用水源安全。而支持者则强调，“双转移”有可能为解决珠三角地区资源环境超负荷的问题带来机遇。政府希望通过在新建的承接产业转移的园区中实行集中供电、供热、供气和环境污染治理，提升了节能减排水平。通过有规划的产业聚居区，改变过去污染项目遍地开花的状态。有可能通过统一治污，集中监管，降低环境治理成本，提高污染防治和环境监管效能。对同一政策的两种不同的观点反映了发展中的两难，产业转移虽然受到政府的积极引导，但企业仍然是实施产业转移的决策主体，考虑到产业转移的动力很大程度来自企业降低成本的需要，在原地提升环境保护标准尚困难重重，如何才能保证产业转移过程中，“先污染后治理”的发展模式不会重演。

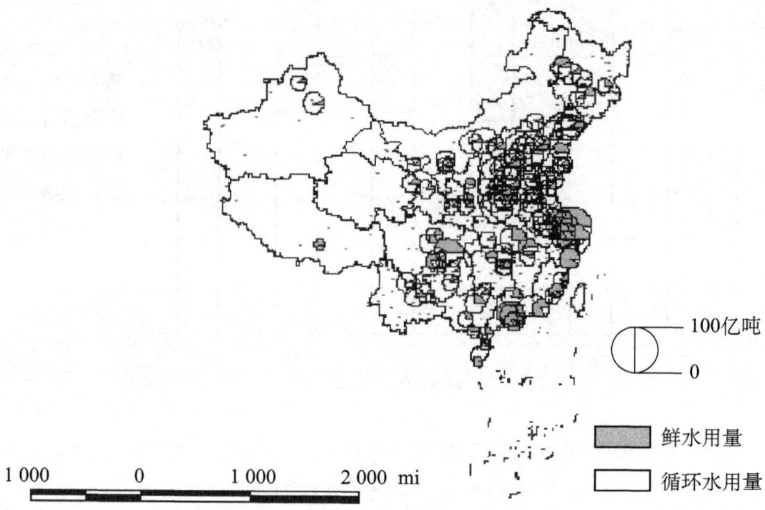

图 10-4　2006 年中国重点城市工业用水总量及构成图

资料来源：中国环境统计年鉴 2007

(三) 劳动场所健康

工业发展对环境的污染反过来又影响到人们自身的健康，其中劳动场所的健康问题在不少产业集群发展中已经明显显现出来。从传统工业，到新兴产业以及第三产业，都存在一定的劳动场所的健康危害，其中严重的导致职业病群发。我国目前法定的职业病防治涉及 30 多个行业，职业病名单达 115 种，接触职业危害人数、患者累计数量、死亡数量及新发病人数量，都居世界首位，并且近年来呈现明显的反弹倾向，发病人数从 20 世纪 90 年代初逐年下降，1997 年降至最低后又出现反弹。伴随着经济全球化和产业转移，一些劳动场所健康风险较高的产业活动也在向我国境内转移，并呈现从城市和工业区向农村转移，从经济发达地区向欠发达地区转移，从大中型企业向中小型企业转移的趋势。与此同时，劳动场所的健康保护和监督检测却发展极不平衡。新兴的乡镇企业、个体经济企业往往对有毒有害工作场所缺少防护设施投资，工作场所管理混乱，甚至无视劳动者健康权益，工作场所健康损害问题突出。

上述问题反映了中国产业集群所面临的环境问题跨越了不同空间尺度，上至全球范围的能源危机和气候变化议题，以及区域范围内的生态系统脆弱性问题，下至劳动场所和劳动者个体的微观层次，问题形成的机制也非常复杂。毋庸置疑的是，地方产业集群层次是从公共政策角度入手处理上述问题的一个比较好的切入点，以此为出发点，推进企业合作行动，对地方生产系统进行结构优化，具有较强的可操作性。

二、环境管制因素

环境管制与产业界的互动是可持续发展的核心议题之一。当今全球环境管制模式的演变表现出两大趋势：首先，在地域尺度上，环境管制逐渐突破了传统国家疆界的局限，向全球化，以及区域、地方多层级互动的模式演变；其次，管制措施本身从传统的生产过程控制和末端治理方式向覆盖全生命周期的产品责任制度转变。前者客观上加速了各国的环境管制向所谓的全球“最佳实践”（best practice）（通常是 OECD 国家的经验）靠拢；后者则伴随着环境管制手段的系统化和多元化以适应各种不同产品生产、消费的特点，以及社会文化的地域性差异。两种变化趋势交织在一起，加剧了全球环境管制的复杂性，对于当今日益全球化的生产系统而言，这种复杂动态的环境管制条件成了企业难以规避的挑战。

在因应来自社会和政府环境保护要求的过程中，产业界所采取的态度和行动也经历了一个转变过程。表 10-2 显示了战后发达国家环境保护思想、环境管制模式和工业系统演变的特点：在工业发展占据主流地位的阶段（20 世纪 70 年代以前），产业界实力强大，工业发展中的环境保护问题不受重视。但是，一系列重大环境污染事故，与能源危机相伴的经济发展阶段性低迷等历史事件相互交织，大大增强了公众对环境保护问题的关注。这一阶段，对生产阶段的污染控制主要依靠政府颁发强制禁令或制定严格的排放标准。20世纪80年代以后，随着发达国家工业生产阶段污染控制的逐步深入，传统的末端排放管制方法的局限性越来越显现，环境问题的解决方案逐渐向产品设计阶段的源头控制转变，由此导致环境管制的手段日趋多元化，不再局限于传统的命令和控制型的行政管理手段。随着环境保护意识逐步深入人心，厂商也越来越重视将企业及产品的环境影响状况融入自己的市场宣传之中，以提升自身的社会形象，加强与公众的环境知识对话与交流。由此，利用消费者选择产品的市场压力促进技术创新和产品改良的激励作用越来越强大，市场压力已经逐渐超越政府行政管制的作用，使得企业以更加积极的态度参与社会的环保行动（Hayter，LeHeron，2002）。管制形式的多元化、市场竞争机制的广泛采用和针对技术创新的激励手段有效促进了工业系统向低物质-能量消耗型的发展模式转变，经济发展与环境保护目标相协调的可持续发展理念得到普遍认同。

表 10-2　环保思想、环境管制模式与工业系统的演变

阶段	环保思想	环境管制模式	工业系统特点
萌芽阶段（至20世纪60年代）	环保思想萌芽，力量薄弱	政府管制缺乏	大规模消耗物质能源，大量排放废物的工业活动几乎不受约束
发展阶段（20世纪70年代）	环保主义发展壮大，并与工业发展相对立，有时能占据上风	民众的环保意识增强，政府开始对环境污染采取积极的限制措施	破坏环境的工业活动开始受到限制，但大多属于被动接受
普及阶段（20世纪80年代）	环保主义思想在发达国家被民众广泛接受	在发达国家，多样化的经济和政策手段开始用来为环境保护目标服务	工业企业开始将采取环保措施作为赢得企业良好公众形象的重要手段
深化阶段（20世纪90年代至今）	环境保护与经济发展加强对话与协调	探索将可持续增长模式制度化的途径，通过提升公众对环境知识的了解和关注，减少政府管制力量，提升公众舆论和市场竞争的作用	环境保护目标更为全面系统，并且成为重要的技术创新激励因素，企业的环境责任进一步延伸

资料来源：根据 Hayter 和 LeHeron（2002）修改。

然而，在经济全球化的条件下，发达国家环境管制如何影响全球范围的产业布局和环境变化，则存在着巨大的争议。概括起来可以归为两大基本假设：一是强调局部管制无效性的“污染避难所”（pollution haven）假设，认为在经济全球化的背景下，部分国家和地区较为严格的环境管制会促使污染密集型的经济活动向环境管制不那么严格的欠发达国家和地区转移，由此造成区域间为争取投资而出现环境管制标准的“逐底竞争”（racing to the bottom)，结果从整体上看环境问题没有解决，反而可能恶化。针对这一假设的实证研究很多，结论不一（Wheeler，2002；Low，1992）。而著名的波特假设则提出环境管制领先的国家可能出现另一种结果——严格的环境管制促进企业改变观念、发展绿色创新[①]，从而在环境要求普遍提升的情况下，获得先发优势（Porter，Linde，1995）。这就将政策评价的焦点转移到了制度对技术创新的影响上来。由于环境问题日益突破地方的局限，呈现跨区域，甚至全球性特征，而随着国际产业转移，发达国家越来越依赖发展中地区的资源开采和物质产品加工生产。上述两种假设都指向环境管制和环境标准的跨国效果，理想的政策出发点就变成利用发达国家产品终端市场——“领先市场”——的影响力，透过跨国供应链治理影响发展中国家和地区的生产者，以促进全球生产系统沿着更可持续的技术发展路线演进（Beise，Rennings，2005；Vermeulen，Ras，2006）。

中国作为高速发展的“世界工厂”，改革开放 30 年来工业产品出口快速增长。在这样一个全球化格局下，中国地方产业集群所走的技术演进道路对于全球生产系统的发展方向具有至关重要的影响。事实上中国工业生产企业对原材料的需求已经使得中国成为全球最大的再生原料的消费地（图 10-5 和图 10-6）。我国加入 WTO 以后，以健康、安全与环境保护为由的绿色技术壁垒对中国产品出口的影响越来越突出，发达国家市场层出不穷的各种环境标准成为不断挑战企业的技术和市场应变能力的重要方面。其在很多重要出口工业部门的确表现出对企业发展和采纳绿色创新的激励效果（童昕，陈天鸣，2007）。

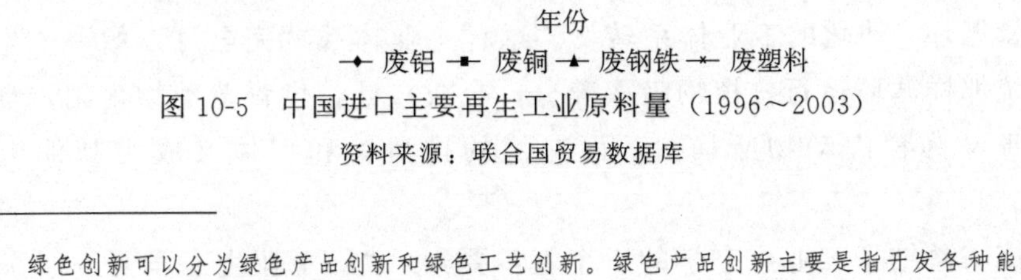

图 10-5 中国进口主要再生工业原料量（1996～2003）

资料来源：联合国贸易数据库

① 绿色创新可以分为绿色产品创新和绿色工艺创新。绿色产品创新主要是指开发各种能节约原材料和能源，少用昂贵或稀缺原材料，且在使用过程中以及使用后不危害或少危害人体健康和生态环境，并且易于回收利用和再生的产品；绿色工艺创新主要是通过工艺改进、清洁生产等措施来减少生产过程中产生的污染，进而减少污染物的排放和末端治理。

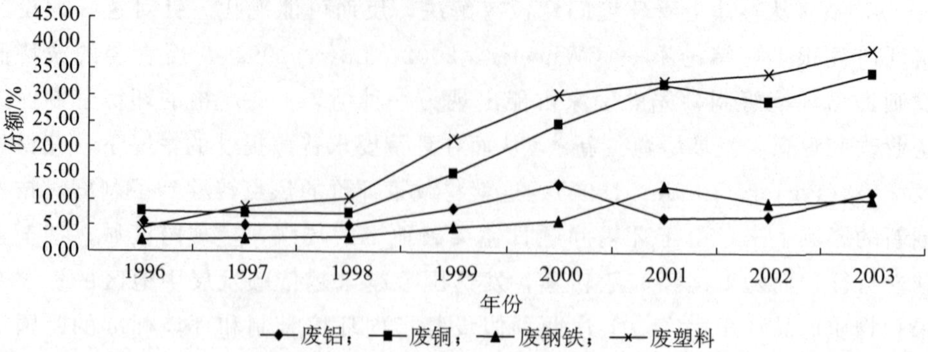

图 10-6　中国进口主要再生工业原料占世界贸易份额（1996～2003）

资料来源：联合国贸易数据库

三、生态工业革命

随着可持续发展理念的不断深入，人们已经认识到工业化引发的危机必然要从工业本身入手。对现有的工业体系不能仅仅进行局部的修修补补，诸如制订越来越严格的“三废”排放标准，增加各式各样的末端处理装置（小到汽车尾气净化装置、大到填埋处理核废料的庞然大物），以及不伤筋动骨的改变设计而达到有限提高能源使用效率的目的；而是必须从整体上重新规划工业体系，对其进行一场革命性的调整和再造。着手进行重新规划的样板就是已经经历了数十亿年发展历程，目前依然欣欣向荣的地球生态系统。生态工业革命已经在经济理论研究、社会政策研究和专业工程技术领域，乃至更广阔的社会范围形成广泛的共识，为可持续发展理念走向实践指出了一个充满希望的方向。

苏伦·埃尔克曼（1999）在《工业生态学》一书中回顾了 20 多年来生态工业的理论发展，指出可持续工业必须实现从末端治理的被动环保主义向物质能量循环一体化的工业体系转变。这种工业体系“完全可以像一个生物生态系统那样循环运行：植物吸取养分，合成枝叶，供食草动物食用，食草动物本身又为食肉动物所捕食，而它们的排泄物和尸体又成为其他生物的食物。”

该书总结了工业生态学的三个基本要素：“①工业生态学是一种关于工业体系的所有组成部分及其同生物圈关系问题的全面的、一体化的分析视角；②工业体系的生物物理基础，亦即与人类活动相关的物质和能量流动与储存的总体，是工业生态学研究的范围，与目前常见的学说不同，工业生态学的观点主要运用非物质化的价值单位来考察经济；③科技的动力，亦即关键技术种类的长期发展进化，是工业的一个决定性（但不是唯一）因素，有利于从生物系统中获得知识，把现有体系转换为可持续发展的体系。”

生态工业革命在价值观上对传统经济理论提出了挑战，这一理念付诸实践将对社会产生的深刻影响。从表面上看，至少有两点非常明显：

首先是对发达国家社会生活方式的影响。在提交罗马俱乐部的一份报告“Factor Four”（Weizsacker et al.，1997）中，可以看到生态工业将影响到人们衣食住行的各个方面，而重要的是，所有这些改变都有现成的技术作为保证。该书的作者不遗余力地对所有的技术和方法改进进行价格成本分析和生态成本分析，力图告诉读者，采用新技术、新方法使生活方式更加符合生态可持续性要求，不但没有额外的成本负担，反而有利可图。这种在维持消费效用至少不降低的基础上，谋求生态可持续发展的立场，显然比单纯说教，让已经习惯于舒适生活的人们采用降低生活标准的方法节约物质能量消耗，要有魅力得多。

其次是对生产组织形式的改变。这一点当推生态工业园区的建设和日渐风靡。事实上工业生态学本身的发展是与生态工业园区的自发实践密不可分的。其中有关工业生态系统的一个经典案例——卡伦堡工业共生体系是从 20 世纪 50 年代以来逐渐自发形成的，到 80 年代以后才开始为世人所关注。在这个人口不足 2 万的丹麦小城，几家工厂通过互相连接的管道，实现废物和热能的循环利用，从而减少了本地工业对环境的干扰，提高了资源利用效率。随着可持续发展引起世人关注，生态工业园区的价值开始受到重视。近年来，许多国家纷纷规划筹建自己的生态工业园区。目前美国已有 16 个生态工业园区项目，包括以沿海工业为特色的弗吉尼亚的查尔斯港工业区，以老工业区改造为特色的巴尔的摩的费尔非德工业区、查坦努加工业区，专门从事工业废物交易的得克萨斯的布朗斯维尔市场，以及各种绿色产品和环保技术产业园区。加拿大有 9 个主要的生态工业区计划，主要工作尚处在试验阶段。同时还有相当数量的工业区在规划建设中部分借鉴了生态工业的思想。欧洲、日本在生态工业园区建设方面也各具特色。各种专门从事生态工业研究的机构应运而生，如国际联系与发展研究会（Research Triangle Institute and Indigo Development International）、美国前（克林顿总统时代）可持续发展总统研讨会（The president's council on sustainable development）等。许多大学还开办了相应的课程，研究推广相关技术和思想。

如果我们把上面所说的生态工业革命仅仅看作环境保护主义的进一步发展，或者新一轮基于环保时尚的生产生活方式改变，只要通过引进先进的环保技术，我们一样能够像模仿传统工业模式一样把发达国家的生态工业园区样板连同时尚的生活方式一起复制过来，恐怕太简单了。透过表面现象，考察更深层次的推动这一变革的社会基础，会发现除了环保观念以外，生态工业革命还涉及其他社会背景。

20世纪60年代以来，科技进步与世界市场自由化趋势推动了新一轮的经济活动全球化浪潮。一些发展中国家和地区抓住这一机遇，利用廉价的土地和劳动力资源，以及发达国家开放的广大市场，实现了经济腾飞。这一发展奇迹的示范效应带动了众多的发展中国家纷纷采取出口导向型发展战略，力图快速实现工业化和现代化。而对于发达国家的传统工业区域来说，经济活动全球化给地方产业发展带来了更加激烈的竞争和不确定的市场环境。生产活动随着资本转移到世界的其他地点，导致了地方劳动就业率下降、生产条件恶化、经济发展停滞等问题，发达国家引以为豪的社会福利体系也面临入不敷出的困境。许多关于地方产业区的研究开始关注在全球低成本竞争日趋激烈的背景下，发达国家内部仍然能够保持繁荣的区域，以及这一类区域的地方竞争优势所在。人们在硅谷发现了高科技，在日本、意大利发现了高度一体化的本地企业网络。人们从技术创新追溯到制度创新，乃至社会文化基础。究其根本，区域需要在一种社会共识的整合下形成一种合力，这种合力是一种社会资本，可以促进有利于实现社会共同目标的竞争与合作，优化市场的功能，提高创新能力。这种社会共识可以内化到法律、制度、传统，甚至地方文化与大众心态中，从而使本地的经济活动得以在当地扎根，进而在全球竞争中获得更为长期的优势。可持续发展理念在各种层次的社会共识中脱颖而出，成为当今最具广泛号召力的人类目标。在这一理念指引下的生态工业革命事实上是针对所有上述的社会问题而展开的，当然其对社会的影响也不会仅仅局限于发达国家内部，而是有可能对全球贸易和生产活动都产生深远影响。

首先，物质产品出口市场压缩，生态环境保护壁垒将成为强有力的贸易非关税壁垒。按照“生态脚印”的理论，我们每个人、每个城市所消耗的能源物质远远超过本身占据的空间所能提供的，这些负担将由更大范围的地球生态系统来承载。这种负担被形象地比喻为“生态脚印”。不同的生活方式产生的“生态脚印”大小是不一样的，纽约的城市居民与非洲土著部落相比，可能相差几十倍甚至上百倍。采取可持续的生活方式，就必须减小“生态脚印”，在不降低生活水平的前提下，尽量就地取材，提高能源物质使用效率，回收利用各种废弃物。为了鼓励这种生态化的生活方式，就必须对市场机制进行调整，把生态负担计算到消费品价格中去。很多设想的办法已经在尝试之中，比如，德国就采用生态认证的办法，对不同来源的产品的生态负担进行量化，并公之于众，让有环保意识的公众自己选择。其结果，最直接的就是使需要长途运输的产品丧失竞争力（因为运输行为本身的“生态脚印”就大得惊人）。此外，减少废弃物的要求被仔细地纳入立法当中，产品的耐用性重新受到重视，这必将压缩物质产品制造业的规模，而出租、维修、翻新等典型的本地化服务活动将会受到市场青睐。美国著名的Dow化学品公司甚至想出了出租有机溶剂的高招，用户用完了以后，由公司负责回收再利用，免得因废弃有机溶剂惹来官司。毫无疑问，这种在降低生态负担的同时，扩大本地就业的思路对于发达国家内部的普通大众是十分有吸引力的。而资本雄厚的跨国公司即使不情愿，也不得不顾及公司自身的形象，采取合作的姿态。这种倾向已经发展成为一种新贸易保护主义。蒂姆·朗和科林·海兹（1994）在《新贸易保护主义》一书中就写道：“自力更生应该成为国家内部以及一个地区的国家之间的一个共同目标，这样可以使他们在力所能及的范围内最大限度地满足需要和提供服务。如果经济活动是为自力更生提供服务，那么，它们对国际贸易的依赖程度就会降低，经济增长受无情竞争的影响也会减少。当生产和就业必须一致为了满足地方需要而服务时，就应该重新将经济活动定位，使其摆脱出口导向的模式。”新贸易保护主义的抬头遭到全球自由市场经济信奉者的抵制，但即便是WTO、世界银行这样的维护全球自由市场经济的大本营，也在公众舆论的压力下，逐渐将环境和健康的考虑纳入到自由贸易协商和管制的框架之内。

同时，发达国家产品的生态标准越来越严格。以冰箱耗能为例，按每升容量计，1972年美国出售的机型平均消耗3.36千瓦时/年。1987年当加利福尼亚州能源适用标准生效后，降到1.87千瓦时/年。1990年，颁布了一项新的联邦标准，禁止出售比1.52千瓦时/年更高的产品。1993年，联邦标准的限制值又降到1.16千瓦时/年。美国主要的生产厂家在1997年允诺到1998年可以将该标准减到低于0.86千瓦时/年。至于汽车、空调、食品等各种产品的绿色标准更是层出不穷。这些基于尖端技术的产品绿色标准构成了一道无形的屏障，把依靠引进模仿推动技术改进的落后生产者排斥在市场之外。以降低贸易壁垒，促进国家间贸易为宗旨的世界贸易组织（WTO）与其前身关税及贸易总协定（GATT）也在第20条中为环境保护目标提供了例外条款：允许“为保护人、动物和植物的生命和健康”而采取贸易限制措施。尽管如此，发达国家的环境保护势力仍然不满WTO（前身为GATT）对此条款采用狭义的解释，为促进国际贸易而牺牲生态环境。

其次，生态工业园的建设思路有助于加强发达国家工业生产活动的本地植根性。过去几十年中，经济活动全球化加剧了新旧产业空间的兴衰更迭以及彼此之间的激烈竞争。在现代信息技术和交通技术的帮助下，跨国公司控制的生产链把位于世界各地的产业区连成全球生产网络，国际贸易已经从最终产品交易向不同阶段产品的空间流动（既包括物质流动，也包括信息流动）转变，生产活动的区位选择自由度大大增加了。发展中国家的低成本优势在这种长脚的工业面前具有较强的竞争力。但是基于生态工业革命的生产组织形式变革，将打击发展中国家利用低成本优势模仿发达国家传统工业区的努力。生态工业园区的发展目标就是要尽可能实现本地生产过程中的物质能量循环，通过本地生产生活系统的有机结合，减少系统内外的物质能量交换。也就是说，这种发展模式最终会使产业区从以物质产品输出为主转向以技术、服务等非物质形态产品输出为主。而目前发展中国家和地区的传统工业区大多依靠向发达国家市场大规模输出产品来维持高速增长。由此，对全球服务贸易的管制和定位成为南北对话争论的焦点之一。

尤其是生态工业园区通过企业间的网络化联系实现了相互之间的物质能量交换，这种关系反过来又加强了本地企业之间的相互依赖。很多生态化改进必须建立在企业之间长期合作的基础之上，从而大大增加了企业的本地植根性。尽管早先的生态工业园区存在为了环境利益而使居民牺牲经济利益的情况，比如前面提到的卡仑堡工业共生体系为了让居民使用热电厂的余热取暖，而拒绝引入相对廉价得多的天然气；但是，近年来，越来越多的生态工业园区研究开始注重发掘本地企业的网络化联系在降低地方整体生产成本和提高生产效率方面的潜力。理论上讲，成功设计的生态工业园区，应当不仅能把企业的生产活动留住，而且能为它们提供更加持久的竞争优势，既包括成本方面，也包括技术创新、企业形象等方面。如果说，把绿色屏障作为一种贸易保护手段还会受到市场自由化势力的阻挠，那么这种立足于地方竞争优势的变革更能博取广泛的认同。

四、产业集群与产业共生

产业集群研究长期以来关注集群的经济绩效和市场竞争力，较少考虑环境效益。产业生态学在研究地方生产系统的内部物质能量流动过程中，则较多从技术可行性的层面考虑企业间物质能量交换的可行性，而很大程度上忽视了地方制度、产业组织形式、市场和技术变动等影响企业间合作的经济和人文因素。近年来，两个领域的研究者和实践者正在彼此靠近，从对方的研究中吸取有益的思想。

产业生态学思想所倡导的闭路循环思想对系统解决当前工业发展中的环境问题无疑具有非常重要的启发意义。特别是，产业生态学提出了一系列分析工具和面向企业环境管理的实践工具，如物质流分析、产品生命周期分析、环境友好的设计等，对在企业层面实践产业生态学思想提供了非常丰富的理论和技术支持。正因为产业生态学为企业提供的是基于市场竞争环境下的环境管理策略，因而能够与市场经济条件下，企业增强市场竞争力，谋求扩大盈利的基本驱动因素尽可能的协调起来，在实践中取得了相当不错的效果。当今全球不少知名品牌企业，如惠普、苹果、松下、索尼、耐克等，都已将企业的环境表现作为企业形象建设中的重要环节，在采用绿色创新、培养消费者的绿色消费意识等方面做出了很大贡献。

然而，在从企业层面向产业系统层面提升的过程中，产业生态学思想的应用效果并不理想。产业生态系统在空间规划中最直接的应用是所谓“产业共生”概念。这一概念的基本思想是希望通过一定的规划管理手段，在特定区域范围内建立企业间的物质能量交换联系，从而实现闭路循环的发展目标。这一概念的经典案例是“卡伦堡工业共生体系”。然而，这一经典案例在工业园区规划中的推广却远没有理想模式所希冀的那样一帆风顺。基于产业共生思想的生态工业园区规划面临两个基本问题。

首先，实现闭路循环是否存在一个最优的地理尺度，这是园区规划落实到地理空间上首要面临的问题（Lyons，2004）。由自发形成的生态工业园区毕竟非常罕见，要依靠规划实现生态园区的发展目标就不能不考虑园区内的企业盈利目标。在市场经济条件下，企业拥有自主选址的决策权，企业选址是综合考虑各种社会经济因素的结果，通常不会把废物再利用作为选址考虑的主要因素，只有在其他主要的经济目标可以满足的情况下，通常是选址决策已经完成，这才可能考虑同周边企业发展物质能源循环利用的可能性

(Chertow，2004)。为此生态园区规划往往不是传统意义上对一个确定边界的工业园区的实体规划，而是需要针对在一定地域范围内，存在潜在的物质能量交换需求的经济活动有一个综合引导过程。由此，在生态工业园区的基础上，人们提出了可持续岛、生态城市等概念，希望为产业生态系统的规划尺度找到一个合理的自然边界。

其次，从历史发展来看，闭路循环的产业联系还必须能够适应技术与市场动态变化的竞争环境。这一点在企业层次相对容易一些，因为企业作为经济活动的基本单元，对内部具有较强的综合规划和控制能力。而工业园区面对的是众多决策主体，各个决策主体根据各自对市场的感知采取行动，物质能量交换的协作关系很难在企业关系管理中得到优先重视。这种关系必须在不断地创新、合作、积累、演化的过程中逐渐形成，并加以巩固。

生态工业园区规划所面临的上述两个问题实际上正是产业集群研究中长期关注的核心问题。产业集群研究关注产业集聚和扩散的空间过程和内在机制。产业集群的形成是多种因素共同作用下形成的相关产业的地理集聚现象。产业集群内部的企业受益于集群经济主要包括三方面：①上下游企业靠近，降低合作成本；②企业共享本地专业化劳动力资源；③企业之间的信息交流促进创新与学习。正是由于存在这些集群经济的基本要素，地方产业集群可以在开放、动态的市场竞争环境下，为本地企业提供长期的竞争优势。

产业生态学中闭路循环的思想与集群经济可以很好地结合起来。在研究集群现象时，对地理尺度的把握与生态园区规划中所面临的第一个问题非常相似，但所涉及的因素更加广泛，各种因素之间的关系也复杂得多。产业生态系统的空间规划显然不能脱离产业空间集聚扩散的一般规律。集群不仅可以降低企业合作的成本，更重要的是为企业技术创新提供良好的外部环境。特别是企业之间频繁的信息交流与互动是推动创新产生和扩散的重要条件。某种程度上讲，产业生态学所追求的企业之间为实现物质能量闭路循环而进行的联系与互动，也是一种以环境保护和可持续发展为目标的创新合作。伴随着物质和能量交换关系的信息交流与合作关系是发展和维持整个产业链的生态化改进措施不可或缺的要素。因而产业集群战略的核心——“推动产业联系”——对产业生态系统的实践具有重要的参考价值。

目前，产业生态学主要是以企业为核心发展起来的可持续发展理论和实践工具，已经为企业环境管理开发了一整套行之有效的设计、评估、管理工具（Graedel，Allenby，2003；樊海林，程远，2004）。而上升到区域产业系统或工业园区的层次，问题的复杂性大大增加。目前国内外生态工业园区规划中，围绕单一企业或企业集团的成功案例相对较多，比如我国以广西贵糖集团为核心建立的贵港生态工业园就是一个非常成功的例子（Zhu，Cote，2004）；但是针对大量混合型工业园区，或者生态镇、生态城市的规划，要贯彻产业生态学思想就会面临更严峻的挑战。事实上，产业生态学从企业层次向区域系统层次迈进，为其同产业集群的理论和实践提供了一个很好的结合点。完全可以尝试仿造产业生态学的企业工具箱，为集群规划也设计一个产业生态工具箱，从而使当前国内方兴未艾的产业集群规划也能够从产业生态学的思想中获益。

图 10-7 显示了集群规划中涉及的产业生态学基本要素，主要包括三大方面：发掘企业物质能量交换的市场机会，为企业提供环境技术与政策咨询服务，提供企业共享的环境保护基础设施。其核心正是产业集群的核心理念——推动产业联系，所指向的目标则是区域可持续发展。

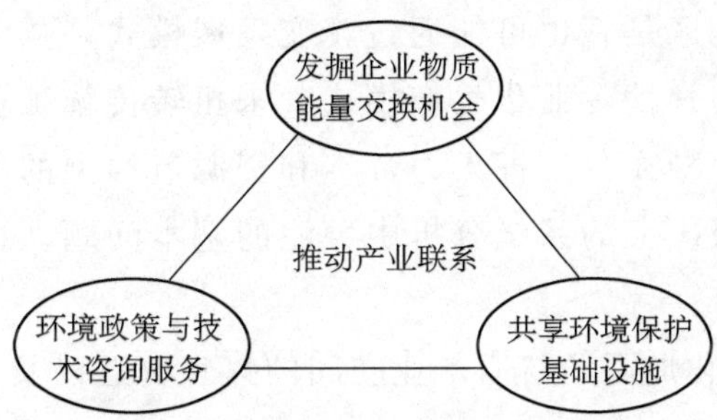

图 10-7 集群规划的产业生态学要素

基于上述三个基本要素，产业生态学的企业工具箱中的各种工具都可以为产业集群规划所用，包括在企业咨询服务、园区环境管理、园区基础设施规划建设中采用生命周期评价的分析工具；使用物质流分析模型考察区域范围内物质流动的格局，发现资源再利用和有毒物质排放控制的环节，寻找合作解决的途径；在工业园区的规划和招商引资中考虑发展工业共生的可能性等。同以企业为中心的产业生态学实践略有不同的是，在产业集群的区域规划层次，产业联系的动态性更受重视，因而推动产业联系的措施较之企业内部管理需要有更大的弹性。

在集群内部推行产业生态学的实践是否能够成功，很大程度上还取决于集群与外部的联系与互动。首先，社会范围内对环境问题的关注会有助于提升具有绿色竞争优势的企业和地区的市场竞争力。其次，区域产业发展的阶段性对适用产业生态学思想也会产生影响。这里的影响包含两方面：其一，新兴的工业化地区在选择环保技术创新方面具有后发优势，可以吸取前人的经验教训，合理布局，选择最新的技术；其二，新兴工业化地区正处在资源消耗快速增长的发展阶段。尽管产业生态学强调经济增长要与自然资源消耗的增长脱钩，并且不少实证研究都反映近年来发达国家经济发展的非物质化趋势（Ayres，2001），指出这种趋势与经济发展模式的转变具有内在联系——信息技术支撑下的弹性专业化生产模式取代了传统的大规模标准化生产模式，生产者能够针对消费者的个性化需求，灵活改变产品设计，按照市场需求确定产量。这种生产模式衍生出大量基于信息搜集与知识创新的服务行业，减少了大规模生产的盲目性，客观上降低了单位 GDP 的资源消耗密度。一些研究基于发达国家的经验还指出：新的弹性化生产模式有利于提高企业的绿色技术创新和学习能力，从而改善企业经营活动的环境表现（Florida，1996）。然而，在全球产业转移的背景下，快速工业化地区是否也可能通过转变发展模式，从大规模生产模式转向基于知识经济的弹性专业化生产模式，来扭转传统工业化资源密集型的发展道路，走向一种充分发挥人力资本和资源节约型的经济形态？这是产业生态学在更高层次上的系统分析中关注的基本问题，也是产业集群研究必须正视的问题。

经济活动全球化加剧了新旧产业空间的兴衰更迭以及彼此之间的激烈竞争。在现代信息技术和交通技术的帮助下，跨国公司控制的生产链把位于世界各地的产业区连成全球生产网络。发展中国家和地区利用低成本优势吸引产业转移的战略获得了一定的成功。但是地方产业所面临的新的竞争压力和环境承载力的限制令这种发展道路不可能无止境的延续下去。而全球环境管制模式的演变，使传统工业发展模式所依赖的竞争基础进一步收到削弱。产业生态学的思想为地方产业集群结构调整和升级提供了一个基于可持续发展理念的研究视角，应当在产业集群的研究中引起重视。

生态工业园区规划目前普遍面临生态效益与经济效益无法兼顾的问题。产业集群的研究表明，产业的空间集聚与扩散有其内在规律，生态工业园区规划如果不充分考虑企业区位选择的一般规律，尊重产业集群形成和演化的客观现实，就很难获得成功。另外，很多生态化改进都必须建立在企业之间长期合作的基础之上，从而实现技术的共同演进。产业集群中有关区域技术创新和演化规律的研究对产业生态学也有很强的借鉴意义。

产业集群与产业生态学思想的结合，将打破生态工业园区局限于实体工业园区的僵化的空间概念，在区域层次推动企业间通过网络化的联系探索相互之间实现物质能量交换的潜在机遇，这种关系如果能和降低地方整体生产成本及提高生产效率的目标相一致，无疑对集群优势是一个重要的补充。

五、推进绿色创新的行动：浙江长兴铅酸蓄电池产业案例

绿色技术创新强调绿色观念、绿色设计、绿色产品以及绿色工艺与技术的研究开发与应用；强调以绿色市场为导向，促进绿色技术成果的转化；强调管理机制的创新以及生产组织方式、经营管理模式、营销服务方式等多方面创新的结合。绿色技术创新可以使企业的经济效益与生态效益协调一致，树立绿色竞争优势，实现企业和产业的可持续发展。

国外有关环境保护和公众利益的绿色技术创新，往往是通过非政府组织（NGO）的话语和政治力量来影响的；我国台湾地区推进绿色技术创新的行动也是通过台湾“绿色生产力基金会”[①] 来实现的。而在我国大陆的产业集群中，绿色技术创新能否顺利实施，是受企业、政府、科研院所、中介机构、民众等行为主体之间的交叉影响并由它们共同决定的。为此需要发挥各个主体作用，开展绿色技术创新。

浙江省湖州市长兴县提供了一个实例。该县铅酸蓄电池产业从“血铅风波”到绿色创新，走过了不寻常的路。

自 1998 年以后，长兴县逐步形成了以天能电源有限公司、超威电源有限公司为龙头的企业群体[②]。由于国内电动自行车的迅猛发展和蓄电池生产的丰厚利润，该县民众对蓄电池投资有强烈的创业热情，到 2006 年长兴排名前 20 家大企业已经有 13 家涉足蓄电池产业，成为全国电动自行车蓄电池行业的区

---

① 参见台湾绿色生产力基金会网站. http：//www.tgpf.org.tw/。

② 铅酸蓄电池产业在发达国家如奥地利是集中型产业，以大型机械化自动化企业为主，而在我国，尤其是长兴县，却是很多劳动密集型小企业专业化分工所组成的企业群体。我们研究团队在为长兴县所做《绿色动力能源中心发展战略规划》时，未用“蓄电池产业集群”的提法，是考虑其未来应走提高产业集中度、发展大型企业的道路。

域知识流通和信息集散中心，形成了无形的专业市场和根植于本地的蓄电池产业文化，企业在外地设置的产品销售点在5000个左右，天能和超威具有较高的行业话语权和影响力。天能是全国电动车用密封铅酸蓄电池标准的主要起草单位之一。2008年12月，浙江省科技厅下文同意批准长兴县创建蓄电池省级科技创新服务中心。

由于早期生产企业、工人和政府对铅污染的防治不够重视[①]，甚至诱发了“血铅风波”。群众的恐铅心理和县有关部门及单位的恐蓄电池产业的心理，影响了本地企业家的投资信心。部分企业外迁到江苏、山东、安徽等多个省区。然而，“血铅事件”的爆发正为长兴蓄电池提供了走上绿色环保之路的契机[②]。长兴被列为蓄电池重点环境监控区，县政府对蓄电池行业开展专项整治，企业数量从175家减少到53家。与整治前相比，企业数量虽然减少了70%，但蓄电池产量年均增长85.02%，企业的生产工艺、环保意识和设施、企业管理、生产环境、产品性能的水平都有很大提高。长兴县2006年铅及其化合物、硫酸雾、含铅固体废物三大污染物的年排放量，分别比整治前削减了94.1%、80.5%和24%，长兴县不再是省级环境保护重点监管区[③]。在这一过程中，企业从被动接受治理，转向追求较高的环境管理标准。通过企业的合作行动，将污染进行集中处理。企业投入7000多万元用于环保、卫生治理设施。政府则从集群层次进行干预，严格执行排污标准，淘汰高污染、高耗能、低技术企业；鼓励技术更新改造，并向投入环境治理的企业发放了近300万元的补助金[④]。

2006年长兴县这53家企业中，蓄电池组装企业43家（包括镍氢电池和锂电池企业各1家），极板生产企业9家，铅冶炼企业1家，形成了从蓄电池

① 胡伟华，邵斌．2008．2005年长兴县693名儿童血铅水平及相关因素分析．浙江预防医学，(11)：53～54。

② 在“血铅事件”后通过整治，铅酸蓄电池生产落后的工艺装备、生产设备已基本淘汰，企业的生产环境得到了根本性的改善，企业的技术装备得到了明显提高。现在企业都采用了国家认定的有合格产品证书的治理设备，铅尘、铅烟工序的岗位都安装了吸风装置，废气采用了湿法除尘、布袋除尘，污水沟、池也采用了防腐防渗的材料，废水处理后能做到循环回用。极板企业逐步采用自动浇铸机、自动合膏机，且设置沐浴间和更衣室。职业病危害警示、公布、告知等工作都比较规范。铅冶炼企业只保留回收废旧铅酸蓄电池的超日公司，其2005年2月经环保监测已达标，列入浙江省循环经济行动计划100项重点项目，燃气式反射炉生产工艺符合国家产业政策，其他铅冶炼企业全部关闭。所有企业有生产许可证，并严格遵守《环境保护法》、《职业病防护法》及相关制度。

③ 湖州市工业行业管理办公室．湖州市区域品牌建设概况．湖州工业网，2007-08-16。

④ 徐友龙，黄俊英，夏燕．2009-05-15．长兴：绿色发展之路．观察与思考，转引自搜狐新闻．http：//news.sohu.com/20090515/n263988102.shtml。

原辅材料加工、极板生产、零配件制造到组装和销售的生产系统[①]，本地龙头企业还生产电动自行车和电动摩托车。企业散布在开发、煤山、雉城、小浦、槐坎、虹星桥、李家巷、洪桥、夹浦、林城等乡镇里。铅酸蓄电池成品由极板、塑壳、硫酸、隔板纸、接线座、密封胶帽、密封胶、包装塑料纸、纸箱等零部件组成，除上游铅冶炼和最后的废旧蓄电池回收环节外，这些零部件的生产厂几乎都可以在长兴找到，长兴县内煤山镇、小浦镇、开发区一带本地配套初步形成。长兴共有 5 家隔板厂，20 多家塑壳厂，4 家硫酸厂，1 家密封胶帽厂，1 家密封胶厂，少量纸箱厂。除塑壳的产量基本可以达到自给自足外，其他配套零部件还远不能满足本地市场（图 10-8）。

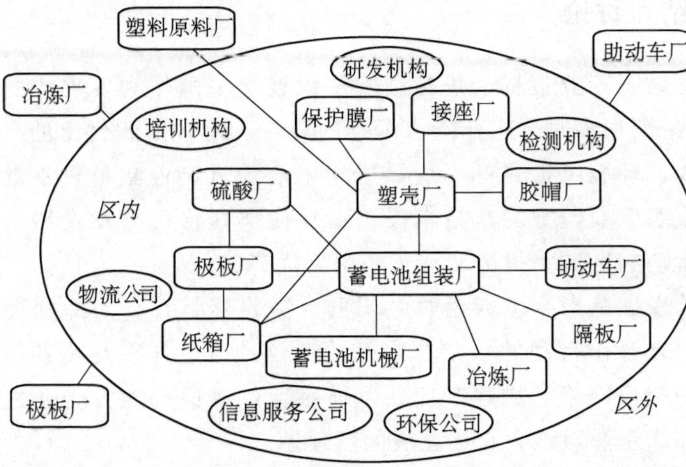

图 10-8 长兴蓄电池产业配套示意图

2006 年北京大学课题组所做的规划报告中主张，在今后一段时期内，长兴加快蓄电池产业发展的总体战略是：本着“对民众负责、对环境负责、对未来负责”的原则，根据“集中布局、绿色环保、集群配套、创新升级、合作和谐”的思路，积极、适度地发展长兴蓄电池产业，努力打造“中国绿色动力能源中心”。发挥企业、政府、科研院所、中介机构、民众等各个行为主体的作用，开展绿色技术创新。为此规划了企业集中区，建立和提高集中区的企业准入门槛。为了发挥长兴

① 长兴蓄电池的发展依赖于少数大企业。以天能和超威为代表的大企业机械化程度较高，而广大的小企业主要以手工操作为主。由于未来长兴蓄电池的发展将向资金密集和高机械化方向发展，因此资源将逐渐向大企业集中，形成规模经济。在产业组织结构上将呈现以大中型企业为主，大中小企业并存的格局。需要充分认识调整和优化长兴蓄电池整个产业组织结构的重要性，不仅要用产业集群的发展理念和政策引导，促进企业关联，而且要顺应产业技术变化趋势，提高产业集中度，经过若干年的努力，克服“低小散”的问题。

蓄电池的产业优势，建议把高附加值、高新技术、环保设施先进、有发展前途的企业留在长兴，通过集中布局、科学规划、严格管理和适当控制，并以新区选址和规划为契机，进行产业升级和绿色创新以及产业的空间调整。

之后，长兴县由发改委牵头，与环保局、卫生局、质监局、安监局和工商局 6 个部门共同制定出台了相关意见。一方面，调整产业结构，引导铅酸电池向镍氢电池、锂电池等新一代动力电池发展，为产品进入高端消费市场做好准备，另一方面，规划了蓄电池产业集中区，通过空间选址和布局优化，减少了产业发展与环境保护的冲突。

本章小结和讨论

本章探讨了产业集群的可持续发展议题。中国作为发展中的“世界工厂”，产业集聚很多时候也伴随着污染的集聚，地方由此付出的高昂代价已经日渐显现。环境保护目标不应该成为限制地方产业集群发展的瓶颈，相反，面向生态工业转型的新技术浪潮正在使那些将可持续发展目标纳入企业决策与行动的区域获得更加持久的竞争优势。

可持续发展是当今世界最具共识的人类发展目标，因此相关议题可以成为发展地方合作行动的一个非常好的动议。通过共享环境基础设施、发展企业废物交换网络、构建产业共生体系，可以促进地方企业之间的交流与合作，加深企业对地方长远发展的责任感。

对于当前国内许多污染密集型的产业集群来说，促成地方企业合作行动的直接压力不仅来自日益严格的环境管制标准，更来自地方社区对环境污染事件的强烈抵制。企业在应对各种压力的过程中，也在逐步积累自身的技术能力，改善产品和生产过程的环境属性。从长兴蓄电池的案例中可以看出，正是这种压力促使当地的领先企业力图在全国同行中推行更高的环境保护标准，以巩固和提升自身在业内的领先地位。这种努力是企业走向全面主动的可持续发展战略的第一步。

企业层次的努力需要得到集群层次的配合。集群不仅可以为企业提供基础设施共享、废物交换等可见的好处，长期来看，技术创新优势才是企业绿色竞争力的源泉。集群对于创新的促进作用是否对此有效，取决于可持续发展目标是否真正成为地方企业和相关利益方的共识，这是一切合作行动的出发点。

（童昕，王缉慈，张晔，林涛，梅丽霞）

参考文献

樊海林，程远．2004. 产业生态：一个企业竞争的视角．中国工业经济，192：29～36

苏伦·埃尔克曼．1999. 工业生态学．北京：经济日报出版社．16～21

童昕，陈天鸣．2007. 全球环境管制与绿色技术创新扩散，中国软科学，201：69～76

王缉慈等．2001. 创新的空间——企业集群与区域发展．北京：北京大学出版社

中国环境统计年鉴 2007. 2008. 北京：中国统计出版社

Anderson K. 1996. Environmental Standards and International Trade. Annual World Bank Conference on Development Economics 1996. Washington：World Bank

Ayres R U. 2001. Industrial ecology：wealth，depreciation and waste. *In*：Folmer H，Gabel H L，Gerking S，et al. Frontiers of Environmental Economics. Massachusetts：Edward Elgar Pub

Beise M，Rennings K. 2005. Lead markets and regulation：a framework for analyzing the international diffusion of environmental innovations. Ecological Economics，52 (1)：5～17

Chertow M R. 2004. Differentiating industrial complexes and industrial symbiosis. Paper Presented at the Annual Meeting of the Association of American Geographers Philadelphia

Florida R. 1996. Lean and green：the move to environmentally conscious manufacturing. California Management Review，39 (1)：80～105

Graedel T E，Allenby B R. 2003. Industrial Ecology. 2nd ed. New York：Prentice Hall

Hayter R，LeHeron R B. 2002. Knowledge，Industry and Environment：Innovation and Institutions in Territorial Perspective. London：Ashgate

Lang T，Hines C. 1994. The New Protectionism. London：Earthscan Publications Ltd. 3，126

Low P. 1992. International Trade and the Environment. World Bank Discussion Paper No. 159. Washington：World Bank

Lyons D. 2005. Integrating waste，manufacturing and industrial symbiosis：An analysis of recycling，remanufacturing and waste treatment firms in Texas. Local Environment，10 (1)：71～86

Porter M E，Linde C V D. 1995. Toward a new conception of the environment - competitiveness relationship. Journal of Economic Perspectives，9：97～118

Richter A et al. 2005. Increase in tropospheric nitrogen dioxide over China observed from space. Nature，437：129～132

Richter A，Burrows J P，Nü H et al. 2005. Increase in tropospheric nitrogen dioxide over China observed from space. Nature，437：129～132

Vermeulen W J，Ras P J. 2006. The challenge of greening global product chains：meeting both ends. Sustainable Development，14 (4)：245～256

Weizsacker E V，Lovins A B，Lovins L H. 1997. Factor Four. London：Earthscan. 34，35

Wheeler D. 2002. Racing to the bottom? Foreign Investment and Air Quality in Developing Countries. World Bank

Zhu Q, Cote R P. 2004. Integrating green supply chain management into an embryonic eco-industrial development: a case study of the Guitang Group. Journal of Cleaner Production 12 (8～10): 1025～1035

结论

区域发展呈现高度不均衡状态，繁荣与衰退共存，发展与停滞同在。区域的发达程度差异并不表现在区域内企业所从事的行业类别的不同，而是表现在区域对市场变动的承受能力和对产业结构调整的灵活性。真正成功的区域是拥有别的区域难以模仿的创新优势的区域，是具有持续发展能力的区域，而那些过分依赖外力的区域往往在市场动荡面前表现出致命的僵化和脆弱。

自主创新活力来源于地方文化中蕴涵的企业家精神，以及较为宽容的社会文化和有利于地方创新主体竞争与合作的制度和社会结构。地方产业氛围、文化、制度等非经济因素，可以影响人对产业创新的敏感性。相关企业的集聚，尤其是通过隐含经验类知识的交流，能促进学科交叉和产业融合，使得新产业和新产品不断出现，但这是有条件的。本地的行为主体之间需要建立和维系健康的竞争与合作关系，而这通常有待于制度创新①。

地方化的自主创新过程正受到全球化竞争的挑战。

首先，不同区域在全球生产网络中所处的地位是不同的。一些区域成为产业的创新中心，在那里聚集着的研发机构和企业掌握着核心技术和产品营销渠道，把握着产业的发展趋势。另一些区域则成为加工制造基地，其技术依赖创新中心的扩散。

其次，外来的知识和信息成为本地技术创新和学习的重要源泉。地理距离不再给知识交流造成障碍。一部分技术知识可以固化在生产设备中，或存在于标准化生产、标准化流程管理之中，降低了对生产操作者个人技能水平的要求。而交通技术的进步使一些在不同区域之间频繁旅行，进行商务交易和学术交流活动的企业家、技术专家成为传递知识和促进创新的主体。

第三，引进先进的生产设备和管理流程并不一定能够获得核心技术知识，反而可能助长对先进地区市场和技术创新的依赖性，使得落后地区缺少自主创新能力，发展受制于人，易受到外部市场波动的强烈冲击。

当今全球经济、技术和组织正在发生着深刻变化，凸现出区域对于提高

① 因为人类的创造行为可以向各个方向发展，集群内部也可能孳生恶性竞争与肮脏的勾结，瓦解产业分工合作的社会基础，最终扼杀本地产业的持续发展能力，陷入衰退和依附的境地。

自主创新能力的意义。根植于区域内部的本地化因素，即根植于本地的企业家精神和促进本地的行为主体之间合作的制度创新，是在开放条件下提高技术学习能力和创新能力，摆脱依赖的关键。

改革开放30多年来，中国的产业空间发生了戏剧性的变化。昔日的穷乡僻壤今天已经车水马龙，过去没有自然资源和工业基础的农村一跃成为现代化的工业城市，甚至向后工业化迈进。在发达的产业集聚区域，企业家辈出，生产企业繁衍，名牌产品初露锋芒，服务于生产者的企业脱颖而出，织就了璀璨的中国版图，也改变了国人的生活。中国的产业集群是在出口导向型的国家发展战略的基础上发展起来的，而如何在提高自主创新能力，建设创新型国家中作贡献，仍然是一个值得重新深入思考和研究的重要问题。

观察和研究的四点结论

前面章节关于我国产业集群的这些分析跨越了很多各具特征的行业部门及其环节，也涉及很多各具特征的省市和乡镇。显而易见，企业家和政府官员在充满挑战的征途中，创造了中国发展的奇迹。不过，正如前面所论述的，我国产业集群的发展还处于低端道路，关于产业集群的研究还远远不足，政策对产业集群的支持力度还很不够。因此，超越过去对产业集群认识的惯性思维是十分必要的。

根据对发达国家产业集群理论的研究，以及对我国区域发展中集群现象的观察和调研，我们得出以下结论。

(1) 目前国内关注产业集群，基本上只是“打造产业链”和“打造产业集聚区”，追求的还是降低成本、招商引资和规模扩张，追求的还是GDP、出口创汇等短期收益，甚至是在各种利益主体的博弈下发展“工业地产”、“文化地产”或“科技地产”，而不是技术学习、创新和创造，这与国家的自主创新发展战略是相违背的。真正的产业集群理论的价值，恰恰是增强自主创新能力，创造国家竞争优势。

(2) 从整体来看，我国并不缺乏熟练的工人，不缺乏与产业配套的制造工厂和车间。但我们缺乏研究和开发的关键人才，缺乏关键的技术，缺乏创新型企业，缺乏企业之间的合作，缺乏创新的环境。我们不仅要在关键人才和技术、创新型企业、合作和创新环境方面进行努力，还需要向国外学习先进技术，与国外优秀的设计文化进行嫁接，培育出属于中国的名牌产品。这些都与产业集群的发展相关。

(3) 在新的世界经济格局中，中国产业集群需要实现更高和更远的新目标。在越来越扁平化的世界中，产业集群的发展不仅关系到企业的利润、行业的崛起、国家和民族的利益，还要为世界作贡献。只有通过企业、政府和行业协会等行为主体的协同努力，才能使产业集群走上正确的轨道。

（4）尽管发达国家的产业集群理论很重要，但我们不能只停留于初步学习，甚至一知半解，而需要结合国情，认识产业集群理论的精髓。只有建立在中国国情基础之上的理论，才能解决中国的实际问题。

超越产业集群思维定式的八个主张

我们坚信，只有发展真正的创新集群，才能使中国区域的经济社会走向繁荣昌盛。为此，要超越大量存在于我国的所谓“打造产业集群”的思维定式。包括：

（1）超越依靠低成本和规模扩张“打造产业链”和“打造产业集聚区”的做法；

（2）超越产业集群内“共同的社会文化和价值观必然促进企业合作”的命题；

（3）超越“产业集群必然导致区域经济发展”的逻辑；

（4）超越“产业集群必定是创新的空间”的思维；

（5）超越从“集群经济”层次理解集群的高度；

（6）超越把产业集群作为静态的产业组织形态的认识；

（7）超越把产业集群看作封闭系统的思维；

（8）超越仅从发达国家理论指导中国实践的思维。

下面分别对这些“超越”进行简要说明。

（1）我国工业园区、产业集聚区和产业转移园、科技城等各种名目的新园区的建设从20世纪80年代至今势头未减。政府对依赖土地经营和优惠措施发展产业缺乏有效的调控。从国家或省的地理范围来看，往往造成了名为产业集聚，实则过分分散的局面。名目繁多的新园区的开发规划都有一幅美好的图景——“打造产业链，促进产业集聚”、“打造产业集聚区”和“发展产业集群”。但是，这种做法在很大程度上是在各种利益主体的博弈下开发“工业地产”、“文化地产”或“科技地产”。其中的产业不一定能够取得成功，甚至蕴藏很大的投资风险。对这种房地产驱动的发展（property-driven development）需要用强有力的制度约束而加以限制。因此，有必要超越依靠低成本和规模扩张“打造产业链”和“打造产业集聚区”的做法。

（2）自从产业集群理论引进我国以来，大量研究者投入到集群内部社会网络方面的研究中。这固然很重要，但是实践表明，即使是在意大利式产业区那样的集群当中，约定俗成的惯例和有深厚历史基础的社区也未必能自然而然地促进企业之间的合作，这已经在新近的意大利式产业区研究中得到验证（详见第二章和第六章）。何况在我国改革开放之后出现的大量产业集群中，因为知识产权保护等各项规章制度不够健全或者没有真正得到实施，集群发展的历史还比较短，人际关系复杂，所以企业之间的合作不能靠建立共同的社会文化和价值观而一蹴而就。集群内的行为主体合作必须依靠地方政府、行业协会，以及为生产者服务的企业和第三方机构来实现。因此，必须超越产业集群内"共同的社会文化和价值观必然促进企业合作"的命题。

（3）产业集群中，企业之间地理靠近有利于降低交通运输成本和能源成本，并通过专业化企业的分工合作，能够使集群中的企业获得外部经济。然而，降低成本是有条件的，不能无限制地降低工人工资，不顾劳动条件和工人健康，也不能污染环境而破坏生态平衡。进一步说，企业之间"逐底竞争"所追求的低端道路，最终会在国内外的竞争压力下无法持续。因此，必须超越"产业集群必然导致区域经济发展"的逻辑。

（4）我国的产业集群降低成本的功能十分有利于跨国采购商和合同制造商等企业，但在现阶段它对建立国家和区域基于创新的竞争优势的作用却是有限的。从高新技术产业发展来看，企业、大学、科研院所、国际研究机构的各类人员之间如果不能在跨学科、跨产业领域之间进行合作，即使这些机构在近距离集聚，也不可能形成创新的环境，不可能取得自主创新的成果。地方集群的创新环境是在区内的主体经过长期的正式和非正式的相互交流和交易基础上所形成的。其中，组织机构之间及其人员之间的信任和支持十分重要，而这又需要制度创新的保证。因此，我们必须超越"产业集群必定是创新的空间"的思维。集群发展的任务是孵育创新性的集群，而不是继续打造追逐低成本的集群。

（5）产业集群有助于发展经济和科技，但它必须建立在行为主体合作行动的基础之上。因此，仅仅把发展产业集群看成发展"集群经济"或区域经济"集群化"是片面的。正如第一章所分析的，技术创新是社会的过程，在极其复杂的、瞬息万变的技术发展进程中，产业组织也是千变万化的，跨国、跨地区、跨产业、跨学科、跨企业、跨行政部门等多方面、多层次的合作，需要建立在社会和谐的基础上，建立在人和人之间信任的基础上。因此，产业集群的发展，尤其是促进技术创新和发展文化创造力的产业集群的发展，是建构和谐的集群社区（cluster community）的过程。因此，超越仅仅从

“集群经济”层次理解集群的高度，就显得十分必要。

(6) 我国的产业集群正在迅速的演变之中。由生物进化论而发展起来的演化经济学和演化经济地理学对产业集群变迁的研究具有十分重要的启示。达尔文进化论的三种机制（遗传、变异和选择）、共同演化及其衍生出来的概念（如相互适应、相互选择、共栖和共生）等，都可以作为研究产业集群变迁的有力工具。演化经济地理学的基本命题在于经济空间组织随时间变化。其中，路径依赖、锁定、选择、机会等概念也是理解技术创新和区域竞争力的基础。因此，需要超越把产业集群作为静态的产业组织形态的认识，从演化经济学和演化经济地理学的角度深入研究我国产业集群的演化，包括集群的数量、集群内的企业规模结构、行业结构、价值链环节、企业繁衍、社会网络、知识流动、技术转移、企业迁移、国际化、信息化等发展动态，需要研究群聚的发展轨迹（trajectory），而不只是集群（cluster）的静态模式（model）。

(7) 产业集群绝不是封闭的“容器”，而是对外部世界开放的系统。本地联系过强，本地网络过于僵化，都会对产业集群的长期竞争力产生不利影响。集群的外部联系所获得的知识，可以通过本地联系在集群内部迅速扩散。对于大多数集群而言，需要主动与发达国家相关集群建立外部联系。但是从全球的观点来看，地方集群如何通过全球联系进行学习，以及如何在全球价值链上升级的问题答案，至今还不很明朗，地方产业升级的战略在什么情况下能够获得成功也还需要进一步研究。此外，中小企业通过互联网平台可以发展“虚拟集群”（virtual cluster）①，大量中小企业也会在这个生态环境中获得竞争优势。我国以电子商务为主的企业（如阿里巴巴）和生产实体商品的跨国公司（如宝洁②）等都在互联网平台上利用外部资源，而这些企业对实体的产业集群发展又具有十分重要的意义。因此，必须超越把产业集群看作封闭系统的思维。

(8) 产业集群在我国广大的国土上如繁星般散布，这是世界上十分独特的空间现象。然而，这正说明我国的产业在小范围集聚，在大范围来看还很分散。当今世界高技术产业、创意产业和传统产业在很多方面都交叉融合

① “虚拟集群”与本书所论述的实体集群的根本区别是集群中的企业不一定在地理上相互邻近，甚至其人员没有面对面的交流。

② 除了加大内部研发的力度，为了实现公司的持续发展以更好的满足消费者不断变化增长的需要外，宝洁公司提出“联系＋发展”的创新模式，基于公司在新技术、新包装、新制造工艺、新产品、新装备和创新服务等方面的需求，向全球发出了招募创意成果的邀请。

(crossover)，例如苹果电脑公司和耐克公司共同打造了可以作为私人训练的Nike＋iPod运动组合，广东奥飞动漫公司在玩具制造业基础上发展了动漫产业，著名的玩具产业集群广东汕头澄海县举办国际动漫节等[①]。在我国，无论是院校的专业设置、地方政府相关部门的合作、产业园区的规划和管理，还是高新技术和创意文化项目的安排和资助、电子商务和政务的发展等，都涉及各相关方面人员和领导的合作问题。如果没有很好的协调，就无法发展真正促进创新的产业集群。这些问题，在发达国家理论文献中是无法找到答案的。因此，必须超越仅从发达国家理论指导中国实践的思维。

最后，我们主张，为了在中国实现关键技术的突破，需要建造真正的创新集群。改革开放前30年我国在科技创新方面的成功经验，是在重点领域里实行了“举国体制”，也就是集中力量办大事。美国在实施曼哈顿计划、登月计划、核能计划、导弹防御系统方面，都是集中全国的优势力量进行攻坚[②]。建造创新集群，并不是一定要建设实体的园区。相反，即使把一些在领域上不很相关的国家级企业集中布局到同一个园区，甚至给园区起一个好听的名字，但是没有相应的集群规划和可行性研究，这些企业之间又没有合作的愿望，仍然达不到举国家之力来发展我国战略性的关键技术的效果。在这个问题上，最最重要的是要有促进相关行为主体之间真诚合作的体制和机制，需要实实在在的制度创新。

（王缉慈）

① 动漫节展示的包括国内外动漫原创作品；动漫基地、企业、播出媒体及动画影视作品；动漫出版物、动漫卡通玩具及相关动漫衍生产品、动漫游戏、数码、电玩产品及娱乐设备、动漫制作设备与器具、动漫产品生产包装等。

② 科技部政策法规司司长梅永红．2009-09-07. 重提科技举国体制．第一财经日报．http：//finance. eastmoney. com/090907，1126，1179543. html。

后记

在知识爆炸时代，产业集聚和集群的新闻报道、政府报告、学术文献、学生论文铺天盖地；在我的办公室和住所的书架和书桌上，充斥着产业集聚和集群的中英文论著和各地产业集群论坛的论文集；在我的电脑里，存满了我下载的数不清的相关文章。

我翻开1983年中国人民大学的一本工业布局文选，熟悉的文句映入眼帘："在相邻地段上，将生产过程间构成投入产出链的相关企业，工艺技术或经济上密切相关的企业，或共同使用区域性基础结构设施的企业集中配置、成组布局，形成工业综合体，是节省用地、节约劳动定员、节约基建投资与经营费用、获得额外经济效果的有效手段。"① 我就是读着这些论著成长起来的。20世纪80年代初中国科学院陆大道院士撰写的工业成组布局的文章给我以启迪②，北京大学仇为之教授带我去淄博研究成组布局，我步行在南定铝工业区，调研了山东铝厂及其有关企业氧化铝厂、电解铝厂、水泥厂、电厂、矿山机械厂等，对重化工业的产业集聚有了直接的理解，尤其是感受到管理体制上的顽疾——"领导多头、管理分散"致使企业之间不合作。

近30年来，我每年在北大讲课时都对学生说："就像爱情是文学的永恒主题一样，产业集聚是工业地理学的永恒主题。"产业

---

① 中国人民大学计划统计学院生产布局教研室.1983.工业布局参考资料（非正式出版物）：139页。

② 陆大道的"工业区的工业企业成组布局类型及其技术经济效果"一文1986年在《地理学报》41（2）上发表。

集聚这个研究领域博大精深，从成组布局的工业综合体到专业化产业区，从增长极理论到产业集群理论，我还只是钻研到沧海一粟。我实践着我的“顶天立地”：一方面，奋力学习世界最前沿的文献，了解最新的概念和方法；另一方面，亲自去踏勘、访问和做调查，理解实情。然而，文献不断繁衍，实情瞬息万变，个人的知识基础、能力和精力都十分有限，不可能消化所有需要掌握的知识。

2002年底，在中国软科学研究会组织的产业集群研讨会期间，几个年轻学者建议我建网站，2003年“非典”流行时，我正好有空筹划，并在浙江华瑞信息有限公司的大力支持下，建立起“地方产业集群研究网”，我把自己所搜集的60多篇集群研究文献收编起来，放到网上给大家去分享。六年来，作为总版主，我像照顾花园那样照管这个网站。现在，跨学科的产业集群研究网络已经覆盖了全国各省市和大量乡镇，很多学者、政府官员和企业家在宽松的、专业性和多样化的讨论氛围中学习和交流。该网上结识的朋友，有好几个已经成为值得我学习的国内产业集群研究专家，然而，他们的论著，我至今还没有来得及认真读完。

从中央到地方，从政府到行业协会，在区域、城市、产业和企业发展方面的很多领导者都高度关注产业集群这个主题。产业集群已经成为经济地理学、经济学、管理学、社会学等多学科共同研究的一个领域，对它感兴趣的甚至包括在生物、医药、电子、机械、文化、艺术等专业有相当造诣的专家。2004年以来，由浙江大学经济学院金祥荣教授发起，旨在研究产业集群与区域发展的理论和实践问题的“产业集群与区域发展国际学术会议”已成功举办了八届，分别由浙江大学经济学院、中山大学广东发展研究院、山东大学经济学院、东华大学旭日工商管理学院、北京大学地理科学研究中心、中山大学管理学院、河南大学黄河文明与可持续发展研究中心、中国矿业大学管理学院等承办。这个跨省区、跨学科的高水平的学术会议系列，已成为国内产业集群研究的重要论坛，在国内外都产生了十分重要的影响。

这些年来，在全国产业集群的研究已经广泛开展的形势下，我和我的团队继续进行探索，研究的内容涉及对集群的界定与识别、产业地理集中的测量与辨识、集群的形成与演化机制、集群的创新机理、集群政策、集群的竞争力和市场绩效、集群区域的衰退预警和风险、企业迁移、集群迁移与产业空心化问题、全球价值链下地方集群的升级战略、集群与劳工问题和环保问题、集群中的行为主体合作、外商直接投资与制造业地理集聚、产业生态和生态工业园区等问题。然而，和全国很多兄弟院校的研究团队相比，我们团队的力量是比较弱的，对上述有些问题的研究尚没有达到应有的深度。

感谢诸多资深教授的帮助和支持，他们是：北京大学中国经济研究中心的姚洋，中山大学的王珺、李新春、丘海雄，浙江大学的金祥荣和魏江，浙江省政府研究室的盛世豪，山东大学的臧旭恒和杨蕙馨，东华大学的顾庆良，南京大学的梁琦，东南大学的胡汉辉，华东师范大学的曾刚，河南大学的苗长虹，中国社会科学院工业经济研究所的魏后凯，中国科学院地理科学与资源研究所的刘卫东等；感谢北京、上海、深圳、东莞、佛山、温州、宁波等很多城市的领导和一些行业协会的帮助和支持，感谢科技部、国家发展和改革委员会等部门的领导的关怀和支持。还有很多朋友帮助和支持过我们的研究，例如长江创意产业研究中心顾问莫建伟先生特为本书撰写了一段文字，中国科学院地理科学与资源研究所刘志高对本书的初稿提出了宝贵的建议等，这里难以一一列举。没有和大家愉快的交流和合作，就没有本书的出版，衷心感谢你们！

我希望呈现给读者的这本书既是学术著作，又是科普读物。我希望它能敦促相关的学术界探索纵深的奥秘；我希望它尽量使非专业的读者能够看懂，从而对中国的区域发展、产业发展和企业发展起到一定的促进作用。然而，此任务非同小可，只可能部分地实现。对于实践者来说，最重要的是如何去做，如何制定政策和措施，如何制订发展规划，而这却是本书的弱点。本书洋洋万言，但没有把主要篇幅放在政策方面。因为对于没有政府工作经验的人来说，写“集群治理”(cluster governance) 犹如纸上谈兵，而且我们毕竟是经济地理专业的，也很难面面俱到。可喜的是，我国的很多专业镇、产业区、科技园区等在实践中已经创造了不少经验，而且，和集群政策相关的专论很多，除英文文献以外，最近几年来，在我国已经出版了不少学术论著和研究报告，读者可以从本书的参考文献中去顺藤摸瓜，获得丰硕的果实。

中国有句俗话：“量小失众友，大度集群朋。”欢迎读者对本书提出意见，并进行更加深入的讨论。展望未来，集群研究百花齐放之时，正是中国区域发展的繁荣昌盛之日。

王缉慈

2009 年 9 月于北京大学